Der Staat als Investor in Private Equity

Martin Borning

Der Staat als Investor in Private Equity

Zur Verfassungsmäßigkeit einer Beteiligungder öffentlichen Hand an kreditfinanzierten Unternehmensübernahmen

PETER LANG
Frankfurt am Main · Berlin · Bern · Bruxelles · New York · Oxford · Wien

Bibliografische Information der Deutschen Nationalbibliothek
Die Deutsche Nationalbibliothek verzeichnet diese Publikation in der Deutschen Nationalbibliografie; detaillierte bibliografische Daten sind im Internet über http://dnb.d-nb.de abrufbar.

Zugl.: Berlin, Humboldt-Univ., Diss., 2011

Gedruckt auf alterungsbeständigem, säurefreiem Papier.

11
ISBN 978-3-631-63254-3

www.peterlang.de

Meiner Mutter,
meinem Großvater,
meiner Schwester
und Marta

Vorwort

Die vorliegende Arbeit wurde im Wintersemester 2010/2011 von der Juristischen Fakultät der Humboldt-Universität zu Berlin als Dissertation angenommen. Die nunmehr anstehende Drucklegung möchte ich zum Anlass nehmen, einigen wichtigen Personen zu danken, ohne die die vorliegende Arbeit nicht oder jedenfalls nicht in dieser Form existieren würde.

Mein erster Dank gilt meiner Mutter, die mir während des Promotionsstudiums stets als guter Berater zur Seite stand. Ihr bedeutendster Beitrag zum Gelingen dieser Arbeit begann jedoch schon lange bevor die Idee zu dieser Arbeit überhaupt entstand. Die Anstrengung, die es für sie bedeutete, mir eine erstklassige Ausbildung zu ermöglichen und meiner Schwester und mir trotz großer beruflicher Zeitanforderungen ein herzliches Zuhause zu schaffen, kann gar nicht hoch genug geschätzt werden. Umso mehr freue ich mich, ihr nun mit dieser Arbeit den Schlussstein einer jahrelangen, von ihr stets aufopferungsvoll geförderten Ausbildung vorlegen zu können.

Des Weiteren möchte ich meinem Großvater danken. Unsere Gespräche waren immer Inspiration und Ansporn. Auch er hat meine Ausbildung in bedeutender Weise gefördert. Dafür gilt ihm mein besonderer Dank. Ich danke auch meiner Schwester, die mich immer bei allen meinen Vorhaben unterstützt hat.

Für die Unterstützung während des Promotionsstudiums und die große Geduld die sie mit mir während des Schreibens dieser Arbeit aufbringen musste, danke ich Marta, die ich über alles liebe.

Für die Förderung meines Promotionsvorhabens bedanke ich mich ganz herzlich bei meinem Doktorvater Prof. Dr. Gunnar Folke Schuppert, der mich von Anfang an darin bestärkt hat, die Idee zur vorliegenden Arbeit, die mir im Frühjahr 2007 sehr kurzfristig bei der Lektüre des *Economist* kam, weiter zu verfolgen und der mir auch die erhoffte Freiheit ließ, sie eigenständig weiter zu entwickeln. Die unkomplizierte Promotionsbetreuung und die schnelle Organisation des Promotionsverfahrens haben mich besonders erfreut. Für die schnelle Erstellung des Zweitgutachtens danke ich Prof. Dr. Dr. h.c. Ulrich Battis.

Schließlich möchte ich auch Stefanie Herbst und Annett Bonkowski danken. Für zahlreiche Diskussionen, die den Blick auf das Wesentliche geschärft haben, danke ich Benjamin Frank.

Mit dem Abschluss dieses Vorwortes übergebe ich dieses Buch dem Leser. Mein Dank gilt auch ihm.

Martin Borning

Berlin, im April 2012

Inhaltsverzeichnis

Einleitung

Erster Teil

Kreditfinanzierte Unternehmensübernahmen durch institutionelle Investoren

Zweiter Teil

Staaten als institutionelle Investoren

Einleitung

Im Frühjahr 2007 beteiligte sich die Volksrepublik China mit drei Milliarden US-Dollar an Blackstone, einer der größten Kapitalbeteiligungsgesellschaften der Welt. Damit beteiligte sich erstmalig ein Staat öffentlich und unmittelbar an einem der größten privaten Akteure auf den internationalen Finanzmärkten. Gleichzeitig erreichte in Deutschland die Debatte über die Bedrohung der Wirtschaft durch Hedge-Fonds, Staatsfonds und Kapitalbeteiligungsgesellschaften einen neuen Höhepunkt. Diese großen Akteure auf den Finanzmärkten wurden von den deutschen Medien in diesem Zusammenhang gern schlagwortartig als „Heuschrecken" bezeichnet. Damit wurde ein Bild von Investoren gezeichnet, die mit großen Geldsummen über die deutsche Wirtschaft hereinfallen, große und wertvolle Unternehmen aufkaufen, und diese, nachdem sie jeglichen erzielbaren Gewinn aus diesen Unternehmen gezogen haben, ohne nennenswerte Substanz zurücklassen würden. Kapitalbeteiligungsgesellschaften wie Blackstone, für die Investitionen in Private Equity zum Tagesgeschäft gehören, zählten zu diesen „Heuschrecken". Die Beteiligung Chinas an dieser Gesellschaft warf die Frage auf, ob sich nicht auch der deutsche Staat an solchen „Heuschrecken" beteiligen könnte, oder sich sogar deren Geschäftsmodell mit Investitionen in Private Equity in einer eigenen Gesellschaft zunutze machen kann.

Das schlechte Bild von Private Equity, welches in der Öffentlichkeit aufgrund dieser Heuschreckendebatte besteht, mag den Gedanken einer Beteiligung der deutschen öffentlichen Hand an solchen Transaktionen zunächst abwegig erscheinen lassen. Private Equity Investitionen sind auf den internationalen Finanzmärkten jedoch alltägliche Vorgänge, die ihren schlechten Ruf in der Öffentlichkeit nicht verdient haben. Dass Private Equity dennoch vielen Menschen als eine Erscheinung der Finanzmärkte suspekt ist, ist vor allem darauf zurück zu führen, dass die Transaktionen auf den Finanzmärkten für den Laien schon seit vielen Jahrzehnten nicht mehr nachvollziehbar und unverständlich sind. Diese problematische Tendenz hat sich in den letzten Jahren noch verstärkt. Nach dem Ende des kalten Krieges hat mit dem Beginn der weltweiten medialen Vernetzung vor etwa zwanzig Jahren der bislang größte Globalisierungsschub in der Geschichte der Menschheit eingesetzt. Die neuen Möglichkeiten, per Mausklick Informationen vom anderen Ende der Welt abzurufen, wurden von großen Wirtschaftsunternehmen schnell erkannt und gewinnbringend eingesetzt.

Von dieser grenzübergreifenden Kommunikation haben vor allem die Finanzmärkte profitiert. Hinzu kommt der rasante technische Fortschritt der Computer- und Telekommunikationsindustrie, der es erlaubt, immer größere Datenmengen in immer kürzerer Zeit zu empfangen, zu verarbeiten und zu versenden. Riesige Geldsummen werden heute in Sekundenbruchteilen um den ganzen Globus transferiert, und zwar 24 Stunden am Tag. So ist ein globaler Informations- und Finanzfluss entstanden, der von einzelnen Staaten nicht mehr wirksam kontrolliert oder gar beherrscht werden kann. In diesem virtuellen globalen Raum der Finanzmärkte ist das Geld dem Zugriff des Staates entzogen. Nicht zuletzt auch deshalb hat sich die Finanzwelt diesen Raum überhaupt geschaffen. Ohne wirksame staatliche Einflussnahme konnte sich dort ein zügelloser Kapitalismus entfalten, der dem individuellen Streben nach Gewinnen kaum noch Grenzen setzt. Dies führte zum Einsatz bisher unerhörter Geldmengen, zu fantastischen Gewinnen, aber auch zu spektakulären Verlusten.

Mit der Finanzkrise der Jahre 2007/2008 brach diese Welt für kurze Zeit zusammen, und der ganzen Welt wurde vor Augen geführt, welche Risiken die Aktivitäten der Finanzwelt für die bezeichnenderweise sogenannte „Realwirtschaft" bergen können. Die schwere Wirtschaftskrise der Jahre 2008/2009 führte deshalb zu internationalen Anstrengungen der Politik, die Finanzmärkte besser zu überwachen und zu regulieren. Mit großen Geldsummen mussten viele Staaten ihre einheimischen Banken vor dem Zusammenbruch bewahren und so für die jahrelange Vernachlässigung der Kontrolle der Finanzmärkte zahlen. Auch für Investoren in Private Equity war mit der Finanzkrise der große Aufschwung der ersten Jahre nach der Jahrtausendwende vorbei. Mitunter war es auch bei diesen Investoren zuvor im Rahmen des allgemeinen zügellosen Gewinnstrebens dazu gekommen, dass sie das grundsätzlich solide Geschäftsmodell von Private Equity zugunsten von kurzfristigen Unternehmenskäufen aufgaben, um durch die Zerlegung des Unternehmens und den Verkauf seiner wertvollsten Bestandteile schnelle und beachtliche Gewinne zu erzielen, und so ihre Rendite zu steigern.

Von solchen Exzessen, die mit seriösen Private Equity Investitionen nichts gemein haben, rührt das öffentliche Bild von Kapitalbeteiligungsgesellschaften her. Soweit im Folgenden aber von staatlichen Investitionen in Private Equity die Rede ist, sind derartige Geschäfte begrifflich ausgeschlossen. Denn der Staat kann nur als vernünftiger und für das Gemeinwohl verantwortlicher Investor in Private Equity investieren. Diesen Investitionen hängt damit nicht der Makel möglicher Exzesse an. Das Geschäftsmodell von Private Equity ist solide. Die Frage, inwieweit der Staat sich dieses Geschäftsmodell zur Mehrung seines Vermögens zunutze machen kann, ist dabei von großer praktischer Bedeutung. Private Equity ermöglicht grundsätzlich die Erzielung einer deutlich höheren Rendite als Investitionen in Wertpapiere. Dies ist auch nach dem Einsetzen der Finanz- und Wirtschaftskrise weiterhin der Fall. Lediglich die Größenordnung der Übernahmen hat sich verringert.

Private Equity bleibt somit für Investoren interessant und damit potenziell auch für den Staat, denn dieser ist mehr denn je auf die Stärkung seiner Finanzlage angewiesen. Die Finanzmittel des Staates rühren in erster Linie aus den Steuern der Bürger und der einheimischen Wirtschaftsunternehmen her. Die Finanzunternehmen haben sich dabei dank der Globalisierung bereits so gut es geht den Zugriffsversuchen des Staates auf ihre Gewinne entzogen. Aber auch die übrigen Wirtschaftsunternehmen sind in der globalisierten Wirtschaftswelt nicht mehr auf bestimmte Standorte angewiesen und können zumindest mittelfristig über die Staatsgrenze in andere Länder mit günstigeren steuerlichen Konditionen abwandern. Daher ist der Staat gezwungen, die steuerliche Belastung der Unternehmer vergleichsweise gering zu halten. Gleichzeitig ist der Staat aber gehalten, hohe Ausgaben zu tätigen: für die Bürger, v.a. Sozialausgaben, aber auch ganz allgemeine Ausgaben, die auch der Wirtschaft zugutekommen, z.B. Infrastrukturmaßnahmen. Der Staat braucht mithin viel Geld, um den Wirtschaftsstandort attraktiv zu halten, und um den Bürgern ein menschenwürdiges Leben zu erlauben. An dieser Stelle gilt es anzusetzen und zu untersuchen, inwiefern der Staat sich die Geschäftsmodelle der Finanzwirtschaft zu eigen machen kann, um notwendige Finanzmittel zu erwirtschaften

In der nachstehenden Untersuchung soll deshalb der verfassungsrechtliche Rahmen beleuchtet werden, innerhalb dessen der Staat Investitionen in Private Equity vornehmen kann. Dabei bietet das Geschäftsmodell von Private Equity meiner Ansicht nach einige Aspekte, die der rechtswissenschaftlichen Diskussion um die Zulässigkeit staatlicher Wirtschaftstätigkeit neue Impulse geben können. Die Ausführungen sind dabei allein auf die rechtliche Seite der Wirtschaftstätigkeit beschränkt. Faktische Einwendungen gegen eine entsprechende Betätigung des Staates werden nicht berücksichtigt. Dies gilt vor allem für die oft von Gegnern staatlicher Wirtschaftstätigkeit erhobene Behauptung, der Staat erweise sich bei der wirtschaftlichen Führung seiner Unternehmen regelmäßig als ineffizient. Sofern das Grundgesetz aus diesem Grunde eine staatliche Wirtschaftstätigkeit nicht verbietet, kann dahinstehen, ob diese Behauptung zutrifft oder nicht. Es ist dann allein Sache des unternehmerisch tätigen Staates auf eine wirtschaftliche Führung seiner Unternehmen hinzuwirken.

Ebenso unberücksichtigt bleibt der Einwand, Private Equity Investitionen bedürften einer großen Erfahrung und spezieller finanzwirtschaftlicher Kenntnisse, die der Staat regelmäßig nicht habe, um den gewünschten Erfolg zu erzielen. Dieser Einwand ist nicht geeignet, staatliche Investitionen in Private Equity zu verhindern. Der Staat ist keineswegs daran gehindert, auf das Fachwissen privater Experten zurück zu greifen. Dies ist ihm sogar anzuraten. In Zeiten notorisch knapper Haushaltskassen besteht seitens der öffentlichen Hand ein eindeutiges Interesse an der Nutzung jeglicher Möglichkeit der Kapitalanlage und der effektiven Vermögensnutzung. Keine Investition scheint den Kommunen zu ausgefallen oder zu waghalsig, seien es hochriskante Zinsswaps[1] oder, bis vor wenigen Jahren, das sogenannte Cross-Border-Leasing, bei dem die Kommunen Straßenbahnen oder Müllverbrennungsanlagen für dreißig Jahre an amerikanische Investoren verleast haben,[2] um ihre Vermögenssituation aufzubessern. Diese Transaktionen sind der Öffentlichkeit zwar jeweils allein deshalb bekannt geworden, weil sie in mehreren Fällen zu Millionenverlusten der Kommunen geführt haben. Dies lag jedoch gerade nicht daran, dass sich die Kommunen nicht auf das Fachwissen von Finanzexperten verlassen hätten.[3] Vielmehr haben sich die Transaktionen des Staates als genauso erfolgreich wie die Transaktionen privater Anleger erwiesen. Mit Zinsswapgeschäften haben auch private Anleger hohe Verluste erlitten.[4]

Die Cross-Border-Leasing-Transaktionen waren dagegen gar nicht so riskant. Erst der Zusammenbruch der Finanzmärkte im Jahr 2008 hat den kommunalen Investoren die Ausfallrisiken der anderen Vertragspartner aufgebürdet und so den finanziellen Erfolg der Transaktionen gefährdet.[5] Diese Beispiele zeigen, dass der Staat durchaus auch komplizierte und riskante Transaktionen vornehmen kann, deren Erfolg nicht schon dadurch gewährleistet ist, dass der Staat auch private Finanzexperten zur Beratung herangezogen hat. Dass der Staat sich bei seinen Investitionen auf Experten verlässt, ist unabdingbar. Rechtlich relevant ist insoweit aber allein die verfassungsmäßige Zulässigkeit der Transaktionen selbst. Ob es darüber hinaus vernünftig ist, solche komplizierten Finanzprodukte zu nutzen, ist eine andere Diskussion, die hier keinen Platz haben soll.

Schließlich mag als faktisches Hindernis einer Kapitalbeteiligungsgesellschaft der öffentlichen Hand angesichts knapper Haushaltskassen auf fehlende öffentliche Mittel für die notwendige Kapitalausstattung der Gesellschaft hingewiesen

---

1 Vgl. ausführlich dazu *Morlin*, NVwZ 2007, 1159.

2 Vgl. *Pegatzky*, NJW 2004, 324, 325.

3 Mit den Urteilen des LG Würzburg vom 31.03.2008, Az. 62 O 661/07, und des LG Wuppertal vom 16.07.2008, Az. 3 O 33/08, wurde die Deutsche Bank zunächst jeweils zu knapp einer Million Euro Schadensersatz wegen unzureichender Risikoaufklärung bei den Zinsswapgeschäften verurteilt. Das letztgenannte Urteil hat jedoch zugleich eine Schadensersatzklage der Stadt Hagen in Höhe von über 21 Millionen Euro abgewiesen. Das OLG Düsseldorf hat die Berufung mit Beschluss vom 11.02.2010, Az. I-2 U 115/08, zurückgewiesen. Das erstgenannte Urteil des LG Würzburg wurde auf die Berufung der Beklagten am 11.05.2009 durch Urteil des OLG Bamberg abgeändert, die Klagen in vollem Umfang abgewiesen, Az. 4 U 92/08.

4 Vgl. den dem Urteil des OLG Koblenz vom 14.01.2010, Az. 6 U 170/09, zugrunde liegenden Sachverhalt. Auch hier wurde der Klage auf Schadensersatz gegen die Deutsche Bank zumindest teilweise stattgegeben.

5 Vgl. im Einzelnen *Rietdorf*, KommJur 2008, 441.

werden. Dass knappe Kassen und sogar eine nicht unbeachtliche Staatsverschuldung jedoch kein Hindernis für die Gründung eines Sondervermögens für Finanzinvestitionen sind, zeigt das Beispiel des Fonds des Générations der kanadischen Provinz Quebec aus dem Jahr 2006.[6] Gespeist wird der Fonds hauptsächlich aus Einnahmen des staatlichen Energieunternehmens HydroQuebec sowie aus Erträgen der staatlichen Wasserverwaltung.[7] Die Gesamtsumme der Einzahlungen beläuft sich im Jahr auf eine Höhe von über einer halben Milliarde CAN-Dollar, Tendenz steigend.[8] Durch den Verkauf einer großen Beteiligung von HydroQuebec an einem chilenischen Stromversorgungsunternehmen wurde im Haushaltsjahr 2006-2007 eine erste Einzahlung in den Fonds in Höhe von etwa fünfhundert Millionen CAN-Dollar ermöglicht.[9] Insgesamt konnte der Fonds bis zum Ablauf des Haushaltsjahres 2009-2010 trotz der mittlerweise erlebten Finanz- und Wirtschaftskrise auf über zweieinhalb Milliarden CAN-Dollar anwachsen.[10] Wo ein Wille ist, einen staatlichen Fonds aufzusetzen, ist also auch ein Weg dies zu tun. Es kommt dabei nicht auf die faktische, sondern allein auf die rechtliche Gangbarkeit dieses Weges an.

Bevor jedoch im Folgenden untersucht werden wird, inwieweit die öffentliche Hand die Möglichkeiten der privaten Wirtschaft und der Finanzmärkte für Private Equity, vor allem die kreditfinanzierte Unternehmensübernahme, nutzen kann (Dritter Teil), ist zunächst darzustellen, wie überhaupt das Grundmodell einer solchen Unternehmensübernahme in der privaten Wirtschaft ausgestaltet ist, woher es kommt, und welche Möglichkeiten der Gewinnerzielung es eröffnet (Erster Teil). Im Anschluss daran soll kurz umrissen werden, inwieweit sich Staaten heute schon weltweit dieses Geschäftsmodell zunutze machen (Zweiter Teil).

---

6 Errichtet wurde der Fonds durch Gesetz vom 15. Juni 2006 (Loi sur la réduction de la dette et instituant le Fonds des générations). Zu dieser Zeit stand die Verschuldung bei 116,2 Milliarden CAN-$, fast 43 % des Bruttoinlandsprodukts der Provinz Quebec, vgl. Discours sur le budget 2006-2007, März 2006, S. 27, online abrufbar unter: http://www.budget.finances.gouv.qc.ca/budget/2006-2007/fr/pdf/DiscoursBudget.pdf

7 Vgl. Art. 3 des Gesetzes vom 15. Juni 2006.

8 2006: 584 CAN-$, 2007: 649 CAN-$, 2008: 719 CAN-$, 2009: 715 CAN-$, 2010: 892 CAN-$ (geplant), vgl. Plan budgetaire 2010-2011 vom 30.03.2010, S. D.11, online abrufbar unter: http://www.budget.finances.gouv.qc.ca/Budget/2010-2011/fr/documents/PlanBudgetaire.pdf

9 Discours sur le budget 2007-2008 vom 20. Februar 2007, S. 5, online abrufbar unter : http://www.budget.finances.gouv.qc.ca/budget/2007-2008/fr/pdf/DiscoursBudget.pdf

10 Vgl. Plan budgetaire 2010-2011 vom 30. März 2010, S. D.6, online abrufbar (s. Fn. 9).

Erster Teil

Kreditfinanzierte Unternehmensübernahmen durch institutionelle Investoren

Kreditfinanzierte Unternehmensübernahmen werden im Englischen als Leveraged Buyouts bezeichnet. Der Leveraged Buyout ist eine Anlageart, die hauptsächlich von sogenannten institutionellen Investoren genutzt wird. Der Leveraged Buyout zählt zum Kernbereich dessen, was auf den Finanzmärkten als Private Equity bezeichnet wird.

A. Private Equity

Bei der Anlageart Private Equity handelt es sich um eine Form der Unternehmensfinanzierung. Diese ist von anderen, ähnlichen Formen der Unternehmensfinanzierung abzugrenzen. Anschließend können die Grundzüge dieser Anlageart erläutert werden. In diesem Zusammenhang wird auch auf die kreditfinanzierte Unternehmensübernahme, den Leveraged Buyout, eingegangen.

I. Private Equity – Instrument der Unternehmensfinanzierung

Jedes Unternehmen im Wirtschaftsleben benötigt Kapital zur Erfüllung seines Unternehmenszwecks. Dieses kann vom Unternehmen selbst erwirtschaftet werden, oder aber auch dem Unternehmen von außen zugeführt werden. Letzteres ist insbesondere in der Gründungsphase von Unternehmen der Fall, da in dieser Phase die Innenfinanzierungskraft noch durch die mit dem Markteinstieg verbundenen Kosten belastet ist. Kapitalzufuhr von außen kann aber auch in späteren Phasen der Unternehmensentwicklung erfolgen, vor allem, wenn Akquisitionen getätigt werden sollen, wenn hohe Investitionen durchgeführt werden müssen, oder wenn kurzfristige Profitabilitätsengpässe entstanden sind.[11]

---

11 *Weber*, in: Heussen/K/S/W, Unternehmer-Hdb., § 41 Rn. 1.

Alle mit der Kapitalbeschaffung, der Kapitalverwaltung, dem Kapitaleinsatz und dem Kapitalrückfluss verbundenen unternehmerischen Maßnahmen werden unter dem Begriff der Finanzierung zusammengefasst.[12] Die Betriebswirtschaftslehre unterscheidet innerhalb dieses Begriffs nach der Herkunft der Finanzmittel zwischen der Innen- und der Außenfinanzierung von Unternehmen. Die Innenfinanzierung erfolgt mit Kapital, welches durch den betrieblichen Umsatzprozess generiert wird.[13] Die Außenfinanzierung hingegen führt als externe Finanzierung dem Unternehmen anderweitig erwirtschaftetes Kapital über die Finanzmärkte zu.[14] Dieses Kapital fließt dem Unternehmen entweder als Eigenkapital zu, nämlich wenn sich der Kapitalgeber direkt am Unternehmen beteiligt, oder es fließt dem Unternehmen als Fremdkapital zu. Dann gehört es dem Unternehmen nicht, sondern es wird ihm lediglich bis zur Rückzahlung zur Verfügung gestellt. Zwar haben sich in jüngerer Zeit auch Zwischenformen entwickelt, die unter dem nicht scharf umrissenen Begriff Mezzanine-Kapital zusammengefasst werden.[15] Nichtsdestotrotz bleibt die Grundeinteilung in Eigen- und Fremdfinanzierungsformen für Unternehmen bestehen.

Der Fremdkapitalgeber ist lediglich Gläubiger des Unternehmens. Er hat diesem gegenüber nur einen Anspruch auf Rückzahlung seines Kapitals und gegebenenfalls auf Zahlung des vereinbarten Zinses. Der Eigenkapitalgeber wird hingegen (Mit-)Eigentümer des Unternehmens. Als Gesellschafter stehen ihm Gewinnansprüche, Informationsrechte, Bezugsrechte und gegebenenfalls auch Mitspracherechte bei der Unternehmensführung zu.[16] Im Falle der Insolvenz des Unternehmens sind seine Rechte allerdings gegenüber denen der Gläubiger des Unternehmens nachrangig. Private Equity ist eine Form der Außenfinanzierung des Unternehmens durch Eigenkapital. Private Equity Investoren werden demnach (Mit-)Eigentümer. Wie die Investoren genau am Unternehmen beteiligt werden, hängt von dessen Rechtsform ab. Die Beteiligung kann in Gesellschaftsverträgen festgelegt oder durch Aktien verbrieft sein. Sowohl das Eigenkapital der Gesellschaft als auch die von den Anteilseignern am Vermögen des Unternehmens gehaltenen Rechte werden als *Equity* bezeichnet.[17]

---

12 *Boemle*, Unternehmensfinanzierung, S. 22.

13 *Raupach/Weiss*, in: Hölters, Handbuch Unternehmens- und Beteiligungskauf, Teil IV Rn. 3.

14 *Engelhardt*, Industrielle Geschäftsprozesse, Berlin 2004, Kapitel 6, 3.1.3, S. 633.

15 *Raupach/Weiss,* in: Hölters, Handbuch Unternehmens- und Beteiligungskauf, Teil IV Rn. 3.

16 *Römer/Groh,* in: Richard/Weinheimer, Handbuch Going Private, S. 147; *Weber*, in: Heussen/K/S/W, Unternehmer-Hdb., § 41 Rn. 13.

17 *Dietl/Lorenz*, Wörterbuch für Recht, Wirtschaft und Politik, Bd. I, Englisch-Deutsch, 2009, Stichwort *Equity*

Besonderes Merkmal der Unternehmensfinanzierung durch Private Equity ist, dass es sich um eine außerbörsliche Eigenkapitalfinanzierung handelt. Die Eigenkapitaltitel der Private Equity Investoren werden somit nicht öffentlich an der Börse gehandelt. Daher wird diese Investitionsform als *Private Equity* bezeichnet, die dem öffentlichen Handel mit Anteilen an Unternehmen an den Börsen, dem sogenannten *public trade*, entzogen ist. Als Private Equity gehaltene Unternehmen haben damit den Vorteil, den Publizitätspflichten einer Börsennotierung zu entgehen.[18]

Private Equity bezeichnet demzufolge schlicht Beteiligungskapital und umfasst damit alle Eigenkapital-Anlageformen, wie Venture Capital, Mezzanine-Kapital und Buyout-Finanzierungen.[19] Mitunter wird auch insgesamt von Venture Capital gesprochen. Die Begriffsverwendung im Rahmen der vorliegenden Untersuchung soll im Folgenden geklärt werden.

1. Private Equity und Venture Capital

Die Abgrenzung zwischen den Begriffen Private Equity und Venture Capital wird unterschiedlich gesehen. Es gibt letztlich aber nur zwei Möglichkeiten der Verwendung beider Begriffe. Entweder hält man Venture Capital und Private Equity für gleichbedeutend - dann muss man keine Abgrenzung vornehmen -, oder man spricht beiden Begriffen eine unterschiedliche Bedeutung zu. Während in Großbritannien Venture Capital und Private Equity häufig synonym gebraucht werden, ist in den Vereinigten Staaten Venture Capital nur ein Unterbegriff von Private Equity, der sich vor allem auf die Beteiligung mit Risikokapital an jungen Wachstumsunternehmen bezieht.[20] Die Übernahme der englischen Begriffe in die deutsche Sprache orientiert sich am anglo-amerikanischen Sprachgebrauch. Daher ist in Deutschland keine allgemeingültige Begriffsverwendung auszumachen. Sofern es eine Abgrenzung gibt, richtet sie sich nach den Entwicklungsphasen des Unternehmens, in welcher die Eigenkapitalbeteiligung erfolgt.

Eigenkapital-Außenfinanzierung wird vor allem bei der Gründung eines Unternehmens, in der Anlauf- oder in einer Verlustphase, sowie zur Förderung weiteren Wachstums benötigt. Die Investition in dieser frühen Phase der Unternehmensentwicklung im Wirtschaftsleben wird als *early stage investment*, als

18 *Römer/Groh,* in: Richard/Weinheimer, Handbuch Going Private, S. 147; *Weber*, in: Heussen/K/S/W, Unternehmer-Hdb., § 41 Rn. 4 f.

19 *Fock*, UBGG, I. Teil Rn. 2.

20 *Römer/Groh,* in: Richard/Weinheimer, Handbuch Going Public, S. 150.

Frühphasenfinanzierung, bezeichnet. Wer zwischen Private Equity und Venture Capital unterscheidet, meint mit Venture Capital allein diese early stage investments.[21] Wer hier nicht differenziert, für den ist Venture Capital - übersetzt mit Wagnis- oder Risikokapital - nicht nur Beteiligungskapital zur sogenannten Frühphasenfinanzierung, sondern kann grundsätzlich in allen Phasen der Unternehmensentwicklung eingesetzt werden.[22] Damit wäre es ein Synonym für Private Equity. Häufig wird der Begriff Private Equity jedoch allein auf *later stage investments* bezogen, mit denen das Wachstum von bereits ausgereiften Unternehmen finanziert wird, oder sogar völlig mit der kreditfinanzierten Unternehmensübernahme (Leveraged Buyout) gleichgesetzt.[23]

In der vorliegenden Arbeit werden die Begriffe Venture Capital und Private Equity nicht synonym gebraucht. Venture Capital soll allein die Frühphasenfinanzierung eines Unternehmens bezeichnen, wobei Private Equity sowohl im weiteren Sinne als Oberbegriff für Eigenkapital-Außenfinanzierung in jeder Phase der Unternehmensentwicklung verwendet wird als auch im engeren Sinne, allein auf die Spätphasenfinanzierung bezogen. Dies entspricht einer üblichen Verwendung der Begriffe.[24] Des Weiteren wird im Folgenden auch der Begriff Beteiligungskapital verwendet werden, wo von Private Equity im weiteren Sinne die Rede ist.

2. Entwicklungsphasen des Unternehmens und ihre Finanzierung

Wie erläutert ist die Unterscheidung der Entwicklungsphasen eines Unternehmens ausschlaggebend für die Bezeichnung der jeweiligen Eigenkapital-Außenfinanzierung. Innerhalb der Entwicklungsphasen lassen sich zudem erneut Abschnitte ausmachen und hinsichtlich der Finanzierungsbezeichnung differenzieren. Im Folgenden soll deshalb kurz dargestellt werden, welche Finanzierungsbezeichnungen üblicherweise unter dem Oberbegriff Private Equity zusammengefasst sind.[25]

---

21 Vgl. *The Economist*, July 7th – 13th 2007, Briefing: Public v private equity, The business of making money, S. 69.

22 Venture Capital, 2001, S. 9.

23 Vgl. *Ibid.*, ebenso der Verweis auf *private equity deals* in den 80er Jahren, „then known as leveraged Buyouts (LBOs)", in: *The Economist*, February 10th – 16th 2007, Briefing: Private Equity, The uneasy crown, S. 73.

24 Vgl. *Fock*, UBGG, I. Teil Rn. 2.

25 Auflistung nach Venture Capital 2001, S. 9, 126, wobei hier die Finanzierungen unter dem Oberbegriff Venture Capital als Synonym für Private Equity aufgeführt werden.

a. Seed-Finanzierung

Seed-Finanzierung ist die frühestmögliche Form der Unternehmensfinanzierung. Ein Unternehmen besteht zu diesem Zeitpunkt noch nicht. Es existiert lediglich eine Geschäftsidee, auf deren Basis ein Unternehmen gegründet werden soll. Die Seed-Finanzierung stellt Kapital zur Ausreifung dieser Idee und ihrer Umsetzung in verwertbare Resultate bis hin zur Entwicklung eines Prototyps zur Verfügung. Anschließend wird ein Geschäftskonzept für das künftige Unternehmen erstellt. Spätestens mit der Gründung des Unternehmens kann nicht mehr von Seed-Finanzierung gesprochen werden.

b. Start-Up-Finanzierung

Start-Up-Finanzierung ist die Finanzierung der Unternehmensgründung und der ersten Aufbauphase. Finanziert wird der Markteinstieg des neuen Unternehmens, welches beginnt, seine Produkte zu vermarkten. In dieser Phase macht das Unternehmen noch keine Gewinne, da die ersten Kundenbeziehungen nicht sofort die hohen Kosten für Werbung und Aufstellung der Infrastruktur des Unternehmens decken können. Nach dem Geschäftsplan der Gründer soll zu einem bestimmten Zeitpunkt der sogenannte *break-even point* erreicht sein. Das ist der Moment, in dem sich Umsatz und Kosten genau decken, und ab dem fortan Gewinne erzielt werden sollen. Start-Up-Finanzierung soll vor allem dem Unternehmen helfen, die Phase bis zum break-even point zu überstehen.

c. Wachstumsfinanzierung

Wachstumsfinanzierung ist die Finanzierung der Expansion des noch jungen Unternehmens. Der break-even point wurde zwar erreicht und es besteht ein fester Kundenstamm. Das Unternehmen benötigt aber neues Kapital, um seine Marktposition auszubauen, die Produktion zu erhöhen oder durch neue Produkte neue Märkte zu erschließen. Wachstumsfinanzierung bezieht sich demnach allein auf die Kapitalbereitstellung für das erste Wachstum des Unternehmens und nicht auf jede Wachstumsphase in der zum Teil jahrzehntelangen Unternehmensentwicklung.

d. Bridge-Finanzierung

Bridge-Finanzierung findet statt, wo Unternehmen das ihnen zur Verfügung stehende Eigenkapital durch einen Börsengang erhöhen wollen. Die Bereitstellung von finanziellen Mitteln zur Vorbereitung dieses Börsengangs und zur Überbrückung der Zeitspanne bis zum Kapitalzufluss durch die Aktienausgabe wird als Bridge-Finanzierung bezeichnet. Ebenso kann auch die Zeit bis zum Aufkauf durch einen industriellen Investor überbrückt werden. Der industrielle Investor hat anschließend weniger Probleme, sich der Zielgesellschaft anzunähern. Anstelle eines öffentlichen Übernahmeangebots und des Auskaufs der Gesellschafter, muss der Investor nur noch mit dem Bridge-Finanzierer verhandeln. Zudem übernimmt er ein bereits effizient organisiertes Unternehmen.

e. Turnaround-Finanzierung

Turnaround-Finanzierung ist die Investition in ein wirtschaftlich angeschlagenes Unternehmen, welches sich mithilfe des neu zugeführten Eigenkapitals nach der Überwindung einer schwierigen Phase wieder positiv entwickeln soll. Der negative Trend des Unternehmens soll gestoppt und umgekehrt werden, sodass sich die Umsätze des Unternehmens wieder aufwärts bewegen. Diese Trendumkehr wird als *Turnaround* bezeichnet. Anlass für eine Turnaround-Finanzierung sind beispielsweise Fehler im Management des Unternehmens, Bilanzschieflagen oder einmalige Einbrüche einzelner Branchensegmente eines Unternehmens, zu deren Korrektur neben der Finanzkraft der Beteiligungsgesellschaft auch Managementleistungen erforderlich sind.[26]

f. Buyout, Management-Buyout und Management-Buy-In

Ein Buyout ist der Kauf eines Unternehmens durch einen Finanzinvestor in Verbindung mit einem Management-Team zur potenziellen Realisierung einer Wertsteigerung durch den Ausstieg aus dem Unternehmen nach einer gewissen Zeit.[27] Beim Management Buyout (MBO) wird das Unternehmen durch das bereits vorhandene Management aufgekauft. Die Geschäftsführung übernimmt das bisher von ihr geführte Unternehmen zusammen mit dem Investor. Beim Management Buy-In (MBI) kauft und übernimmt dagegen ein externes Manage-

26 *Weber*, in: Heussen/K/S/W, Unternehmer-Hdb., § 41 Rn. 51.

27 Vgl. *Koppensteiner*, ZHR 155 (1991), 97, 98; auch *Weber*, in: Heussen/K/S/W, Unternehmer-Hdb., § 41 Rn. 18.

ment zusammen mit dem Investor das Unternehmen und anschließend auch die Geschäftsführung. MBO und MBI sind Instrumente zur Sicherung der Unternehmenskontinuität und der Managementnachfolge sowie zur Einflusssicherung im Unternehmen.[28]

g. Replacement

Beim Replacement werden den Eigentümern, die ein Unternehmen verlassen wollen, ihre Anteile an dem Unternehmen abgekauft. Der Investor übernimmt damit im Unternehmen die Position, die der vorherige Anteilseigner innehatte.

h. Spin-Off

Spin-Off ist die Spaltung des Unternehmens und der Verkauf des abgespaltenen Unternehmensteils. Dabei werden Teile des Unternehmens, beispielsweise die Forschungsabteilung, eine Tochtergesellschaft oder ein Produktionszweig, aus dem Unternehmen ausgegliedert und verselbständigt. In Deutschland ist die Spaltung eines Unternehmens durch das Umwandlungsgesetz (UmwG) geregelt.

3. Die Private Equity Investition

Eine bedeutende Entwicklung auf dem Gebiet der Kapitalbeteiligungen ist die zunehmende Investition im later stage Bereich, also in bereits ausgereifte Unternehmen. Im Jahr 2005 waren etwa die Hälfte aller Private Equity Investitionen Unternehmensfinanzierungen im later stage Bereich, also Private Equity Investitionen im engeren Sinne.[29] Dies hatte auch mit der schlechten Marktlage nach dem Zusammenbruch der *New Economy* zu Anfang des Jahrzehnts zu tun. Viele Venture Capital Investoren, die damals den jungen Wachstumsunternehmen der Informations- und Technologiebranche Kapital zugeführt hatten, konnten ihre Unternehmensanteile nach dem Markteinbruch nicht mehr auf dem öffentlichen Markt liquidieren und waren somit auf den *secondary purchase* als Exit-Strategie angewiesen, d.h. sie konnten aus ihrer Unternehmensbeteiligung nur durch den Verkauf an einen weiteren privaten Investor aussteigen. Inzwischen haben sich manche Venture Capital Fonds aber fast vollständig auf later stage Investitionen spezialisiert oder sind sogar zu „*small buyout funds*" geworden, zu

---

28 Vgl. *Fleischer*, AG 1996, 494, 498.

29 *Bassi/Jormakka,* in: Bassi/Grant, Structuring European Private Equity, S. 23.

kleinen Beteiligungsgesellschaften, die sich mit den traditionellen Buyout-Fonds zusammenschließen, um größere Geschäfte tätigen zu können.[30]

Jede Private Equity Investition wird grundsätzlich nach demselben Muster abgewickelt. Das Beteiligungskapital ist stets Eigenkapital, das einem Unternehmen zeitlich befristet zur Verfügung gestellt wird. Gleichzeitig wird häufig auch das Management des Unternehmens durch das Know-how des Kapitalgebers unterstützt. Diese drei Merkmale der Private Equity Investition sollen im Folgenden genauer erläutert werden.

a. Eigenkapital

Der Beteiligungskapitalgeber beteiligt sich als Investor mit Kapital an einem Unternehmen. Dieses Kapital stellt Eigenkapital des Unternehmens dar. Mithin unterliegt das Unternehmen weder einer Pflicht zur Rückzahlung des Kapitals, noch muss es Zinszahlungen leisten. Es kann mit dem Kapital nach Belieben verfahren. Bei der Art der Beteiligung des Investors an dem Unternehmen kann es sich um eine offene oder um eine stille Beteiligung handeln.[31] Beim Austritt aus dem Unternehmen bekommt der Investor den Wert seines Anteils am Unternehmen ausgezahlt. Er kann jedoch auch versuchen, durch den Verkauf seiner Beteiligung einen entsprechenden Wert, oder sogar einen höheren, zu erzielen. Ziel des Investors ist es jedenfalls, zum Zeitpunkt des Ausstiegs aus der Beteiligung eine höhere Summe Kapitals zu erhalten als er ursprünglich dem Unternehmen zugeführt hat.[32] Daher ist ein wichtiges Kriterium bei der Auswahl geeigneter Unternehmen für die Beteiligung, dass ein Wachstumspotenzial besteht, welches eine 20 – 30 prozentige Verzinsung des eingesetzten Kapitals ermöglicht.[33] Für junge Unternehmen kann eine solche Prognose lediglich anhand des Geschäftsplans erstellt werden. Bei etablierten Unternehmen ist der Blick auf die bisherige Unternehmensentwicklung ein zusätzlicher Anhaltspunkt.

---

30 *Bassi/Jormakka,* in: Bassi/Grant, Structuring European Private Equity, S. 23.

31 Vgl. *Raupach/Weiss,* in: Hölters, Handbuch Unternehmens- und Beteiligungskauf, Teil IV Rn. 61.

32 Vgl. *Winkler*, Rechtsfragen der VC-Finanzierung, S. 32 f.; *Holzner*, Private Equity, S. 40 f.

33 *Raupach/Weiss,* in: Hölters, Handbuch Unternehmens- und Beteiligungskauf, Teil IV Rn. 77.

b. Zeitliche Befristung

Da die Investoren die angestrebte Kapitalrendite allein durch den Verkauf ihrer Beteiligung realisieren wollen, ist es für sie wichtig, von vornherein den Zeitpunkt des Ausstiegs aus der Investition und damit das Ende der jeweiligen Finanzierungsphase zu bestimmen. Der Kapitalgeber spekuliert auf der Grundlage des ausgearbeiteten Geschäfts- und Finanzierungsmodells auf einen Wertzuwachs seiner Beteiligung innerhalb eines bestimmten Zeitraums. Dieser Zeitraum kann regelmäßig nur mittelfristig lang sein. Die meisten Beteiligungskapitalgeber halten ihre Anteile an einem Unternehmen zwischen drei und sieben Jahren.[34] Am Ende dieses Zeitraums muss der Ausstieg aus der Beteiligung am Unternehmen möglich sein, weshalb hbereits in den Beteiligungsverträgen Möglichkeiten für den Kapitalgeber vorgesehen werden, einen Börsengang oder einen Weiterverkauf seiner Beteiligung zu erzwingen. Die Investitionsdauer richtet sich auch danach, welche Finanzierungsphase des Unternehmens unterstützt wurde. Kapitalbeteiligungen über 7 oder sogar 8 Jahre findet man regelmäßig vor allem bei later-stage investments. Venture Capital Beteiligungen sind dagegen oft von kürzerer Dauer.

c. Unterstützung des Managements

In der Zeit, in der der Kapitalgeber am Unternehmen beteiligt ist, hat das Unternehmen die Möglichkeit, von seinem Management Know-how zu profitieren. Der Kapitalgeber war regelmäßig schon an verschiedenen Unternehmen beteiligt und kennt die Schwierigkeiten, aber auch das Potenzial der Märkte, oft sehr genau. Diese Kenntnisse kann das Unternehmen in seinem eigenen Interesse zum Ausbau und zur Festigung seiner Marktposition nutzen. Zugleich ist auch der Kapitalgeber an dieser positiven Entwicklung des Unternehmens am Markt interessiert. Aus diesem Grunde wird in den meisten Fällen eine enge Kooperation zwischen Unternehmensführung und Kapitalgeber angestrebt. Regelmäßig lässt sich der Kapitalgeber ohnehin Mitspracherechte bei der Beteiligungsgesellschaft einräumen. Dabei ist es nicht ungewöhnlich, dem Kapitalgeber sogar das Recht einzuräumen, das Management des Unternehmens austauschen zu können.[35] Der Private Equity Investor kann somit die Geschicke des Unternehmens oft stark beeinflussen und darauf hinwirken, dass das von ihm eingesetzte Kapital zum

---

34 *Raupach/Weiss,* in: Hölters, Handbuch Unternehmens- und Beteiligungskauf, Teil IV Rn. 62; *Weber*, in: Heussen/K/S/W, Unternehmer-Hdb., § 41 Rn. 24.

35 *Raupach/Weiss,* in: Hölters, Handbuch Unternehmens- und Beteiligungskauf, Teil IV Rn. 77.

größtmöglichen Nutzen des Unternehmens und damit auch zur größtmöglichen Werterhöhung seines Unternehmensanteils eingesetzt werden kann.

Es ist gerade das besondere Know-how des Kapitalgebers, welches dessen Kapitalbeteiligung trotz der erheblichen Möglichkeiten der Einflussnahme auf die Unternehmensführung für Unternehmen interessant macht. Ein solches Know-how können Einzelpersonen als Investoren kaum erwerben, weshalb es sich bei den Kapitalgebern meist um sogenannte institutionelle Investoren handelt. Diese sind juristische Personen mit großem Vermögen, deren personelle Ausstattung die notwendige Erfahrung und Professionalität gewährleisten soll.

II. Institutionelle Private Equity Investoren

Der Begriff des institutionellen Investors soll im Folgenden noch etwas genauer bestimmt werden. Er umfasst eine Vielzahl von großen Kapitalanlegern. Davon nehmen jedoch regelmäßig nur zwei Typen selbst unmittelbar Private Equity Investitionen vor. Für die Durchführung der Transaktionen greifen sie jedoch üblicherweise in großem Umfang auf das Kapital anderer Investoren, insbesondere anderer institutioneller Investoren, zurück.

1. Institutionelle Investoren – Begriff und Abgrenzung

Institutionelle Investoren sind juristische Personen, die ausschließlich oder zumindest in großem Umfang Kapital gezielt anlegen, welches regelmäßig von mehreren, häufig einer Vielzahl von Einzelpersonen zur Verfügung gestellt wurde.[36] Mithin sind als institutionelle Investoren anzusehen: Pensionsfonds und Pensionskassen, Banken, Investmentfonds, Versicherungen sowie Kapitalbeteiligungsgesellschaften. Auch sogenannte Staatsfonds sind institutionelle Investoren.

Private Equity Investitionen, insbesondere die kreditfinanzierten Unternehmensübernahmen, werden vor allem durch Investmentfonds und Kapitalbeteiligungsgesellschaften durchgeführt. Private Equity Investitionen durch Banken, Versicherungen oder Pensionsfonds sind zwar denkbar. In der Regel beteiligen sich diese Investoren jedoch lediglich an den Transaktionen der spezialisierteren Private Equity Investoren: den Kapitalbeteiligungsgesellschaften und den Investmentfonds. Dabei sind Kapitalbeteiligungsgesellschaften als einzige Investoren-

36 Vgl. *Mackensen*, Institutionelle Anleger, S. 27 f.

klasse ausschließlich auf Privat Equity Investitionen spezialisiert. Investmentfonds nutzen wie alle anderen institutionellen Investoren grundsätzlich sämtliche Anlagemöglichkeiten, die sich auf den Finanzmärkten bieten.

Natürlich kann auch ein gewöhnliches Unternehmen andere Unternehmen aufkaufen und dafür in großem Umfang Fremdkapital nutzen. In diesen Fällen spricht man jedoch nicht von einem institutionellen Investor, sondern von einem sogenannten Industriellen Investor *(corporate investor)*. Anders als bei institutionellen Investoren steht die Geldanlage bei industriellen Investoren nicht im Mittelpunkt ihrer Wirtschaftstätigkeit. Zudem geht es den industriellen Investoren, wenn sie ein Unternehmen aufkaufen auch zumeist nicht um eine lukrative Geldanlage, sondern um die Stärkung ihrer eigenen Marktposition, um die Erschließung neuer Märkte und um die Realisierung von Synergien.[37] Aus diesen Gründen ist auch der Ausstieg aus der Beteiligung nicht das Ziel einer von einem industriellen Investor getätigten Unternehmensübernahme.

Unter den institutionellen Investoren in Private Equity sind Kapitalbeteiligungsgesellschaften vor allem von Hedge-Fonds abzugrenzen. Hedge-Fonds sind eine Sonderform des Investmentfonds, die mitunter die Züge einer Kapitalbeteiligungsgesellschaft annehmen kann. Sie kann jedoch auch deutlich andere Züge annehmen. Herkömmliche Investmentfonds halten ein Portfolio zahlreicher und verschiedener Unternehmensbeteiligungen und anderer Kapitalanlagemöglichkeiten. Die Unternehmensbeteiligungen liegen pro Unternehmen jedoch aus Gründen der Risikostreuung meist nur im einstelligen Prozentbereich. Hedge-Fonds hingegen nehmen im Rahmen ihres Portfolios auch hochriskante Anlagemöglichkeiten wahr und können sich auch durchaus wie eine Kapitalbeteiligungsgesellschaft in großem Umfang an Unternehmen beteiligen. In diesen Fällen kann die Unterscheidung im Einzelfall schwierig sein. Gleichzeitig zeigen diese Darlegungen aber schon ein deutliches Abgrenzungsmerkmal: Hedge-Fonds sind institutionelle Investoren, die sämtliche Anlagemöglichkeiten der Finanz- und Kapitalmärkte zur Renditegenerierung nutzen und daher nicht abschließend definiert oder auf eine bestimmte Anlageart festgelegt werden können.[38] Kapitalbeteiligungsgesellschaften nutzen dagegen lediglich große Unternehmensbeteiligungen und die mit den jeweiligen Transaktionen verbundenen Rechtsgeschäfte, wie etwa Gesellschafterdarlehen, als Kapitalanlagemöglichkeit.

Bei den institutionellen Investoren unterscheidet das deutsche Recht zudem noch Unternehmensbeteiligungsgesellschaften und Kapitalanlagegesellschaften.

---

37 Vgl. *Römer/Groh*, in: Richard/Weinheimer, Handbuch Going Private, S. 156.
38 *Kaal*, Hedge Fund Regulation, S. 23.

Letztere sind Unternehmen, deren Geschäftsbetrieb darauf gerichtet ist, bei ihnen eingelegtes Geld im eigenen Namen für gemeinschaftliche Rechnung der Einleger (Anteilsinhaber) nach dem Grundsatz der Risikomischung gesondert vom eigenen Vermögen anzulegen und über die hieraus sich ergebenden Rechte der Anteilinhaber Urkunden (Anteilscheine) auszustellen.[39] Für sie hat der deutsche Gesetzgeber das Investmentgesetz (InvG) vorgesehen. Es handelt sich um eine gesetzlich geregelte Art der Investmentfonds. Die kollektive Vermögensanlage nach dem Grundsatz der Risikomischung muss jedoch nicht ausschließlich im Rahmen des InvG erfolgen.[40] Andere Arten von Investmentfonds bleiben weiterhin zulässig und werden durch das InvG nicht beschränkt.

Für Kapitalbeteiligungsgesellschaften relevanter ist das Gesetz über Unternehmensbeteiligungsgesellschaften (UBGG). Aber auch Kapitalbeteiligungsgesellschaften unterliegen nicht zwangsläufig dem Anwendungsbereich des UBGG.[41] Der Gesetzgeber regelt auch hier nur eine mögliche Art der Kapitalbeteiligungsgesellschaft. Die im InvG und im UBGG vorgenommene gesetzgeberische Unterscheidung zwischen Gesellschaften zur allgemeinen Kapitalanlage, welche Sondervermögen jeglicher Art verwalten können, und Kapitalbeteiligungsgesellschaften, deren Sondervermögen aus Unternehmensbeteiligungen besteht, führt noch einmal vor Augen, wo die vorliegend interessierende allgemeine Abgrenzung zwischen Kapitalbeteiligungsgesellschaften und Investmentfonds anzusetzen hat.

Gesellschaften, deren Gesellschaftszweck die Vorbereitung und Durchführung von Private Equity Investitionen ist, und die damit bei Vorliegen der entsprechenden Voraussetzungen auch potenziell dem UBGG unterfallen können, werden im weiteren Verlauf dieser Arbeit als Kapitalbeteiligungsgesellschaften oder auch als Private Equity Gesellschaften bezeichnet. Sie sind auch gemeint, wenn nur kurz von Beteiligungsgesellschaft gesprochen wird. Aufgrund des Begriffsschutzes in § 20 UBGG ist der Begriff Unternehmensbeteiligungsgesellschaft im deutschen Recht nur für Gesellschaften im Sinne des UBGG, die mithin auch dessen Voraussetzungen erfüllen müssen, zu verwenden. Daher wird auch hier der Begriff Unternehmensbeteiligungsgesellschaft nur dort verwendet werden, wo Gesellschaften nach dem UBGG gemeint sind.

Aus der Gruppe der institutionellen Investoren sind mithin allein Kapitalbeteiligungsgesellschaften ausschließlich für Private Equity Investitionen geschaffen. Sie allein sollen daher Gegenstand der folgenden Betrachtungen sein.

---

39 *Fock*, UBGG, I. Teil Rn. 74.
40 *Ibid.*
41 *Fock*, UBGG, § 20 Rn. 1.

2. *Kapitalbeteiligungsgesellschaften als Finanzintermediäre im Private Equity Markt*

Wenn es auch kein Allheilmittel ist, so bietet Private Equity einem Unternehmen doch jedenfalls die Möglichkeit, seine Position im Wettbewerb zu stärken und durch eine Harmonisierung der Interessen der Anteilsinhaber die Kapitalstruktur zu erneuern.[42] Das Kapital, welches von der Kapitalbeteiligungsgesellschaft einem Unternehmen zugeführt wird, ist dabei jedoch selten Eigenkapital der Beteiligungsgesellschaft selbst, sondern Kapital Dritter, denn bei Kapitalbeteiligungsgesellschaften handelt es sich um Finanzintermediäre.

Als Finanzintermediäre nehmen Kapitalgesellschaften eine Zwischenstellung zwischen den eigentlichen geldgebenden Investoren und den Unternehmen, denen das Kapital zugeführt werden soll, ein. Die Kapitalbeteiligungsgesellschaft ist somit eine Sammelstelle für Risikokapital.[43] Die Gesellschaft verwaltet einen Fonds aus Mitteln von Kreditinstituten, Pensionskassen, Versicherungen, anderen Fonds, Unternehmen und wohlhabenden Privatpersonen. Ihr eigener finanzieller Beitrag bei Unternehmensbeteiligungen besteht meist nur aus einer verhältnismäßig geringen Eigeninvestition. Nichtsdestotrotz ist die Zwischenschaltung einer Kapitalbeteiligungsgesellschaft für die genannten Investoren bei Unternehmensbeteiligungen interessant und geradezu unerlässlich.

Zum einen ermöglicht die Bündelung von Investitionsmitteln enorme Transaktionsvolumina. Zum anderen handelt es sich bei Unternehmensbeteiligungen und den darauf folgenden entsprechenden Einflussnahmen auf die Unternehmensführung, das Risikomanagement und den Schuldenabbau, um komplexe Vorgänge für deren erfolgreiche Abwicklung ein hochspezialisiertes Know-how erforderlich ist, welches regulären Investoren zumeist nicht zugänglich ist. Damit eröffnet die fachliche Qualifikation des Managements einer Kapitalbeteiligungsgesellschaft anderen Investoren erst die Möglichkeit, derartige riskante Unternehmensbeteiligungen als ertragreiche Anlagemöglichkeit wahrnehmen zu können. Um das Risiko der Investitionen zu streuen, sollten zudem stets mehrere Beteiligungen an Unternehmen eingegangen werden. Ein solcher Aufwand wäre von den einzelnen Investoren selbst kaum zu leisten. Beteiligungsgesellschaften beteiligen sich dagegen mit einem Beteiligungsvermögen regelmäßig durch verschiedene Transaktionen an diversen Unternehmen. Diese werden als ihre Portfoliounternehmen bezeichnet. In einem risikoausgewogenen Portfolio sollten etwa 15 Unternehmen gehalten werden.[44]

---

42 *Fuller,* in: Bassi/Grant, Structuring European Private Equity, S. ix.
43 *Hölters,* in: Hölters, Handbuch Unternehmens- und Beteiligungskauf, Teil I Rn. 73.
44 *Sovran,* in: Bassi/Grant, Structuring European Private Equity, S. 88.

III. Die Beteiligten

Die Ausführungen zur Kapitalbeteiligungsgesellschaft als Finanzintermediär haben bereits die drei Hauptbeteiligten einer Private Equity Investition herausgestellt: Die Kapitalbeteiligungsgesellschaft, ihre Geldgeber und das Unternehmen, an dem die Beteiligung erworben werden soll. Im Folgenden sollen deren Beziehungen zueinander noch etwas genauer betrachtet werden. Im Zentrum ihrer wechselseitigen Beziehungen steht der Beteiligungsfonds der Beteiligungsgesellschaft.

1. Die Kapitalbeteiligungsgesellschaft und ihr Beteiligungsfonds

Die Kapitalbeteiligungsgesellschaft steuert die gesamte Investition. Sie sucht günstige Investitionsgelegenheiten, entwickelt eine Anlagestrategie und wirbt bei Investoren um Kapital für die Umsetzung. Zunächst sieht sich die Beteiligungsgesellschaft die Märkte an und identifiziert Wachstumsbranchen oder Wachstumsregionen. Auf der Grundlage ihrer Erkenntnisse entwickelt sie einen Geschäftsplan. Eine solche Geschäftsstrategie kann beispielsweise die Festlegung auf eine bestimmte Branche, eine bestimmte geographische Lage, eine bestimmte Form der Private Equity Finanzierung, bestimmte Managementexpertise, oder auch die Nutzung eines bestimmten rechtlichen Umfeldes beinhalten. Die Beteiligungsgesellschaft ist in der Festlegung frei. Die Investitionsstrategie sollte jedoch genügend Potenzial für Gewinne bieten, um die umworbenen Kapitalgeber zu überzeugen.[45]

Wenn die Grundzüge der Anlagestrategie feststehen, sollten die gesellschaftsrechtlichen und steuerrechtlichen Rahmenbedingungen der ins Auge gefassten Branche oder Region betrachtet werden. Anschließend kann die Beteiligungsgesellschaft die je nach den gesetzlichen Voraussetzungen günstigste Struktur des für die Investitionen benötigten Fonds entwerfen. Schließlich werden die Umrisse der Geschäftsstrategie, versehen mit einer Einschätzung, ausgewählten Inves-

45 Ein Beispiel einer ungewöhnlichen Anlagestrategie, wenn auch nicht für eine Beteiligungsgesellschaft, sondern für einen Investmentfonds, ist der Women's Leadership Fund der Schweizer Investmentgesellschaft Naissance Capital Ltd. Das Sondervermögen, welches bis zu 200 Millionen US-Dollar betragen soll, soll in Unternehmen investieren, die eine überdurchschnittliche Anzahl an Frauen in führenden Positionen aufweisen, da solche Firmen Studien zufolge Ergebnisse über dem Marktdurchschnitt erzielen. Vgl. die Pressemitteilung vom 26. Oktober 2009 unter http://www.womensleadershipfund.com/files/press_release_naissance_women_s_leadership_fund.pdf

toren, die möglicherweise interessiert sind, vorgestellt. Dies geschieht mittels eines sogenannten *Private Placement Memorandum* (PPM). Dabei handelt es sich um eine Broschüre, die den Geschäftsplan, die juristischen und steuerrechtlichen Details und die geplante Fondsstruktur, wie etwa Größe, Zusammensetzung und Bezugszeit, präsentiert. Wichtig sind dabei vor allem auch die vorgesehenen Transaktionskosten, die veranschlagte Vergütung für die Manager und die Projektion der Ausschüttungen der Beteiligungsgesellschaft.[46] Auch die Benennung des Management-Teams erfolgt bereits im PPM.

Das PPM wird zur Grundlage des Fundraising und ist das Hauptinstrument zur Gewinnung neuer Investoren. Es sollte auch frühere Erfolge und Geschäftsstrategien der Beteiligungsgesellschaft darstellen sowie das beteiligte Management-Team vorstellen. Die Kapitalbeteiligungsgesellschaft sollte sich auch bereits Gedanken gemacht haben, welcher Kreis von Investoren oder sogar welche spezifischen Investoren angesprochen bzw. interessiert werden sollen. Bestehen bereits Beziehungen der Beteiligungsgesellschaft zu Investoren, sollten diese genutzt werden, um die Investoren zu informieren oder in den Entscheidungsprozess mit einzubinden. Eine solche frühe Einbindung macht die spätere Zusage der Investoren für das Projekt wahrscheinlicher.

Das Fundraising umfasst die Aufbringung und Strukturierung des Fondsvermögens für die Unternehmensübernahmen. Im PPM wird eine Mindestinvestitionssumme pro Investor vorgeschlagen. Diese bewegt sich in der Regel in einer Größenordnung zwischen 2 Millionen und 20 Millionen, meistens 5 Millionen US-Dollar.[47] Über diverse Gesprächsrunden auf der Basis des PPM wird schließlich von den Investoren die Zusage (*commitment*) erteilt. Das commitment verpflichtet die Investoren zur Beteiligung am Fonds über dessen gesamte Laufzeit (*term*). Mit dem commitment erhält die Beteiligungsgesellschaft zunächst aber noch kein Kapital. Das Geld wird von den Investoren immer erst im Rahmen der weiteren Entwicklung der Investitionen schrittweise abgefordert, und zwar stets für die Phase, für die es benötigt wird, insbesondere wenn ein konkreter Beteiligungserwerb bevorsteht.[48] Aus diesem Grund sind in der Regel zu keinem Zeitpunkt die mit dem commitment zugesagten Investitionen vollständig abgefordert, sondern maximal zu 80 %.[49] Nichtsdestotrotz gehen die Investoren mit ihrer Zusage ein unberechenbares und hohen Schwankungen ausgesetztes Risiko ein.[50]

---

46 *Simpson,* Fundraising and Investor Relations, S. 10.

47 *Sovran,* in: Bassi/Grant, Structuring European Private Equity, S. 88.

48 *Ibid.*; *Frei/Studer,* in: Bassi/Grant, Structuring European Private Equity, S. 130 f.; *Rudolph,* ZGR 2008, 161, 162.

49 *Bance,* Why and How to Invest in Private Equity, S. 9.

50 *Frei/Studer,* in: Bassi/Grant, Structuring European Private Equity, S. 130.

Hat die Beteiligungsgesellschaft schließlich die Zusage einer ausreichenden Anzahl von Investoren für ihr Vorhaben erhalten, gründet sie wie im PPM vorgesehen den Beteiligungsfonds in Form einer Gesellschaft mit eigener Rechtspersönlichkeit. Die Beteiligungsgesellschaft übernimmt die Geschäftsführung des Fonds mit den von ihr beschäftigten und im PPM benannten Fondsmanagern. Diese rufen nun von den Investoren die erste Tranche der zugesagten Investition ab und errichten damit das eigentliche Sondervermögen für den Beteiligungserwerb. Dieses wird für die Verwirklichung der entwickelten Investitionsstrategie benutzt. Im Allgemeinen ist die Lebensdauer (*term*) dieses Sondervermögens auf 10 Jahre angelegt,[51] an deren Ende die Investitionen vollständig zurückgezahlt und alle erzielbaren Gewinne aus den Investitionen gezogen wurden. Soweit die Investoren zustimmen, kann diese Zeit noch um ein oder zwei Jahre verlängert werden, um noch verbleibende Investitionen abzuwickeln.[52] Anschließend, aber unter Umständen auch parallel, kann ein neues Sondervermögen für neue Projekte gebildet werden. Die Kapitalbeteiligungsgesellschaft ist stets an langfristigen, über mehrere Runden beteiligten Investoren interessiert.

Die Initiative für Unternehmensbeteiligungen geht in der Regel nicht von den Investoren, sondern stets von der Beteiligungsgesellschaft als Finanzintermediär aus. Die Kapitalbeteiligungsgesellschaft stellt die Verbindungen zwischen den Investoren und den Portfoliounternehmen erst her. Sie ist der Dreh- und Angelpunkt der gesamten Transaktion. In ihr fließen die Interessen der Investoren und der mit dem Sondervermögen für den Beteiligungserwerb übernommenen Unternehmen zusammen. Die Erfahrungen der Beteiligungsgesellschaft aus früheren Transaktionen kommen dabei sowohl den Investoren als auch dem Unternehmen, an dem die Beteiligung erworben wurde, zugute.

2. Die Investoren in das Sondervermögen

Die Kapitalbeteiligungsgesellschaft ist für die Vornahme der von ihr anvisierten Transaktionen auf die Finanzmittel der Investoren angewiesen. Für ihre eigene Planungssicherheit ist die Beteiligungsgesellschaft dabei an langfristigen Bindungen zu ihren bereits erprobten Investoren interessiert. Die Beziehung eines Investors zu einer Kapitalgesellschaft kann aber sehr unterschiedlich ausgestaltet sein.

Große Kreditunternehmen aber auch größere Sparkassen verfügen häufig über eigene Tochtergesellschaften zum Beteiligungserwerb an Unternehmen. Diese

---

51 *Eidenmüller*, ZHR 171 (2007), 644, 649; *Rudolph*, ZGR 2008, 161, 162.

52 *Simpson*, Fundraising and Investor Relations, S. 6.

Tochtergesellschaften müssen dabei nicht allein zu Zwecken der Finanzanlage in Private Equity errichtet sein. Vielmehr können sie errichtet worden sein, um Kunden der Kreditunternehmen Finanzmittel zukommen lassen zu können, die ihnen nicht mehr als Kredit gewährt werden könnten. Da das im Rahmen einer Unternehmensbeteiligung in ein Unternehmen eingebrachte Kapital Eigenkapital des Unternehmens wird, können zur Wirtschaftsförderung auf diese Weise Gelder in ein Unternehmen fließen, die als Darlehen Fremdkapital darstellen würden und, entgegen der beabsichtigten Förderung, zur Überschuldung des Unternehmens und damit zu dessen Insolvenz führen würden.[53]

Neben diesen Finanzierungszwecken können große Kreditinstitute und Unternehmen aber natürlich auch eigene Beteiligungsgesellschaften als Tochterunternehmen errichten, um durch diese mit dem notwendigen Know-how selbst Private Equity Investitionen tätigen zu können. Solche Kapitalbeteiligungsgesellschaften, die einem großen Unternehmen oder Kreditinstitut als Tochtergesellschaft untergeordnet sind, und der Umsetzung der Investitionsstrategie der Muttergesellschaft dienen, werden als *Capitive Funds* bezeichnet. Sofern sie nebenbei noch Sondervermögen für eine eigene Investitionsstrategie verwalten, werden diese Gesellschaften als *Semi Captive Funds* oder *Parallel Funds* bezeichnet.[54] Nur wenn die von den Investoren eingesammelten Gelder vollständig nach eigenem Ermessen eingesetzt werden und die Gesellschaft keinen Weisungen unterliegt, handelt es sich um sogenannte *Independent Funds*.[55]

Der Einfluss der Investoren auf die Geschäftsführung der Kapitalbeteiligungsgesellschaft ist demgemäß bei *Captive Funds* am größten, während *Independent Funds* ganz nach eigenem Ermessen im Rahmen der den Investoren vorgeschlagenen Geschäftsstrategie Investitionsentscheidungen treffen können. Im Gegenzug haben *Captive Funds* den Vorteil, zumeist ihre Muttergesellschaft als großen Geldgeber hinter sich haben, während sich die *Independent Funds* für jedes neu aufzulegende Sondervermögen erneut auf die Suche nach Investoren machen müssen. Dabei kommen hauptsächlich institutionelle Investoren in Frage. Es können aber auch Privatpersonen interessiert sein, die allerdings ausgesprochen vermögend sein müssen.

Private Investoren binden vernünftigerweise regelmäßig nur 3 % bis 5 % ihres Anlagevermögens in Private Equity.[56] Im PPM werden den Investoren durchschnittlich Beteiligungen in Höhe von etwa 5 Millionen US-Dollar am Sonder-

53 *Merkel,* in: Lutter/Scheffler/Schneider, Konzernfinanzierung, S. 545.
54 *Römer/Groh,* in: Richard/Weinheimer, Handbuch Going Private, S. 148.
55 *Ibid.*
56 *Sovran,* in: Bassi/Grant, Structuring European Private Equity, S. 88.

vermögen für den Beteiligungserwerb vorgeschlagen.[57] Wenn diese etwa 3 – 5 % des Anlagevermögens ausmachen sollen, dürften sich rein rechnerisch vernünftigerweise nur solche privaten Investoren beteiligen, deren für Anlagezwecke bereitgestelltes Vermögen mindestens 100 Millionen US-Dollar beträgt. Sicherlich gibt es Individualinvestoren, die mit weniger Anlagevermögen mehr als 5 % in Private Equity investieren. Dennoch sprechen die finanziellen Größenordnungen dafür, dass hauptsächlich institutionelle Investoren als Geldgeber für die Beteiligungsgesellschaften in Frage kommen. Heutzutage kann es in Spitzenzeiten für Private Equity so sein, dass große Buyout-Fonds von ihren finanzkräftigsten Investoren alle zwei bis dreih Jahre nach weiteren hunderten Millionen US-Dollar fragen.[58] In Zeiten der Finanzkrise sind derartige Forderungen sicherlich nicht mehr realistisch. Ausgeschlossen sind sie dennoch nicht.

Die Investoren haben grundsätzlich weder Mitspracherechte im Sondervermögen für den Beteiligungserwerb noch in dessen Portfoliounternehmen. Da die Beteiligungsgesellschaft aber darum bemüht ist, gute Beziehungen zu ihren Investoren aufzubauen und langfristig zu halten, werden die Investoren regelmäßig über die Entwicklung der Portfoliounternehmen aber auch des Beteiligungsvermögens insgesamt informiert. Institutionelle Investoren unterliegen zudem häufig der Pflicht, ihren Anlegern in vorgesehenen Abständen Informationen über die eigene Investitionstätigkeit zu veröffentlichen. Die Beteiligungsgesellschaft sollte den Investoren die Einhaltung dieser Berichtspflichten durch regelmäßige eigene Berichterstattung ermöglichen.

3. *Die Portfoliounternehmen*

Grundsätzlich kann jedes Unternehmen in jeder Entwicklungsphase Portfoliounternehmen sein. Gerade junge Wachstumsunternehmen können ihren Kapitalbedarf in der Regel nicht mit Eigenkapital der Unternehmensgründer decken und sind somit auf Beteiligungskapital angewiesen.[59] Dies wird oft von Venture Capital Investoren zur Verfügung gestellt. Voraussetzungen für das Engagement eines Venture Capital Investors sind bezüglich des Unternehmens ein fundiertes Unternehmenskonzept, ein ausbaufähiger Wettbewerbsvorteil, ein attraktiver wachstumsfähiger Markt, ein fähiges Management zur Umsetzung der Planung, welches bereit ist, auch ein persönliches Risiko zu tragen, und schließlich die Möglichkeit des Ausstiegs aus der Investition innerhalb eines überschaubaren

57 *Sovran,* in: Bassi/Grant, Structuring European Private Equity, S. 88.
58 *Nicolas,* in: Bassi/Grant, Structuring European Private Equity, S. 103.
59 *Ottersbach,* in: Ottersbach, Unternehmensbeteiligung, Rn. 1.

Zeitraums, innerhalb dessen ein Return on Investment zwischen 40 % und 100 % erwirtschaftet werden kann.[60]

Für bereits etablierte Unternehmen steht Venture Capital in der hier verwendeten Begriffsbedeutung nicht zur Verfügung. Dennoch können auch sie für vorgesehene Expansionen oder Umwandlungen Kapital benötigen. Dabei verfügen sie insbesondere in Deutschland über eine nur geringe Eigenkapitaldecke.[61] Ein wichtiger Grund dafür ist sicherlich der in Deutschland besonders stark ausgeprägte Mittelstand, der sich vor allem durch seine auf einen kleinen, meist familiären Personenkreis beschränkte Eigentümerstruktur auszeichnet. Diese Eigentümer können dem Gedanken, einem Private Equity Investor Eigentums- und Mitspracherechte am Familienunternehmen einzuräumen, wenig Positives abgewinnen, und suchen daher meist nach Möglichkeiten der Fremdfinanzierung ihres Unternehmens. Auf diese Weise sind Banken über viele Jahrzehnte zu zuverlässigen Partnern des deutschen Mittelstands geworden.[62] Viele Bedingungen des gegenwärtigen Kapitalmarktes sprechen jedoch dafür, dass einer Eigenkapitalfinanzierung von Unternehmen durch Beteiligungskapital in Deutschland immer größere Bedeutung zukommen wird.[63]

Nach der Beteiligung einer Kapitalbeteiligungsgesellschaft am Unternehmen, ist das Portfoliounternehmen von Seiten der Beteiligungsgesellschaft regelmäßig starken Einflüssen auf die Unternehmensführung ausgesetzt.[64] Bei umfangreichen Beteiligungen an einem Unternehmen, und erst recht bei dessen vollständigem Aufkauf durch die Kapitalbeteiligungsgesellschaft, kann die Einflussnahme auf die Unternehmensleitung so groß sein, dass dem ursprünglichen Management praktisch keine eigenen Entscheidungsbefugnisse mehr verbleiben. Insbesondere, wenn der Beteiligungsgesellschaft das Recht eingeräumt wurde, das Management austauschen zu können, stehen der Durchsetzung des Willens der Beteiligungsgesellschaft im Portfoliounternehmen faktisch keine Hindernisse entgegen. Dies kann zu einer vollständigen Umgestaltung der Unternehmensstruktur und der Unternehmensausrichtung führen. Vor diesem Hintergrund ist die Zögerlichkeit des deutschen Mittelstands gegenüber solchen Beteiligungsgesellschaften nachvollziehbar. Durch die langjährigen und einschlägigen Erfahrungen der Kapitalbeteiligungsgesellschaften mit Unternehmensbeteiligungen

60 *Schneider*, Einführung zum Thema Venture Capital, Venture Capital 2001, S. 9, 11.

61 *Hölters*, in: Hölters, Handbuch Unternehmens- und Beteiligungskauf, Teil I Rn. 53.

62 *The Economist*, July 7th – 13th 2007, Briefing: Public v private equity, The business of making money, S. 68.

63 *Baumgärtner*, Wachstum finanzieren mit intelligentem Kapital, Venture Capital 2001, 51 ff.

64 *Rudolph*, ZGR 2008, 161, 162.

können deren Maßnahmen jedoch zu langfristigen Effizienzsteigerungen und einer Erhöhung des Unternehmenswertes führen.

Für Portfoliounternehmen ist die Private Equity Investition somit ein zweischneidiges Schwert. Zudem ist sie ein höchst riskantes Unterfangen, welches das Unternehmen über Jahre am Rande eines finanziellen Abgrunds entlang führt. Dies ist insbesondere der Fall für die klassische Form der Private Equity Investition, den sogenannten Leveraged Buyout.

IV. Der Leveraged Buyout

Als Leveraged Buyout (LBO) bezeichnet man den Erwerb eines Unternehmens, dessen Finanzierung zum größten Teil durch Fremdkapital und nur sehr begrenzt durch Eigenkapital erfolgt.[65] Der so finanzierte Buyout stellt dabei zugleich die extremste Form der Unternehmensbeteiligung durch Private Equity Investoren dar. Als „Aufkauf" beinhaltet er grundsätzlich die mehrheitliche oder vollständige Übernahme eines Unternehmens und die Auszahlung und Ablösung der Alteigentümer. Für die Überführung eines Unternehmens in das Vermögen der Kapitalbeteiligungsgesellschaft muss diese entweder alle Vermögensgegenstände des Unternehmens aufkaufen (Asset Deal) oder alle Gesellschaftsanteile übernehmen (Share Deal). Insoweit das Unternehmen zum Zeitpunkt der Übernahme mit Verbindlichkeiten belastet ist, müssen diese im Rahmen der Transaktion abgegolten werden, was zwar den Finanzbedarf für den Investor zusätzlich erhöht, aber unter Umständen auch durch einen niedrigeren Kaufpreis ausgeglichen werden kann.

Im Grunde findet also ein Unternehmenskauf statt. Wie bei den anderen Formen der Private Equity Investition kommt es dem Finanzinvestor dabei gerade nicht auf die Dividendenerwartung aus der Beteiligung selbst an, sondern auf den nach einer gewissen Zeit zu erwartenden bzw. zumindest erhofften Gewinn bei der Veräußerung der Beteiligung (sogenannter Arbitragegewinn).[66] Der zwischenzeitlich erwirtschaftete Gewinn wird dabei häufig dem übernommenen Unternehmen überlassen,[67] entweder für neue Investitionen oder zur Abzahlung von Schulden. Beides steigert den Unternehmenswert für die spätere Veräußerung. Welche Art von Unternehmen übernommen wird, spielt dabei kaum eine Rolle, denn die Beteiligungsgesellschaft zielt nicht darauf ab, eigene Wettbewerbsvorteile zu komplementieren, welches das Hauptmotiv einer Unterneh-

---

65 *Lutter/Wahlers*, AG 1989, 1, 1.

66 *Spreckelmeyer*, in: Ottersbach, Unternehmensbeteiligung, Rn. 31 f., 35.

67 *Kraehe*, in: Lutter/Scheffler/Schneider, Konzernfinanzierung, § 32 Rn. 32.35.

mensübernahme durch einen industriellen Investor wäre, sondern allein darauf, die bestehenden Wettbewerbsvorteile des Portfoliounternehmens zu fördern und auszubauen, um bis zum Zeitpunkt der Veräußerung eine Wertsteigerung des Unternehmens herbeizuführen.

Für die Übernahme und erfolgreiche Führung eines übernommenen Unternehmens ist ein komplexes Wissen erforderlich, welches in einer Beteiligungsgesellschaft gebündelt zur Verfügung steht.[68] Die Übernahme kann aber auch durch ein Konsortium von Investoren erfolgen. Dabei erwerben mehrere Beteiligungsgesellschaften mit jeweils eigenem Beteiligungsvermögen gemeinsam insgesamt 100 % des Unternehmens. Eine solche Praxis konnte man in jüngerer Zeit häufiger beobachten.[69]

Beim Leveraged Buyout wird der Kaufpreis des Unternehmens nicht lediglich aufgrund der regelmäßig hohen Übernahmepreise zu großen Teilen fremdfinanziert. Die Fremdfinanzierung wird ganz gezielt zur Erhöhung der Rendite ausgenutzt. Dabei handelt es sich um den sog. Leverage Effekt.[70] Das Prinzip dahinter ist denkbar einfach und ist auf alle Finanzinvestitionen anwendbar: Es geht darum, mit geliehenem Geld einen Gewinn zu erwirtschaften, der höher ist als der Betrag, der als Zinsen für das Fremdkapital zu zahlen ist. Der nach Zahlung der Zinsen verbleibende Gewinn aus dem Fremdkapital kann vom Finanzinvestor einbehalten werden und erhöht die eigene Rendite. Somit ist der Buyout, der allein als Finanzinvestition gedacht und durchgeführt wird, zur Gewinnmaximierung stets als Leveraged Buyout ausgestaltet, bei dem die erzeugte „Hebelwirkung“ in der Finanzierungstruktur wesentlich zur Renditeerzielung beiträgt.[71] Es verwundert daher kaum, dass vereinzelt auch zu 100 % kreditfinanzierte Transaktionen vorgenommen werden. Dies ist jedoch unüblich.

Der Leveraged Buyout ist für Investoren besonders interessant, weil die Kredite dabei nicht mit dem Vermögen des Investors, sondern mit dem Vermögen des übernommenen Unternehmens besichert werden.[72] Damit trägt nicht der Investor, sondern das übernommene Unternehmen die Kreditlast für die eigene Übernahme. Eine derartige finanzielle Belastung diszipliniert das Management des Portfoliounternehmens und erfordert eine höchsteffiziente Ressourcenallokation

68 *Römer/Groh,* in: Richard/Weinheimer, Handbuch Going Private, S. 146.
69 Vgl. *The Economist*, February 10th – 16th 2007, Briefing: Private Equity, The uneasy crown, S. 74.
70 Vgl. *Weber*, in: Heussen/K/S/W, Unternehmer-Hdb., § 41 Rn. 23; *Fleischer*, AG 1996, 494, 497..
71 *Ibid.*
72 S.a. *Lutter/Wahlers*, AG 1989, 1, 1; *Fleischer*, AG 1996, 494, 497.

und erlaubt regelmäßig keine Auszahlung von Zahlungsüberschüssen an die Investoren.

Die Generierung von Zahlungsüberschüssen, des sogenannten *cash flow,* ist dabei das oberste Anliegen der Beteiligungsgesellschaft. Denn nur dieser cash flow erlaubt die Entschuldung des Unternehmens und damit eine Wertsteigerung bis zum Zeitpunkt der Veräußerung der Beteiligung.[73] Gelingt es nicht, einen ausreichenden Zahlungsmittelüberschuss zu erwirtschaften, können die Schulden des Unternehmens nicht abgezahlt werden, das Unternehmen wird insolvent und die Beteiligungsgesellschaft hat ihre Investition verloren. Dies kommt vor. Leveraged Buyouts sind nicht ohne Risiko. Sie gehören zur hohen Schule des sogenannten *financial engineering.*[74]

B. Der gewöhnliche Ablauf eines Leveraged Buyouts

Der Leveraged Buyout lässt sich wie jede andere Private Equity Investition in drei Phasen unterteilen, die im Folgenden näher betrachtet werden sollen: die Transaktion mit dem Erwerb der Unternehmensbeteiligung, welche den eigentlichen Buyout darstellt, anschließend der Zeitraum, über den die Beteiligung gehalten wird, die Halteperiode, und schließlich der Ausstieg (*exit*) aus der Beteiligung, die sogenannte Desinvestition.

Die Bezeichnung des Leveraged Buyouts scheint dem Wortlaut nach lediglich die erste dieser drei Phasen zu umfassen. Diese stellt auch die wichtigste Etappe der Finanzinvestition dar, in welcher die Weichen für Erfolg oder Nichterfolg der Beteiligung gestellt werden. Nichtsdestotrotz gehören der bereits von Anfang an geplante Ausstieg aus der Beteiligung und die zwingend dazwischen liegende Halteperiode begrifflich stets zum Buyout dazu und unterscheiden ihn erst von einem gewöhnlichen Unternehmenskauf, etwa durch ein Konkurrenzunternehmen, bei dem ebenfalls Fremdkapital zum Einsatz kommen kann.

I. I. Die Transaktion

Der Leveraged Buyout stellt eine hochkomplexe und riskante Finanztransaktion dar. Entscheidend sind dabei vor allem die umfassende Vorbereitung der eigent-

---

73 Vgl. *Römer/Groh*, in: Richard/Weinheimer, Handbuch Going Private, S. 158 f.
74 *Fleischer*, AG 1996, 494, 497.

lichen Unternehmensübernahme und die angemessene Ausgestaltung ihrer Finanzierung. Für eine Übernahme im Rahmen eines Buyouts kommen dabei Gesellschaften jedweder Rechtsform, insbesondere aber börsennotierte und nichtbörsennotierte Aktiengesellschaften sowie die GmbH in Betracht.[75]

1. Die Vorbereitung

Die Übernahme eines Unternehmens ist sehr kapitalintensiv. In den Spitzenzeiten der Buyout-Transaktionen Ende der 1980er Jahre und vor der Kreditkrise 2007 sind sogar Übernahmepreise im zweistelligen Milliardenbereich nicht selten gewesen. Große Teile des Übernahmepreises werden beim Leveraged Buyout fremdfinanziert.[76] Die Kredite werden auf der Ebene der übernommenen Gesellschaft aufgenommen und die Rückzahlung erfolgt allein aus deren Mitteln.[77] Sollte das so übernommene Unternehmen aufgrund einer schlechten wirtschaftlichen Entwicklung diese Kredite später nicht oder nicht vollständig zurückzahlen können, beeinflusst das nicht die Beteiligungsgesellschaft und den im Beteiligungsvermögen gehaltenen Rest ihres Portfolios an übernommenen Unternehmen. Das insolvente Unternehmen jedoch und das darin investierte Kapital sind dann verloren. Für die Investoren gehört dies zum Anlagerisiko dazu. Aufgrund des unbeeinträchtigten Fortbestands des restlichen Beteiligungsvermögens besteht aber weiterhin die Chance auf eine überdurchschnittliche Rendite.

a. Die Initiative

Die Initiative für eine Unternehmensübernahme geht häufig von Mehrheitsgesellschaftern eines Unternehmens aus, die ihren Anteil gern als Paket an einen unabhängigen Eigenkapital-Investor veräußern würden.[78]

Die Übernahmeinitiative kann aber auch von der Geschäftsführung, vom Management, des zu übernehmenden Unternehmens ausgehen und zu einem sogenannten Management Buyout führen. Ein niedriger Aktienkurs, der aufgrund eines schlechten Geschäftsklimas an den Börsen oder aufgrund eines negativen Ansehens des Unternehmens in den Augen der Anleger einen Firmenwert weit unter dem tatsächlichen Wert widerspiegelt, kann den Vorstand einer Aktienge-

---

75 *Lutter/Wahlers*, AG 1989, 1, 2.

76 *Kessel*, Leveraged Buyout der Aktiengesellschaft, S. 96, spricht von bis zu 65 %, *Weber*, in: Heussen/K/S/W, Unternehmer-Hdb., § 41 Rn. 25, nennt bis zu 80%.

77 *Lutter/Wahlers*, AG 1989, 1, 1.

78 *Römer/Groh,* in: Richard/Weinheimer, Handbuch Going Private, S. 146.

sellschaft dazu veranlassen, das Unternehmen von den öffentlich notierten Börsen zu nehmen und dessen Vermögen einem privaten Investor und sich selbst zu Eigentum zuzuführen. In der Folge kann das Ansehen des Unternehmens und der Aktienkurs gesteigert werden und in einem späteren erneuten Börsengang ein Arbitragegewinn aus der Investition realisiert werden. Neben solchen Gesichtspunkten ist ein Management Buyout aber auch dort interessant, wo eine interessengerechte Nachfolgeregelung, insbesondere in mittelständischen Unternehmen, angestrebt wird.

Sofern die Initiative zur Übernahme vom Unternehmen selbst, also von den Mehrheitsgesellschaftern oder vom Management ausgeht, werden oft Exklusivverhandlungen mit einer Beteiligungsgesellschaft geführt oder zumindest limitierte Auktionen in einem kleinen Investorenkreis durchgeführt.[79] Damit wird der Übernahmepreis des Unternehmens nicht zu sehr in die Höhe getrieben und das Interesse des Investors an der Übernahme gewahrt. Denn je höher der Übernahmepreis ausfällt, desto riskanter wird die Investition für die Private Equity Gesellschaft. Auf den Internetseiten und in den Broschüren der Verbände von Private Equity Gesellschaften wird denn auch stets darauf hingewiesen, dass Unternehmen, welche einen Investor suchen, nicht wahllos alle aufgeführten Verbandsmitglieder anschreiben sollen, sondern im Vorhinein anhand der Information zu den einzelnen Aktivitäten der Investoren ein kleine Auswahl treffen sollen, mit denen dann Kontakt aufgenommen werden kann.

Natürlich erkennen Private Equity Gesellschaften regelmäßig auch von sich aus einen deutlich zu niedrigen Aktienkurs bei potenziellen Übernahmeunternehmen und versuchen dann gegebenenfalls durch ein aktives Vorgehen aus Eigeninitiative, das Unternehmen von den öffentlichen Märkten nehmen. Für Unternehmen, die an den öffentlichen Finanzmärkten notiert sind gilt: „Die Kombination aus nicht erfüllten Erwartungen – und damit mittlerweile moderaten Bewertungen, Überschüssen an Liquidität, niedrigen Verschuldungsgraden, ausreichendem Tilgungspotenzial und Zugehörigkeit zu wachsenden oder jedenfalls nicht schrumpfenden Branchen machen viele notierte Gesellschaften zu geeigneten Take-Private-Kandidaten.“[80]

In diesen Fällen sind weniger die Geschäftsführer bzw. Vorstandsmitglieder des Unternehmens Schlüsselfiguren für den Erfolg der Übernahme. Vielmehr gilt es, die Anteilseigner der zu übernehmenden Gesellschaft zu überzeugen, der Transaktion zuzustimmen, weshalb eine erfolgreiche Übernahmestrategie bei diesen ansetzen sollte[81] Allerdings kommt dabei die Schlüsselrolle vor allem den Groß-

---

79 *Römer/Groh,* in: Richard/Weinheimer, Handbuch Going Private, S. 146 f.

80 *Ibid.*

81 *Kessel*, Leveraged Buyout der Aktiengesellschaft, S. 7.

aktionären zu, die jedoch mitunter andere Interessen als eine kurzfristige Gewinnmitnahme verfolgen. Diese Aktionäre müssen die Aufgabe ihrer Beteiligung als vorteilhaft einschätzen, um ihr zuzustimmen. Auf ihrer Überzeugung muss daher das Hauptaugenmerk der Beteiligungsgesellschaft liegen. Kleinaktionäre werden dagegen regelmäßig einem lukrativen Übernahmeangebot zustimmen.[82] Stimmen sie nicht zu, können sie die Übernahme in der Regel trotzdem nicht abwenden und befinden sich zudem bei einem Verbleib in der Gesellschaft nach der Übernahme mit ihrer Minderheitsbeteiligung in einer sehr nachteilhaften Position. Aus dieser können sie sich kaum befreien, da nach der Übernahme kein Markt mehr für den Handel ihrer Anteile existiert.

Wenn Gesellschaften übernommen werden, die nicht an der Börse notiert werden, kann die Initiative zur Übernahme zwar auch von der Kapitalbeteiligungsgesellschaft ausgehen. Sie hat dann aber nur geringe Erfolgsaussichten. Personengesellschaften, personalistisch geprägte Gesellschaften mit beschränkter Haftung und nicht börsennotierte Aktiengesellschaften haben in ihrer Satzung, im Falle der AG mitunter auch in der Aktionärsvereinbarung, regelmäßig Vorkehrungen getroffen, die eine Abtretung der Anteile nach freiem Ermessen des Anteilsinhabers erschweren. Meistens ist die Zustimmung der übrigen Gesellschafter oder zumindest einer Mehrheit von ihnen erforderlich. Des Weiteren sind Informationen über diese Gesellschaften nicht leicht erhältlich, da sie nicht den börsenrechtlichen Publizitätspflichten unterliegen. Eine Beteiligungsgesellschaft kann sich so nur schwer ein Bild von den wirtschaftlichen Verhältnissen der Gesellschaft machen und trifft auf erschwerte Bedingungen beim Anteilskauf. Daher kann ein Buyout einer solchen Gesellschaft grundsätzlich nur auf Initiative der Gesellschaft selbst erfolgen. Die Gesellschafter, oder das Management in Abstimmung mit den Gesellschaftern, kontaktieren einen oder zumindest wenige Investoren und treten mit ihnen unter Offenlegung der wesentlichen wirtschaftlichen Daten in Verhandlungen ein.

Somit kann grundsätzlich allein bei öffentlich gehandelten Unternehmen, deren Geschäftsbereiche bekannt sind, und deren wirtschaftliche Daten zumindest im Wesentlichen der Öffentlichkeit zugänglich sind, die Initiative zur Unternehmensübernahme auch von der Kapitalbeteiligungsgesellschaft selbst ausgehen. Wenn daraufhin kein Interesse der Gesellschaft an einer Übernahme besteht, kann es unter Umständen auch zu einer feindlichen Übernahme der Gesellschaft durch die Beteiligungsgesellschaft kommen. Feindliche Übernahmen haben vor allem im anglo-amerikanischen Rechtsraum eine lange Tradition und erreichten

82 Vgl. *Kessel*, Leveraged Buyout der Aktiengesellschaft, S. 8 f.

dort in den 1980er Jahren einen Höhepunkt, während sie in Deutschland eine wesentlich geringere Rolle spielten.[83]

b. Due Diligence

Ein wichtiger Teil der Unternehmensübernahme ist es, einschätzen zu können, wie leistungsstark ein Unternehmen potentiell sein oder werden kann und die Kreditaufnahme daran anzupassen. Diesem Zweck dient die sogenannte Due Diligence. Ursprünglich war Due Diligence nur eine Voraussetzung kreditgewährender Banken für die Vergabe von Darlehen an Unternehmen.[84] Heutzutage ist Due Diligence Bestandteil der Vorbereitung eines jeden Unternehmenskaufs, unabhängig davon, ob die Parteien der Transaktion Beteiligungsgesellschaften sind. Es handelt sich dabei um einen Prozess, in dessen Verlauf die Dokumente des betroffenen Unternehmens, insbesondere Finanzierungsverträge, behördliche Genehmigungen, Lieferveträge, Arbeitsverträge, Rechtsstreitigkeiten und sonstige Dokumente aus denen sich operative Risiken des kreditnehmenden Unternehmens entnehmen und bewerten lassen.

Due Diligence ist im Geschäftsfeld von Private Equity Investoren von besonderer Bedeutung, denn sie erlaubt es der Beteiligungsgesellschaft nicht nur, den angemessenen Preis und das einzugehende Risiko zu bestimmen, sondern ermöglicht zusätzlich, bereits die Problemfelder und Wachstumspotentiale des Unternehmens für eine langfristige Schaffung von Mehrwehrt zu sichten, einschlägige Branchenexperten und ein fähiges Management zu rekrutieren, und von Beginn an einen Fahrplan für die Unternehmensbeteiligung bis zum Ausstieg zu entwerfen.[85] Sowie der Vertrag für die Unternehmensübernahme unterschrieben ist, kann ohne Zeitverlust damit begonnen werden, den Unternehmenswert durch die entsprechend vorbereiteten Maßnahmen zu steigern.[86]

Die Beteiligungsgesellschaft wird regelmäßig die Kapitalausstattung des zu übernehmenden Unternehmens im Rahmen der Due Diligence besonders genau überprüfen. Idealerweise ist ein zu übernehmendes Unternehmen von kleiner bis mittlerer Größe und nur mäßig verschuldet.[87] Hat ein Unternehmen nämlich vor der Übernahme bereits einen hohen Verschuldungsgrad, besteht kein weiteres Kreditpotenzial (*debt capacity*), und die Risiko-/Ertrags-Relation der Übernah-

---

83 *Michalski*, AG 1997, 152, 152.
84 *Markl,* in: Bassi/Grant, Structuring European Private Equity, S. 114.
85 *Ibid.*
86 *Ibid.*
87 *Römer/Groh,* in: Richard/Weinheimer, Handbuch Going Private, S. 146 f.

me ist dann häufig zu ungünstig.[88] Eine weitere wichtige Voraussetzung ist das Potenzial zur Erzielung ausreichender und nachhaltiger Zahlungsüberschüsse (*cash flow*) der übernommenen Gesellschaft, damit die aufgenommenen Kredite zurückgeführt werden und fällige Zinszahlungen geleistet werden können.[89]

Die Übernahme eines börsennotierten Unternehmens aus eigener Initiative der Kapitalbeteiligungsgesellschaft gestaltet sich grundsätzlich schwierig, denn im Vorfeld der Übernahme ist eine gründliche Bewertung des Übernahmeprojekts nur eingeschränkt möglich. Da die Einholung umfangreicher Informationen beim Management der Zielgesellschaft riskant ist, ebenso wie das Ansprechen einer zu großen Zahl von Anlegern im Vorfeld der Transaktion, kann die Due Diligence nicht umfassend sein. Selbst wenn man sich zur Übernahme der notwendigen Aktienmehrheit nur mit einem kleinen Kreis von Großaktionären in Verbindung setzt, besteht die Gefahr, dass der Übernahmeversuch öffentlich bekannt wird. Dies hätte zur Folge, dass der Aktienkurs steigt und die Übernahme sich damit erheblich verteuert, im schlimmsten Fall sogar unwirtschaftlich wird. Die erforderliche Diskretion schränkt in einem solchen Fall deshalb die Gründlichkeit der Due Diligence ein. Das Vorgehen der Beteiligungsgesellschaft wird damit riskanter.

c. Das Übernahmeangebot

Es gibt zwei Möglichkeiten, ein Unternehmen zu übernehmen. Entweder werden die Anteile der das Unternehmen besitzenden Gesellschaft (Zielgesellschaft) erworben (*share deal*) und es findet mit dem Wechsel des Eigentums an den Anteilen auch ein Wechsel des Eigentümers des Unternehmens statt, oder es wird von einer Erwerbsgesellschaft das Unternehmen als solches gekauft, also die einzelnen das Unternehmen als solches ausmachenden Vermögensgegenstände, so dass die das Unternehmen ursprünglich besitzende Gesellschaft mit ihren unverändert weiterbeteiligten Anteilseignern als Hülle oder Mantel zurückbleibt, deren Gesellschaftsvermögen allein noch aus dem von der Erwerbsgesellschaft erhaltenen Kaufpreis besteht (*asset deal*).[90]

Bei der Übernahme einer börsennotierten Aktiengesellschaft wird die Übernahme oft durch ein öffentliches Übernahmenangebot an alle Aktionäre eingeleitet. Dieses Angebot steht regelmäßig unter der aufschiebenden Bedingung, dass mindestens 51 %, häufig aber sogar 75 % der Anteile am Grundkapital erworben

88 *Römer/Groh,* in: Richard/Weinheimer, Handbuch Going Private, S. 146 f.
89 *Ibid.*
90 *Klass*, Der Buyout von Aktiengesellschaften, S. 117; Fleischer, AG 1996, 494, 497.

werden können.[91] Interessant ist auch die Möglichkeit der feindlichen Übernahme (*unfriendly takeover*) einer Aktiengesellschaft. Hier kann gegen den Willen der Unternehmensführung ein Share Deal erzwungen werden.

(1) Asset Deal

Beim Asset Deal werden sämtliche Vermögensgegenstände des Unternehmens, also Sachen, Rechte, Pflichten und immaterielle Wirtschaftsgüter erworben.[92] Es wird ein sehr komplexer Kaufvertrag geschlossen. Vertragspartner sind die organschaftlichen Vertreter der Zielgesellschaft. Diese bedürfen zwar regelmäßig der Zustimmung der Anteilseigner der Zielgesellschaft, dennoch muss die Beteiligungsgesellschaft mit diesen nicht unmittelbar in Kontakt treten. Die Durchführung des Unternehmenskaufs liegt auf Seiten der Zielgesellschaft bei der Geschäftsführung. Dieser ist daher das Übernahmeangebot zu unterbreiten. Ein solches Vorgehen ist vorteilhaft, da zunächst in kleinem Kreis verhandelt werden kann. Ein weiterer Vorteil des Asset Deals ist, dass der Käufer unmittelbar die Vermögenswerte erlangt und sie damit ohne weiteres zur Sicherung des aufgenommenen Fremdkapitals verwenden kann.[93]

Ein Asset Deal ist jedoch in anderer Hinsicht nachteilig. Aufgrund des sachenrechtlichen Bestimmheitsgrundsatzes muss über jeden Vermögensgegenstand des Unternehmens einzeln verfügt werden. Auch hinsichtlich der abzutretenden Forderungen kann es Hindernisse geben. Die Abtretbarkeit kann nämlich gesetzlich oder vertraglich ausgeschlossen worden sein, § 399 BGB. Der Übergang von Verpflichtungen ist ebenfalls problematisch, bedarf eine Schuldübernahme doch nach § 415 BGB der Zustimmung des Gläubigers. Für den Aufkauf der Vermögenswerte gründet die Beteiligungsgesellschaft eine GmbH und stattet diese mit dem erforderlichen Kapital aus. Dabei werden auch die Kredite für die Übernahme nicht durch die Beteiligungsgesellschaft, sondern durch die Übernahmegesellschaft aufgenommen. Die Beteiligungsgesellschaft und ihr Vermögen zum Erwerb der Beteiligungen bleiben so von einer Haftung verschont.

(2) Share Deal

Ein Share Deal ist der Erwerb von Beteiligungen an der Zielgesellschaft. Es wird also nicht das Unternehmen selbst gekauft, sondern nur die Anteile am Un-

91 Vgl. *Riegger*, ZGR 2008, 233, 234.
92 *Semler,* in: Hölters, Handbuch Unternehmens- und Beteiligungskauf, Teil VII Rn. 65.
93 *Semler,* in: Hölters, Handbuch Unternehmens- und Beteiligungskauf, Teil VII Rn. 206.

ternehmen werden erworben. Es muss somit eine Mehrzahl von Kaufverträgen abgeschlossen werden. Vertragspartner sind dabei die jeweiligen Anteilsinhaber. Für die Beteiligungsgesellschaft bedeutet dies, mehr Überzeugungsarbeit leisten zu müssen und eine Vielzahl von Interessen zu bedienen. Für den Anteilskauf gründet die Beteiligungsgesellschaft eine Zweckgesellschaft, regelmäßig eine GmbH, die sie mit dem Vermögen für den Erwerb ausstattet. Auch die erforderlichen Kredite für die Übernahme werden nicht von der Beteiligungsgesellschaft selbst, sondern von der Zweckgesellschaft übernommen. Im Übrigen verfügt die Zweckgesellschaft über kein weiteres Vermögen.

Das Übernahmeangebot für Aktien börsennotierter Gesellschaften liegt meistens etwas über dem höchsten Aktienkurs der vergangenen Jahre. Wird die Absicht der Unternehmensübernahme jedoch zu früh der Öffentlichkeit bekannt, setzt eine Spekulation auf das Übernahmeangebot ein und der Kurs der Aktie wird in die Höhe getrieben. Der von der Beteiligungsgesellschaft in ihrer Strategie geplante Übernahmepreis wird dann meist vom Aktienkurs eingeholt und überboten, so dass das bisherige Übernahmeangebot für die Aktionäre nicht mehr attraktiv ist. Die Beteiligungsgesellschaft muss dann das Risiko einer teureren Übernahme neu bewerten und gegebenenfalls ein neues Angebot unterbreiten. Es kann zusätzlich aber auch ein anderer Investor auf die Zielgesellschaft aufmerksam werden und eine eigene Übernahmestrategie entwickeln. Eine daraus resultierende Übernahmeschlacht würde den Aktienkurs ebenfalls stark in die Höhe treiben. Ein Beispiel ist die legendäre Übernahmeschlacht um das amerikanische Unternehmen RJR Nabisco 1989, die den ursprünglich vom Management vorgesehenen Übernahmepreis von 17 Milliarden US-Dollar auf 31 Milliarden US-Dollar erhöhte.

Problematisch ist ein Share Deal des Weiteren hinsichtlich der Sicherungsmöglichkeit der aufgenommenen Fremdfinanzierung. Die Beteiligungsgesellschaft erwirbt lediglich Anteile. Diese kann sie jedoch allenfalls verpfänden. Die Anteile haben aber zudem nur einen geringen Sicherungswert, schon deshalb weil das Pfandrecht an den Anteilen nicht gegen Vermögensabflüsse innerhalb der Gesellschaft schützt. Die Beteiligungsgesellschaft ist deshalb daran interessiert, das Vermögen des übernommenen Unternehmens unmittelbar zur Sicherung der Kredite einzusetzen. Eine Sicherung aus dem Vermögen der Zielgesellschaft ist allerdings aufgrund der in Deutschland für Kapitalgesellschaften geltenden Kapitalerhaltungsvorschriften problematisch. Es ist dabei aufgrund der unterschiedlich streng ausgestalteten Regelungen zwischen dem Buyout einer AG und dem Buyout einer GmbH zu unterscheiden.[94] So können bei einer Aktiengesellschaft Zugriffe der Aktionäre auf das Vermögen der Gesellschaft lediglich im Rahmen

94 Vgl. *Lutter/Wahlers*, AG 1989, 1, 8.

von regulären Dividendenausschüttungen oder Kapitalherabsetzungen erfolgen.[95] Die Besicherung fremder Verbindlichkeiten mit Gesellschaftsvermögen verstößt daher regelmäßig gegen Vorschriften zur Kapitalerhaltung, je nach Konstellation insbesondere § 57 und § 71a AktG.[96] Einen Ausweg aus dieser den Leveraged Buyout in Deutschland erschwerenden Situation bieten die Verschmelzung der Übernahmegesellschaft mit der Zielgesellschaft[97] oder die Bildung eines Konzerns.[98]

Im Recht der GmbH ist eine § 71a AktG entsprechende Regelung unbekannt. Hier hindern jedoch die Kapitalerhaltungsvorschriften, insbesondere § 30 GmbHG die Stellung von Sicherheiten aus dem Vermögen der Zielgesellschaft. Daran hat sich auch mit dem Gesetz zur Modernisierung des GmbH-Rechts und zur Bekämpfung von Missbräuchen (MoMiG)[99] nichts geändert.[100] Allerdings beschränkt sich der gesetzliche Schutz des Gesellschaftskapitals bei der GmbH nach § 30 GmbHG nicht auf das gesamte Gesellschaftsvermögen, sondern nur auf den Teil, welcher zur Erhaltung des Stammkapitals erforderlich ist.[101] Der Zugriff der Investoren auf das übrige GmbH-Vermögen ist damit leichter möglich als bei der Aktiengesellschaft.

Nach der Rechtsprechung des BGH zum „existenzvernichtenden Eingriff" dürfen Gesellschafter zwar auch nicht auf das zur Erfüllung der Gesellschaftsverbindlichkeiten benötigte Gesellschaftsvermögen zugreifen.[102] Dies gilt auch, wenn der dafür der Gesellschaft entstehende Gegenanspruch vollwertig ist und somit bei einer bilanziellen Betrachtungsweise gar kein Vermögensverlust eintritt.[103] Zwar ist seit dem MoMiG die Deckung des Vermögensabzugs durch einen vollwertigen Gegenanspruch wieder zulässig. Bei der Besicherung der Darlehen für die Unternehmensübernahme im Rahemn der Private Equity Investition wird man aber regelmäßig nicht einmal die Vollwertigkeit des Anspruchs der Zielgesellschaft gegen vermögenslose Übernahmegesellschaft bejahen können.[104] Es ist jedoch umstritten, ob die bloße Besicherung der Kaufpreisdarle-

95 *Klass,* Der Buyout der Aktiengesellschaft, S. 118; *Semler*, in: Hölters, Handbuch Unternehmens- und Beteiligungskauf, Teil VII Rn. 207.

96 Vgl. dazu ausführlich *Lutter/Wahlers,* AG 1989, 1, 8 ff.; *Riegger*, ZGR 2008, 233, 236 f.

97 *Lutter/Wahlers*, AG 1989, 1, 12; ebenso *Riegger*, ZGR 2008, 233, 246 ff.

98 Vgl. dazu *Semler,* in: Hölters, Handbuch Unternehmens- und Beteiligungskauf, Teil VII Rn. 207; auch *Eidenmüller*, ZHR 171 (2007), 644, 662 und 664 f.

99 Gesetz vom 23.10.2008, BGBl. I, S. 2026.

100 *Riegger*, ZGR 2008, 233, 238 f.; *Holzner*, Private Equity, S. 118 f.

101 Vgl. *Lutter/Wahlers*, AG 1989, 1, 13.

102 BGHZ 151, 181, 186.

103 BGHZ 157, 72, 74 ff.

104 *Holzner*, Private Equity, S. 118 f.

hen mit Vermögensgegenständen der Zielgesellschaft schon einen Fall des existenzvernichtenden Eingriffs darstellt, da die Vermögensgegenstände weiterhin der Zielgesellschaft tatsächlich erhalten bleiben und die Wahrscheinlichkeit des Verwertungseintritts gering ist, weil letztlich die Generierung eines ausreichenden cash flow zur Deckung der Finanzverbindlichkeiten Grundlage der Finanzierung eines Leveraged Buyout ist.[105] Jedenfalls kann aber diese Problematik auch bei der GmbH umgangen werden, wenn die Zielgesellschaft auf die Übernahmegesellschaft verschmolzen wird und eine Besicherung erst anschließend erfolgt.[106]

(3) Die feindliche Übernahme

Die feindliche Übernahme (*unfriendly takeover* oder auch *hostile takeover*) ist eine in Deutschland eher unübliche Praxis.[107] Es handelt sich dabei um Übernahmeversuche, die gegen den Willen der Unternehmensleitung der Zielgesellschaft vorgenommen werden.[108] Dafür gibt es zwei, durchaus auch kombinierbare Möglichkeiten: zum einen, die Erstellung und Veröffentlichung eines öffentlichen Übernahmeangebots (*tender offer)* oder, zum anderen, der verdeckte Aufkauf von Anteilen an der Zielgesellschaft in großem Umfang.[109] Es bestehen allerdings Mitteilungspflichten nach § 20 AktG und § 21 Abs. 1 und 2 WpHG, wenn die am Unternehmen gehaltenen Anteile bestimmte Prozentsätze des Grundkapitals überschreiten. Ein verdecktes Vorgehen gestaltet sich daher schwierig, ist aber dennoch möglich. Dies wurde nicht zuletzt im Herbst des Jahres 2008 offenbar, als der Wert der Aktie der Volkswagen AG an einem einzigen Tag über 400 Euro stieg und für kurze Zeit über 1000 Euro notierte. Auslöser der kurstreibenden Jagd auf die VW-Aktie war die Bekanntgabe der Porsche AG, ihren Anteil an VW massiv aufgestockt zu haben. Für die Spekulanten, die mit Leerverkäufen auf fallende Kurse gesetzt hatten, standen mit einem Schlag nicht mehr genügend frei handelbare Aktien zur Verfügung, mit denen sie ihre Verpflichtung aus der Spekulation bedienen konnten.[110]

Der Erfolg eines feindlichen Übernahmeangebots ist jedoch keinesfalls sicher. Der Vorstand der Zielgesellschaft ist zwar grundsätzlich nach § 33 Abs. 1

---

105 Aus diesen Gründen einen „existenzvernichtenden Eingriff" ablehnend: *Schulz/Israel*, NZG 2005, 329, 331.

106 *Eidenmüller*, ZHR 171 (2007), 644, 665 f.

107 *Spreckelmeyer*, in: Ottersbach, Unternehmensbeteiligung, Rn. 23.

108 *Hölters,* in: Hölters, Handbuch Unternehmens- und Beteiligungskauf, Teil I Rn. 95.

109 *Michalski*, AG 1997, 152, 153.

110 Vgl. *The Economist*, November 1st – 7th 2008, Finance and Economics,: Porsche and VW, Squeezy money, S. 75.

WpÜG daran gehindert, Maßnahmen zu treffen, die den Erfolg der Übernahme verhindern könnten. Er kann sich aber von der Hauptversammlung zu Abwehrmaßnahmen ermächtigen lassen, § 33 Abs. 2 WpÜG. Auch hier kommt es für den übernehmenden Investor deshalb darauf an, die Anteilsinhaber auf seine Seite zu ziehen. Wirklich feindlich kann die Übernahme daher allein gegenüber dem Vorstand der zu übernehmenden Aktiengesellschaft ausfallen.

2. *Die Abwicklung der Übernahme*

Im Falle eines Asset Deals muss die Zielgesellschaft dem Unternehmensverkauf zustimmen. Hierfür ist die Gesellschafterversammlung zuständig. Wurde durch Aktienkäufe an der Börse und durch Verhandlungen mit Großaktionären die erforderliche Stimmenmehrheit für eine Zustimmung erlangt, ist eine Meldung über den Beteiligungserwerb erforderlich. Da die Finanzmärkte hiermit vorgewarnt werden, sollte sehr schnell das öffentliche Übernahmeangebot an die freien Aktionäre folgen.[111] Ab einem Aktienbesitz von 95 % ist ein Squeeze Out der Minderheitsaktionäre zulässig, § 327a AktG. Das bedeutet, dass dem Mehrheitsaktionär das Recht eingeräumt ist, von den Minderheitsaktionären eine Übertragung ihrer Anteile an der Gesellschaft zu verlangen und damit Alleineigentümer sämtlicher Anteile zu werden. Die Zielgesellschaft wird in eine GmbH umgewandelt und damit von der Börse zurückgezogen. Nicht notierte Gesellschaften müssen nicht umgewandelt werden.

Die Beteiligungsgesellschaft ihrerseits hat unterdessen regelmäßig eine eigene Einzweckgesellschaft gegründet, deren einziger Gesellschaftszweck die Übernahme der Zielgesellschaft ist. In Deutschland kommt dafür als Rechtsform die GmbH in Betracht. Diese Einzweckgesellschaft wurde mit Kapital aus dem für die Übernahme von den Investoren gesammelten Beteiligungsvermögen ausgestattet. Das Risiko der Übernahme und einer Haftung bei Verlusten ist damit fast vollständig vom Sondervermögen der Beteiligungsgesellschaft auf die Einzweckgesellschaft übertragen worden. Einen weiteren Vorteil bietet die Möglichkeit, in dieser neuen Gesellschaft die neue Anteilsstruktur genau anzupassen und sämtliche Eigenkapitalanleger neben der Beteiligungsgesellschaft zu berücksichtigen, beispielsweise beim Management Buyout das Management der Zielgesellschaft oder, im Falle des Erwerbs durch ein Konsortium, auch andere Beteiligungsgesellschaften.[112]

---

111 *Römer/Groh,* in: Richard/Weinheimer, Handbuch Going Private, S. 166.
112 *Klass*, Der Buyout der Aktiengesellschaft, S. 117.

Im Falle des Share Deals ist es bei der Übernahme einer Aktiengesellschaft entweder erforderlich, dass die vermögende Zielgesellschaft auf die kreditnehmende Einzweckgesellschaft verschmolzen wird,[113] oder aber, dass die Einzweckgesellschaft und die Zielgesellschaft einen Konzern bilden, damit das Vermögen der Zielgesellschaft als Sicherung für das zur Finanzierung der Übernahme aufgenommene Fremdkapital genutzt werden kann.[114] Die Konzernbildung erfolgt nach den §§ 15 ff. AktG. Die rechtliche Einordnung der Einzweckgesellschaft als Unternehmen im Sinne der §§ 15 ff. AktG ist jedoch umstritten, weshalb der für den Zugriff auf das Vermögen der Zielgesellschaft konzernrechtlich geforderte Nachteilsausgleich teilweise auch als unmöglich angesehen wird.[115]

Neben dem Sicherheitsmodell, in dem die Einzweckgesellschaft ihr Fremdkapital mit dem Vermögen der Zielgesellschaft besichert, und dem Verpfändungsmodell, in dem sie die gekauften Anteile dem Darlehensgeber verpfändet, gibt es aber zur Finanzierung der Übernahme auch das Darlehensmodell, in der die Zielgesellschaft selbst der Einzweckgesellschaft ein Darlehen gewährt und dieses selbst bei einem Kreditinstitut refinanziert, wobei die Vermögenswerte der Zielgesellschaft als Sicherheit dienen.[116]

3. Die konkrete Finanzierung

Das Kapital aus dem Sondervermögen der Beteiligungsgesellschaft und ein aufgenommener Kredit, das sogenannte erstrangige Akquisitionsdarlehen, stellen die Hauptbestandteile der Übernahmefinanzierung dar. Sie reichen jedoch nicht immer aus. Hier kommen weitere Finanzierungsformen ins Spiel, die unter dem Begriff Mezzanine-Kapital zusammengefasst werden.[117] Dabei handelt es sich um nachrangiges Fremdkapital, das jedoch als gegenüber dem Eigenkapital vorrangig ausgestaltet wird.[118] Die Ausgestaltung der Mezzanine-Finanzierung ist dabei sehr vielseitig und kann nicht abschließend aufgezeigt werden. Neben der klassischen Eigen- und Fremdkapitalfinanzierung ermöglichen die Spielarten des Mezzanine-Kapital so eine auf den Einzelfall abgestimmte Gesamtfinanzierung.

---

113 *Lutter/Wahlers*, AG 1989, 1, 12.
114 *Semler,* in: Hölters, Handbuch Unternehmens- und Beteiligungskauf, Teil VII Rn. 207.
115 *Klass*, Der Buyout der Aktiengesellschaft, S. 120 ff.
116 *Picot,* in: Picot, Unternehmenskauf und Restrukturierung, Teil I Rn. 165 ff.
117 *Heemann,* in: Semler/Volhard, Unternehmensübernahmen, § 15 Rn. 124.
118 *Weber*, in: Heussen/K/S/W, Unternehmer-Hdb., § 41 Rn. 13.

Im Allgemeinen liegt die Fremdkapitalquote für Unternehmensübernahmen bei 60 – 70 % der Investitionssumme.[119] Die übrigen 30 – 40 % sind Eigenkapital aus dem Sondervermögen der Beteiligungsgesellschaft.[120] Die Gestaltung der konkreten Finanzierung ist jedoch, wie bereits angedeutet, komplex und variiert bei jeder Transaktion. Im Folgenden werden einige typische Bestandteile der Finanzierung aufgezeigt.[121]

a. Stammkapital

Das Stammkapital setzt sich aus dem Eigenkapital zusammen, welches die Beteiligungsgesellschaft aus dem Sondervermögen in die Übernahme mit einbringt. Zu sehr geringen Prozentsätzen ist jedoch meist auch das Management und eventuell auch die Belegschaft des Zielunternehmens am Stammkapital beteiligt. Nach der Rückzahlung der Schulden der Zielgesellschaft ist es der Wert dieses Stammkapitals, dessen Steigerung durch den Ausstieg aus der Beteiligung realisiert wird. Die Beteiligung am Stammkapital drückt sich in der üblichen Inhaberschaft der Gesellschaftsanteile aus. Es sind keine besonderen Rechte mit dieser Inhaberschaft verbunden. Inhaber von Gesellschaftsanteilen werden im Fall der Liquidation der Zielgesellschaft zuletzt bedient.

b. Vorzugskapital

Das Vorzugskapital ist vor allem bei Aktiengesellschaften anzutreffen. Es ist Teil des Stammkapitals der Zielgesellschaft und stellt somit Eigenkapital der Gesellschaft dar. Die Inhaber der Anteile am Vorzugskapital (*preferred shares*) haben aber gegenüber den Inhabern der gewöhnlichen Anteile Vorzugsrechte, etwa auf Vorab- und Zusatzdividenden.[122] So werden sie bei der Auszahlung von Gewinnen vorrangig berücksichtigt. Dafür ist im Gegenzug regelmäßig das Stimmrecht ausgeschlossen. Vorzugskapital wird häufig für nachrangige Gläubiger der Gesellschaft geschaffen, um für die Nachrangigkeit ihrer der Gesellschaft gegebenen Darlehen einen materiellen Ausgleich zu schaffen. Als bloßen Darlehensgebern soll ihnen dabei kein Einfluss auf die Geschäftsführung zukommen.

---

119 *Semler,* in: Hölters, Handbuch Unternehmens- und Beteiligungskauf, Teil VII Rn. 205 Fn. 4.

120 Vgl. *Eilers*, AG 2006, 792, 792.

121 Vgl. dazu auch Abb. 22 bei *Römer/Groh*, in: Richard/Weinheimer, Handbuch Going Private, S. 169.

122 *Semler,* in: Hoffmann-Becking, MüHbdGesR IV, AG, § 38 Rn. 18.

c. Genussscheine

Genussscheine erfüllen eine ähnliche Funktion wie das Vorzugskapital. Sie werden daher oft an nachrangige Gläubiger der Gesellschaft ausgegeben und ermöglichen so eine klassische Mezzanine-Finanzierung.[123] Genussscheine sind die Verbriefung bestimmter schuldrechtlicher Ansprüche gegen das Unternehmen (Genussrechte). Zu Genussrechten gehören typischerweise die Beteiligung am Gewinn der Gesellschaft, die Benutzung von Unternehmenseinrichtungen und die Teilnahme am Liquidationserlös.[124] Damit gewähren Genussscheine ihren Inhabern Rechte, die für gewöhnlich nur mit der Inhaberschaft von Anteilen am Stammkapital der Gesellschaft verbunden sind. Sie liegen daher auf der Grenze zwischen Eigen- und Fremdfinanzierung, denn sie stellen hinsichtlich der gewährten Rechte einen Fremdkapitalgeber den Eigenkapitalgebern der Gesellschaft gleich.

d. Das Akquisitionsdarlehen

Das der Beteiligungsgesellschaft von einer Bank oder mehreren Banken für die Unternehmensübernahme gewährte Darlehen macht den größten Teil der Übernahmefinanzierung überhaupt aus. Es handelt sich um ein Darlehen nach den § 488 ff. BGB. Dieses Akquisitionsdarlehen, auch *senior loan* oder *senior debt* genannt, ist erstrangig besichert. Unter Umständen kann vereinbart werden, dass das Darlehen erst zum Ausstieg aus der Investition zurückgezahlt werden muss und in der Zwischenzeit nur Zinsen fällig werden. Das für die Übernahme aufgenommene Darlehen macht den Buyout erst zum „Leveraged“ Buyout.[125]

e. Nachrangige Darlehen

Nachrangige Darlehen sind typisches Mezzanine-Kapital. Auch dabei handelt es sich um Darlehen nach § 488 ff. BGB, über die jedoch eine Nachrangvereinbarung getroffen wird, welche bestimmt, dass das Darlehen erst getilgt wird und auch erst getilgt werden darf, wenn das erstrangige Akquisitionsdarlehen getilgt worden ist.[126] Zinszahlungen erfolgen in der Regel nur, wenn die Zinszahlung

123 *Weber*, in: Heussen/K/S/W, Unternehmer-Hdb., § 41 Rn. 13.

124 *K. Schmidt*, GesellschaftsR, § 29 I 1 b), S. 878; *Sagasser/Schlosser,* in: Assmann/Schütze, Kapitalanlagerecht, § 26 Rn. 483.

125 Vgl. Erster Teil, A. IV.

126 *Heemann,* in: Semler/Volhard, Unternehmenskauf, § 15 Rn. 125.

auf das Akquisitionsdarlehen davon nicht beeinträchtigt wird. Nachrangige Darlehen sind des Weiteren auch nur nachrangig besichert. Sie werden häufig von institutionellen Investoren gegeben. Im Gegenzug für die Nachrangigkeit werden ihnen Genussrechte oder Vorzugsaktien gewährt, um am Gewinn des Unternehmens teilhaben zu können. Zudem ist ihnen dem Risiko entsprechend regelmäßig eine höhere Rendite zuzusichern.[127]

f. Wandeldarlehen

Auch Wandeldarlehen werden der Gesellschaft von institutionellen Investoren gegeben und stellen eine Form der Mezzanine-Finanzierung dar.[128] Ein Wandeldarlehen ist ein Darlehensvertrag nach § 488 ff. BGB, welcher dem Gläubiger jedoch das Recht einräumt, den Anspruch auf Rückzahlung des Darlehens in einen Anspruch auf Ausgabe einer festgelegten Anzahl von Geschäftsanteilen des Schuldners zu wandeln.[129] Den institutionellen Investoren wird somit die Möglichkeit der Umwandlung ihres Kapitals in Eigenkapital der Gesellschaft eingeräumt. Die Gesellschaft muss in diesem Fall das Darlehen nicht zurückzahlen. Stattdessen wird der bisherige Gläubiger zum Gesellschafter. Der schuldrechtliche Zahlungsanspruch wird in eine Mitgliedschaft umgewandelt.[130] Mit der Umwandlung wird also der Darlehensgeber Miteigentümer der Gesellschaft und das bisherige Fremdkapital wird zu Eigenkapital. Zumeist wird eine sogenannte Wandelfrist vereinbart, die den Zeitpunkt der Umwandlungsmöglichkeit bestimmt. Dieser wird in der Regel der Zeitpunkt der Desinvestition sein.[131]

g. Gesellschafterdarlehen

Schließlich kann auch die Beteiligungsgesellschaft selbst oder andere mit ihr an dem Unternehmen beteiligte Investoren dem übernommenen Unternehmen Kredit gewähren. Da sie Gesellschafter des Unternehmens geworden sind, ist ihr Darlehen das zuletzt zu bedienende Fremdkapital der Gesellschaft gemäß § 39 Abs. 1 Nr. 5 InsO. Das Darlehen ist daher meist erst bei der Desinvestition in-

127 Vgl. auch *Weber*, in: Heussen/K/S/W, Unternehmer-Hdb., § 41 Rn. 7.
128 *Weber*, in: Heussen/K/S/W, Unternehmer-Hdb., § 41 Rn. 14.
129 *Wehrhahn*, Finanzierungsinstrumente, S. 138 f. (zur AG); zum Recht der GmbH vgl. *Maidl*, NZG 2006, 778, 778 ff.
130 *K.Schmidt*, Gesellschaftsrecht, § 26 IV 1 f), S. 779.
131 *Römer/Groh,* in: Richard/Weinheimer, Handbuch Going Public, S. 169.

klusive Zinsen an die Gesellschafter zurückzuzahlen. Gesellschafterdarlehen mit gewinnabhängiger Verzinsung stellen typischerweise Mezzanine-Kapital dar.[132]

h. Konsequenz dieser komplexen Finanzierungsstruktur

Da seitens der Beteiligungsgesellschaft und der eventuellen anderen Investoren dem Portfoliounternehmen Finanzmittel nicht allein als Eigenkapital sondern auch als Fremdkapital oder sogar in Form einer Mischfinanzierung zugeflossen sind, bestehen die Finanzflüsse (*cash flow*) aus dem Portfoliounternehmen an die Beteiligungsgesellschaft oft nicht nur aus Zahlungsüberschüssen und eventuellen Verkaufserlösen, sondern auch aus Zinsen, Tilgungen und mitunter auch Dividenden.[133] Diese Gelder können von der Beteiligungsgesellschaft thesauriert oder, nach Abzug der vereinbarten Vergütung für das Management der Beteiligungsgesellschaft, an die Investoren ausgekehrt werden.

II. Die Halteperiode

Die Halteperiode im Rahmen von Buyouts beträgt regelmäßig drei bis sieben Jahre.[134] Bereits im Vorfeld der Übernahme muss eine gründliche Due Diligence Prüfung erfolgen, vor allem hinsichtlich der geschäftlichen und strategischen Gegebenheiten im Marktumfeld des Unternehmens.[135] Nach der Übernahme muss dann ein starkes Management-Team gewährleistet werden und durch ein Management-Entlohnungssystem auf die Interessen des übernehmenden Unternehmens ausgerichtet werden.[136] Dies erfolgt in der Regel durch die Vereinbarung einer erfolgsabhängigen Vergütung (*carried interest*) zusätzlich zum regulären Gehalt (*management fee*).

Der größte Werttreiber eines Leveraged Buyouts ist die Verbesserung der Unternehmensentwicklung.[137] Da allen Private Equity Unternehmungen Kredite zur Verfügung stehen und eine Expansion des Unternehmens von den Marktbedingungen abhängig ist, ist der einzige Unterschied zwischen höherer und niedrigerer Rendite, die Fähigkeit des Managements, die Betriebsentwicklung (*operatio-*

132 *Weber*, in: Heussen/K/S/W, Unternehmer-Hdb., § 41 Rn. 13.

133 *Römer/Groh,* in: Richard/Weinheimer, Handbuch Going Private, S. 148.

134 *Römer/Groh,* in: Richard/Weinheimer, Handbuch Going Private, S. 149; *Weber*, in: Heussen/K/S/W, Unternehmer-Hdb., § 41 Rn. 24.

135 *Markl,* in: Bassi/Grant, Structuring European Private Equity, S. 113 f.

136 *Ibid.*

137 *Markl,* in: Bassi/Grant, Structuring European Private Equity, S. 112.

nal performance) zu steigern, indem jegliche überflüssigen Ausgaben gestrichen werden.[138]

1. Die Umstrukturierung des übernommenen Unternehmens

Die Beteiligungsgesellschaft setzt ihre Vorstellungen von der Betriebsentwicklung des übernommenen Unternehmens von Beginn der Halteperiode an um. Dabei wird oft nicht allein eine inhaltliche Neuausrichtung des Unternehmens eingefordert, beispielsweise durch die Expansion auf neue Märkte oder die Konzentration nur noch auf bestimmte Produkte. Es wird auch eine strukturelle Umgestaltung des Unternehmens vorgenommen. Dreh- und Angelpunkt der Aktivitäten der Beteiligungsgesellschaft ist in dieser Hinsicht das Management des übernommenen Unternehmens. Dieses wird gezielt betreut und auf die Interessen der Beteiligungsgesellschaft hin ausgerichtet.

a. Verbessertes Management[139]

Die Bedeutung der Zusammenstellung eines starken und erfahrenen Management-Teams ist für den Erfolg der Unternehmensbeteiligung nicht zu unterschätzen. Viele Gesellschaften rühmen sich damit, die besten Talente ausfindig machen zu können. Eine wichtige Eigenschaft, die erfolgreiche Private Equity Unternehmen von weniger erfolgreichen unterscheidet, ist die Fähigkeit und der Wille, gegebenenfalls das Management der übernommenen Gesellschaft auszuwechseln oder zumindest teilweise neu zu besetzen. Dem Management des übernommenen Unternehmens kommt eine entscheidende Bedeutung bei der Realisierung der vorhandenen Wertsteigerungspotenziale zu.[140]

b. Managementanreize[141]

Um die Interessen des Managements mit denen der Beteiligungsgesellschaft in größtmögliche Übereinstimmung zu bringen, bieten sich verschiedene Mechanismen zur Schaffung von Anreizen durch die Beteiligungsgesellschaft an. Ta-

---

138 *Ibid.*

139 Soweit nicht anders gekennzeichnet, übernommen aus *Markl,* in: Bassi/Grant, Structuring European Private Equity, S. 114.

140 *Weber*, in: Heussen/K/S/W, Unternehmer-Hdb., § 41 Rn. 24.

141 Soweit nicht anders gekennzeichnet, übernommen aus *Markl,* in: Bassi/Grant, Structuring European Private Equity, S. 114.

lentierte Manager sind stark nachgefragt und damit bereits von Natur aus von den Private Equity Gesellschaften gut bezahlt. Zudem sind die Gesellschaften oft daran interessiert, dass die Manager auch persönliches Kapital in die Unternehmensübernahme mit einbringen,[142] sodass neben der Bezahlung auch (sehr kleine) Anteile des im Portfoliounternehmen generierten cash flow bereits an das Management fließen. Jedenfalls werden aber auch ergebnisabhängige Erfolgsprämien vereinbart, um das Management mit den in Aussicht gestellten Zahlungen bei Erreichen von bestimmten Unternehmensentwicklungszielen zu optimalen Leistungen anzuhalten. Zugleich wird das Management durch die hohe Verschuldung des Unternehmens zu drastischen Maßnahmen im Unternehmen zur Kostensenkung gezwungen. Auch das liegt im Interesse der Beteiligungsgesellschaft. Schließlich ist nicht zuletzt auch die Möglichkeit der Beteiligungsgesellschaft, das Management auszutauschen, ein nicht zu unterschätzender Anreiz, die Interessen der Beteiligungsgesellschaft bestmöglich durchzusetzen.

c. Gezielte Managementbetreuung[143]

Studien haben gezeigt, dass Portfoliounternehmen von Investoren, die von Anfang an - idealerweise auf der Basis der Due Diligence Prüfung - einem detaillierten Fahrplan für die Unternehmensbeteiligung folgen, welcher die Strategie des Unternehmens vom Zeitpunkt der Übernahme bis hin zum Ausstieg aus der Beteiligung aufzeigt, sich erheblich besser entwickeln als Unternehmen von Investoren, die dies nicht oder jedenfalls nicht von Anfang an tun. Ebenso belegen Studien, dass eine intensive Betreuung des Managements des Portfolio-Unternehmens, vor allem in den ersten Monaten nach der Übernahme, der Beteiligungsgesellschaft ermöglicht, ein genaues Bild von den Abläufen des erworbenen Unternehmens zu erlangen und eine größere Übereinstimmung mit dem Management hinsichtlich der notwendig zu unternehmenden Schritte, der Verantwortungsverteilung und der Ergebnismessung zu erreichen. Dies führt zu deutlich höheren Wertsteigerungen des Unternehmens. Zudem haben Private Equity Gesellschaften inzwischen begonnen, ganz gezielt Kenner der speziellen Branche bedeutender Portfoliounternehmen oder auch einer ganzen Portfolitranche zu engagieren, die mit ihren Kenntnissen sowohl bei der Due Diligence Prüfung als auch bei der Zusammenarbeit mit dem Management der entspre-

142 Vgl. dazu auch *Weber*, in: Heussen/K/S/W, Unternehmer-Hdb., § 41 Rnn. 30, 33 (zum Leveraged Buyout im Rahmen eines MBO).

143 Soweit nicht anders gekennzeichnet, übernommen aus *Markl,* in: Bassi/Grant, Structuring European Private Equity, S. 115 f.

chenden Portfoliounternehmen zu signifikanten Wertsteigerungen des Unternehmens beitragen können.

Der Erfolg einer Transaktion ist damit erkennbar umso größer, wenn dem übernommenen Unternehmen neben der umfangreichen Finanzierung auch ausgeprägtes wirtschaftliches oder branchenspezifisches Know-How für die weitere Entwicklung zu Gute kommt.[144] Private Equity Gesellschaften entwickeln daher immer stärker wirtschaftsberatende Fähigkeiten oder gehen sogar Partnerschaften mit führenden Wirtschaftsberatungsgesellschaften ein. Es findet somit ein intensiver Transfer von Know-how zwischen der Kapitalbeteiligungsgesellschaft und dem Portfoliounternehmen statt.[145] Gerade beim Aufkauf von kleinen Unternehmen können hier hohe Wertsteigerungen erzielt werden, da sich diese kleineren Unternehmen meist finanziell nicht in der Lage sehen, auf die kapitalintensiven Beratungsdienste eines angesehenen Wirtschaftsberatungsunternehmens zurückzugreifen. Für diejenigen Private Equity Gesellschaften, die in ihrem Portfolio verschiedene Unternehmen beraten, ergeben sich dabei Synergieeffekte und geringere Beratungskosten.

Da Beteiligungsgesellschaften die aufgekauften Unternehmen nicht in ihre bestehende Unternehmensstruktur integrieren müssen, können sie sie leichter neu organisieren und Unternehmensteile, die nicht zum Kernbereich gehören oder nur schlechte Erträge erzielen, leichter abstoßen.[146] Dabei zwingt sie der zunehmende Wettbewerb auf dem Private Equity Markt dazu, als aktive Eigentümer ihrer Unternehmen jede Möglichkeit auszunutzen, Wertsteigerungen für hohe Renditen zu erzielen.[147] In Aktiengesellschaften wird das Management durch die Aktionäre in der Hauptversammlung oder durch den Aufsichtsrat kontrolliert, der meistens aufgrund von Entsenderechten in Aktionärsvereinbarungen mit Vertretern bestimmter Aktionärsinteressengruppen besetzt ist. Ein Private Equity Investor, der eine Aktiengesellschaft übernimmt, kann somit über die Hauptversammlung Einfluss auf den Vorstand nehmen und wird regelmäßig auch versuchen, einen beherrschenden Einfluss im Aufsichtsrat der übernommenen Gesellschaft zu erlangen. Allerdings stehen ihm daneben häufig vertragliche Kontrollrechte über den Vorstand der Gesellschaft zu, die über die Kompetenzen des Aufsichtsrates hinausgehen und die die eigentliche Grundlage für die Beeinflussung der Unternehmensführung darstellen.

So gehören zu den üblicherweise zwischen einer Kapitalbeteiligungsgesellschaft und dem Management des übernommen Unternehmens vereinbarten Rechten,

---

144 *Römer/Groh,* in: Richard/Weinheimer, Handbuch Going Private, S. 150.
145 *Römer/Groh,* in: Richard/Weinheimer, Handbuch Going Private, S. 153.
146 *Fuller,* in: Bassi/Grant, Structuring European Private Equity, S. x.
147 *Latter/Singh,* in: Bassi/Grant, Structuring European Private Equity, S. 17.

umfangreiche Informationsrechte und Zustimmungs- oder Vetorechte der Beteiligungsgesellschaft hinsichtlich bestimmter Geschäfte des Managements. Des Weiteren kann auch das Recht eingeräumt werden, das Management auszuwechseln. So kann die Beteiligungsgesellschaft gezielt auf eine bestmögliche Umstrukturierung des übernommenen Unternehmens hinwirken, um eine größtmögliche Wertsteigerung zu erreichen. Wichtig für die Beteiligungsgesellschaft ist dann allein noch, die Beteiligung an dem Unternehmen zu einem günstigen Zeitpunkt zu beenden. Daher wird sie in den Verträgen mit dem Management auf die Möglichkeit achten, zu gegebener Zeit den Verkauf oder den Börsengang des Unternehmens fordern und auch durchsetzen zu können.[148]

2. Die Beteiligungsstrategie

Die Beteiligungsgesellschaft verfolgt grundsätzlich das Ziel, das übernommene Unternehmen zu fördern und eine hohe Wertsteigerung ihrer Investition zu erreichen. Natürlich kann die Investition auch fehlschlagen und das übernommene Unternehmen scheitern. Dann bleibt der Beteiligungsgesellschaft nichts Anderes übrig, als die verbleiben Vermögenswerte zu verkaufen. Nur in Ausnahmefällen wird die Zerschlagung des Unternehmens von der Beteiligungsgesellschaft von vornherein bezweckt sein.

a. Der Cash flow Deal

Oberstes Ziel neben der Generierung eines sich positiv entwickelten Cash flow ist die schnelle Reduzierung der Fremdkapitalbelastung des übernommenen Unternehmens. Diese ist generell durch die beim Leveraged Buyout übliche überproportionale Fremdkapitalfinanzierung mit Belastung der Zielgesellschaft sehr hoch. Dennoch wird diese Belastung innerhalb weniger Jahre abgebaut. Dafür werden einige typische Maßnahmen getroffen. Der Spielraum für diese Maßnahmen und das potenzielle Ausmaß ihrer Wirkung wurden von der Beteiligungsgesellschaft spätestens im Zeitpunkt der Due Dilligence Prüfung ausgemacht und sind der Grund, warum das entsprechende Unternehmen überhaupt Zielobjekt für eine Übernahme durch die Beteiligungsgesellschaft geworden ist. Gleich nach der Übernahme fängt die Beteiligungsgesellschaft daher an, diesen Spielraum für ihre Investition zu nutzen.

148 *Bienz/Grant/Kirchmaier,* in: Bassi/Grant, Structuring European Private Equity. S. 77

Zunächst erfolgt demzufolge eine umfassende Restrukturierung des Unternehmens nach den Vorstellungen der Beteiligungsgesellschaft.[149] Diese beruht auf den Ergebnissen der Due Dilligence Prüfung und der der Übernahme zugrunde liegenden Geschäftsstrategie für das Portfoliounternehmen. Danach sollen die Aktiva und Passiva des Unternehmens bestmöglich genutzt und realloziert werden.[150] Das Betriebskapital und Rückstellungen werden auf das Notwendigste reduziert und stille Reserven werden realisiert. Beteiligungen des Unternehmens sowie nicht zum Kerngeschäft gehörende Unternehmensteile und Tochtergesellschaften werden verkauft und Geschäftsbereiche ohne Wachstumspotenzial werden abgebaut. Für die verbleibenden Passiva werden günstige Finanzierungsmethoden gesucht, etwa das Factoring, Leasing oder auch Sale-and-lease-back-Transaktionen. Die verbleibenden Aktiva sollen möglichst effizient genutzt werden. Unrentable Produkte werden daher eingestellt, die Preisgestaltung der verbleibenden Produkte wird verbessert und die Absatzbemühungen werden intensiviert. Insgesamt wird die operative Effizienz sämtlicher Funktionen des Unternehmens erhöht.[151] Dies geschieht nicht zuletzt auch durch Outsourcing von Betriebsvorgängen[152] und den Abbau von Arbeitsplätzen.[153]

Der ganze Prozess zielt auf die Generierung eines möglichst hohen positiven Cash flow. Die Maßnahmen können durch die Erschließung diverser Synergiepotenziale flankiert und wirkungsvoller gestaltet werden. Neben dem intensiven Transfer von organisatorischem und strategischem Management Know-how bieten sich dafür die Aus- und Weiterbildung des Betriebspersonals, aber auch die mögliche Zusammenlegung zweier Portfoliounternehmen oder ihrer Teile, beispielsweise Forschungs- und Entwicklungsabteilungen oder das Marketing, an.

b. Der Sonderfall des Break-up Deals

Ein Leveraged Buyout muss nicht die Generierung eines langfristig steigenden Cash flow zum Ziel haben (Cash flow *Deal*), sondern kann mitunter auch die Zerschlagung und Liquidation der einzelnen Unternehmensteile zum Ziel haben

149 Vgl. auch *Fleischer*, AG 1996, 494, 498.

150 Die nachfolgend aufgeführten Maßnahmen sind entnommen aus *Römer/Groh,* in: Richard/Weinheimer, Handbuch Going Private, S. 154.

151 Vgl. *Römer/Groh*, in: Richard/Weinheimer, Handbuch Going Private, S. 154.

152 Vgl. *Schneider*, AG 2006, 577, 578, nennt als Beispiele das Outsourcing des Fuhrparks oder der Kantine.

153 Nach *Ebke*, ZHR 155 (1991), 132, 149, haben Übernahmen regelmäßig zumindest kurz- und mittelfristig einen Verlust an Arbeitsplätzen zur Folge. So auch *Schneider*, AG 2006, 577, 578, der auch ein Angebot an die Mitarbeiter erwähnt, künftig in Indien zu arbeiten.

(*Break-up Deal*). Unternehmen, die sich stark diversifiziert haben, sind zwar weniger anfällig für Konjunkturschwankungen in einzelnen Wirtschaftssektoren, haben aber auch oft kaum mehr klare Strukturen und eine ausufernde Verwaltung. Es kann somit sein, dass sie im Ganzen weniger Wert sind als die Summe ihrer Teile. In einem solchen Fall können Kapitalbeteiligungsgesellschaften das Unternehmen übernehmen und die einzelnen Teile strategisch verkaufen, beispielsweise an Wettbewerber am Markt, an dem der abgespaltene Unternehmensteil tätig ist. Diese Wettbewerber sind aufgrund möglicher Synergien und größerer Marktanteile oft bereit, höhere Preise als den unter Finanzinvestoren zu erzielenden Marktpreis zu zahlen.

Vereinzelt kann aber auch die Liquidation eines erworbenen Unternehmens oder seiner Teile lukrativ sein. Daher gibt es sogar Buyouts mit dem einzigen Ziel, den Bestand des Unternehmens zu beenden. Dies ist jedoch nicht immer schon dort das Ziel, wo rein tatsächlich nach einer kreditfinanzierten Übernahme letztlich der Bestand des Unternehmens beendet wurde. Dies wird im Gegenteil regelmäßig eher das Ergebnis eines fehlkalkulierten Cash flow Deals sein. Ein bekanntes Beispiel für einen Break-up deal ist die Übernahme der Beatrice Foods Company durch die Firma Kohlberg Kravis & Roberts (KKR) 1986 für 6,2 Milliarden US-Dollar. Durch Zerschlagung des Konzerns wurde hier ein Gewinn von etwa 2 Milliarden US-Dollar erzielt.[154]

III. Die Desinvestition

Der Ausstieg aus der Investition, die sogenannte Desinvestition, ist integraler Bestandteil des Leveraged Buyouts. Erst die Desinvestition entscheidet über Erfolg oder Misserfolg der Transaktion.

1. Die Desinvestition als Schlüssel zum Gewinn

Die Desinvestition umfasst den Ausstieg (*exit*) der Private Equity Investoren aus der Beteiligung am Portfoliounternehmen. Dieser kann auf verschiedene Art und Weise erfolgen. Wichtig ist, dass das Unternehmen vom Beginn der Beteiligung an den Ausstieg plant. Da es letztlich auf den Ausstieg aus der Beteiligung ankommt, um die Gewinne der Investition realisieren zu können, ist es für eine erfolgreiche Unternehmensbeteiligung wichtig, dass sämtliche Ausstiegswege offen stehen.

154 Vgl. *Lutter/Wahlers*, AG 1989, 1, 2, Fn. 24.

2. *Die Formen der Desinvestition*

Im Grunde bieten sich den Kapitalbeteiligungsgesellschaften drei Wege zum Ausstieg aus der Investition an. Das Portfoliounternehmen kann an ein anderes Unternehmen, an einen anderen Finanzinvestor oder an private Anleger verkauft werden.

a. Trade Sale

Die Desinvestition kann durch schlichten Verkauf der Beteiligung am Unternehmen an ein anderes Unternehmen erfolgen (*trade sale*). Hier spielt noch einmal der Begriff des industriellen Investors (*corporate investor*) eine Rolle. Gemeint sind schlicht Unternehmen, die nicht aus finanztaktischen, sondern aus realwirtschaftlichen Beweggründen heraus, Unternehmensbeteiligungen erwerben. Sie halten die übernommenen Unternehmen nicht in einem Portfolio, sondern gliedern sie gezielt in ihr bestehendes Unternehmen ein, um die eigene Produktpalette zu erweitern und Synergieeffekte maximal zu nutzen. Ziel eines industriellen Investors beim Trade Sale ist damit nicht, durch mittel- oder langfristige Weiterveräußerung der Investition oder gar durch Zerschlagung der Unternehmensbestandteile Gewinne zu erzielen. Vielmehr kommt es ihm darauf an, sich die von der Kapitalbeteiligungsgesellschaft während der Halteperiode ihrer Investition optimierte Struktur und die langfristig zu erwartenden hohen Renditen des Portfoliounternehmens anzueignen. Er erwirbt ein hocheffizient organisiertes Unternehmen.

b. Secondary Purchase

Anstelle eines Industriellen Investors kann aber auch ein institutioneller Investor die Beteiligung am Portfoliounternehmen erwerben und damit für die Beteiligungsgesellschaft die Desinvestition realisieren. Ein solcher institutioneller Investor, beispielsweise ein Hedge-Fonds oder eine andere Beteiligungsgesellschaft, wird bei diesem sogenannten *secondary purchase* den Kauf des Unternehmens zu großen Teilen fremdfinanzieren und somit einen zweiten Leveraged Buyout durchführen. Durch die verkaufende Gesellschaft ist das Unternehmen schon weitgehend entschuldet worden, weshalb seine Vermögenswerte neu belastet werden können. Allerdings ist der Rahmen für eine Optimierung der Nutzung von Aktiva und Passiva deutlich enger, da eine an der Betriebsnotwendigkeit ausgerichtete Restrukturierung bereits im Rahmen des ersten Buyouts stattgefunden hat.

Dass ein Secondary Purchase für eine Beteiligungsgesellschaft dennoch eine lohnende Investition sein kann, hängt mit den Besonderheiten der Desinvestition beim Leveraged Buyout zusammen. Die Desinvestition erfolgt beim Leveraged Buyout nämlich schlicht nach der üblichen Haltezeit, die schon zu Beginn der Unternehmensübernahme feststeht und innerhalb eines bestimmten Rahmens auch mit den Investoren in das Sondervermögen zum Beteiligungserwerb abgestimmt ist. Insoweit kommt es der Beteiligungsgesellschaft mit ihrer Investition allein darauf an, das in der Zeit der vorgesehenen Halteperiode vorhandene Wachstumspotenzial des Portfoliounternehmens voll auszuschöpfen. Die Beteiligungsgesellschaft bezweckt mithin nicht, das Wachstumspotenzial des Unternehmens solange wie möglich auszuschöpfen. Dies macht sich der Zweitkäufer beim Secondary Purchase zunutze. Er strebt die Realisierung des verbliebenen, zum Teil durchaus weiterhin erheblichen Wachstumspotenzials des Portfoliounternehmens an. Dabei kann er zugleich langfristig ein hohe Rendite seines bereits effizient ausgerichteten Unternehmens erwarten. Diese Faktoren sollen die Rückführung des Fremdkapitals ermöglichen und den späteren Ausstieg aus der Investition auch für den Zweitinvestor profitabel machen.

Der Markt für solche Secondary Purchases ist in Europa in den letzten Jahren stark gewachsen. War er zu Beginn der 90er Jahre des letzten Jahrhunderts noch quasi inexistent und der Secondary Purchase allgemein mit einer gescheiterten Erstinvestition assoziiert - und damit für den verkaufenden Investor rufschädigend -, hat er sich inzwischen zu einer echten Option für die Desinvestition entwickelt.[155] In Zeiten der Finanz- und Wirtschaftskrise, in denen ein Börsengang aufgrund der allgemein schlechten oder jedenfalls hoch instabilen Kurslage ausgeschlossen ist und einem industriellen Investor von den angeschlagenen Banken nicht die erforderlichen Kreditmittel gewährt werden, stellt der secondary purchase durch einen anderen institutionellen Investor sogar die einzige echte Option für eine erfolgreiche Desinvestition dar.

c. Going Public

Schließlich kann die Desinvestition auch durch einen Verkauf der Beteiligung am Unternehmen über die Börse erfolgen. Mit der (Neu-)Emission von Aktien des Unternehmens beginnt der Börsengang. Jedermann kann dann wieder Anteile am Unternehmen erwerben. Da dieses Going Public die Umkehrung zum Going Private, der Übernahme des Unternehmens durch die Investoren, ist, wird diese Art der Desinvestition auch als Reversed Leveraged Buyout bezeichnet.[156]

---

155 *Nicolas,* in: Bassi/Grant, Structuring European Private Equity, S. 99.

156 Vgl. z.B. *Cao/Lerner*, JFE 91 (2009), 139, 139.

Der Börsengang des Portfoliounternehmens ist eine lukrative Desinvestitionsalternative, allerdings steht sie nicht immer zur Verfügung. Einerseits kann in einer Zeit sinkender Aktienkurse und eines allgemein schlechten Klimas auf den Finanzmärkten ein Börsengang nicht immer gewagt werden. So stand beispielsweise nach dem Zusammenbruch der Finanzmärkte 2000/2001 für viele Investoren der Weg an die Börse nicht mehr als Ausstiegsalternative zur Verfügung. Ebenso in den Jahren der Wirtschaftskrise 2008/2009. In den Jahren dazwischen hatte sich die Situation aber wieder gebessert und sowohl die Anzahl der Börsengänge als auch die durch sie realisierten Gewinne hatten wieder zugenommen.[157]

Dies war besonders wichtig für junge Wachstumsunternehmen, da hier die Venture Capital Investition allein meist nicht ausreicht, um massive Expansion und Marktführung zu erreichen. Gleichzeitig hat aber auch gerade in dieser Zeit der Markt für Secondary Purchases einen großen Aufschwung nehmen können. Um nämlich die Investition nicht weiter halten zu müssen und dennoch einen optimalen Arbitragewinn zu erzielen, bot sich immer häufiger der Weiterverkauf des profitablen Unternehmens an einen Zweitinvestor an, da aufgrund der ausufernden Kreditpraxis der Banken den Zweitinvestoren enorme Summen zur Verfügung standen. Mit der Wirtschaftskrise des Jahres 2008/2009, die bereits 2007 als Kreditkrise begann, waren diese Zeiten erst einmal wieder vorbei und der Secondary Purchase das Mittel der Wahl für den Ausstieg aus der Beteiligung.

Aber auch in Zeiten florierender Finanzmärkte kann sich ein Börsengang als nicht optimale Desinvestitionsalternative erweisen. So können zum Beispiel bei der vorhergegangenen Unternehmensübernahme, insbesondere in der Form des Going Private, also der Rücknahme des Unternehmens von der Börse, Anleger enttäuscht worden oder aus anderen Gründen die Reputation des Unternehmens oder des Investors beschädigt worden sein, weshalb ein Börsengang der Beteiligungsgesellschaft gegenüber den anderen Desinvestitionsalternativen als riskanter erscheinen kann und den Investoren möglicherweise nicht den optimalen Arbitragegewinn garantiert.

3. Die Wahl der passenden Desinvestitions-Alternative / Exit-Strategie

Im Allgemeinen sollte die Kapitalbeteiligungsgesellschaft bereits vor der Übernahme eines Unternehmens Pläne für den Ausstieg aus der Investition durchdacht haben. Dabei sollten potenzielle Erwerber oder Gruppen von Erwerbern ausgemacht worden sein. Unter Umständen kann auch der Erwerber bereits fest-

157 *Bassi/Jormakka,* in: Bassi/Grant, Structuring European Private Equity, S. 27 ff.

stehen, zum Beispiel ein Industrieller Investor, der aktuell, etwa aufgrund einer kürzlich anderweitig getätigten Investition, noch nicht die finanziellen Mittel zur Unternehmensübernahme aufbringen kann, jedoch zum Zeitpunkt der mittel- bis langfristig angesetzten Desinvestition bereit ist, das Unternehmen zu übernehmen.[158] Ansonsten hängt aber, wie bereits vorstehend gezeigt, vieles von den Gegebenheiten der Finanzmärkte im Desinvestitionszeitpunkt ab. Diese sind nicht alle vorhersehbar, weshalb die Beteiligungsgesellschaften sich regelmäßig alle Optionen offen halten und über entsprechende Verträge mit dem Portfoliounternehmen und dessen Management auch ihre Umsetzung erzwingen können.

C. Die Entwicklung der Buyout Transaktionen

Private Equity gibt es bereits seit mehreren Jahrzehnten. Nach einigen Vorläufern wurden in der Nachkriegszeit mehrere Beteiligungsgesellschaften in Großbritannien und den USA gegründet. Die erste deutsche Beteiligungsgesellschaft wurde 1965 gegründet. In den siebziger Jahren entwickelte sich das Buyout-Geschäft in den USA rasant. Kohlberg Kravis & Roberts (KKR), eine der ersten großen und heute größten Beteiligungsgesellschaften der Welt, wurde beispielsweise 1976 gegründet. Ein entscheidender Moment für die Branche aber war die Übernahme der US-Firma Gibson Greeting durch Wesray Capital im Jahr 1982.[159]

Wesray Capital wurde vom früheren US-Finanzminister William Simon gegründet. Die Übernahme von Gibson Greeting kostete 81 Millionen US-Dollar. Davon waren 80 Millionen US-Dollar fremdfinanziert, nur eine Million US-Dollar wurden als Eigenkapital investiert. William Simon selbst war lediglich mit 330.000 Dollar, also einem Drittel des Eigenkapitals, am übernommenen Unternehmen beteiligt. Als Gibson Geeting nur ein Jahr später an die Börse ging erzielte es einen Erlös von 290 Millionen Dollar. Nach Rückzahlung der Schulden verblieben etwa 200 Millionen US-Dollar Eigenkapital. Der Einsatz von Wesray Capital hatte sich damit verzweihundertfacht und William Simon machte aus 330.000 Dollar in einem Jahr 66 Millionen US-Dollar. Damit begann ein Private Equity Boom, der bis 1989, bis zur Übernahmeschlacht um RJR Nabisco andauerte. Die Preise für Unternehmensübernahmen stiegen in dieser Zeit bis auf zweistellige Milliardenbeträge an, zum Beispiel 13,5 Milliarden US-Dollar für die Übernahme von Kraft Inc. durch Philip Morris Companies Inc. 1989.[160] Die

158 *Römer/Groh,* in: Richard/Weinheimer, Handbuch Going Private, S.161.

159 *Markl,* in: Bassi/Grant, Structuring European Private Equity, S. 110. Die nachfolgende Darstellung der Übernahme ist von der angegebenen Fundstelle übernommen.

160 Vgl. *Lutter/Wahlers*, AG 1989, 1, 2, Fn. 22.

Übernahme von RJR Nabisco durch KKR für den bis dato unerhörten Betrag von 25 Milliarden US-Dollar markierte dann das schnelle und unschöne Ende des Private Equity Booms der 1980er Jahre: viele Beteiligungsgesellschaften hatten viel zu viel für ihre Portfoliounternehmen gezahlt und die fortan schärfer staatlich regulierten Finanzmärkte waren nicht mehr willig, weitere Kredite zu gewähren.[161]

In den neunziger Jahren entwickelte sich dann allmählich der *secondaries market,* der Markt für Sekundärtransaktionen (*secondary purchases*).[162] Überhaupt änderte sich das Gesicht der typischen Private Equity Transaktion. Kredite in zuvor unvorstellbaren Ausmaßen konnten jede Übernahme finanzieren und ließen Private Equity Gesellschaften damit auch in Wirtschaftsektoren vordringen, die bisher unerreichbar schienen, wie beispielsweise das Bankwesen.[163] Der gesamte Markt wurde stärker umkämpft. Mehr und mehr Beteiligungsgesellschaften entstanden. Bieterwettstreite wurden häufiger und führten zu höheren Übernahmepreisen. Damit entwickelte sich die Notwendigkeit, stärkere Managementfähigkeiten zu entwickeln, um noch höhere Zahlungsüberschüsse zu erzielen, die einen schnellen Abbau der starken Verschuldung des Unternehmens ermöglichen.

Dic für die Übernahme erforderlichen hohen Kredite konnten durch günstige Kreditbedingungen unschwer aufgebracht werden. Gleichzeitig stiegen die Börsenkurse. Dies bedeutete für Beteiligungsgesellschaften optimale Desinvestitionsbedingungen. Der Kurseinbruch 2000/2001 führte zu einem erneuten Ausweichen auf den Secondaries Market. Die in Amerika aber zur Abschwächung der Krise massiv gesenkten Leitzinsen begünstigten weiterhin das Kreditklima auf dem Private Equity Markt. Nicht selten wurde den Beteiligungsgesellschaften sogar mehr Kredit angeboten als sie benötigten.[164] Die niedrigen Zinsen und das generell günstige Kreditklima in den Vereinigten Staaten führten dort aber zugleich zu einem enormen Aufschwung in Immobilientransaktionen und Hypotheken von privaten Haushalten. Durch den wachsenden Markt steigerte sich der Wert der Immobilie sozusagen von allein und ließ viele Amerikaner das Risiko auch hoher Verschuldung eingehen. Dabei gaben die Banken Darlehen auch an für gewöhnlich kreditunwürdige Kunden, da sie stets über die Immobilie als Kreditsicherung verfügen konnten, die im Wert schnell über den Kaufpreis steigen sollte. Mit der Krise im US-Immobilienmarkt (und weiteren Umständen)

---

161 *The Economist*, February 10th – 16th2007, Briefing: Private Equity, The uneasy crown, S. 73.

162 *Nicolas,* in: Bassi/Grant, Structuring European Private Equity, S. 99.

163 *The Economist*, July 7th – July 13th 2007, Leaders, The trouble with private equity, S. 11.

164 *Markl,* in: Bassi/Grant, Structuring European Private Equity, S. 109.

fiel jedoch der Wert dieser Banksicherheiten seit 2006 stetig. Viele der Haushalte konnten die hohe Verschuldung nicht weiter tragen. Den Banken entstanden im zweiten Halbjahr 2007 damit Milliardenverluste und der Kreditfluss stoppte abrupt. Damit hat nicht nur der Boom auf dem US-Immobilienmarkt, sondern zugleich auch der erste Private Equity Boom des neuen Jahrtausends ein Ende gefunden.

Im Jahr 2005 hatten Investoren weltweit etwa 106 Milliarden US-Dollar in Buyout Transaktionen investiert.[165] Die in diesem Jahr abgeschlossenen Unternehmensübernahmen hatten ein Volumen von 260 Milliarden US-Dollar.[166] Im Jahr 2006 waren es sogar 440 Milliarden US-Dollar, soviel wie im gesamten Zeitraum von 1990 bis 1998 zusammen,[167] und in der ersten Hälfte des Jahres 2007 schon 240 Milliarden US-Dollar.[168] Zu Beginn des Jahres 2007 wurden nach einem Bieterwettstreit von Blackstone für die Übernahme von Equity Office Properties die Rekordsumme von 39 Milliarden US-Dollar gezahlt, 3 Milliarden US-Dollar mehr als ursprünglich von Blackstone vorgesehen.[169] Zu dieser Zeit verging kaum ein Tag, ohne dass auf den Finanzmärkten nicht von neuen Übernahmeplänen in Milliardenhöhe zu hören war.[170] So war es nicht überraschend, dass bereits im Juli 2007, ein neues Buyout-Rekordangebot in Höhe von 48,5 Milliarden US-Dollar abgegeben wurde.[171] Mit Spannung wurde von der Finanzwelt die erste 100 Milliarden US-Dollar Transaktion erwartet, aber nur kurze Zeit später war alles vorbei und die Transaktionsvolumina gingen für viele Monate zurück.[172]

Heute gibt es über 2.700 Beteiligungsgesellschaften, die Unternehmensbeteiligungen im Wert von über 500 Milliarden US-Dollar halten. Allein in Deutschland sind über 200 Kapitalgesellschaften tätig, die sich direkt oder indirekt an Unternehmen beteiligen.[173] Darunter sind jedoch nur wenige Beteiligungsgesell-

165 *Markl,* in: Bassi/Grant, Structuring European Private Equity, S. 109.

166 *Ibid.*

167 *The Economist*, February 10th – 16th 2007, Briefing: Private Equity, The uneasy crown, S. 73, Leaders, Caveat investor, S. 15.

168 *The Economist*, July 7th – 13th 2007, Briefing: Public v private equity, The business of making money, S. 68.

169 *The Economist*, February 10th – 16th 2007, Finance and economics, Quite a performance, S. 80.

170 *The Economist,* February 10th – 16th 2007, Leaders, Caveat investor, S. 14.

171 *The Economist*, July 7th – 13th 2007, Leaders, The trouble with private equity, S. 11.

172 *The Economist*, September 29th – October 5th 2007, Finance and economics, A boom in bust-ups, S. 75.

173 *Raupach/Weiss,* in: Hölters, Handbuch Unternehmens- und Beteiligungskauf, Teil IV Rn. 55.

schaften, die sich auf Buyout-Transaktionen und hohe Transaktionsvolumina konzentriert haben.[174]

D. Die Ausgestaltung des Finanzintermediärs

Nach dem Überblick über den Ablauf eines Leveraged Buyouts soll nun noch einmal im Detail auf die Ausgestaltung und die konkrete Vorgehensweise der Beteiligungsgesellschaft eingegangen werden.

I. Die Errichtung einer Holdingstruktur

Gemäß § 2 Abs. 1 UBGG darf eine Unternehmensbeteiligungsgesellschaft in der Rechtsform der Aktiengesellschaft, der Gesellschaft mit beschränkter Haftung, der Kommanditgesellschaft und der Kommanditgesellschaft auf Aktien betrieben werden. Außerhalb des Anwendungsbereichs des UBGG kann jedoch jede Rechtsform gewählt werden. Die Initiatoren einer Beteiligungsgesellschaft haben damit die freie Wahl. Meist wird jedoch eine stark personalistisch geprägte Struktur unter Eigenbeteiligung der Initiatoren am Gesellschaftskapital angestrebt. Gleichzeitig wird versucht, die persönliche Haftung auszuschließen, weshalb sich die Rechtsform der GmbH & Co. KG anbietet.

Die Kapitalbeteiligungsgesellschaft wird in Deutschland meist als eine GmbH & Co. KG gegründet.[175] Diese errichtet nun eine Holdingstruktur, an deren Spitze sie steht. Dafür initiiert die GmbH & Co. KG als die eigentliche Beteiligungsgesellschaft die Sammlung von Kapital für ein Sondervermögen zum Zwecke der Unternehmensübernahme.[176] Dieses Sondervermögen wird ebenfalls in der Rechtsform der GmbH & Co. KG organisiert,[177] welche den konkreten Beteiligungsfonds darstellt.[178] Die Initiator-GmbH & Co. KG ist selbst als Kommanditist an der Fonds-GmbH & Co. KG beteiligt, regelmäßig jedoch ohne eigene Einlage.[179] Stattdessen übernimmt sie die Rolle des geschäftsführenden Kommanditisten und leitet mit dem von ihr für die Fonds-GmbH & Co. KG einge-

174 Vgl. *Römer/Groh,* in: Richard/Weinheimer, Handbuch Going Private, S. 151, die die Zahl im Jahr 2002 auf etwa 20 schätzen.

175 *Sagasser/Schlosser,* in: Assmann/Schütze, Kapitalanlagerecht, § 26 Rn. 363.

176 *Fock*, UBGG, Teil I Rn. 24 ff

177 Dies hat auch steuerliche Vorteile, vgl. *Herzig/Goksch*, DB 2002, 600, 601.

178 *Riegger*, ZGR 2008, 233, 233; *Eidenmüller*, ZHR 171 (2007), 644, 649.

179 *Sagasser/Schlosser,* in: Assmann/Schütze, Kapitalanlagerecht, § 26 Rn. 363.

setzten Managern das Sondervermögen.[180] Die Geschäftsführung des Fonds beinhaltet die Prüfung und Überwachung der Beteiligungen, das Berichtswesen, die Kapitalabrufe und die Betreuung der Anleger.[181]

Außer der Initiator-GmbH & Co. KG treten der Fonds-GmbH & Co. KG auch die Kapitalgeber, die eigentlichen Investoren des Risikokapitals für die Übernahme, als Kommanditisten bei. Die Kommanditistenstellung der Investoren ist regelmäßig derart ausgestaltet, dass sie keinen Einfluss auf das Management ausüben können.[182] Die Kommanditistenstellung der Investoren ermöglicht es nämlich, ihre Rechte auf Informations- und Kontrollrechte zu beschränken, was beispielsweise in einer GmbH bei GmbH-Gesellschaftern nicht zu erreichen wäre.[183] Gleichzeitig ist die Haftung der Investoren und der Initiator-GmbH & Co. KG auf den Betrag der Einlage beschränkt. Ebenfalls als Kommanditist tritt schließlich auch noch eine Management-GmbH der Fonds-GmbH & Co. KG bei. Gesellschafter dieser GmbH sind allein die von der Initiator-GmbH & Co. KG eingesetzten Manager. Die Management-GmbH führt jedoch trotz ihres Namens nicht die Geschäfte der Fonds-GmbH & Co. KG, sondern dient einzig der unmittelbaren persönlichen Beteiligung des Managements an der Fonds-GmbH & Co. KG durch eine eigene Kapitaleinlage.

Komplementär der Fonds-GmbH & Co. KG wird eine von der Initiator-GmbH & Co. KG gegründete GmbH. Diese hat grundsätzlich allein den Zweck, den Platz des persönlich haftenden Gesellschafters in der KG auszufüllen. Die Komplementär-GmbH wird daher regelmäßig vollständig von der Geschäftsführung ausgeschlossen, zumindest aber werden ihre Geschäftsführungsrechte auf die Verwaltung des Tagesgeschäfts beschränkt.[184]

Die Fonds-GmbH & Co. KG, Verwalterin des Sondervermögens für den Beteiligungserwerb, gründet schließlich für jede einzelne Unternehmensübernahme Tochtergesellschaften als Einzweckgesellschaften, regelmäßig in der Form der GmbH. So kann sich aufgrund der beschränkten Haftung eine fehlgeschlagene Investition nicht finanziell auf das restliche Portfolio auswirken. Gleichzeitig kann ein Scheitern der Fonds-GmbH & Co. KG nicht finanziell auf die eigentliche Beteiligungsgesellschaft, die Initiator-GmbH & Co. KG durchschlagen. Sie kann daher in einem solchen Falle einfach die Sammlung von Kapital für eine neue Fonds-GmbH & Co. KG initiieren. Für gewöhnlich hält die Initiator-GmbH & Co. KG aber ohnehin parallel mehrere Fonds-GmbH & Co. KG. In

---

180 *Ibid.*
181 *Ibid.*
182 *Fock*, UBGG, Teil I Rn. 26.
183 *Fock*, UBGG, Teil I Rn. 25.
184 *Fock*, UBGG, Teil I Rn. 24.

diesem Fall wird von der Initiator-GmbH & Co. KG für jede Fonds-GmbH & Co. KG ein eigenes Management-Team eingesetzt. Die Lebensdauer einer Fonds-GmbH & Co. KG beträgt etwa 10 Jahre.[185]

II. Die Fonds-Manager

Die Fonds-Manager sind der wichtigste Faktor für die Erwirtschaftung überdurchschnittlicher Renditen.[186] Nur eine Minderheit von Private Equity Fonds erwirtschaftet höhere Renditen als die öffentlichen Kapitalmärkte.[187] Die Initiatoren sind bemüht, die erfahrensten und erfolgreichsten Manager für ihre Fondsgesellschaften zu gewinnen. Natürlich können die Initiatoren des Fonds auch mit Managern des Fonds identisch sein. In jedem Fall haben sich die Investoren, die Kommanditisten der Fonds-GmbH & Co. KG werden, in ihrer Zusage zum PPM auf das von der Beteiligungsgesellschaft vorgeschlagene Management-Team festgelegt. Dieses wird von der Beteiligungsgesellschaft eingesetzt und steuert über deren Beteiligung am Fonds dessen Geschäftsführung. Zugleich wird es in einer Management-GmbH organisiert und als Kommanditist an der Fonds-GmbH & Co. KG beteiligt.

Die Beteiligung des Managements an der Fonds GmbH & Co. KG über eine eigene Management-GmbH ermöglicht es der Beteiligungsgesellschaft, die von ihr eingesetzten Manager gezielt in die Gesellschaft einzubinden und an Gewinn und Verlust (jedenfalls in der Höhe ihrer Einlage) zu beteiligen. Die Management-GmbH ist damit Teil des Anreizsystems für das Management. Zugleich erleichtert diese Konstruktion einen Wechsel im Management. Allein die Gesellschafterstruktur der Management-GmbH verändert sich. Sowohl die Initiator GmbH & Co. KG als auch die Fonds GmbH & Co. KG werden nicht unmittelbar von der Veränderung betroffen. Ein Wechsel des Management-Personals kann somit geräuschlos von statten gehen. Wären die Manager unmittelbar Kommanditisten geworden, wäre mit einem Managerwechsel zugleich ein aufwändiger Wechsel der Beteiligungsverhältnisse an der Fonds-GmbH & Co. KG verbunden.

185 *Eidenmüller*, ZHR 171 (2007), 644, 649.

186 *Fuller,* in: Bassi/Grant, Structuring European Private Equity, S. ix.

187 *Ibid.*

III. Die Mittelausstattung

Eine Beteiligungsgesellschaft muss zunächst zumindest dasjenige Grund- oder Stammkapital besitzen, das für die jeweilige Rechtsform, in der sie betrieben wird, vorgeschrieben ist. Für eine GmbH genügt demgemäß ein Stammkapital von 25.000 Euro, § 3 Abs. 1 Nr. 3 GmbHG, während für eine Aktiengesellschaft ein Grundkapital von mindestens 50.000 Euro, § 7 AktG, gefordert wird. Interessant ist § 2 Abs. 4 Satz 1 UBGG. Darin wird für Unternehmensbeteiligungsgesellschaften nach dem UBGG gefordert, dass ihr Grund- oder Stammkapital mindestens eine Million Euro beträgt.

Zwar können Kapitalbeteiligungsgesellschaften auch außerhalb des Anwendungsbereichs des UBGG betrieben werden. Sie dürfen sich dann allerdings nicht als „Unternehmensbeteiligungsgesellschaften" bezeichnen. Dafür können sie aber auch ein geringeres Grund- oder Stammkapital als eine Million Euro besitzen. Allerdings bezweckt die Regelung des § 2 Abs. 4 Satz 1 UBGG den Schutz der Anleger vor unseriös gegründeten Unternehmensbeteiligungsgesellschaften und soll vermeiden, dass die Unternehmensform Unternehmensbeteiligungsgesellschaft „durch unseriöse Anbieter des grauen Kapitalmarktes in Mißkredit gerät".[188] Der Gesetzgeber geht also davon aus, dass es sich bei Unternehmensbeteiligungsgesellschaften mit einem Grund- oder Stammkapital von weniger als einer Million Euro nicht um seriöse Akteure im Kapitalmarkt handelt. Diese Wertung wird man wohl auf die übrigen Kapitalbeteiligungsgesellschaften übertragen können.

Nichtsdestotrotz scheint aber das Mindestkapital mit einer Million Euro sogar noch sehr niedrig veranschlagt zu sein, da das Kapital der meisten Private Equity Gesellschaften in der Größenordnung zwischen 50 Millionen US-Dollar und über 10 Milliarden US-Dollar liegt.[189] Um das Risiko ihrer eigenen, wenn auch vergleichsweise schmalen Investitionen in ihre Fondsgesellschaften zu streuen, sollte das Portfolio einer Beteiligungsgesellschaft mehrere Fondsgesellschaften umfassen. Eine Million Euro ist für eine Beteiligung an mehreren Fondsgesellschaften, auch bei Beteiligungen von jeweils unter 1 % am Fondsvolumen, sehr wenig.

Allerdings ist die Höhe des Eigenkapitals einer Beteiligungsgesellschaft nicht ausschlaggebend für den Erfolg oder Misserfolg von Unternehmensübernahmen.

---

188 BT-Drucksache 10/4551 S. 17, Begründung zum UBGG; BT-Drucksache 13/8933, S. 139, Begründung zum Dritten Finanzmarktförderungsgesetz.

189 *Sovran,* in: Bassi/Grant, Structuring European Private Equity, S. 88, *Eidenmüller*, ZHR 171 (2007), 644, 649 spricht sogar von 20 Milliarden US-Dollar.

Diese werden schließlich zum einen regelmäßig in großem Umfang kreditfinanziert.[190] Zum anderen ist es allein das der Fondsgesellschaft zur Verfügung stehende Kapital, welches bei den Unternehmensübernahmen zum Einsatz kommt. An diesem Kapital ist die Beteiligungsgesellschaft jedoch nicht oder so gut wie nicht beteiligt. Vielmehr wird es fast ausschließlich von anderen Investoren beigesteuert. Für die Fondsgesellschaft ist dabei ein Mindestkapital von einer Million Euro unbrauchbar. Hier sind viel höhere Beträge notwendig, um wirklich seriös Unternehmensübernahmen selbst bei kleinen und mittleren Unternehmen durchzuführen.

E. Die finanziellen Aspekte der Investition

Für den als Kommanditist beteiligten Investor in das Sondervermögen zur Vermögensübernahme sind zwei finanzielle Aspekte seiner Investition wichtig. Zum einen, welche Kosten ihm für die Inanspruchnahme der Dienste der Beteiligungsgesellschaft entstehen, und zum anderen, mit welcher Rendite er nach Abschluss der Investition rechnen kann.

I. Die Kosten der Geschäftsführung

Die Initiatoren des Fonds, also die Initiator-GmbH & Co. KG, sind regelmäßig an der Fonds-GmbH & Co. KG genauso als Kommanditisten beteiligt wie die angeworbenen Investoren. Ihre Beteiligung ist jedoch minimal. Dafür übernehmen sie mit ihrem Management-Team die Geschäftsführung der Fonds-GmbH & Co. KG. Die Geschäftsführer erhalten häufig eine feste Vergütung für ihre Tätigkeit in Höhe von insgesamt etwa 1,5 % bis 2 % des Fondsvolumens (*management fee*).[191] Des Weiteren wird ein Entgelt von häufig 20 % der Gewinne des Fonds vereinbart.[192] Diese umsatzabhängige Vergütung wird als *carried interest* bezeichnet und wird in der Regel erst nach Auszahlung eines bestimmten Mindestsatzes an die Investoren (bezeichnet als *hurdle rate*) an die Management-GmbH gezahlt. Diese Hurdle Rate liegt zwischen 6 % und 10 % der Gewinne des Fonds.[193]

---

190 *Kessel*, Leveraged Buyout der Aktiengesellschaft, S. 96, spricht von bis zu 65 %, *Weber*, in: Heussen/K/S/W, Unternehmer-Hdb., § 41 Rn. 25, nennt 80%.

191 *Sagasser/Schlosser,* in: Assmann/Schütze, Kapitalanlagerecht, § 26 Rn. 363; *Eidenmüller*, ZHR 171 (2007), 644, 650.

192 *Ibid.*

193 *Rudolph*, ZGR 2008, 161, 177.

Neben diesen jedenfalls anfallenden Kosten können weitere Gebühren anfallen, etwa Transaktionsgebühren (*transaction fees*) von bis zu 1 % des jeweiligen Transaktionswertes für den erfolgreichen Abschluss eines Geschäfts, Abbruchgebühren (*abort fees*) zur Erstattung von Aufwendungen für fehlgeschlagene Vertragsverhandlungen, sowie Kontrollgebühren (*monitoring fees*) für die kontinuierliche Überwachung der Geschäftsentwicklung der übernommenen Unternehmen.[194]

II. Die Rendite der Investition

In den ersten Jahren der Unternehmensübernahme wiegen die Transaktionskosten und die Managementgebühren noch sehr schwer auf der Wertentwicklung der Investition. Erst zwischen dem vierten und dem achten Jahr beginnt die eigentliche Wertschöpfung aus dem Unternehmen zugunsten des Investors. Spätestens zum Ende dieser Zeit müssen die Beteiligungsgesellschaften aus dem Unternehmen aussteigen, um eine überdurchschnittliche Rendite vorweisen zu können.[195] Aus diesem Grund trennen sich die meisten Beteiligungsgesellschaften nach etwa drei bis sieben Jahren von ihren Portfoliounternehmen.[196]

Das Verhältnis des eingesetzten Kapitals zum erzielten Umsatz ist ein Indikator der Kapitalproduktivität.[197] Je mehr Umsatz mit demselben Kapitaleinsatz erzielt werden kann, oder je weniger Kapital eingesetzt werden muss, um den Umsatz zu halten, desto produktiver ist das eingesetzte Kapital. Die Erhöhung der Kapitalproduktivität ist ein Grundmotiv für Investoren. Ein Schlüssel zu Erhöhung der Kapitalproduktivität liegt im Asset Management

Für eine Buyout Transaktion wird das Ergebnis generell daran gemessen, wie hoch die Differenz zwischen dem Eigenkapitalanteil am Übernahmepreis und dem Eigenkapitalanteil am erzielten Kaufpreis bei der Desinvestition ist. Grundsätzlich sollte der Verkaufspreis höher sein als der Kaufpreis. Des Weiteren muss bis zum Verkauf der Beteiligung am Unternehmen dessen Fremdkapitalquote reduziert worden sein. Je mehr die Fremdkapitalquote während der Halteperiode reduziert wurde und je mehr der Wert des Unternehmens in dieser Zeit gestiegen ist, desto höher fällt die Differenz des Eigenkapitalanteils zum Zeitpunkt der Übernahme und zum Zeitpunkt der Desinvestition aus.

---

194 *Eidenmüller*, ZHR 171 (2007), 644, 650).

195 *Frei/Studer,* in: Bassi/Grant, Structuring European Private Equity, S. 142 Fn. 2.

196 *Römer/Groh,* in: Richard/Weinheimer, Handbuch Going Private, S. 149; *Weber,* in: Heussen/K/S/W, Unternehmer-Hdb., § 41 Rn. 24.

197 *Kraehe,* in: Lutter/Scheffler/Schneider, Konzernfinanzierung, § 32. Rn. 32.18 f.

Um die Gewinnerzielung mit anderen Investitions- und Anlagemöglichkeiten der Finanz- und Kapitalmärkte vergleichbar zu machen, deren Wertsteigerungen in erheblich schnelleren Rhythmen als alle 3 – 7 Jahre festgestellt werden können, wird im Allgemeinen die Eigenkapitaldifferenz durch die Anzahl der Jahre geteilt, in denen sich das Unternehmen im Portfolio der Beteiligungsgesellschaft befand. Damit erhält man einen fiktiven jährlichen Wachstumswert der Investition, welcher als Internal Rate of Return (IRR) bezeichnet wird.

Kauft man also ein Unternehmen für 100 Millionen Euro, wovon nur 20 Millionen Euro eigenfinanziert sind, und baut von den kreditfinanzierten 80 Millionen Euro in den nächsten sieben Jahren jährlich 5 Millionen Euro Schulden ab, also insgesamt 35 Millionen Euro, und kann gleichzeitig den Unternehmenswert um 25 % steigern, dann kann man es am Ende der Halteperiode für 125 Millionen Euro verkaufen. Von diesem Verkaufspreis stellen 45 Millionen Euro noch Fremdkapital dar. Der Eigenkapitalanteil beträgt also 80 Millionen. Das Eigenkapitalwachstum von 20 Millionen Euro zur Zeit der Übernahme auf 80 Millionen zur Zeit des Verkaufs liegt bei insgesamt 60 Millionen Euro. Die Internal Rate of Return wäre bei einer ursprünglichen Investition von 20 Millionen Euro Eigenkapital damit knapp 22 % p.a. und läge über der durchschnittlichen Wertentwicklung des Aktienmarktes. Die Zielrenditen der Beteiligungsgesellschaften liegen aber durchaus darüber, etwa zwischen 25 % und 40 %.[198]

Die Kapital- und Wertentwicklung einer Private Equity Investition kann graphisch dargestellt werden. Typisch ist dabei die sogenannte J-Kurve.[199] In den ersten Jahren nach der Unternehmensübernahme sinkt der Unternehmenswert aufgrund der hohen finanziellen Belastung und der für Umstrukturierungsmaßnahmen erforderlichen Kosten zunächst deutlich ab und sollte idealtypischerweise nach zwei bis drei Jahren wieder ansteigen. Dieser Anstieg würde dann aufgrund der verbesserten Unternehmensstruktur und des zunehmenden Schuldenabbaus den Unternehmenswert über das Niveau zum Zeitpunkt der Übernahme hinausführen und kontinuierlich steigern. Nach sechs bis sieben Jahren ist für gewöhnlich dann ein ideales Verhältnis von Unternehmenswert und Eigenkapitalanteil erreicht, dass bei rechtzeitiger Desinvestition die Erzielung einer optimalen IRR ermöglicht. Deshalb werden Unternehmensbeteiligungen in der Regel zwischen drei und sieben Jahren gehalten, selbst wenn weiteres Wachstum der Unternehmen mühelos zu erzielen wäre.

---

198 *Weber*, in: Heussen/K/S/W, Unternehmer-Hdb., § 41 Rn. 23; vgl. auch *Riegger*, ZGR 2008, 233, 234, wonach Renditen von über 30% auf das eingesetzte Eigenkapital keine Seltenheit sind. *Eidenmüller*, ZHR 171 (2007), 644, 650, nennt nur eine Spanne von 14 – 22 %.

199 *Frei/Studer,* in: Bassi/Grant, Structuring European Private Equity, S. 131.

F. Der Buyout Markt

Ein Neueinsteiger auf dem Markt für Private Equity findet einen stark gewachsenen und weiter wachsenden Markt vor. Der Markt ist jedoch hart umkämpft und erfordert hohe Risikobereitschaft von den Investoren. Zudem ist eine zunehmende Differenzierung des Buyout-Marktes zu beobachten. Diese Tendenz scheint dazu geeignet, die lang gehegten Vorurteile der Unternehmen des deutschen Mittelstandes zu überwinden und Private Equity für diese Unternehmen zu einem gewöhnlichen Teil der Unternehmensfinanzierung werden zu lassen. Daneben bietet der Buyout auch über Finanzierungsfragen hinaus Vorteile gerade für mittelständische Unternehmen.

I. Ein wachsender, aber umkämpfter Markt

Der europäische und der deutsche Buyout-Markt sind in den letzten Jahren stark gewachsen.[200] Schon im Jahr 1999 sind über 50 % aller unter dem Oberbegriff Private Equity zusammengefassten Investitionen in Europa in Buyouts geflossen.[201] Im Jahr 2006 waren es sogar über 80 %, in Deutschland 56 %.[202] Die Finanzmärkte haben diesen Private Equity Boom durch einfache Gewährung von Krediten unterstützt. Von 2001 bis 2005 erhöhte sich der Anteil an Fremdfinanzierung bei der Unternehmensübernahme. Gleichzeitig erhöhten sich die Übernahmepreise in gleichem Maße.[203] Die zusätzlich aufgenommenen Schulden kamen letztlich also allein dem Verkäufer zugute. Der Wertzuwachs aus dem Unternehmen muss aber den höheren Kaufpreis ausgleichen können. Investoren gehen heute daher größere Risiken ein als früher. Sofern sie aber nicht vom Markt verdrängt werden wollen, müssen sie sich diesem Trend anpassen.

Vor August 2007 war es nicht ungewöhnlich, von Beteiligungsgesellschaften zu hören, dass sie Kreditangebote abgelehnt hätten, weil sie zu großzügig waren.[204] Dies war mit der Finanzkrise erst einmal vorbei. Zwar verschwand Private Equity deshalb nicht. Für die Beteiligungsgesellschaften wurde lediglich der Zugang zu Krediten schwieriger. Die Höhe der erworbenen Kredite ist jedoch nicht mehr der ausschlaggebende Faktor für eine erfolgreiche Investition. Denn überdurchschnittliche Private Equity Renditen, egal ob durch Buyouts oder durch Venture

---

200 *Eidenmüller*, ZHR 171 (2007), 644, 651.

201 *Cullom*, Der Venture Capital-Markt in Deutschland, Venture Capital 2001, S. 15.

202 *Rudolph*, ZGR 2008, 161, 169.

203 *Markl* in *Bassi/Grant*, Structuring European Private Equity, S. 110.

204 *The Economist*, February 10th – 16th, Briefing: Private Equity, The uneasy crown, S. 75.

Capital, hängen immer stärker davon ab, Wertsteigerungen des Unternehmens weniger durch finanzielles Geschick, sondern vielmehr durch erfolgreiche Begleitung des Unternehmens zu erreichen.[205] Damit entwickelt sich der europäische Private Equity Markt zugleich vom bloßen Kapitalgeber zum Dienstleistungsanbieter,[206] wovon auch deutsche Unternehmen profitieren. Aufgrund des gestiegenen Wettbewerbsdrucks der Beteiligungsgesellschaften untereinander wird so ein immer individuellerer Zuschnitt der Finanzierungsformen möglich.[207]

Eine Prognose der zukünftigen Marktentwicklung ist schwierig. Es hat sich in der Vergangenheit jedoch gezeigt, dass sich Wachstumsphasen und kurze Zeiträume stagnierender Phasen ablösen. Somit kann eine zyklische Entwicklung des Marktes für Private Equity und insbesondere Leveraged Buyouts verzeichnet werden. Aus diesem Grunde wird auch nach der gegenwärtig etwas ruhigeren Phase, so kurz nach der Finanzkrise des Jahres 2008/2009, eine baldige Belebung des Marktes zu erwarten sein.[208]

II. Sonderformen des Buyouts

Interessant sind zudem Sonderformen des Leveraged Buyouts, wie beispielsweise der Management Buyout. Bei einem Management Buyout (MBO) wird ein Unternehmen von seinem eigenen Management übernommen, während bei einem sogenannten Management Buy-In, ein externes, künftiges Management das Unternehmen erwirbt. Das jeweilige Management ist anschließend (Haupt-)Anteilseigner und Unternehmensleitung in einem. Je nach dem Erwerber kann man aber auch den EBO, Employee Buyout (durch die Angestellten) oder den OBO, Owner Buyout (durch den oder die Eigentümer) differenzieren. Letztlich handelt es sich aber stets um dasselbe Grundmuster eines Leveraged Buyouts. Die Differenzierung ermöglicht es jedoch, über die finanziellen Vorteile hinaus auch andere Interessen am Unternehmen zu bedienen. So bleibt das Finanzierungsmodell des Buyouts auch in Krisenzeiten weiter attraktiv.

In den 1990er Jahren war der Markt für Buyout Transaktionen nach dem Ende des ersten großen Private Equity Booms 1989 vorwiegend auf kleine und mittelständische Unternehmen beschränkt. Buyouts erfolgten in dieser Zeit überwie-

---

205 *Bassi/Grant,* in: Bassi/Grant, Structuring European Private Equity, S. 2 f.

206 *Ibid.*

207 *Weber*, in: Heussen/K/S/W, Unternehmer-Hdb., § 41 Rn. 7.

208 Vgl. *Holzner*, Private Equity, S. 29 f.; vgl. auch *Keul*, Der Deutsche Wirtschaftswanwalt 2008/2009, 20, 22.

gend in der Sonderform des Management Buyout.[209] Dabei hatte diese Form des Buyouts in den USA und Großbritannien eine deutlich höhere praktische Bedeutung als in Deutschland. Dies sollte sich jedoch zunehmend ändern, da sich gerade in dieser Zeit viele deutsche Unternehmer der Nachkriegs-Gründergeneration mit Nachfolgeproblemen konfrontiert sahen, für die der Management Buyout ein probates Lösungsmittel darstellte.[210]

Da der Preis der Unternehmen, auch der kleinen und mittelgroßen, in der Regel hoch und von Einzelpersonen nicht finanzierbar ist, werden Beteiligungsgesellschaften auch für die Sonderformen des Buyouts gern von den potenziellen Erwerbern des Unternehmens hinzugezogen. Die Beteiligungsgesellschaften bieten mit Ihren Kontakten zu den Investmentbanken und institutionellen Investoren die nötige finanzielle Hebelwirkung für den Kauf und werden nur mittelfristig bis zur geplanten Desinvestition Mehrheitsgesellschafter des übernommenen Unternehmens. Danach kann der Initiator und Miterwerber das Schicksal des Unternehmens allein weiter gestalten. Der absehbare Ausstieg aus der Investition macht die Beteiligungsgesellschaften zu einem beliebten Partner bei Unternehmenskäufen. Dies hat zugleich auch Vorteile für die Beteiligungsgesellschaften, insbesondere auch für ihr Verhältnis zu mittelständischen Unternehmen.

III. Der deutsche Mittelstand und Private Equity

Der Mittelstand wird oft als Rückgrat der deutschen Wirtschaft bezeichnet. Nirgends ist er so ausgeprägt wie in Deutschland. Moderne Private Equity Gesellschaften sind in einer guten Position, mit ihren Investitionsmodellen die wirtschaftlichen Interessen des deutschen Mittelstandes zu bedienen. Diese Position wird jedoch noch lange nicht im Umfang ihres Potenzials genutzt. Hier bestehen klare Wachstumsmöglichkeiten und spezialisierte Geschäftsfelder.

1. Die Befürchtungen des Mittelstands

Der ausgeprägte Mittelstand ist eine Besonderheit der deutschen Wirtschaft. Er macht gleichzeitig die Stärke der deutschen Wirtschaft aus. Deutschland hat zwar im Vergleich zu Frankreich, Großbritannien, den USA oder auch China kaum globale Riesen unter seinen einheimischen Unternehmen, jedoch dank

209 *Kessel*, Leveraged Buyout der Aktiengesellschaft, S. 3 f..
210 Vgl. *Koppensteiner*, ZHR 155 (1991), 97, 98.

seines ausgeprägten Mittelstands eine Vielzahl von Weltmarktführern in Nischenmärkten[211].

Das Wort Mittelstand bezieht sich nicht auf die Organisation oder die finanziellen Mittel eines Unternehmens, sondern vielmehr auf die Eigentümerstruktur.[212] Mittelständische Unternehmen können als eigentümergeprägte Unternehmen verstanden werden.[213] Sie sind oft Familienunternehmen. Daher sind sie nicht allein nach reinen Gewinninteressen ausgerichtet, sondern sehen sich als lokale Unternehmer mit Verantwortung für den Standort, die Belegschaft und nicht zuletzt auch die eigene Tradition. Vor diesem Hintergrund ist es verständlich, dass mittelständische Unternehmen bisher vorsichtig im Umgang mit Private Equity Investoren sind. Deren an eine Investition gekoppelter Einfluss auf die Geschäftsführung scheint streng nach wirtschaftlichen Kriterien ausgerichtet und steht damit grundsätzlich im Widerspruch zur Unternehmensphilosophie. Jedenfalls müsste sich die Unternehmensführung daran gewöhnen, nicht mehr das alleinige Sagen zu haben. Man spricht hier auch von der Herr-im-Haus-Mentalität der Unternehmensgründer, welche ihren Einfluß nicht mit anderen Kapitalgebern teilen wollen.[214]

Neben dieser besonders den Mittelstand betreffenden Befürchtung treten zudem allgemeinere Ängste vor Private Equity Investoren. Der Leveraged Buyout ist zwar grundsätzlich ein positives Mittel zur Unternehmensfinanzierung. Zugleich bedeutet die hohe Aufnahme von Fremdkapital aber für das übernommene Unternehmen einen enormen Druck. Den Private Equity Investoren wird insoweit von ihren Kritikern ein „Spiel mit der Insolvenz" vorgeworfen, welches sich gerade selbständige, eigentümergeführte Unternehmen nicht leisten können.[215] Eine weitere Befürchtung ist, dass die Beteiligungsgesellschaft während der Halteperiode das Vermögen des Unternehmens verkauft oder mit weiteren Schulden belastet, um ohne Rücksicht auf die Gefährdung der Zukunft des Unternehmens, allein mit Blick auf ihre eigenen hohen Renditeerwartungen, schnell Erfolge zu erzielen.[216] Dieses sogenannte *asset stripping* hat mit Private Equity im hier verwendeten Sinn nichts zu tun, sondern stellt eine Ausplünderung des Unter-

211 So ist beispielsweise der in Berlin-Marzahn angesiedelte Betrieb Knorr-Bremse, Weltmarktführer für Bremsen in Schienen- und Nutzfahrzeugen.

212 *Kraehe,* in: Lutter/Scheffler/Schneider, Konzernfinanzierung, § 32 Rn. 32.6.

213 *Sigle,* in: Lutter/Scheffler/Schneider, Konzernfinanzierung, § 33 Rn. 2.

214 Vgl. *Fock*, UBGG, I. Teil, Rn. 5.

215 Vgl. *Eidenmüller*, ZHR 171 (2007), 644, 647.

216 *Eidenmüller*, ZHR 171 (2007), 644, 647, nennt in diesem Zusammenhang das Negativbeispiel der Übernahme des Autovermieters Hertz. Sechs Monate nach der Übernahme gewährten sich die neuen Eigentümer eine mit Kredit des Unternehmens finanzierte Sonderdividende von einer Milliarde US-Dollar, etwa der Hälfte ihres ursprünglichen Investments.

nehmensvermögens durch Spekulanten dar.[217] Im Gegensatz zu diesen wollen Private Equity Investoren aber regelmäßig den Wert des übernommenen Unternehmens steigern.[218] Nichtsdestotrotz werden Private Equity Investoren von Kritikern mit genau solchen Spekulanten gleich gestellt.[219]

Mit diesen Befürchtungen werden sich die Beteiligungsgesellschaften auseinanderzusetzen haben. Die mittelständischen Unternehmen allerdings auch, denn deren Eigenkapitalquote liegt seit Jahrzehnten schon bei unter 20 %.[220] Eigenkapital ist aber eine entscheidende Voraussetzung für den Zugang zu Fremdkapital.[221] Daher führt die Eigenkapitalschwäche der mittelständischen Unternehmen in Deutschland zu einem stetig wachsenden Bedarf an Beteiligungskapital.[222] Private Equity Gesellschaften sind eine der wenigen verfügbaren Quellen für außerbörsliches Eigenkapital.[223] In sehr vielen Fällen, in denen Fremdkapital nicht erhältlich ist, lassen sich Wachstumsmöglichkeiten für Unternehmen nur noch mit Mitteln der Private Equity Investoren realisieren.[224]

2. *Private Equity als Möglichkeit der Konzernfinanzierung und der Nachfolgesicherung*

Beteiligungsgesellschaften können für den deutschen Mittelstand nicht nur eine positive Rolle bei der Unternehmensfinanzierung spielen. Auch für die Frage der Nachfolgesicherung im Unternehmen können sie interessante Lösungen bieten.

---

217 Vgl. *Fleischer*, AG 1996, 494, 499.

218 Vgl. *Kofner*, WuM 2006, 133, 133.

219 Vgl. *Schneider*, AG 2006, 577, 579, welcher jedoch Venture Capital, Private Equity und Hedge-Fonds alle in einen Topf wirft und als „die neuen Investoren" bezeichnet. Dagegen wendet sich zu Recht *Eilers*, AG 2006, 792, 792, mit einer differenzierten Betrachtung. Eine solche differenzierte Betrachtung nimmt *Schneider*, NZG 2007, 888, 888 vor und unterscheidet die zwei Geschäftsmodelle „Langfristige Ertragssteigerung" und „Abräumung des Eigenkapitals". Das sogenannte *asset stripping* bezeichnet er nunmehr als Missbrauch von Private Equity, NZG 2007, 888 , 893.

220 *Baumgärtner*, Wachstum finanzieren mit intelligentem Kapital, Venture Capital, 2001, 51, 52; s.a. *Fock*, UBGG, I. Teil, Rn. 5; vgl. aber auch *Weber*, ZHR 155 (1991), 120, 121, der diesen Zustand schon seit 1980 bestehen sah.

221 *Schäfer*, Der Deutsche Wirtschaftsanwalt 2008/2009, 27, 27.

222 Vgl. *Baumgärtner*, Wachstum finanzieren mit intelligentem Kapital, Venture Capital, 2001, 51, 52.

223 *Schäfer*, Der Deutsche Wirtschaftsanwalt 2008/2009, 27, 27.

224 *Keul*, Der Deutsche Wirtschaftsanwalt 2008/2009, 20, 22.

a. Konzernfinanzierung im mittelständischen Konzern

Die traditionellen Finanzierungsformen von Konzernen umfassen die Eigenkapitalfinanzierung durch Beteiligungserhöhung der Inhaber, die Aufnahme neuer Gesellschafter und Gewinnthesaurierung, sowie die Fremdkapitalfinanzierung durch Bankkredite, Gesellschafterdarlehen und den Lieferantenkredit. Im Gegensatz zum anglo-amerikanischen Wirtschaftsraum wählte der deutsche Mittelstand bisher zumeist allein den Weg der Fremdfinanzierung über den Bankkredit.[225] Banken sind jedoch schon lange nicht mehr die einzige ernsthafte umfangreiche Finanzierungsalternative zum Börsengang des Unternehmens. Zudem zeigen gerade mittelständische Konzerne (im Sinne verbundener Unternehmen – als Stammhauskonzern oder Holdingkonzern) in drei Punkten Handlungsbedarf hinsichtlich ihrer Finanzierung:[226]

Zum ersten sollte die Steuerung der Finanzströme im Unternehmen durch eine Professionalisierung der finanziellen Führung effizienter ausgestaltet und genutzt werden. Des Weiteren ist angesichts der niedrigen Eigenkapitalquote deutscher Unternehmen die Erschließung neuer Kapitalquellen für weiteres Wachstum erforderlich, wobei jedoch die Eignerstruktur im Mittelstand häufig die Möglichkeiten der Kapitalbeschaffung einschränkt. Schließlich sind mittelständische Unternehmen auch an der Sicherung der Kapitalkontinuität im Unternehmen interessiert, sowohl was die Geschäftsleitung als auch was die Beteiligungsverhältnisse betrifft. In allen diesen drei Punkten ist Private Equity eine echte Alternative zur traditionellen Konzernfinanzierung. Es besteht auch zunehmend Bedarf an Kapitalgebern, die nicht allein längerfristig, sondern vor allem auch mit der Bereitstellung von Know-how das Unternehmen zu Wachstum und höheren Erträgen führen.[227]

Der Zugang zu den Kapitalmärkten wird für den Mittelstand interessanter. Ein Börsengang kostet aber bis zu 10 % des Kurswertes, je nach Höhe des auszumachenden Emissionsvolumens.[228] Neben dem Börsengang wird zunehmend der Zufluss von Eigenkapital durch Beteiligungsfinanzierung zur Option für mittelständische Konzerne. Diese Form der Eigenfinanzierung vermeidet zudem die hohen Publizitätspflichten, die für Unternehmen mit dem Börsengang einher gehen, und eröffnet zugleich den Zufluss von qualifiziertem Management-

225 *The Economist*, July 7th – 13th 2007, Briefing: Public v private equity, The business of making money, S. 68.

226 Nach *Kraehe,* in: Lutter/Scheffler/Schneider, Konzernfinanzierung, § 32 Rn. 32.2.

227 *Baumgärtner*, Wachstum finanzieren mit intelligentem Kapital, Venture Capital 2001, 51, 52.

228 *Raupach/Weiss,* in: Hölters, Handbuch Unternehmens- und Beteiligungskauf, Teil IV Rn. 105.

Know-how,[229] insbesondere bei Beteiligungserwerb durch institutionelle Investoren wie Kapitalbeteiligungsgesellschaften.

Für mittelständische Konzerne ist für die Zusammenarbeit mit Kapitalgesellschaften das wichtigste Merkmal die Stärkung der Eigenkapitalausstattung. Dazu kommen die kapitalseitige Sicherung der Unabhängigkeit des Managements, Managementberatung, Imagetransfer und die Beratung und Betreuung bei der Entwicklung von Finanzierungs- und Beteiligungskonzepten sowie bei Börseneinführungen.

b. Das Nachfolgeproblem im Mittelstand als Chance für Private Equity Investoren

Aufgrund des in Deutschland besonders stark ausgeprägten Mittelstands, sind es in Deutschland mehr als in anderen Ländern vor allem Nachfolgeprobleme bei Familiengesellschaften, die den Buyout-Markt treiben und für die zukünftige Marktentwicklung eine Belebung erwarten lassen.[230] Es wird bereits vom Zeitalter der Unternehmernachfolge gesprochen.[231]

Die meisten erfolgreich geführten Familienunternehmen werden von fähigen Managern in enger Zusammenarbeit mit der Familie geleitet.[232] Nachfolgeprobleme innerhalb der Familien werden in diesen mittelständischen Unternehmen häufig durch einen Verkauf an das bereits im Unternehmen beschäftigte Management gelöst, um die erfolgreiche Fortführung des Unternehmens sicherzustellen.[233] Dafür bietet sich insbesondere ein Verkauf im Wege eines Management-Buy-Outs an.[234] Durch die Nutzung des Leverage-Effekts können die Geschäftsführer der Unternehmen mit relativ wenig Eigenkapital einen substanziellen Anteil an einem wesentlich wertvolleren Unternehmen erwerben.[235] Gleichzeitig wird der Geist des Unternehmens bewahrt. Allerdings haben Management Buyouts zumindest kurz- oder mittelfristig einen Verlust an Arbeitsplätzen zur Folge.[236] Am Ende der Investitionszeit ist das Unternehmen jedoch zumeist bes-

---

229 *Kraehe,* in: Lutter/Scheffler/Schneider, Konzernfinanzierung, § 32 Rn. 32.35 ff.

230 *Eidenmüller*, ZHR 171 (2007), 644, 653.

231 S. z. B. *Labbé*, DB 2001, 2362, 2362.

232 *The Economist*, December 15th – 21st 2007, Face Value: Not the heir, apparently, S. 66.

233 *Raupach/Weiss,* in: Hölters, Handbuch Unternehmens- und Beteiligungskauf, Teil IV Rn. 81.

234 *Labbé*, DB 2001, 2362, 2362.

235 Vgl. *Ebke*, ZHR 155 (1991), 132, 135.

236 Vgl. *Ebke*, ZHR 155 (1991), 132, 149 mwN.

ser aufgestellt als zuvor. Private Equity Investoren hinterlassen nach einer angemessenen Halteperiode regelmäßig keine schwachen Unternehmen.[237]

In der Regel besteht das Management-Team, welches das Unternehmen erwerben soll aus maximal drei Personen.[238] Die Hinzuziehung eines institutionellen Investors, insbesondere eines Private Equity Investors, ist regelmäßig angezeigt. Zum einen wird das eigene Risiko für die Manager geringer, wenn sie sich mit einem Investor zusammentun. Zum anderen bringt eine Beteiligungsgesellschaft nicht nur zusätzliches Kapital, sondern auch viel Sachverstand in die Transaktion mit ein. Sie führt in der Regel auch die Vertragsverhandlungen mit der Familie, da die Manager hier zwangsläufig in einem Interessenkonflikt stehen, weil sie selbst das Unternehmen möglichst billig erwerben wollen, für die Familie aber auch einen möglichst hohen Verkaufspreis aushandeln sollen.[239] Neben diesem Interessenkonflikt ist auch der Umgang mit Verschwiegenheitspflichten des Managements beim Management Buyout regelmäßig problematisch.[240] Nichtsdestotrotz stellt er ein wichtiges Mittel der Nachfolgeregelung im mittelständischen Unternehmen dar.

---

237 Vgl. *Eilers*, AG 2006, 792, 793; vgl. auch die Ergebnisse der Studie von *Cao/Lerner*, JFE 91 (2009), 139.

238 Labbé, DB 2001, 2362, 2362.

239 *Raupach/Weiss*, in: Hölters, Handbuch Unternehmens- und Beteiligungskauf, Teil IV Rn. 82; vgl. auch *Weber*, ZHR 155 (1991), 120, 127.

240 Vgl. dazu *Koppensteiner*, ZHR 155 (1991), 97, 100.

Zweiter Teil

Staaten als institutionelle Investoren

Nachdem im ersten Teil der Untersuchung die Investition in Private Equity durch institutionelle Investoren vorgestellt wurde, soll nun betrachtet werden, inwieweit sich auch Staaten diese Investitionsform zunutze machen. Dafür ist zunächst eine Auseinandersetzung mit dem Phänomen der Staatsfonds angezeigt.

A. Der Begriff des Staatsfonds

Der Begriff des Staatsfonds ist ungeheuer weitreichend. Die aus dem angelsächsischen Sprachgebrauch übernommene Bezeichnung Fonds beschreibt zunächst nichts weiter als ein Sondervermögen.[241] Wie jeder Fonds sind Staatsfonds im Grunde fest begrenzte Vermögensmassen. Bei einem Staatsfonds ist jedoch das Kapital, welches das Fondsvermögen bildet, im weitesten Sinne Eigentum eines Staates. Es handelt sich um öffentliche Gelder. Nicht jedes öffentliche Sondervermögen wird jedoch vom Begriff des Staatsfonds erfasst. Vielmehr werden nach dem Sprachgebrauch lediglich solche öffentlichen Sondervermögen erfasst, deren Gelder durch staatliche Einrichtungen angelegt werden, wobei die Vermögensverwaltung wie bei einer privaten Kapitalanlagegesellschaft eine bestimmte Investitionsstrategie verfolgt.

Genauer gesagt handelt es sich also um Investmentfonds des Staates. Das Sondervermögen ist dabei entweder als eigene juristische Person organisiert oder wird als eine Verwaltungseinheit innerhalb der Zentralbank oder des Finanzministeriums betrieben.[242] Ein aktives Management, das teilweise auf externe Anlageverwalter übertragen wird, soll damit risikoreichere und längerfristige Anlagen tätigen und höhere Erträge erwirtschaften als dies beim klassischen Wäh-

---

241 Vgl. *Creifelds*, Rechtswörterbuch, 19. Aufl. 2007, Stichwort *Fonds*.

242 Vgl. *Das/Lu/Mulder/Sy*, Setting up a Sovereign Wealth Fund: Some Policy and Operational Considerations, Arbeitspapier des Weltwährungsfonds (*IMF Working Paper*) WP/09/179 vom August 2009, S. 13, online abrufbar unter http://www.imf.org/external/pubs/ft/wp/2009/wp09179.pdf

rungsreservenmanagement der Zentralbanken möglich wäre.[243] Das klassische Währungsreservenmanagement erzielt regelmäßig keine überragenden Renditen, da hier das Vermögen sehr sicher, zumeist in Edelmetalle und Staatsanleihen ausländischer Staaten, vor allem der USA, angelegt wird. Diese Kapitalanlagen lassen sich auch bei Bedarf schnell wieder in Kapital umwandeln. Dennoch gibt es in den Zentralbanken, vor allem in Asien, wo in den letzten Jahren die Währungsreserven massiv angestiegen sind, Überlegungen, ob man nicht eine treuhänderische Pflicht habe, höhere Gewinne für das öffentliche Vermögen zu erzielen und zumindest teilweise auch in illiquide Anlagen zu investieren.[244] Dies führt zur Gründung von Staatsfonds für diese Art von Investitionen.

Staatsfonds sind institutionelle Investoren. Der heute in der internationalen Finanzwelt für Staatsfonds gebräuchliche Begriff *Sovereign Wealth Funds* ist erst wenige Jahre alt.[245] In der Literatur wird er etwa seit dem Jahr 2005 verwendet. Er bezeichnet jedoch ein Phänomen, das bereits auf eine lange Geschichte zurückblicken kann.

I. Ursprünge

Investmentfonds des Staates existieren bereits seit vielen Jahren. Ein Vorläufer der heutigen Staatsfonds wird mitunter in der französischen Caisse des Dépôts et Consignations, kurz Caisse des Dépôts genannt, gesehen.[246] Diese wurde 1816 gegründet, um unter anderem die Rentengelder für Staatsbeamte zu verwalten.[247] Um die Gelder verzinsen zu können und gewinnbringend zu verwalten, musste diese staatliche Einrichtung wie ein privater Bankier agieren und trat somit als staatlicher Investor auf. Mit den ihr anvertrauten Geldern verfolgt die Caisse des Dépôts noch heute eine aktive Anlagepolitik, zu der auch die Investition von Risikokapital gehört.[248] In dieser Hinsicht ist sie der deutschen Kreditanstalt für

243 Jahresgutachten 2007/2008 des Sachverständigenrates zur Begutachtung der gesamtwirtschaftlichen Entwicklung, Siebtes Kapitel, Beschränkungen des Beteiligungserwerbs ausländischer Investoren, Rn. 603 (S. 397 f.).

244 The Economist, Jan 19th – 25th, Briefing: Sovereign-Wealth Funds, Asset-backed insecurity, S. 64

245 Rede des KIA Managing Director Bader M. Al Sa'ad vom 9. April 2008 vor der Ersten Luxemburgischen Außenhandelskonferenz, online abrufbar unter http://www.kia.gov.kw/En/Press_Room/Speach_MD/Pages/default.aspx

246 Vgl. auch *Martini*, DÖV 2008, 314, 314.

247 S. Art. 110 des französischen Gesetzes vom 28. April 1816 über die Finanzen.

248 Vgl. die *Doctrines d'action* der Caisse des Dépôts, S. 9, online abrufbar unter http://www.caissedesdepots.fr/uploads/media/Doctrines_Caisse_des_Depots18.12.08.pdf

Wiederaufbau (KfW) vergleichbar. Diese verwaltet staatliche Gelder in Höhe von aktuell 3,75 Milliarden Euro, vgl. § 1 Abs. 2 KfWG, welche sie gemäß § 2 Abs. 1 Nr. 1 lit. b) KfWG in staatlichem Auftrag unter anderem zur Finanzierung im Bereich Risikokapital verwendet.

Staatliche Institutionen wie die französische Caisse des Dépôts und die deutsche Kreditanstalt für Wiederaufbau können somit durchaus auch als Staatsfonds angesehen werden. Nichtsdestotrotz ist diese Bezeichnung für diese Institutionen unüblich. Dies insbesondere, weil sie keine reinen Investmentfonds darstellen, sondern im staatlichen Auftrag auch andere Geschäfte ausführen als allein auf Gewinnerzielung ausgerichtete Investitionen zu tätigen. Der älteste Staatsfonds im heutigen Sinne ist die *Kuwait Investment Authority* (KIA), deren Ursprünge auf das Jahr 1953 zurückgehen. Damals, acht Jahre vor der Unabhängigkeit Kuwaits von Großbritannien, wurde in London das Kuwait Investment Board gegründet, um finanziell für die Zeit vorzusorgen, in der sich aufgrund erschöpfender Erdölquellen das regelmäßige Einkommen Kuwaits verringern würde.[249] Diese war nach der Unabhängigkeit Kuwaits dem kuwaitischen Finanzministerium unterstellt. 1982 übernahm mit dem Gesetz Nr. 47/1982 die als KIA bekannte öffentliche Investitionsbehörde die Verwaltung der Sondervermögen Kuwaits. Heute verwaltet die KIA zwei Sondervermögen für den kuwaitischen Staat, den General Reserve Fund (GRF) und den Future Generations Fund (FRF). Dabei ist sie nicht Eigentümer der Fonds. Das Eigentum verbleibt beim Staat, welcher der KIA jederzeit weitere Fonds zur Verwaltung unterstellen kann.

Ein weiterer sehr früher Staatsfonds ist der heutige *Kiribati Revenue Equalization Reserve Fund* (RERF) der 1956 gegründet wurde. Die damals noch Gilbert Islands genannten Inseln Mikronesiens, welche das heutige Kiribati ausmachen, waren reich an Phosphaten, welche aus den jahrhundertealten Ablagerungen der Ausscheidungen von Seevögeln gewonnen wurden.[250] Diese Ablagerungen bildeten damals den größten Teil der Oberfläche einiger Inseln. Zugleich war jedoch ein Ende der Phosphatgewinnung absehbar. Um die Erträge aus der Phosphatgewinnung auch zukünftigen Generationen zugute kommen lassen zu können, wurde der RERF gegründet. Die britische Verwaltung erhob seit 1956 eine Abgabe auf den Export von Phosphaten, aus welcher Mittel in den Fonds flos-

249 Rede des KIA Managing Directors Bader M. Al Sa'ad vom 9. April 2008 vor der Ersten Luxemburgischen Außenhandelskonferenz, online abrufbar (s. Fn. 245), S. 2.

250 *The Economist,* May 26th – June 1st 2007, Finance and Economics: Sovereign-Wealth Funds, The world's most exclusive club, S. 79 f.; *The Economist,* January 19th – 25th 2008, Briefing: Sovereign-Wealth Funds, Asset-backed insecurity, S. 64.

sen.[251] Heute, 30 Jahre nach dem Ende der Phosphatgewinnung in Kiribati 1979, hat der RERF einen Wert von über 400 Millionen US-Dollar,[252] und seine Erträge werden dazu verwendet, das jährliche Haushaltsdefizit auszugleichen.[253]

II. Entwicklung

Die Idee, aus einem Teil der Exporterträge endlicher Rohstoffreserven Sondervermögen zu bilden, damit zukünftige Generationen auch dann noch über Finanzmittel verfügen können, wenn die Rohstoffvorkommen aufgebraucht sind, führte insbesondere im an Erdöl reichen Nahen Osten zur Gründung einer Vielzahl staatlicher Sondervermögen, welche bis heute enorme Summen akkumuliert haben. Staatsfonds haben sich somit als Erfolgsidee erwiesen. Weltweit gibt es heute über 60 Staatsfonds und es kommen stets weitere hinzu.[254] Die meisten der heute weltweit existierenden Staatsfonds werden aus Exporterlösen für Rohstoffe, häufig Erdöl oder Erdgas, finanziert.[255] Sie werden deshalb als rohstoffbasiert oder auch als *Commodity Funds* beziehungsweise *Non-Renewable Funds* bezeichnet.[256] Sofern ein Staat seinen Fonds nicht aus Exporteinnahmen für Rohstoffe, sondern aus allgemeinen Leistungsbilanzüberschüssen, Mehreinnahmen im Staatshaushalt, Privatisierungserlösen oder Währungsreserven der Zentralbank finanziert, bezeichnet man diesen Fonds schlicht als nichtrohstoffbasiert oder auch als *Non-Commoditiy Fund* beziehungsweise *Renewable Fund*.[257]

---

251 *The Economist,* May 26th – June 1st 2007, Finance and Economics: Sovereign-Wealth Funds, The world's most exclusive club, S. 79 f.

252 *The Economist,* January 19th – 25th 2008, Briefing: Sovereign-Wealth Funds, Asset-backed insecurity, S. 64 f.

253 Government Information Paper on Kiribati der Außenministerien von Neuseeland (online abrufbar unter http://www.mfat.govt.nz/Countries/Pacific/Kiribati.php) und der USA (online abrufbar unter http://www.state.gov/r/pa/ei/bgn/1836.htm).

254 So hat beispielsweise im Jahr 2008 Frankreich als Reaktion auf die Wirtschafts- und Finanzkrise einen eigenen Staatsfonds, den Fonds stratégique d'investissement, gegründet, welcher von der Caisse des Dépots verwaltet wird. Im Jahr 2009 gründete Brasilien, das wie China in den letzten Jahren massive Währungsreserven angesammelt hat, den Fundo Soberano do Brasil.

255 Vgl. die Übersicht über 64 Staatsfonds in *Kern*, DB Research, 22. Oktober 2008, S. 3, online abrufbar unter http://www.dbresearch.com/PROD/DBR_INTERNET_EN-PROD/PROD0000000000232851.pdf

256 Jahresgutachten 2007/2008 des Sachverständigenrates zur Begutachtung der gesamtwirtschaftlichen Entwicklung, Siebtes Kapitel, Beschränkungen des Beteiligungserwerbs ausländischer Investoren, Rn. 603 (S. 398).

257 *Ibid.*

Unabhängig davon, ob es sich um rohstoffbasierte oder nicht rohstoffbasierte Staatsfonds handelt, ist das Grundinteresse der Staatsfonds stets gleich: Gewinnerzielung, um zukünftigen Konsum zu erhöhen oder sich zumindest gegen Konsumschwankungen absichern zu können.[258] Dafür ist es wirtschaftlich sinnvoll, sich vom Wirtschaftszyklus der heimischen Wirtschaft und ihren Risiken abzukoppeln, weshalb Staatsfonds regelmäßig an Investitionen im Ausland interessiert sind. Mit zunehmendem Finanzvermögen wächst jedoch ihr potentieller Einfluss auf Unternehmen anderer Volkswirtschaften. Da die Entwicklung rohstoffbasierter Staatsfonds stets von der Entwicklung der Preise für diese Rohstoffe abhängt, brachten die Ölkrisen in den 1970er Jahren aber auch die späteren langfristigen Preissteigerungen, insbesondere nach dem Jahr 2000 bis hin zu den Höchstpreisen im ersten Halbjahr des Jahres 2008 den Staaten im Nahen Osten enorme Finanzmittelzuflüsse, von denen auch die Staatsfonds dieser Staaten profitierten.

Vom Erfolg der bestehenden Staatsfonds beeindruckt, werden stets weitere Staatsfonds gegründet. Um aber ein Anlagevermögen aufzubringen, welches in seiner Größenordnung mit den privatwirtschaftlichen Konkurrenten auf dem globalen Finanzmarkt mithalten kann, benötigt ein Staat zunächst viel Geld. Für klassische Staatsfonds kommt dieses Geld üblicherweise aus akkumulierten Währungsreserven oder Erträgen aus Rohstoffexporten.[259] Im Grunde kann es den Staatsfonds jedoch aus jeder Art staatlicher Einnahmen zugeführt werden, etwa aus Veräußerungserlösen privatisierter Unternehmen, aus speziellen Abgaben, oder aus Erlösen aus der Versteigerung von Netzzugängen. Im Jahr 2009 wurde die Aufmerksamkeit der Finanzwelt auf einen neuen Typus staatlicher Fonds aufmerksam als im November der Fonds Dubai World, welcher der Regierung von Dubai gehört, vor dem Bankrott stand. Bei Dubai World handelt es sich allerdings nicht um einen klassischen Staatsfonds, denn er wird gerade nicht unmittelbar aus staatlichen Geldern finanziert. Vielmehr handelt es sich um eine staatliche Beteiligungsgesellschaft, die auf der ganzen Welt Unternehmen aufgekauft hat, sich dafür aber wie private Beteiligungsgesellschaften über die Finanzmärkte, also auf Kredit finanzieren muss. So konnte es allerdings auch passieren, dass dem Fonds Ende November 2009 nach dem Zusammenbruch des Immobilienmarktes im Emirat Dubai fast 60 Milliarden US-Dollar fehlten.[260]

---

258 Jahresgutachten 2007/2008 des Sachverständigenrates zur Begutachtung der gesamtwirtschaftlichen Entwicklung, Siebtes Kapitel, Beschränkungen des Beteiligungserwerbs ausländischer Investoren, Rn. 603 (S. 398).

259 Vgl. zu den üblichen Finanzierungsmitteln für Staatsfonds *Kern*, DB Research, 22. Oktober 2008, S. 5, online abrufbar (s. Fn. 255).

260 Vgl. zu den Kreditaufnahmen und Investitionen von Dubai World: *Financial Times Deutschland* vom 04. Januar 2010, Der Niedergang des Sandbaumeisters, online ab-

Klassische Staatsfonds können sich regelmäßig nicht in einer solchen Höhe verschulden, denn sie finanzieren sich gerade nicht mit Fremdkapital. Da somit aber hinter dem Beteiligungskapital kein Privatinteresse, sondern das Interesse eines fremden Staates steht, erfüllen Staatsfonds die Politiker der betroffenen Volkswirtschaften mit Unbehagen. Es wird befürchtet, dass die investierenden Staaten ihre wirtschaftliche Macht als politisches Druckmittel gegen das eigene Land ausnutzen werden, insbesondere bei Investoren aus Ländern oder Regionen, die dafür bekannt sind, sich nicht zu scheuen, politischen Druck auch undiplomatisch durchzusetzen. Insoweit überrascht es nicht, dass bereits während der Ölkrise in den 1970er Jahren in Deutschland eine Debatte über Staatsfonds und ihre Abwehr entfacht wurde. In den Jahren ab 2005, als die Staatsfonds des Nahen Ostens bei anhaltend hohem Ölpreis erneut mit großer Finanzkraft als Investoren im Ausland auftraten, wurde die Diskussion erneut geführt. Ausgelöst wurde sie jedoch diesmal durch einen neuen Akteur auf den internationalen Finanzmärkten: die Volksrepublik China.[261]

China verfügt mit dem erst im Jahr 2007 gegründeten Staatsfonds *China Investment Corporation* (CIC), über den größten nicht-rohstoffbasierten Staatsfonds der Welt. Die stetig wachsende Wirtschaft Chinas und die damit einhergehenden stetig wachsenden Exporte Chinas hatten zu einem anhaltend hohen Handelsbilanzüberschuss geführt, der die Währungsreserven Chinas kontinuierlich erhöht hat. Im Jahr 2007 wurden die Währungsreserven des Landes auf eine Höhe von über einer Billion US-Dollar geschätzt.[262] Um dieses Geld für China fruchtbar machen zu können, fiel die Entscheidung, einen neuen[263] chinesischen Staatsfonds zu gründen. Dieser wurde mit Finanzmitteln in Höhe von 200 Milliarden US-Dollar ausgestattet. Damit war er auf einen Schlag einer der größten existieren Staatsfonds weltweit.

---

rufbar unter http://www.ftd.de/unternehmen/handel-dienstleister/:dubai-world-der-niedergang-des-sandbaumeisters/50056240.html

261 Jahresgutachten 2007/2008 des Sachverständigenrates zur Begutachtung der gesamtwirtschaftlichen Entwicklung, Siebtes Kapitel, Beschränkungen des Beteiligungserwerbs ausländischer Investoren, Rn. 584 (S. 386).

262 Jahresgutachten 2007/2008 des Sachverständigenrates zur Begutachtung der gesamtwirtschaftlichen Entwicklung, Siebtes Kapitel, Beschränkungen des Beteiligungserwerbs ausländischer Investoren, Rn. 601 (S. 396).

263 Seit 2003 verfügte China bereits über einen Staatsfonds, die Central Hujin Investment Ltd., welcher der Zentralbank gehörte und Hauptanteilseigner der größten staatlichen Banken (ICBC, CCB und BOC) war. Noch im Jahre 2007 wurde die Central Huijin Investment Corporation für etwa 67 Milliarden US-Dollar von der dem Finanzministerium unterstellten CIC aufgekauft. Damit ging die Kontrolle der staatlichen Banken in China von der Zentralbank auf das Finanzministerium über. (Vgl. *Financial Times* v. 5. Januar 2008, China Investment Arm emerges from shadow, online abrufbar unter http://www.ft.com/cms/s/0/fd0b7e6e-bb2f-11dc-9fbc-0000779fd2ac.html).

III. Fondsvermögen

Im ersten Jahrzehnt des neuen Jahrtausends ist das den Staatsfonds zur Verfügung stehende Finanzvolumen auf neue Rekordsummen gewachsen. Dieses Wachstum ist zum einen auf die anhaltend hohen Rohstoffpreise, insbesondere für Erdöl, zurückzuführen, zum anderen aber auch der allgemeinen hochlukrativen Entwicklung der Finanzwirtschaft bis zur Finanzkrise des Jahres 2007/2008 geschuldet. Zu diesem Zeitpunkt wurde das Gesamtvolumen der Fondsmittel aller Staatsfonds auf über 3 Billionen US-Dollar geschätzt,[264] und sollte nach damaligen Vorhersagen bis zum Jahr 2015 um die 12 Billionen US-Dollar ausmachen.[265]

Tatsächlich wuchs dieses Gesamtvolumen auch trotz der Finanzkrise bis zum Jahr 2008 noch um eine halbe Billion US-Dollar mehr an,[266] und Experten sahen damals trotz der anhaltenden Finanzkrise das gesamte Fondsvermögen von Staatsfonds schon in naher Zukunft bei über 10 Billionen US-Dollar.[267] Im Jahr 2009 schrumpfte das Gesamtvolumen jedoch um 17 % auf wieder etwas über 3 Billionen US-Dollar.[268] Neben den gesunkenen Preisen für Rohstoff und überhaupt niedrigeren Außenhandelsbilanzen der investierenden Staaten sind als Grund dafür vor allem der mit der Wirtschaftskrise gesunkene Buchwert der bereits getätigten Investitionen auszumachen.[269]

Diese Entwicklungen lassen sich auch am Beispiel des vermutlich größten Staatsfonds der Welt, der *Abu Dhabi Investment Authority* (ADIA) des Emirats Abu Dhabi der Vereinigten Arabischen Emirate, nachvollziehen. Im Sommer 2007 wurde dieser Fonds auf ein Fondsvermögen von 875 Milliarden US-Dollar geschätzt.[270] Im Jahr 2008 schätzten Einige das Fondsvermögen zwar noch ebenso hoch oder sogar noch höher ein, wahrscheinlich lag es aber eher um

---

264 *Kern*, DB Research, 10. September 2007, S. 1, online abrufbar unter http://www.dbresearch.com/PROD/DBR_INTERNET_EN-PROD/PROD0000000000215270.pdf

265 Vgl. Global Financial Stability Report des Weltwährungsfonds vom September 2007, S. 45, online abrufbar auf der Webseite des Weltwährungsfonds - www.imf.org - unter http://www.imf.org/External/Pubs/FT/GFSR/2007/02/pdf/text.pdf ; vgl. auch *The Economist*, May 26th -June 1st 2007, Finance and economics: Sovereign-Wealth funds, The world's most expensive club, S. 79.

266 *Kern*, DB Research, 22. Oktober 2008, S. 1, online abrufbar (s. Fn. 255).

267 The Economist, January 19th – 25th 2008, Briefing: Sovereign-Wealth Funds, Asset-backed insecurity, S. 64; vgl. auch *Kern*, DB Research, 22. Oktober 2008, S. 1, online abrufbar (s. Fn. 255).

268 *Kern*, DB Research, 16. Juli 2009, S. 8, online abrufbar unter http://www.dbresearch.com/PROD/DBR_INTERNET_EN-PROD/PROD0000000000244283.pdf

269 *Ibid.*

270 *Kern*, DB Research, 10. September 2007, S. 3, online abrufbar (s. Fn. 264).

800 Milliarden US-Dollar innerhalb einer beachtlichen Schätzungsspanne von etwa 620 bis 1.000 Milliarden US-Dollar.[271] Im Jahr 2009 stellte die Marke von 875 Milliarden US-Dollar nur noch die Obergrenze einer Schätzungsspanne dar, die bereits bei 300 Milliarden US-Dollar begann.

Die ADIA dürfte heute über ein Fondsvermögen von etwa 700 Milliarden US-Dollar verfügen.[272] Damit stellt sie immer noch einen Investor mit ungeheurer Finanzkraft dar. Eine ähnliche Aussage lässt sich auch für andere Staatsfonds treffen. Der Großteil der heute existierenden Staatsfonds verfügt jedoch über weniger als zehn Milliarden US-Dollar. Nur etwa 10 Staatsfonds weltweit verwalten ein Anlagevermögen von mehr als 100 Milliarden US-Dollar, darunter auch Europas größter Staatsfonds, der norwegische *Government Pension Fund - Global*[273] mit etwa 350 Milliarden US-Dollar Fondsvermögen, und gleich zwei Staatsfonds aus Singapur, die *Government of Singapore Investment Corporation* (GIC) mit einem geschätztem Vermögen von etwa 300 Milliarden US-Dollar und die *Temasek Holdings*, die etwa 120 Milliarden US-Dollar verwaltet.[274]

Trotz der kurzzeitigen Kontraktion im Anlagevolumen im Jahr 2009 kann die Bedeutung von Staatsfonds nicht unterschätzt werden und wird ebenso wie das von den Fonds verwaltete Investitionsvermögen weiter zunehmen. Zwar sind die Prognosen nicht mehr ganz so optimistisch wie noch im Jahr 2008. Nichtsdestotrotz wird in den nächsten zehn Jahren aber eine Verdopplung des Gesamtvolumens auf etwa 7 Billionen US-Dollar erwartet.[275] Damit werden Staatsfonds auch in Zukunft bedeutende Akteure auf den internationalen Märkten sein. Es bleibt jedoch abzuwarten, ob sich mit der Zeit das Misstrauen der Öffentlichkeit ihnen gegenüber verringern wird. Staatsfonds sind jedenfalls zunehmend daran interessiert, ihr Bild in der Öffentlichkeit aufzubessern.

B. Investitionen durch Staatsfonds

Staatsfonds investieren in Unternehmen. Das Verhältnis zu den Staaten, in denen sie tätig werden ist allerdings von gemischten Gefühlen geprägt. Sie sind

---

271 *Kern*, DB Research, 22. Oktober 2008, S. 3, online abrufbar (s. Fn. 255).

272 *Kern*, DB Research, 16. Juli 2009, S. 4, online abrufbar (s. Fn. 268).

273 Dieser Fonds wurde 1990 gegründet und wird inzwischen von der Norges Bank Investment Management (NBIM) verwaltet, einer Einrichtung der norwegischen Zentralbank.

274 Vgl. *Kern*, DB Research, 22. Oktober 2008, S. 3, online abrufbar (s. Fn. 255).

275 *Kern*, DB Research, 16. Juli 2009, S. 10, online abrufbar (s. Fn. 268).

gefürchtet und erwünscht zugleich. Dabei gibt es tatsächlich kaum einen Grund, sie anders zu behandeln als private Investoren.

I. Staatsfonds als problematische Investoren

Als es in Amerika 2006 um den Aufkauf von Öl-Firmen und Hafenbetreibern ging, wurde eine große Kampagne gegen die Veräußerung strategischer Infrastrukturen und Energiefirmen an ausländische Staatsfirmen entfesselt.[276] Auch als sich im Frühjahr 2008 das Gerücht verbreitete, der chinesische Staatsfonds CIC plane den Einstieg bei der Dresdner Bank, war das Entsetzen groß.[277]

1. Die Angst vor dem Unbekannten

Staatsfonds sind sowohl von der Politik als auch von den Vorständen zahlreicher Unternehmen gefürchtet.[278] Diese Furcht vor Staatsfonds ist allerdings wenig konkret und beruht zu großen Teilen auf einer Angst vor dem Unbekannten. Denn über das Anlageverhalten von Staatsfonds ist regelmäßig wenig bekannt. Man weiß nur, dass den Staatsfonds enorme Geldmengen zur Verfügung stehen, insgesamt geschätzte 3 Billionen US-Dollar. Ihnen sind daher Milliardeninvestitionen mit gewaltiger Hebelwirkung möglich, und selbst die größten Unternehmen sind nicht vor einer Übernahme sicher.[279] Die Hilflosigkeit gegenüber einer solchen wirtschaftlichen Macht schürt Ängste vor einem Missbrauch aufgrund möglicher politischer Ziele, die hinter der Beteiligung stecken könnten. Wirtschaftliche Macht war schon immer auch ein Mittel zur Erreichung politischer Zwecke. Ein Beispiel aus der jüngsten Geschichte ist das Verhalten Russlands gegenüber der Ukraine und Weißrussland zur Durchsetzung höherer Erdgaspreise. Insbesondere bei großen Fondsvermögen und wenn es um große einheimische Unternehmen geht, die von erheblicher Bedeutung für die Infrastruktur eines Landes oder auch für dessen Volkswirtschaft allgemein sind, befürchtet man daher, die Fonds könnten ihre wirtschaftliche Macht zum Nachteil der gesunden Wirtschaft zu politischen Zwecken und damit gegen den Staat verwenden.[280]

276 *The Economist*, January 19th – 25th 2008, Briefing: Sovereign-Wealth Funds, Asset-backed insecurity, S. 63.

277 So *Konrad Fischer*, in: www.sueddeutsche.de, Handzahme Heuschrecke, am 15.04.2008, online abrufbar unter: http://www.sueddeutsche.de/finanzen/456/438200/text/

278 Vgl. *Weller*, ZIP 2008, 857, 857.

279 Vgl. auch *Martini*, DÖV 2008, 314, 315.

280 Vgl. *Weller*, ZIP 2008, 857, 857.

Ein deutliches Beispiel dafür war die weite öffentliche Diskussion in den Vereinigten Staaten im Jahr 2006 über die Übernahme der P&O, einem britischen Unternehmen, durch die arabische Dubai Ports World (DP World) mit Sitz in Dubai. Bei der DP World handelte es sich um ein Unternehmen der von der bereits erwähnten Holding-Gesellschaft Dubai World gehaltenen Unternehmensgruppe. Diese hatte Anfang Februar 2006 das britische Fracht- und Logistikunternehmen P&O für 6,8 Milliarden US-Dollar erworben.[281] Im Rahmen ihrer Aktivitäten betrieb die P&O auf der ganzen Welt Häfen, davon auch sechs in Amerika, darunter in Miami, Philadelphia, New York und New Orleans. Nach der Übernahme der P&O durch DP World wurde diese Gesellschaft Betreiberin der Häfen. Sofort wurde politischer Protest laut. Es gab Ankündigungen von Gesetzesvorhaben, die den Verkauf von Hafenbetrieben an ausländische Regierungen verbieten sollten. Seitens der betroffenen Bundesstaaten wurde erwogen, die Pachtverträge mit dem Hafenbetreiber aufzukündigen. Sogar einer der Geschäftspartner der P&O reichte Klage ein, weil er nach der Übernahme zur Partnerschaft mit der Regierung von Dubai gezwungen sei. Dem politischen Druck, dem schließlich auch US-Präsident Bush nachgeben musste, nachdem er die Übernahme der P&O zunächst unterstützt hatte, hielt DP World nicht stand. Im März 2006 gab das Unternehmen bekannt, sich von den sechs amerikanischen Häfen zu trennen.

Das Beispiel Dubai ist dabei nur eines von vielen weltweit und eines der jüngeren. Schon 1988 wurde die Kuwait Investment Authority nach dem Erwerb einer 22 prozentigen Beteiligung an British Petroleum (BP) von britischen Politikern aufgefordert, einen beträchtlichen Anteil, wieder zu verkaufen, was sie auch tat. Besonders gegenüber Staatsfonds aus Staaten, die politisch nicht den westeuropäischen Maßstäben von Demokratie, freiem Markt und Menschenrechten entsprechen, sondern die von autoritären Regierungen und Staatswirtschaft geprägt sind, ist das Misstrauen groß. Dazu zählen China, Russland und die Staaten des Nahen Ostens. Gerade diese Staaten haben zudem die größten Staatsfonds weltweit aufgelegt, und diese Fonds sind es auch, die am wenigsten von sich preisgeben. So war auf der Webseite des größten Staatsfonds der Welt, der Abu Dhabi Investment Authority, beispielsweise über Jahre hinweg nur eine Adresse angegeben.[282] Auch die Kuwait Investment Authority präsentierte sich kaum offener. Staatsfonds westlicher Länder sind dagegen regelmäßig transparenter als ihre Gegenstücke anderer Weltregionen. So informiert beispielsweise der norwegische Government Pension Fund Global auf seiner Webseite über sämtliche seiner Aktivitäten und Beteiligungen.

281 Vgl. hierzu und zu den Reaktionen im Folgenden: The Economist, February 25th – March 3rd 2006, United States: America's ports and Dubai, Trouble on the waterfront.

282 So noch im Jahr 2008, vgl. *Martini*, DÖV 2008, 314, 322, nunmehr geändert, s.u. Zweiter Teil, B II. 2.

Die Furcht vor Staatsfonds ist auch auf einer unzureichenden Abgrenzung der Staatsfonds von anderen institutionellen Investoren gegründet. Staatsfonds werden ebenfalls mitunter als „Heuschrecken“ bezeichnet.[283] Insoweit wird weniger ein politischer als ein wirtschaftlicher Missbrauch der enormen Finanzkraft dieser Fonds befürchtet, insbesondere dass sie sich die wertvollsten Bestandteile deutscher Unternehmen einverleiben wollen und nur wertlose Hüllen zurück lassen werden.[284] Auch diese Befürchtungen beruhen letztlich darauf, dass sich die investierenden Staatsfonds hinsichtlich ihrer Anlageziele bedeckt halten. Damit verhalten sie sich ganz wie die privaten institutionellen Investoren, die sich ebenso wenig in die Karten gucken lassen. Dies ist angesichts eines heiß umkämpften Marktes durchaus sinnvoll. Politisch führte dies jedoch gerade für Staatsfonds in fast allen Industrieländern zu Abwehrmaßnahmen, mit denen die betroffenen Staaten den Aufbau wirtschaftlicher Macht durch solche ausländischen Staatsfonds im Inland einschränken wollen. Dabei gelten für Staatsfonds ohnehin schon die staatlichen Maßnahmen gegen unerwünschte Investitionen ausländischer Investoren überhaupt.

2. *Staatliche Abwehrmaßnahmen*

Grundsätzlich bekennen sich die Industriestaaten zu offenen Märkten. Staatliche Maßnahmen zur Abwehr von Investoren, und seien es Staatsfonds politisch kritisch betrachteter Staaten, sind daher als Ausnahmeregelungen anzusehen. Nicht jeder Staat sieht jedoch ein Bedürfnis für solche Regelungen. Die Niederlande beispielsweise haben keine speziellen Investitionsregelungen für ausländische Investoren getroffen. Hier genügt das allgemeine Kartell- und Wettbewerbsrecht.[285]

In den Ländern, die sich für eine Regulierung der Aktivitäten ausländischer Investoren entschieden haben, stellen die entsprechenden Regelungen Ausnahmetatbestände im grundsätzlich freien Wettbewerb dar, welche als solche einer besonderen Rechtfertigung bedürfen. Regelmäßig lässt sich diese Rechtfertigung aber aufgrund der zuvor dargestellten Befürchtungen in Gründen der öffentlichen Sicherheit und Ordnung und besonderen nationalen wirtschaftlichen Interessen finden. Dabei hält sich der Staat regelmäßig vor, die Investitionen der

283 *Weller*, ZIP 2008, 857, 857, bezeichnet ausländische Staatsfonds sogar als „größere Brüder“ der „Heuschrecken“; i.Ü. vgl. den Artikel über den chinesischen Staatsfonds CIC von *Konrad Fischer*, Handzahme Heuschrecke, in: www.sueddeutsche.de am 15.04.2008, online abrufbar (s. Fn. 277).

284 Vgl. *Martini*, DÖV 2008, 314, 315.

285 Vgl. zu den staatlichen Regelungen der Niederlande *Kern*, DB Research, 22. Oktober 2008, S. 35, online abrufbar (s. Fn. 255).

ausländischen Investoren vorab zu überprüfen und gegebenenfalls eine Genehmigung zu versagen. Es handelt sich nach deutschem Verständnis um ein präventives Verbot mit Erlaubnisvorbehalt.

Das staatliche Genehmigungsverfahren wird in den meisten Ländern erst ab einer bestimmten Investitionssumme oder für bestimmte Erwerbungen in Gang gesetzt. In diesen Fällen ist die Investition der zuständigen staatlichen Stelle anzuzeigen. Diese hat dann innerhalb einer bestimmten Zeit – in Australien und Japan 30 Tage[286], in Kanada 45 Tage[287], in Frankreich sogar 2 Monate[288] –, gegebenenfalls verlängerbar, über die Erteilung der Genehmigung zu entscheiden. Anders ist dies in den USA. Hier besteht keine Anzeigepflicht. Dafür wird grundsätzlich jede ausländische Investition einer dreißigtägigen Prüfung unterzogen, die bei Bedenken gegen die Investition in eine 45-tägige Untersuchung übergehen kann.[289]

Nach welchen Kriterien die Investitionen staatlicherseits geprüft werden, ist dabei von Land zu Land unterschiedlich und mehr oder weniger umfangreich. In Japan werden ganz allgemein Bedrohungen der nationalen Sicherheit, der öffentlichen Sicherheit und Ordnung, oder des ungestörten Wirtschaftslaufs durch die Investition untersucht.[290] In Frankreich werden zusätzlich bestimmte Industrien, etwa die Waffen- und Sprengstoffherstellung und -entwicklung, und wirtschaftliche Potenziale der einheimischen Wirtschaft, wie Forschung und Entwicklung, Know-how, oder Versorgungssicherheit geschützt.[291] Dabei gelten weniger strenge Kriterien für Investitionen aus anderen Staaten der Europäischen Union.[292]

Eine Ausnahme ist insoweit Kanada. Hier liegt der Schwerpunkt der Prüfung nicht allein auf der Abwehr von Gefahren, sondern auch darauf, ob die Investition über ihre reine Unschädlichkeit hinaus auch vorteilhaft für Kanada ist.[293] Dementsprechend fließen in die staatliche Entscheidung über die Genehmigung auch grundsätzlichere Überlegungen zur Wirtschaftsleistung Kanadas und zum Wettbewerb auf dem kanadischen Markt sowie allgemeine politische Erwägun-

286 Für Australien S. Sec. 24 (b) iVm. Sect. 18 (3), (4), Sec. 19 (4) Foreign Acquisitions and Takeovers Act 1975; für Japan S. Art. 27 (2) Foreign Exchange an Foreign Trade Act 1949 (Act. No 228 of 1949).

287 Sec. 21 (1) Investment Canada Act 1985.

288 Art. R153-8 Code monétaire et financier.

289 Sec. 721 (b) (2) Defense Production Act 1950.

290 Art. 27 (3) Foreign Exchange an Foreign Trade Act 1949 (Act. No 228 of 1949), vgl. Art. 27 (3) (ii): "smooth management of the Japanese economy".

291 Art. R153-9, Art. L151-3 al. I Code monétaire et financier.

292 Vgl. Art. R153-1 f. und Art. 153-3 ff. Code monétaire et financier.

293 „net benefit to Canada", vgl. Sec. 16 (1), Sec. 21 (1) Investment Canada Act 1985.

gen, etwa kultureller Art, ein.[294] Hinzu kommen grundsätzliche Beschränkungen beim Erwerb von Eigentum an Unternehmen der Telekommunikation, des Flugbetriebs oder des Finanzsektors.

Lediglich in Australien und den USA gelten aber neben den allgemeinen Regelungen für ausländische Investitionen besondere Regelungen für Investitionen ausländischer Staatsfonds. In Australien werden Investitionen von Staatsfonds unter anderem nur dann genehmigt, wenn sichergestellt ist, dass der Investor eindeutig wirtschaftliche Ziele verfolgt und in seiner Geschäftsführung unabhängig von der Regierung seines Herkunftsstaates ist. Relevant ist ebenso, wie aktiv der Staatsfonds die von ihm erworbenen Beteiligungen an australischen Unternehmen ausnutzt, und welchen internationalen oder ausländischen Regulierungen oder Verhaltensregeln er unterworfen ist.[295] In den Vereinigten Staaten wird dagegen viel allgemeiner allein darauf abgestellt, ob die jeweilige Investition von einer fremden Staatsregierung beherrscht wird.[296]

Die staatlicherseits vorgesehenen Maßnahmen zur Kontrolle und eventuellen Abwehr von Investitionen ausländischer Investoren und insbesondere auch Staatsfonds, sind jedoch als Ausnahmeregelungen zum grundsätzlich freien Markt verhältnismäßig anzuwenden und auf ein Mindestmaß beschränkt. Sie verändern das von den Staaten angestrebte offene Investitionsklima kaum nachteilhaft. Tatsächlich zeigt sich nach einer Studie der OECD, dass gerade die europäischen Staaten, sowie Australien und Kanada eine überdurchschnittliche Offenheit für ausländische Investoren aufweisen, wohingegen China und Russland in dieser Hinsicht zu den restriktivsten Staaten der OECD gehören.[297]

Es scheint damit, als ob gerade die Staaten, denen gegenüber in der öffentlichen Debatte über ausländische Staatsfonds in Europa und den Vereinigten Staaten die größten Befürchtungen bestehen, selbst am misstrauischsten gegenüber ausländischen Investitionen sind. Es ließe sich vortrefflich darüber spekulieren, ob diese Staaten hier möglicherweise von sich auf andere geschlossen haben. Fest steht jedenfalls, dass die westlichen Industrienationen trotz aller öffentlichen Bedenken auch ausländischen Staatsfonds grundsätzlich positiv gegenüber stehen.

---

294 Vgl. zu den Kriterien: Sec. 20 Investment Canada Act 1985.

295 Vgl. zu den Regelungen in Australien *Kern*, DB Research, 22. Oktober 2008, S. 26 ff., 33, online abrufbar (s. Fn. 255).

296 „government-controlled transaction", vgl. Sec. 2 (b) (1) (B) Foreign Investment and National Security Act 2007 sowie Sec. 721 (b) (2) (B) (i) (II) Defense Production Act 1950.

297 Vgl. OECD's FDI Restricitveness Index: 2010 Update, S. 18, online abrufbar unter http://www.oecd.org/dataoecd/32/19/45563285.pdf

II. Staatsfonds als willkommene Investoren

Trotz aller Vorbehalte gegen ihre Aktivitäten spielen Staatsfonds in der globalen Wirtschaft eine durchaus positive Rolle, denn sie tragen dazu bei, dass das in den rohstoffreichen Schwellenländern angehäufte Kapital in geordneten Bahnen wieder in die westlichen Länder zurückfließen kann.[298] Staatsfonds haben aber auch in der regionalen Wirtschaft eine positive Rolle inne, denn sie verfügen über viel Kapital und können damit den jeweiligen Volkswirtschaften, in die sie investieren, nützlich sein. Grundsätzlich werden daher Finanzbeteiligungen von ausländischen Staatsfonds begrüßt.[299] Dennoch beobachtet man sie mit Argwohn, wenn die ihnen zur Verfügung stehenden Finanzmittel größere Beteiligungen, insbesondere Mehrheitsbeteiligungen oder sogar Übernahmen von großen Unternehmen, zulassen.[300]

Das zwiespältige Verhältnis der Politik zu ausländischen Staatsfonds wurde in der Finanzkrise des Jahres 2007/2008 offenbar, als Staatsfonds als Retter angeschlagener amerikanischer und schweizer Banken auftraten. Trotz dieser Rettung wurde die neue Stärke der Staatsfonds im Bankensektor als bedrohlich empfunden, weshalb die Erarbeitung von internationalen Verhaltensrichtlinien gefordert wurde.

1. Retter in der Not

Eine willkommene Besonderheit der Staatsfonds gegenüber privaten Beteiligungsgesellschaften und Hedge-Fonds wurde in den Jahren 2007 und 2008 deutlich. Zuvor hatten sie wie alle anderen Akteure auf den internationalen Finanzmärkten vom allgemeinen Aufschwung profitiert und ihre Aktivitäten in großem Umfang erweitert, was, wie bereits gezeigt, zu heftigen Diskussionen über das politische Risiko in einigen westlichen Volkswirtschaften geführt hat. Doch dann setzte im August 2007 die Finanzkrise zunächst als Kreditkrise auf dem Interbankenmarkt ein. Die großen Geldinstitute hatten sich im allgemeinen Aufschwung sorglos Risiken ausgesetzt, deren Eintritt zwar nach computergestützten Wahrscheinlichkeitsrechnungen höchst unwahrscheinlich war, sich jedoch insbesondere vor dem Hintergrund des zusammenbrechenden US-Immobilienmarktes und der mit den sinkenden Immobilienwerten einherge-

298 *Wiebe*, in: *Handelsblatt* v. 03.09.2008, Ein Gespenst lernt lächeln, online abrufbar unter http://www.handelsblatt.com/meinung/kommentar-finanzen/ein-gespenst-lernt-laecheln;2031932

299 Vgl. *Schneider*, EuZW 2009, 533, 533.

300 *Ibid.*

henden Überschuldung vieler privater Haushalte als unmittelbar bevorstehend abzeichnete.[301] Da die Banken im drohenden Niedergang der Märkte nicht wussten, wer welche Risiken eingegangen war, und ob sie verliehenes Geld von anderen Geldinstituten zurückbekommen würden, verweigerten sie sich gegenseitig dringend benötigte Zwischenkredite und machten ein Einschreiten der Zentralbanken erforderlich.

Die Banken bekamen so als erste die Auswirkungen der einsetzenden Krise zu spüren. Einige der größten Geldinstitute benötigten aber dringend liquide Finanzmittel, um fällige Verbindlichkeiten bedienen zu können. Eine Zeit lang konnten die Zentralbanken mit kurzfristigen Finanzhilfen diesen Bedarf decken. Doch für einige Banken waren längerfristige Finanzhilfen nötig. Dies war die Stunde der Staatsfonds, denn sie waren die einzigen Investoren, die über genügend liquides Kapital verfügten, um selbst an den größten Unternehmen der Finanzwelt Beteiligungen zu erwerben und so diesen Unternehmen dringend benötigtes Eigenkapital zuzuführen. Alle übrigen institutionellen Investoren, insbesondere Beteiligungsgesellschaften und Hedge-Fonds, aber auch große Versicherungen konnten zu diesem Zeitpunkt nicht in ähnlichem Maßstab Kapital investieren. Zum einen ist das Vermögen der institutionellen Investoren stark an die Entwicklung der Kapitalmärkte gebunden und eine Investition zu diesem Zeitpunkt, an dem der Aufschwung absehbar vorbei war, war ein großes Wagnis. Zum anderen waren die Geschäftsmodelle der großen Fondsgesellschaften selbst unmittelbar auf Kredite angewiesen, die ihnen für ihre Übernahmen nun gerade nicht mehr zur Verfügung standen.

Staatsfonds verfügen aber aus ihrer Natur heraus über große Vermögen, welche nicht des Rückgriffs auf unterstützende Kredite bedürfen. Zudem stammen diese Vermögen nicht aus Finanzanlagen, sondern aus Rohstoffverkäufen oder Währungsreserven und sind somit in ihrem Bestand grundsätzlich unabhängiger von der allgemeinen Entwicklung der Finanzmärkte. Staatsfonds können somit im großen Umfang antizyklisch investieren.[302] Diese Stärke stellten sie in den schwierigen Zeiten der Finanzkrise ab 2007 unter Beweis. Bereits im November 2007 investierte die Abu Dhabi Investment Authority (ADIA) 7,5 Milliarden US-Dollar in Citigroup, eine der größten Bankengruppen der Welt.[303] Nur kurze Zeit später, im Dezember 2007, half die Government of Singapore Investment Corporation (GIC) einer weiteren der größten Banken der Welt, der schweizer UBS, mit 9,75 Milliarden US-Dollar und die China Invest-

301 Vgl. *The Economist*, August 18th – 24th 2007, Finance and economics: Banks in trouble, The game is up, S. 59 ff.

302 Dies ist auch Teil ihrer Anlagestrategie, vgl. *Martini*, DÖV 2008, 314, 315.

303 *The Economist*, December 12th – 18th 2009, Finance and economics: Banks and sovereign-wealth funds, Falling knives, S. 75.

ment Corporation (CIC) stellte einer der fünf größten Investmentbanken, Morgan Stanley, 5 Milliarden US-Dollar zur Verfügung.[304] Im Januar 2008 schließlich erwarben die Kuwait Investment Authority (KIA) und die GIC sowie ein Staatsfonds aus Südkorea beträchtliche Anteile zu insgesamt 21 Milliarden US-Dollar an Citigroup und einer weiteren der fünf größten Investmentbanken, Meryll Lynch.[305]

Nachdem Citigroup im letzten Quartal 2007 Abschreibungen im Wert von über 18 Milliarden US-Dollar vornehmen musste und somit einen Verlust von 9,8 Milliarden US-Dollar verzeichnete, und die Aussichten für die Zukunft kaum besser waren als zu Beginn des Quartals, waren ausländische Investoren aus Abu Dhabi und Kuwait gern gesehen.[306] Ähnlich verhielt es sich bei den anderen Banken. Die Gelder der Staatsfonds wurden dringend zur Stabilisierung des Bankensektors benötigt. Die Regierungen der USA, aber auch Deutschlands, Großbritanniens und anderer Länder steuerten in der Folge noch in erheblichem Umfang Staatsgelder zur Rettung des Finanzsystems bei, jedoch erst als sich die Kreditkrise im Interbankenmarkt ab September 2008 zu einer allgemeinen und schweren Finanz- und Wirtschaftskrise ausgebildet hatte, eine der fünf großen Investmentbanken, Lehman Brothers, zusammengebrochen war und sich eine Kettenreaktion im Banken und Versicherungssektor abzeichnete.

Für die großen Staatsfonds Asiens und des Nahen Ostens ging es bei den Finanzhilfen nicht allein um Gelegenheiten, viel Geld zu verdienen. Tatsächlich haben sich im Nachhinein einige der beschriebenen Investitionen als voreilig und unrentabel erwiesen, denn zum Zeitpunkt des Beteiligungserwerbs stand die Finanzkrise erst am Anfang und es sollte erst noch eine tiefe Talsohle zu durchschreiten sein, die die Werte der Investitionen in den Keller trieb.[307] Inzwischen haben aber die meisten der damals investierenden Staatsfonds ihre Beteiligungen zumindest teilweise wieder veräußert und dabei nach eigenen Angaben auch Gewinne erzielen können.[308] Es ging den Staatsfonds neben den möglichen Gewinnen aber vor allem um eine strategische Erweiterung ihres Anlagespektrums. Die Investitionen sollten zugleich auch den Beginn eines Zutritts der Staatsfonds zu den westlichen Finanzmärkten darstellen. Diese Entwicklung er-

---

304 *The Economist*, December 15th – 21st 2007, Finance and economics: International Banks, Under intensive care, S. 71.

305 *The Economist*, January 19th – 25th 2008, Leaders: The invasion of the sovereign-wealth funds, S. 11.

306 *The Economist*, January 19th – 25th 2008, Finance and Economics, Bank losses, A Citi Situation, S. 67.

307 *The Economist*, December 12th – 18th 2009, Finance and economics: Banks and sovereign-wealth funds, Falling knives, S. 75.

308 *The Economist*, December 12th – 18th 2009, Finance and economics: Banks and sovereign-wealth funds, Falling knives, S. 75.

füllte einige Politiker mit Sorge und so wurden bereits unmittelbar nach den Rettungsaktionen im Januar 2008 Forderungen nach mehr Transparenz und Kontrolle lauter.[309]

2. Das Erfordernis internationaler Verhaltensrichtlinien

Schon vor den Entwicklungen im Winter 2007/2008 waren Forderungen nach besserer Kontrolle der Staatsfonds in der öffentlichen Diskussion an der Tagesordnung. Dazu hatten nicht zuletzt der hohe Rohölpreis, die enormen Gewinne, die der bis dato hochlukrative Finanzmarkt den Fonds zufließen lies, und die 200 Milliarden US-Dollar, mit denen China seinen neuen Staatsfonds ausrüstete, beigetragen. Die Debatte um Staatsfonds erreichte so bereits im Sommer 2007 einen Höhepunkt, in dem aufgrund der zunehmenden Befürchtungen vor einer Ausnutzung der wirtschaftlichen Macht eine internationale Regulierung der Aktivitäten von Staatsfonds gefordert wurde.[310] Schon im November 2007 gab es daher den Plan, im Rahmen des Internationalen Währungsfonds einen Verhaltenscodex (*Code of Conduct*) zu erarbeiten, der die Transparenz von Staatsfonds erhöhen sollte.[311] Mit dem Einsetzen der ersten drastischen Folgen der Finanzkrise wurde die Macht der Staatsfonds mit ihrem riesigen krisensicheren Vermögen offenbar. Allerdings wurde der politische Druck auf die Staatsfonds erst groß genug, als sie in den Vereinigten Staaten große Beteiligungen an Banken erworben hatten und die Furcht vor einer Kontrolle der Finanzmärkte durch ausländische Regierungen am größten war. Die Schaffung eines Code of Conduct wurde deshalb erst im Jahr 2008 ernsthaft in Angriff genommen.

Um die seit Januar 2008 bestehenden öffentlichen Bedenken und die Bedenken der Politik zu zerstreuen, richtete die Abu Dhabi Investment Authority (ADIA) im März 2008 einen Brief an den damaligen US-Finanzminister Hank Paulson, der auch auf der Internetseite des Wall Street Journal veröffentlicht wurde. Darin wurden in Grundzügen die ökonomischen Zielsetzungen der ADIA beschrieben und der Staatsfonds versicherte, seine Investitionen niemals zu politischen

---

309 Vgl. *The Economist*, January 19th – 25th, Leaders, The invasion oft he sovereign-wealth funds, S. 11.

310 So forderten die Finanzminister der sieben führenden Industriestaaten (G7) im Oktober 2007 mehr Transparenz von den Staatsfonds, vgl. Handelsblatt vom 04.09.2008, Staatsfonds geloben mehr Transparenz, S. 1.

311 Vgl. Jahresgutachten 2007/2008 des Sachverständigenrates zur Begutachtung der gesamtwirtschaftlichen Entwicklung vom 07.11.2007, Siebtes Kapitel, Beschränkungen des Beteiligungserwerbs ausländischer Investoren, Rn. 607 (S. 400).

Zwecken zu missbrauchen.[312] Der damit angestoßene Dialog, an dem auch Vertreter der Government of Singapore Investment Corporation (GIC) beteiligt waren, führte schließlich zu einer grundlegenden Vereinbarung über Richtlinien für Staatsfonds einerseits und die deren Investitionen empfangenden Staaten andererseits. Die Richtlinien wurden am 21. März 2008 gemeinsam von den Regierungen Singapurs und der Vereinigten Staaten veröffentlicht.[313]

Zu den fünf darin für das Verhalten von Staatsfonds vorgesehenen Regeln gehörten eine Anlagestrategie nach rein wirtschaftlichen Kriterien, mehr Transparenz, interne Kontrollmechanismen und ein fairer Wettbewerb mit der Privatwirtschaft. Im Gegenzug sollten die Staaten, in denen Staatsfonds investieren wollen, keine protektionistischen Investitionshindernisse errichten, ein transparentes und verlässliches, rechtsstaatliches und nicht diskriminierendes Investitionsklima schaffen, und Eingriffe in die Investitionsfreiheit nur in Ausnahmefällen und bei Wahrung des Grundsatzes der Verhältnismäßigkeit vornehmen.

Zum 1. Mai 2008 wurde schließlich auf einer internationalen Konferenz in Washington DC beim Weltwährungsfonds eine Internationale Arbeitsgruppe zu Staatsfonds errichtet, die über die folgenden Monate gemeinsame Regeln für das Verhalten und die Zielsetzungen im Ausland investierender Staatsfonds zusammenstellen sollte.[314] Zu den Mitgliedern dieser Arbeitsgruppe gehörten unter anderem Vertreter der Länder Australien, Chile, China, Kanada, Katar, Norwegen, Singapur, Irland, Bahrain, der Vereinigten Arabischen Emirate und der Vereinigten Staaten von Amerika.[315] Zu Anfang September 2008 hatte sich die Arbeitsgruppe auf 24 allgemein anerkannte Prinzipien und Verhaltensweisen (*Generally Accepted Principles and Practices - GAPP*) geeinigt,[316] die am 11. Oktober 2008 in Santiago de Chile offiziell vorgestellt wurden und deshalb auch unter dem Namen *Santiago Priciples* bekannt sind.[317] Die Santiago Principles sollen ein rechtliches Regelwerk für Staatsfonds sein, welches die Rahmenbedingungen für die Investitionen und das Risikomanagement formulieren und ein

312 Vgl. auch Al Otaiba, Yousef, Our Sovereign Wealth Plans, Opinion, in: Wall Street Journal vom 19. März 2008, S. A16.

313 Joint Release of Policy Principles for Sovereign Wealth Funds and Countries receiving Sovereign Wealth Fund Investment by the United States, Abu Dhabi and Singapore, online abrufbar unter: http://www.channelnewsasia.com/annex/210308swf.pdf

314 Vgl. Pressemitteilung des Weltwährungsfonds vom 01.05.2008, online abrufbar unter: http://www.imf.org/external/np/sec/pr/2008/pr0897.htm

315 *Ibid.*

316 Vgl. Mitteilung des Weltwährungsfonds vom 03.09.2008, online abrufbar unter: http://www.imf.org/external/pubs/ft/survey/so/2008/NEW090308B.htm

317 Vgl. Pressemitteilung der Arbeitsgruppe vom 11.10.2008, online abrufbar unter: http://www.iwg-swf.org/pr/swfpr0806.htm

institutionelles Gerüst und Governance-Strukturen bei den Fonds schaffen soll.[318]

Zu den wichtigsten Prinzipien gehören:

- mehr Transparenz (GAPP 4./16. Principle),
- die Veröffentlichung eines Jahresberichts (GAPP 11. Principle),
- klare interne Strukturen und Zuständigkeiten der Fonds (GAPP 5./10. Principle),
- eine von der Regierung unabhängige Festsetzung der Anlagestrategie (GAPP 9. Principle),
- eine Unterwerfung unter die im Investitionsland geltenden Regelungen und Veröffentlichungspflichten (GAPP 15. Principle),
- eine enge Zusammenarbeit mit den lokalen Behörden, dort wo die Aktivitäten der Staatsfonds bedeutende unmittelbare Auswirkungen auf die Volkswirtschaft haben (GAPP 3. Principle), und schließlich
- die grundsätzliche Ausrichtung der Investitionsentscheidungen nach wirtschaftlichen und finanziellen Kriterien (GAPP 18./19. Principle).[319]

Die *Santiago Principles* werden mitunter kritisiert, da sie rechtlich nicht verbindlich sind und die Offenlegungspflichten der Staatsfonds nicht detailliert regeln, sodass weiterhin ein großer Spielraum für die Staatsfonds bei ihren Investitionen besteht, welcher Anlass zur Besorgnis gäbe.[320] Tatsache ist jedoch, dass sich die Transparenz der meisten Staatsfonds seit 2008 deutlich verbessert hat. So hat der größte Staatsfonds der Welt, die ADIA, die bis vor kurzem auf ihrer Webseite nur die Firmenanschrift veröffentlich hatte,[321] inzwischen einen deutlich ausgebauten Internetauftritt, mit Pressemitteilungen und Übersichten über ihre Verwaltungsstruktur. Zudem hat sie, bis dato unerhört, einen Geschäftsbericht für das Jahr 2009 veröffentlicht.[322] Es wurden somit deutliche Fortschritte erzielt, die die politische Debatte über Staatsfonds zumindest entschärfen können. Der Sinn dieser Debatte ist jedoch ohnehin fragwürdig, denn auch ohne die *Santiago Principles* zeigt sich bei näherer Betrachtung, dass Staatsfonds sich im Grunde wie gewöhnliche institutionelle Investoren verhalten und insoweit in der politischen Debatte nicht anders behandelt werden sollten als diese.

---

318 Vgl. *Schneider*, EuZW 2009, 553.

319 Generally Accepted Principles and Practices (GAPP) – Santiago Principles, online abrufbar unter http://www.iwg-swf.org/pubs/gapplist.htm

320 Vgl. *Schneider*, EuZW 2009, 553.

321 Vgl. noch im Jahr 2008, *Martini*, DÖV 2008, 314, 322.

322 ADIA Review 2009, online abrufbar unter: http://www.adia.ae/En/pr/Annual_Review_Website2.pdf

III. Staatsfonds als gewöhnliche Investoren

Das Erpressungsszenario, das in der Debatte um Staatsfonds gern angeführt wird, stellt sich bei genauerer Betrachtung als unrealistisch dar. Trotz der großen Finanzkraft der Staatsfonds läuft eine Finanzmittelkonzentration in dem Maße, wie es zum Erwerb der Kontrolle über ein deutsches Großunternehmen erforderlich wäre, den Interessen der Staatsfonds zuwider, da sie als Finanzinvestoren Wert auf Diversifizierung und eine gewisse Liquidität ihrer Anlagen legen.[323] Eine Betrachtung der Aufgaben von Staatsfonds und der daraus folgenden Anlagestrategien ergibt, dass Staatsfonds vielmehr wie gewöhnliche Investoren auftreten. Die Tatsache, dass die angelegten Gelder einem Staat gehören und von diesem kontrolliert werden, ist ohne Einfluss auf die Geschäftsführung.

1. Aufgaben

Staatsfonds sind bisher zu keinem Zeitpunkt Gestaltungsmittel außenpolitischer Beziehungen gewesen. Ihr politscher Einsatz als wirtschaftliches Zwangsmittel im Ausland ist auch kein Motiv für die Errichtung von Staatsfonds. Vielmehr werden Staatsfonds stets aufgrund bestimmter wirtschaftlicher und innenpolitischer Erwägungen eingerichtet. Unabhängig davon, ob es sich um rohstoffbasierte oder nicht-rohstoffbasierte Staatsfonds handelt, sind sie regelmäßig das Resultat eines staatlichen Ersparnisüberschusses, welcher ganz allgemein dazu eingesetzt werden soll, den zukünftigen Konsum zu erhöhen oder zumindest die Wirtschaft gegen Konsumschwankungen abzusichern.[324] Im Einzelnen lassen sich die folgenden Typen von Staatsfonds nach ihrem Ziel unterscheiden:

a. Savings Funds

Eine der häufigsten Aufgaben von Staatsfonds ist der Aufbau von Kapitalvermögen für zukünftige Generationen.[325] Staaten, die ihren heutigen Reichtum und

323 Vgl. Jahresgutachten 2007/2008 des Sachverständigenrates zur Begutachtung der gesamtwirtschaftlichen Entwicklung, Siebtes Kapitel, Beschränkungen des Beteiligungserwerbs ausländischer Investoren, Rn. 602 (S. 397).

324 Jahresgutachten 2007/2008 des Sachverständigenrates zur Begutachtung der gesamtwirtschaftlichen Entwicklung, Siebtes Kapitel, Beschränkungen des Beteiligungserwerbs ausländischer Investoren, Rn. 603 (S. 398).

325 Jahresgutachten 2007/2008 des Sachverständigenrates zur Begutachtung der gesamtwirtschaftlichen Entwicklung, Siebtes Kapitel, Beschränkungen des Beteiligungserwerbs ausländischer Investoren, Rn. 604 (S. 398).

den damit verbundenen Lebensstandard auch noch in Zukunft aufrecht erhalten möchten, legen dafür Ersparnisse in einem Fonds an, der das Geld gewinnbringend investiert. Solche Fonds werden als *Savings Funds* oder *Heritage Funds* bezeichnet. Typischerweise werden sie von Staaten eingerichtet, deren Einnahmen aus Öl- und Gasexporten derzeit zu großen Finanzmittelüberschüssen führen, welche jedoch mit abnehmenden Rohstoffvorkommen sinken werden. Durch den Fonds generierte Leistungsbilanzüberschüsse und der Aufbau von Forderungen im Ausland sind für diese Staaten wirtschaftlich sinnvoll, denn sie machen die Wirtschaft weniger abhängig von den Rohstofferlösen und können so die finanzielle Zukunft des Staates sichern.[326]

Prototyp eines *Savings Fund* ist der bereits erwähnte *Kiribati Revenue Equalization Reserve Fund.* Die ursprünglich diesen Fonds speisenden Phosphatexporte sind bereits seit über 30 Jahren eingestellt. Heute füllen die Erträge des Fonds das jährliche Haushaltsdefizit Kiribatis. Ein Beispiel für einen jüngeren *Savings Fund* ist der *Alberta Heritage Savings Trust Fund* der kanadischen Provinz Alberta. Diese verfügt nach Saudi-Arabien über die bedeutendsten Erdölvorkommen der Welt, jedoch in Form von Ölsand.[327] Aufgabe des *Alberta Heritage Savings Trust Fund* ist es, die Ersparnisse Albertas aus den nicht erneuerbaren Ressourcen verständig zu verwalten, indem der größte finanzielle Nutzen aus diesen Ersparnissen für heutige und künftige Generationen gezogen wird.[328] Bis zum Jahr 2009 ist das Fondsvermögen auf knapp 15 Milliarden kanadische Dollar angewachsen.[329]

Einer der größten *Savings Funds* ist die *Kuwait Investment Authority* (KIA). Deren Aufgabe ist es nach eigenen Angaben, „langfristige Investitionsgewinne aus den Finanzreserven zu erzielen, die der KIA vom Staat Kuwait anvertraut wurden, um eine Alternative zu den Ölreserven zu schaffen, die es Kuwaits künftigen Generationen ermöglichen soll, sich den vorausliegenden Unsicherheiten mit größerem Vertrauen stellen zu können.“[330]

---

326 Vgl. Global Financial Stability Report des Weltwährungsfonds vom September 2007, S. 46, online abrufbar (s. Fn. 265).

327 *The Economist*,May 26th – June 1st 2007, Business: Canada’s oil boom, Building on sand, S. 72 f.

328 "To provide prudent stewardship of the savings from Alberta's non-renewable resources by providing the greatest financial returns on those savings for current and future generations of Albertans", so die Angabe zur Aufgabe des Fonds, online abrufbar unter http://www.finance.alberta.ca/business/ahstf/faqs.html#mission

329 Nach den Informationen der Provinzregierung, online abrufbar unter http://www.finance.alberta.ca/business/ahstf/2009_2ndq/report.pdf , S. 4.

330 Rede des KIA Managing Directors Bader M. Al Sa’ad vom 9. April 2008 vor der Ersten Luxemburgischen Außenhandelskonferenz, online abrufbar (s. Fn. 245), sowie das

b. Stabilization Funds

Demselben Prinzip wie *Savings Funds* – Kapital zu sparen, wenn es reichlich ist, um in mageren Jahren darauf zurückgreifen zu können – folgen auch die sogenannten *Stabilization Funds.* Sie sollen jedoch nicht erst künftigen Generationen oder nach versiegen der Rohstoffvorkommen, sondern viel kurzfristiger von Nutzen sein. *Stabilization Funds* werden eingerichtet, um eine vom Rohstoffexport dominierte Volkswirtschaft bei Schwankungen der Rohstoffpreise zu stabilisieren.[331] Eine solche Stabilisierung ermöglicht nicht nur eine beständigere Haushaltsplanung und damit konstantere staatliche Infrastrukturmaßnahmen, sondern sie mildert auch die Auswirkungen hoher Rohstoffpreise auf den Wechselkurs und schützt so insbesondere auch den traditionellen Exportsektor.[332] Dieser hat neben dem Rohstoffexport regelmäßig nur einer geringe Bedeutung und würde bei einer rohstoffbedingten Aufwertung des Wechselkurses international weiter an Attraktivität und national noch mehr an Bedeutung verlieren. Diesem auch als „Holländische Krankheit" bezeichneten Phänomen wirkt ein *Stabilization Fund* entgegen.[333]

Beispiele[334] für *Stabilization Funds* öl- und gasexportierender Länder sind der chilenische *Economic and Social Stabilization Fund* aus dem Jahr 2007 mit einem Vermögen von etwa 17 Milliarden US-Dollar, der mexikanische *Oil Income Stabilization Fund* aus dem Jahr 2000 mit einem Vermögen von etwa 5 Milliarden US-Dollar, der kolumbianische *Colombia Oil Stabilization Fund* aus dem Jahr 1995 mit einem Fondsvermögen von etwa 2,1 Milliarden US-Dollar, der venezuelanische *Investment Fund for Macroeconomic Stabilization* aus dem Jahr 1998 mit einem Fondsvermögen von etwa 800 Millionen US-Dollar. Weitere rohstoffbasierte Stabilisierungsfonds sind der *Phosphate Royalties Stabilization Fund of Nauru* aus dem Jahr 2007 und der *Mineral Resources Stabilization Fund* Papua-Neuguineas von 1974.

---

veröffentlichte Mission Statement zur Aufgabe des Fonds, online abrufbar unter http://www.kia.gov.kw/En/About_KIA/Mission_Principles/Pages/default.aspx

331 Jahresgutachten 2007/2008 des Sachverständigenrates zur Begutachtung der gesamtwirtschaftlichen Entwicklung, Siebtes Kapitel, Beschränkungen des Beteiligungserwerbs ausländischer Investoren, Rn. 605 (S. 398).

332 Jahresgutachten 2007/2008 des Sachverständigenrates zur Begutachtung der gesamtwirtschaftlichen Entwicklung, Siebtes Kapitel, Beschränkungen des Beteiligungserwerbs ausländischer Investoren, Rn. 605 (S. 399).

333 Vgl. auch *Martini*, DÖV 2008, 314, 315.

334 Sämtliche im Folgenden aufgezählten Fonds sind der Aufstellung bei *Kern*, DB Research, 22. Oktober 2008, S. 3, entnommen, online abrufbar (s. Fn. 255).

c. Pension Reserve Funds

Eine weitere Kategorie von Staatsfonds sind die sogenannten *Pension Reserve Funds*. Sie werden eingerichtet, um aus den Erträgen Dauerpositionen des Staatshaushalts zu finanzieren.[335] Dazu zählen, insbesondere in Europa, Sozialausgaben und dabei vor allem Renten. Diese steigen regelmäßig über die Jahre an, und stellen damit eine immer größere Belastung für den Staatshaushalt dar. Ein frühzeitig eingerichteter Staatsfonds kann mit seinen Erträgen die Belastung des Staatshaushaltes mildern und so den Sozialstaat langfristig auf einem höheren Niveau halten.

Einer der größten Staatsfonds der Welt, der 1990 gegründete norwegische *Government Pension Fund - Global* gehört zu dieser Art Staatsfonds. Ein weiteres Beispiel ist der irische *National Pensions Reserve Fund.* Dieser Staatsfonds wurde im Jahr 2001 gegründet, verwaltet derzeit ein Vermögen von etwa 16 Milliarden Euro und soll ab dem Jahr 2025 die öffentlichen Kassen bei der Finanzierung der Renten soweit als möglich entlasten.[336] Ein außereuropäisches Beispiel eines *Pension Reserve Funds* ist der kalifornische Rentenfonds CalPERS, welcher bereits 1932 eingerichtet wurde, um für die Rente der Angestellten im öffentlichen Dienst vorzusorgen, und zu Beginn des Jahres 2010 über 200 Milliarden US-Dollar wert war.[337]

d. Reserve Funds

Reserve Funds werden zu dem Zweck eingerichtet, die staatlichen Währungsreserven besser zu verwalten. Damit sollen höhere Renditen als mit der gewöhnlichen Vermögensverwaltung durch die Zentralbank erzielt werden.[338] Insbesondere bei sehr hohen Währungsreserven ist es wirtschaftlich sinnvoll, einen Teil davon in Unternehmensbeteiligungen im Ausland zu investieren, um einerseits den Wertverlust der Währungsreserven durch Kursschwankungen der Reserve-

---

335 Vgl. Global Financial Stability Report des Weltwährungsfonds vom September 2007, S. 46, online abrufbar (s. Fn. 265).

336 Vgl. der Jahresbericht 2008 des Fonds vom 30. Juni 2009, S. 7, online abrufbar unter http://www.nprf.ie/Publications/AnnualReport2008.pdf

337 Unter www.calpers.ca.gov veröffentlicht der Fonds regelmäßig die Höhe seines aktuellen Marktwertes, allgemeine Informationen über den Fonds finden sind online abrufbar unter http://www.calpers.ca.gov/eip-docs/about/facts/general.pdf

338 Vgl. Global Financial Stability Report des Weltwährungsfonds vom September 2007, S. 46, online abrufbar (s. Fn. 265); vgl. auch zur Entwicklung in Asien: *The Economist*, May 26th – June 1st 2007, Finance and economics: Sovereign-Wealth funds, The world's most expensive club, S. 79.

währung zu verringern und um andererseits durch den Kapitalabfluss ins Ausland einer Aufwertung der eigenen Währung entgegen zu wirken. Dies waren insbesondere die Gründe für die Gründung der *China Investment Corporation* (CIC) im Jahr 2007. Ein weiterer bedeutender *Reserve Fund* wurde im Jahr 2008 von Russland gegründet und mit einem Fondsvermögen von 141 Milliarden US-Dollar ausgestattet.[339]

e. Development Funds

Schließlich kann ein Ziel von Staatsfonds auch die Entwicklung der einheimischen Wirtschaft sein, etwa durch Investitionen in Infrastruktur oder durch die Förderung von Unternehmen.[340] Diese Art von Staatsfonds wird als *Development Funds* bezeichnet.[341] Sie sind jedoch für die Debatte um Staatsfonds weniger interessant, da sie eine wirtschaftliche Einflussnahme gerade nicht im Ausland anstreben.

f. Zusammentreffen mehrerer Aufgaben

In der Praxis ist es nicht einfach, die verschiedenen Aufgaben von Staatsfonds sauber voneinander zu trennen. So können Staatsfonds durchaus mehrere Ziele gleichzeitig verfolgen, etwa Stabilisierung der Wirtschaft und Sparen für künftige Generationen. Nicht alle der hier aufgeführten Aufgaben von Staatsfonds sind jedoch geeignet, gleichzeitig mit weiteren Aufgaben verfolgt zu werden. So beeinflussen Investitionen von *Development Funds* im Inland den Wechselkurs, da sie die heimische Wirtschaft aufwerten. Soweit daher neben den Entwicklungszielen auch Stabilisierungsziele durch den Fonds verfolgt werden sollen, ist eine genaue Abstimmung der Investitionen im Inland mit der Stabilisierungspolitik erforderlich.

Staatsfonds können zwei verschiedene Ziele aber auch ebenso gut zeitlich nacheinander verfolgen, wenn sich über die Jahre die wirtschaftliche Situation des Heimatlandes verändert und die Aufgaben des Fonds an die neuen Gegebenhei-

339 *Kern*, DB Research, 22. Oktober 2008, S. 3, online abrufbar (s. Fn. 255).

340 Jahresgutachten 2007/2008 des Sachverständigenrates zur Begutachtung der gesamtwirtschaftlichen Entwicklung, Siebtes Kapitel, Beschränkungen des Beteiligungserwerbs ausländischer Investoren, Rn. 605 (S. 399).

341 Vgl. Global Financial Stability Report des Weltwährungsfonds vom September 2007, S. 46, online abrufbar (s. Fn. 265).

ten angepasst werden.[342] Beispielsweise wird insbesondere in rohstoffexportierenden Ländern zunächst ein Stabilisierungsfonds aufgelegt, um die Staatseinnahmen sowie den Wechselkurs vor zu großen Schwankungen zu schützen. Wenn später das Anlagevermögen größer wird als es für Stabilisierungszwecke erforderlich ist, werden die Aufgaben des Staatsfonds regelmäßig erweitert und die Struktur des Fonds den neuen Zielen angepasst, was nicht selten zur Aufspaltung des Fondsvermögens in verschiedene Fonds mit unterschiedlichen Aufgaben führt. [343] Diese Entwicklung hat unter anderem der russische *Stabilisation Fund of the Russian Federation* genommen, welcher im Jahr 2003 gegründet wurde. Im Jahr 2008 wurde er aufgelöst und sein Vermögen auf zwei kleinere Fonds verteilt, den *Reserve Fund* und den *National Wealth Fund,* welche zusammen über ein Vermögen von etwa 190 Milliarden US-Dollar verfügen.[344]

2. *Anlagestrategien*

So unterschiedlich die Zielsetzungen ausfallen können, so differiert auch die verfolgte Anlagestrategie von Staatsfonds zu Staatsfonds.[345] Typisch sind weltweit gestreute Investitionen in verschiedene Anlageklassen mit einem hohen Anteil an Unternehmensbeteiligungen, einige Staatsfonds haben aber auch in weniger traditionelle Anlagearten investiert, wie Hedge Funds, Private Equity und Immobilien[346]

In Anbetracht der vielen verschiedenen Möglichkeiten der Kapitalanlage auf den weltweiten Finanzmärkten, wird deutlich, dass die Anlagestrategien der Staatsfonds genauso verschieden sind, wie die Anlagestrategien der privaten Investmentfonds und Beteiligungsgesellschaften. Und wie ihre privatwirtschaftlichen Gegenstücke lassen sich auch Staatsfonds nur ungern in die Karten gucken. Gerade bei den Staatsfonds aber wird diese Intransparenz kritisch gesehen, da sie die Befürchtungen derjenigen, die ein politisches Ziel hinter den durch Staatsfonds getätigten Investitionen vermuten, nicht auszuräumen hilft. Anders als bei privaten Investoren ist bei Staatsfonds jedoch häufig die offizielle Zielsetzung

342 Global Financial Stability Report des Weltwährungsfonds vom September 2007, S. 46 f., online abrufbar (s. Fn. 265).

343 Beispiel entnommen aus dem Global Financial Stability Report des Weltwährungsfonds vom September 2007, S. 46 f., online abrufbar (s. Fn. 265).

344 *Kern*, DB Research, 22. Oktober 2008, S. 4 Fn. 4, online abrufbar (s. Fn. 255).

345 Vgl. Weltwährungsfonds, Sovereign Wealth Funds – A Work Agenda, vom 29.02.2008, S. 9 Box 1, Policy Paper des Internationalen Währeungsfonds, online abrufbar unter http://www.imf.org/external/np/pp/eng/2008/022908.pdf

346 Vgl. Weltwährungsfonds, Sovereign Wealth Funds – A Work Agenda, vom 29.02.2008, S.9 f. Rn. 13, online abrufbar (s. Fn. 345).

bekannt, woraus sich bereits grob einige Folgen für die Anlagestrategien der Fonds ableiten lassen.

Ein wichtiger Hinweis ist insoweit die zeitliche Dimension der dem Staatsfonds zugewiesenen Aufgabe, also der zeitliche Rahmen, welcher dem Fonds zur Mehrung des staatlichen Vermögens und für den Abruf von Kapital durch den Staat gesetzt ist. Kurzfristige Finanzierungsziele, wie etwa bei Stabilisierungsfonds, deren Erträge schon innerhalb weniger Jahre bei Schwankungen des Rohstoffpreises abgerufen werden können, um den Staatshaushalt und die Wirtschaft zu stabilisieren, erlauben es grundsätzlich nicht Kapital langfristig fest zu binden, und erfordern daher tendenziell eher Anlagen in liquide Wertpapiere.[347] In Betracht kommen dafür festverzinsliche Wertpapiere und Aktien. Beide Anlagearten beinhalten ein vergleichsweise niedriges Risiko und sind leicht zu veräußern. Große Unternehmensbeteiligungen kommen bei kurzfristigen Finanzierungszielen kaum in Frage.

Bei *Savings Funds* und *Pension Reserve Funds* ist dagegen der Anlagezeitraum typischerweise sehr lang.[348] Sie verfolgen über diesen Zeitraum den Aufbau eines Kapitalstocks und legen ihr Geld daher längerfristig und international diversifiziert an, um eine möglichst hohe Rendite zu erwirtschaften.[349] Dabei verfolgen sie traditionell eher konservative Anlagearten mit vergleichsweise niedrigem Risiko, so dass sich – wie etwa beim Norwegischen *Government Pension Fund - Global* das Portfolio zu großen Teilen aus Aktien und festverzinslichen Wertpapieren zusammensetzt.[350] Allerdings kann zu einem diversifizierten Portfolio, welches den langfristigen Aufbau eines Kapitalstocks verfolgt, auch der Einstieg mit einer großen Beteiligung bei privaten Unternehmen im Rahmen einer Private Equity Investition gehören. So investiert beispielsweise die Abu Dhabi Investment Authority (ADIA) zwischen 2 % und 8 % ihres Anlagever-

347 Vgl. Jahresgutachten 2007/2008 des Sachverständigenrates zur Begutachtung der gesamtwirtschaftlichen Entwicklung, Siebtes Kapitel, Beschränkungen des Beteiligungserwerbs ausländischer Investoren, Rn. 606 (S. 399).

348 Vgl. *Das/Lu/Mulder/Sy*, Setting up a Sovereign Wealth Fund: Some Policy and Operational Considerations, Arbeitspapier des Weltwährungsfonds (*IMF Working Paper*) WP/09/179 vom August 2009, S. 13, online abrufbar (s. Fn. 242).

349 Vgl. Jahresgutachten 2007/2008 des Sachverständigenrates zur Begutachtung der gesamtwirtschaftlichen Entwicklung, Siebtes Kapitel, Beschränkungen des Beteiligungserwerbs ausländischer Investoren, Rn. 606 (S. 399).

350 Weltwährungsfonds, Sovereign Wealth Funds – A Work Agenda, vom 29.02.2008, S. 9 Rn. 13, online abrufbar (s. Fn. 345).

mögens in Private Equity.[351] Auch die Kuwait Investment Authority (KIA) investiert in Private Equity.[352]

Gerade mit zunehmendem Vermögen der Staatsfonds spielen alternative Anlagen und darunter eben auch große Unternehmensbeteiligungen eine immer größere Rolle.[353] Dabei kann es auch zum Einsatz von geliehenem Kapital für einen Leverage-Effekt bei der Gewinnerzielung kommen. Obwohl genaue Daten hierzu nicht bekannt sind, wird generell vermutet, dass der gezielte Einsatz von *Leverage* durch Staatsfonds anders als bei privaten Hedge-Fonds und Beteiligungsgesellschaften selten ist, jedenfalls ist er aber auch nicht ausgeschlossen.[354]

3. *Keine Anzeichen für einen politischen Missbrauch*

Staatsfonds werden zu bestimmten volkswirtschaftlichen Zwecken gegründet. Daher ist nicht nur dem Staatsfonds, sondern auch dem dahinter stehenden Staat regelmäßig am Erhalt des eingesetzten Kapitals gelegen. Es soll sogar möglichst effektiv vermehrt werden. Dies ist jedoch nur möglich, wenn sich das Anlageverhalten der Staatsfonds absolut nach Wirtschaftlichkeitskriterien bestimmt. Daher ist die Vermutung, Staatsfonds würden systematisch ihr Vermögen verschleudern, indem sie Unternehmen zu teuer einkauften und dabei große Klumperisiken eingingen, kaum zutreffend. Vielmehr ist es durchaus glaubhaft, wenn der Vorsitzende des chinesischen Staatsfonds CIC versichert, man wolle „in erster Linie in Portfolios und nicht in Einzelunternehmen investieren."[355] Im Grundsatz sollten sich die Staatsfonds damit wie andere Fonds verhalten, die allein nach ökonomischen Kriterien agieren. Das Ziel der renditeträchtigen Verwertung ihrer Anlagemittel begrenzt das von ihnen ausgehende Gefahrenpotenzial.[356]

Tatsächlich ist trotz all der regelmäßigen Aufregung um Investitionen ausländischer Staatsfonds bisher kein Fall bekannt, in dem ein Staatsfonds seine wirtschaftliche Macht politisch missbraucht hätte. Es gibt nur einen bekannten Fall, in dem das Handeln eines Staatsfonds einen begründeten politischen Ärger aus-

351 Vgl. ADIA Review 2009, S. 11, online abrufbar (s. Fn. 310).

352 Vgl. die Angaben der Kuwait Investment Authority auf ihrer Webseite unter http://www.kia.gov.kw/En/Alternative_Investment/Objectives/Pages/default.aspx

353 Vgl. *Kern*, DB Research, 10. September 2007, S. 9, online abrufbar (s. Fn. 264).

354 Vgl. Weltwährungsfonds, Sovereign Wealth Funds – A Work Agenda, vom 29.02.2008, S.8 f. Rn. 13, online abrufbar (s. Fn. 345).

355 So *Konrad Fischer*, in: www.sueddeutsche.de, Handzahme Heuschrecke, am 15.04.2008, online abrufbar (s. Fn. 277).

356 *Martini*, DÖV 2008, 314, 315.

gelöst hat. Und dabei hat nicht einer der Staatsfonds aus dem Nahen Osten oder der chinesische CIC den Zorn seines Gastlandes auf sich gezogen, sondern ein norwegischer Staatsfonds. Dieser verkaufte im Jahr 2006 Anleihen isländischer Banken in Millionenhöhe und löste damit eine öffentliche Empörung der isländischen Regierung aus.[357] Denn die Höhe des Verkaufs schlug sich umgehend auf den Wechselkurs der isländischen Währung nieder. Norwegen und Island hatten aber eine Vereinbarung über die gegenseitige Abwehr von finanzieller Destabilisierung getroffen. Diese hatte der norwegische Staatsfonds mit seinem Handeln verletzt.

Allerdings kann hier nicht von einem Handeln aus politischen Motiven gesprochen werden. Der Verkauf war eine wirtschaftlich richtige Entscheidung. Genau genommen hat die isländische Regierung dem norwegischen Staatsfonds auch kein böswilliges Handeln aus politischen Motiven unterstellt, sondern vielmehr geradezu erwünscht, der Fonds möge doch politische Erwägungen in seine Entscheidungsfindung mit einbeziehen und aufgrund des Abkommens zwischen Island und Norwegen anders als nach rein wirtschaftlichen Kriterien entscheiden. Dies zeigt einmal mehr die Doppelmoral mit der Politiker regelmäßig Staatsfonds und ihren Aktivitäten gegenüberstehen. Dass der norwegische Staatsfonds die politischen Erwägungen gerade nicht berücksichtigt hat, unterstreicht die hier vertretene Ansicht noch einmal, dass sich Staatsfonds grundsätzlich rein wirtschaftlich verhalten und damit tatsächlich genauso wie gewöhnliche private Investoren, Investmentfonds, Pensionsfonds, Beteiligungsgesellschaften oder Hedge-Fonds auftreten.

Gerade mit den *Santiago Principles* haben viele Staatsfonds, wenn auch rechtlich nicht verbindlich, anerkannt, dass ihre Anlageziele grundsätzlich rein wirtschaftlich ausgerichtet sind und rein an finanziellen Erträgen orientiert sind. Faktisch ist diese Ausrichtung aus dem vermögensverwaltenden Zweck der Staatsfonds ebenfalls abzuleiten. Schließlich ist bisher kein Fall eines politischen Missbrauchs bekannt, obwohl Staatsfonds bereits seit den Zeiten der Ölkrise in großem Umfang Investitionen in den großen Industrienationen tätigen. So ist beispielsweise Kuwait schon seit 1974 an der Daimler AG beteiligt, ging durch alle Höhen und Tiefen des Unternehmens mit und machte den Managern in Stuttgart niemals Ärger.[358] Das Unternehmen bestätigt, nur beste Erfahrungen

---

357 *The Economist*, January 19th – 25th 2008, Briefing: Sovereign-Wealth Funds, Asset-backed insecurity, S. 63.

358 Wirtschaftswoche vom 15.04.2008, Warum Staatsfonds nicht als Vorbild taugen, online abrufbar unter: http://www.wiwo.de/finanzen/warum-staatsfonds-nicht-als-vorbild-taugen-272702/

mit dem Engagement Kuwaits gemacht zu haben.[359] Wahrscheinlich sind Staatsfonds als Anteilsinhaber in einer Vielzahl von Fällen angenehmer für das Management eines Unternehmens. Als in den schweren Monaten der Finanzkrise die arabischen und asiatischen Staatsfonds sich mit viel Kapital an den größten Banken der Welt beteiligt hatten, kam es ihnen allein auf die Investition an. Sicherlich hätte das Management mit kritischeren Privatanlegern, die in der Krise nach Schuldigen suchten, mehr Ärger gehabt. Letztlich zeigt das Beispiel der Daimler AG aber, dass auch Deutschland schon lange Erfahrungen mit Staatsfonds hat.

C. Deutschland und ausländische Staatsfonds

Die deutsche Diskussion um Staatsfonds und mögliche Abwehrmaßnahmen ist ebenso wie das Phänomen Staatsfonds nicht neu. Daher lassen sich Parallelen zwischen den Reaktionen damals und heute feststellen.

I. Die Debatte 1974-1976

Unter dem Motto „Schutz der deutschen Wirtschaft vor Überfremdung" wurden bereits Mitte der siebziger Jahre Abwehrmaßnahmen gegen Aktienpaketkäufe verschiedener Ölstaaten gesucht.[360] Damals sah man für deutsche Unternehmen Gefahren, die von Aktionären ausgehen können, deren Unternehmenspolitik nicht unter privaten finanziellen Aspekten betrieben wird, sondern durch politische Einflussnahmen ihrer Regierungen determiniert sind.[361] Auslöser waren erhebliche Beteiligungskäufe Kuwaits und des Irans (damals noch Persien) und die allgemeine Vermutung weiterer „verhüllter" Anlageabsichten.[362] 1974 beteiligte sich Kuwait mit 14 % an der Daimler-Benz AG, indem es ein Aktienpaket der Familie Quandt für 1 Milliarde US-Dollar übernahm. Im selben Jahr beteiligte sich der Iran mit 270 Millionen US-Dollar an der Krupp Hüttenwerke AG, zwei Jahre später mit 875 Millionen US-Dollar an der Krupp GmbH.

Die Abwehr der sogenannten Überfremdung war dabei zur damaligen Zeit nicht nur ein Diskussionsthema in Deutschland. Auch in der Schweiz, deren Unter-

---

359 Wirtschaftswoche vom 15.04.2008, Warum Staatsfonds nicht als Vorbild taugen, online abrufbar (s. Fn. 358).

360 *Michalski*, AG 1997, 152, 154.

361 *Hölters*, DB 1975, 917.

362 *Haberlandt*, BB 1975, 353. 1976 Beteiligten sich die Perser auch an der Krupp GmbH.

nehmungen zu diesem Zeitpunkt schon länger darauf achteten, „vor den Feindhandelsgesetzgebungen bestehen zu können“, war das Thema von Bedeutung.[363] In Amerika, trat bereits Ende 1974 das „Gesetz zur Erkennung inländischer Investierung“ in Kraft, welches vorsah, dass das Wirtschaftsministerium alle ausländischen direkten Anlagen von 10 % oder mehr der Stimmrechte an amerikanischen Unternehmen erfassen sollte, während das Finanzministerium verantwortlich war für die Erfassung ausländische indirekter Wertpapierinvestitionen, die weniger als 10 % der Stimmrechte einer amerikanischen Unternehmens betrafen.[364]

Die Überfremdungsproblematik war international, weil ihre Ursachen international waren. Die Ölkrise hatte den erdölexportierenden Ländern große Devisenreserven beschert, die sie auf den internationalen Finanzmärkten anzulegen suchten. Damit standen große Summen Geld zur Verfügung, die den Aufkauf selbst sehr großer Unternehmen möglich machten. Dies war in Deutschland über Jahrzehnte nicht der Fall gewesen, weshalb konstatiert werden konnte, dass die wichtigsten Vorbilder für die anstehenden Überlegungen zur Gestaltung der Beteiligungsbeschränkung in den Diskussionen der Jahre 1923 – 1930 entwickelt worden waren.[365] Dass das Außenwirtschaftsrecht der Bundesrepublik keine Beschränkungsmöglichkeiten für den „Überfremdungstatbestand“ bot, wurde als Ausdruck einer liberalen ordnungspolitischen Konzeption des Gesetzgebers angesehen, an der aber angesichts der weitgehenden Verflechtung der deutschen Volkswirtschaft in den internationalen Austausch von Waren, Dienstleistungen und Kapital auch unter den „mit dem Öldiktat veränderten Bedingungen“ weitgehend festgehalten werden sollte.[366]

Die zunehmende Liquidität der internationalen Finanzmärkte wurde jedoch schließlich wegen des immer größer werdenden Missverhältnisses zu dem in Produktionsmittel investierten Kapital als bedrohlich empfunden.[367] Mit dem Dritten Gesetz zur Änderung des Außenwirtschaftsgesetzes vom 29. März 1976[368] wurde daher in § 26 Abs. 3 des AWG[369] unter anderem zum Zwecke der Wahrung der außenwirtschaftspolitischen Interessen der Bundesrepublik Deutschland die Möglichkeit geschaffen, durch Rechtsverordnung besondere Vermögensmeldepflichten für ausländische Personen über inländische Unternehmensbeteiligungen festzusetzen. Ziel dabei war es, eine Bestandserhebung

363 *Bär*, ZGR 1976, 62, 63.
364 *Jander*, WuW 1975, 395.
365 *Lutter/Schneider*, ZGR 1975, 182, 183.
366 *Gamerdinger/Saupe*, AG 1976, 1, 2 f.
367 *Otto*, DB-Beilage 12/88, S. 2 (Fn. 11).
368 Gesetz vom 29.3.1976, BGBl. I, S. 869.
369 Außenwirtschaftsgesetz vom 28. April 1961, BGBl. I, S. 481.

grenzüberschreitender Direktinvestitionen zu ermöglichen.[370] Mit der 35. Verordnung zur Änderung der AWV[371] wurde von dieser Möglichkeit Gebrauch gemacht, indem der Außenwirtschaftsverordnung[372] die §§ 58a und 58b hinzugefügt wurden. Seitdem besteht eine Meldepflicht für jede über einen bestimmten Prozentsatz hinausgehende direkte oder indirekte Beteiligung ausländischer Investoren an deutschen Unternehmen, deren Bilanzsumme einen festgelegten Betrag übersteigt. Ursprünglich lag die vorgesehene Beteiligungsgrenze, deren Überschreiten die Meldepflicht auslöste, bei 25 %. Sie wurde 1989 jedoch auf 20 %[373] und schließlich 1998 auf 10 %[374] festgesetzt. Die Meldepflicht galt dabei anfangs für alle Unternehmen mit einer Bilanzsumme von über 500.000 DM. 1993 wurde dieser Freibetrag auf 1 Million DM[375] angehoben und im Jahre 2002 schließlich auf 3 Millionen Euro[376] erneut erhöht.

Ganz anders steht es dagegen mit der Meldepflicht nach § 57 AWV. Diese betrifft nicht die Meldung der Vermögenszusammensetzung wie § 58a AWV, sondern die Meldung bereits des Beteiligungserwerbs selbst. Nach Anhebung der Untergrenze für die Meldepflicht von 10.000 DM auf 20.000 DM (1983), 50.000 DM (1987) und 100.000 DM (1993) wurde die Vorschrift schließlich 1997 ersatzlos gestrichen.[377]

Die Regelungen der Außenwirtschaftsverordnung betrafen alle ausländischen Investoren gleichermaßen und zielten nicht allein auf Staatsfonds. Sie begnügten sich mit der Einrichtung einer Meldepflicht. Im Übrigen wurden in der rechtswissenschaftlichen Literatur für eine gerechte Ausgestaltung des Rechtsrahmens, unter Wahrung der Interessen sowohl der Investoren als auch der Unternehmen und der nationalen Interessen, Kriterien für die Zulassung ausländischer Direktinvestitionen herausgearbeitet: Danach sollten ausländische Direktinvestitionen grundsätzlich zu begrüßen sein, wenn sie

- sich in die marktwirtschaftliche Ordnung einfügen und den Wettbewerb als Ordnungselement auf dem Markt nicht beeinträchtigen,
- zur Verbesserung der wirtschaftlichen Struktur der Bundesrepublik beitragen,

370 *Just,* in: Hohmann/John, Ausfuhrrecht, § 26 AWG Rn. 24.

371 Verordnung vom 3.4.1976, BGBl. I, S. 891.

372 Verordnung zur Durchführung des Außenwirtschaftsgesetzes (Außenwirtschaftsverordnung – AWV) vom 18. Dezember 1986 in der Fassung der Bekanntmachung vom 22.November 1993, BGBl. I, S. 1934, 2493).

373 Durch die 5. ÄndVO zur AWV vom 20.9.1989, BGBl. I, S. 1749.

374 Durch die 44. ÄndVO zur AWV vom 12.8.1998, BAnz. Nr. 162, 12993.

375 Durch die 30. ÄndVO zur AWV vom 26.10.1993, BGBl. I, S. 1776.

376 Durch die 56. ÄndVO zur AWV vom 14.03.2002, BAnz. Beil Nr. 59a.

377 *Gramlich,* in: Hohmann/John, Ausfuhrrecht, Anmerkung zu § 57 AWV.

- mit dem Transfer von technischem Wissen und unternehmerischer Leistung verbunden sind,
- die außenwirtschaftliche Absicherung nicht gefährden und
- dem Schutz wichtiger nationaler Interessen, wie der Energieversorgung und der Sicherheit, nicht entgegenstehen.

Dagegen sollten ausländische Direktinvestitionen auf geeignete Weise verhindert werden, wenn sie diesen Kriterien nicht entsprechen oder ihnen zuwiderlaufen würden.[378] Wie eine solche geeignete Weise aussehen sollte, blieb jedoch dahingestellt. Entsprechende Maßnahmen wurden auch später zu keinem Zeitpunkt erforderlich.

Die rechtliche Regelung in der Außenwirtschaftsverordnung war damals Schlusspunkt der Debatte um die ausländischen Investoren. Am Anfang der Debatte stand aber auch ein Vorkaufsrecht der öffentlichen Hand als eine de lege ferenda bestehende Möglichkeit zur Beschränkung und Kontrolle ausländischer Beteiligungskäufe.[379] Dazu sollte eine besondere Institution geschaffen werden, die mit entsprechenden Mitteln auszustatten wäre – gewissermaßen ein deutscher Staatsfonds, auch wenn diese Bezeichnung damals nicht existierte. Dieser Vorschlag wurde in der Literatur jedoch als politisch problematisch bezeichnet, allein schon wegen der Finanzierungsbelastung für den öffentlichen Haushalt, jedoch auch weil darin ein Ansatz zu Verstaatlichungen gesehen wurde, weshalb strikte Wiederverkaufspflichten gefordert wurden.[380] Finanziert werden sollten die Beteiligungskäufe über Schuldverschreibungen des Staates. Ein finanzierungstechnisches Problem wurde jedoch darin gesehen, dass bei einem Wiederverkauf nach einer zwischenzeitlich eingetretenen Werteinbuße der Anteile, der Verlust aus Steuermitteln zu decken wäre.[381] Dagegen wurde argumentiert, dass sich das Auslandsinteresse (zumindest langfristig) auf lukrative Unternehmen bezieht und daher der Beteiligungserwerb auch für den deutschen Staat wirtschaftlich kaum nachteilhaft sein könne.[382]

II. Die Debatte 2007-2009

Parallel zu dieser Entwicklung der Jahre 1974 - 1976 verlief die öffentliche Diskussion in Deutschland über Staatsfonds im Jahr 2007 und 2008. Auch hier

378 *Gamerdinger/Saupe*, AG 1976, 1, 2.
379 So etwa *Erlinghagen*, Wirtschaftsdienst, 1975, 131, 133.
380 *Gamerdinger/Saupe*, AG 1976, 29, 35.
381 *Gamerdinger/Saupe*, AG 1976, 29, 35.
382 *Erlinghagen*, Wirtschaftsdienst, 1975, 131, 134.

wurde im Zuge der Diskussion um Abwehrmaßnahmen gegen ausländische Staatsfonds auch die Möglichkeit der Schaffung eines eigenen deutschen Staatsfonds als Lösung vorgeschlagen, der in Fällen von Übernahmeangeboten bedenklicher Staatsfonds einspringen könnte und selbst als „weißer Ritter“ die entsprechenden Aktien übernehmen könnte.[383] Auch hier endete die Entwicklung schließlich in einer Änderung des Außenwirtschaftsrechts. Das Wiederaufflammen der Debatte über Schutzmaßnahmen gegen ausländische Investoren in Deutschland im Jahr 2007 geht auf die Ankündigung der Volksrepublik China zurück, einen eigenen Staatsfonds zu gründen, der mit einem Teil der enormen Fremdwährungsreserven der Volksrepublik ausgestattet werden sollte. Es wurde vor allem befürchtet, dass Deutschland politisch erpressbar wäre, wenn China oder ein anderes Land aufgrund ihrer Finanzstärke großen Einfluss auf die deutsche Volkswirtschaft nehmen könnten.

Eine besondere Rolle spielten in der öffentlichen Debatte vor allem die großen Infrastrukturnetze. Flughäfen, Schienennetze, Strom- und Gas, sowie Telekommunikationsdienstleistungen waren seit den 1990er Jahren in vielen Etappen dem Markt geöffnet worden und viele bisher staatliche Anbieter von solchen Dienstleistungen waren privatisiert worden. Auch ein Börsengang des letzten großen Staatsunternehmens, der Deutsche Bahn AG, wurde anvisiert. Es wurde von den Gegnern der Staatsfonds in der öffentlichen Diskussion als bittere Ironie der Geschichte angesehen, dass mit der Öffnung der Märkte den Staatsfonds Tür und Tor zu den wichtigsten Infrastrukturunternehmen der Volkswirtschaft geöffnet worden sind und dass die langwierigen Privatisierungen im Handumdrehen zu einer neuen Verstaatlichung von Unternehmen führen könnten, nur eben durch ausländische Staaten.[384] Nicht zuletzt die Lokführerstreiks im Frühjahr 2008 haben gezeigt, wie anfällig die deutsche Wirtschaft für eine Blockade des Schienentransports ist. Wenn eine mühsam entstaatlichte Deutsche Bahn AG nur kurz nach dem Börsengang in chinesische Hände fiele, die zur Durchsetzung der Interessen der Volksrepublik bereit wären, den deutschen Schienenverkehr lahmzulegen, so wäre die Bundesrepublik in ihrer Politik gegenüber China nicht mehr frei in ihren Willensentschlüssen. Mit Unbehagen beobachtete man auch das Interesse des russischen Gasproduzenten Gazprom am deutschen Markt.[385]

---

383 Vgl. dazu Jahresgutachten 2007/2008 des Sachverständigenrats zur Begutachtung der gesamtwirtschaftlichen Entwicklung, Rn. 588 (S. 388), ablehnend auch *Martini*, DÖV 2008, 314, 316.

384 Vgl. auch *Martini*, DÖV 2008, 314, 316.

385 Vgl. auch Jahresgutachten 2007/2008 des Sachverständigenrats zur Begutachtung der gesamtwirtschaftlichen Entwicklung, Rn. 584 (S. 386); auch *Martini*, DÖV 2008, 314, 316.

Neben diesem Erpressungsszenario wurde die deutsche Debatte über Staatsfonds im Jahr 2007 von einer anderen Bedrohung durch ausländische Staatsfonds beherrscht. Gerade die Erfahrung mit chinesischen Schutzrechtsverletzungen und Chinas Hunger nach westlichen Technologien, ließen bei dem Gedanken an einen chinesischen Staatsfonds die Befürchtung aufkommen, dieser könne sich gezielt eines Technologieunternehmens bemächtigen, um dessen Know-how abzuschöpfen oder im Interesse eigener Rohstoffsicherung bzw. zur Erschließung weiterer Absatzmärkte strategische Interessenpolitik betreiben.[386] Fernliegend war diese Befürchtung nicht. Schließlich zeigte gerade der Beteiligungserwerb der großen asiatischen und arabischen Staatsfonds an den großen Banken der westlichen Finanzwelt, dass die Schwellenländer durchaus bereit waren, auch verlustreiche Investitionen zu tätigen, um einen ersten Fuß in die Tür zu den westlichen Märkten und deren Know-how zu bekommen.

Ein weiterer Faktor in der deutschen Debatte über Staatsfonds war, dass sie in den Kontext der allgemeinen Debatte über institutionelle Investoren, insbesondere Hedge-Fonds und Private Equity Gesellschaften eingeordnet wurde,[387] die bereits seit dem Jahr 2005 unter dem Stichwort „Heuschrecken" geführt wurde. Auch von den Staatsfonds mit ihren großen Anlagevermögen befürchtete man deshalb, dass sie deutsche Unternehmen einfach aufkaufen und zerschlagen könnten, wenn nicht aus politischen, dann doch aus rein finanziellen Motiven, dem Streben nach maximalem Gewinn. Bei all diesen Befürchtungen und Vorurteilen in der Politik und in der Bevölkerung wurde jedoch mitunter übersehen, dass Deutschland als Exportnation ein grundlegendes Interesse an offenen Kapitalmärkten hat, denn Deutschland selbst investiert jedes Jahr viele Milliarden mehr im Ausland als ausländische Investoren in Deutschland investieren.[388] Wollte man diesen Investoren in Deutschland die Tür zuschlagen, stand zu befürchten, dass andere Nationen deutschen Investitionen ebenfalls restriktiver gegenüber stehen würden und dass damit die deutsche Wirtschaft Schaden nehmen könnte. Deutsche Unternehmen sind darauf angewiesen, weltweit offene Türen vorzufinden.[389] Trotz dieser grundsätzlichen Bedenken, handelte die deutsche Bundesregierung nach der Gründung des chinesischen Staatsfonds CIC im Jahr 2007 zunächst schnell.

---

386 *Martini*, DÖV 2008, 314, 316.

387 Vgl. Jahresgutachten 2007/2008 des Sachverständigenrats zur Begutachtung der gesamtwirtschaftlichen Entwicklung, Rn. 587 (S. 387).

388 Vgl. Jahresgutachten 2007/2008 des Sachverständigenrats zur Begutachtung der gesamtwirtschaftlichen Entwicklung, Rn. 591 (S. 389).

389 Jahresgutachten 2007/2008 des Sachverständigenrats zur Begutachtung der gesamtwirtschaftlichen Entwicklung, Rn. 599 (S. 394).

Bereits im Herbst 2007 lag ein erster Gesetzentwurf zur Änderung des Außenwirtschaftsgesetzes vor. Es sollte jedoch noch über ein Jahr dauern, bis die Gesetzesänderung verabschiedet wurde. Denn durch die Rettung der in Not geratenen Banken Europas und Amerikas haben die ausländischen Staatsfonds im Winter 2007/2008 bewiesen, dass sie auch volkswirtschaftliche Vorteile mit sich bringen. Während der gesamten Zeit wurde in der Politik, in der Wirtschaft[390], und in der rechtswissenschaftlichen Literatur[391] heftig über die Notwendigkeit von Abwehrmaßnahmen und, soweit diese bejaht wurde, auch über Sinn und Unsinn konkreter Abwehrmaßnahmen diskutiert. Aber wenn auch die Angst vor Staatsfonds in den Zeiten der Finanz- und Wirtschaftskrise vorübergehend zurücktrat,[392] weil die deutsche Wirtschaft dankbar für jeden neuen Investor war, so konnte dieses Zwischenspiel die Bundesregierung dennoch nicht von ihrem Gesetzesvorhaben abbringen.[393] Schließlich überarbeitete sie ihren Gesetzentwurf im Herbst 2008 erneut. Am 24. April 2009 trat dann das dreizehnte Gesetz zur Änderung des Außenwirtschaftsgesetzes und der Außenwirtschaftsverordnung in Kraft.[394]

Mit diesem Gesetz wurde der Bundesregierung erstmals die Möglichkeit eingeräumt, Investitionen ausländischer Staatsfonds in Deutschland zu verhindern. Dafür wurden in § 7 Abs. 1 des Außenwirtschaftsgesetzes die bestehenden Beschränkungsmöglichkeiten für Rechtsgeschäfte und Handlungen im Außenwirtschaftsverkehr erweitert. Solche Beschränkungen waren bisher in § 7 Abs. 1 Nrn. 1 – 3 AWG nur bei wesentlichen Gefährdungen der Sicherheitsinteressen der Bundesrepublik Deutschland und zur Verhütung von Störungen des friedlichen Zusammenlebens der Völker und der auswärtigen Beziehungen des Staates vorgesehen. Mit der neu in das Außenwirtschaftsgesetz eingefügten § 7 Abs. 1 Nr. 4 AWG soll eine Beschränkung auch zur Gewährleistung der öffentlichen Ordnung oder Sicherheit der Bundesrepublik Deutschland zulässig sein. Dabei sind die Begriffe öffentliche Sicherheit und Ordnung im Sinne des Rechts des europäischen Binnenmarktes auszulegen, da innerhalb der Europäischen Union nur insoweit eine Beschränkung der Kapitalverkehrsfreiheit und der Niederlassungsfreiheit zulässig ist. Zur Klarstellung wurde zudem in § 7 Abs. 2 AWG eine Nr. 6 eingefügt, wonach gemäß § 7 Abs. 1 Nr. 4 AWG insbesondere der

390 Der Sachverständigenrat zur Begutachtung der gesamtwirtschaftlichen Entwicklung widmete der Thematik eine ganzes Kapital seines Jahresgutachtens 2007/2008 vom 07. November 2007: Siebtes Kapitel, „Beschränkung des Beteiligungserwerbs durch ausländische Investoren?“., Siebtes Kapitel des Jahresgutachtens 2007/2008 des Sachverständigenrats zur Begutachtung der gesamtwirtschaftlichen Entwicklung.

391 Vgl. nur *Martini*, DÖV 2008, 314; *Weller*, ZIP 2008, 857.

392 S. auch *Reinhardt/Pelster*, NZG 2009, 441, 441.

393 *Voland*, EuZW 2009, 519, 519.

394 Gesetz vom 18.04.2009, BGBl. I, S. 770.

Anteilserwerb an deutschen Unternehmen durch ausländische Investoren beschränkt werden kann. Voraussetzung ist jedoch, dass eine tatsächliche und hinreichend schwere Gefährdung vorliegt, die ein Grundinteresse der Gesellschaft berührt.

Die konkrete Vorgehensweise zur Beschränkung eines solchen Anteilserwerbs regelt § 53 der Außenwirtschaftsverordnung. Danach kann das Bundesministerium für Wirtschaft und Technologie innerhalb von drei Monaten nach jedem Anteilserwerb, der zu einer unmittelbaren oder mittelbaren Beteiligung eines ausländischen Investors von über 25 % führt, prüfen, ob die Voraussetzungen einer Beschränkung nach § 7 Abs. 1 Nr. 4 iVm § 7 Abs. 2 Nr. 6 AWG vorliegen. Der Investor ist insoweit zur Offenlegung aller relevanten Dokumente verpflichtet. Über das Ergebnis der Prüfung durch das Ministerium wird die Bundesregierung informiert. Bei Vorliegen der Voraussetzungen des § 7 Abs. 2 Nr. 6 AWG können eine Untersagung oder Beschränkungen des Anteilserwerbs nur mit Zustimmung der Bundesregierung angeordnet werden. Zur Durchsetzung solcher Anordnungen hat das Bundesministerium für Wirtschaft und Technologie die Möglichkeit, einen Treuhänder zur Rückabwicklung des Erwerbs einzusetzen oder die Ausübung der Stimmrechte des Erwerbers im Unternehmen zu untersagen oder einzuschränken. Um nachträgliche Unannehmlichkeiten zu vermeiden, hat der ausländische Investor bereits vor dem Anteilserwerb unter Offenlegung aller relevanten Dokumente die Möglichkeit, eine Unbedenklichkeitsbescheinigung des Ministeriums zu beantragen. Diese ist bei Unbedenklichkeit des Anteilserwerbs innerhalb eines Monats zu erteilen.

Mit diesen Regelungen hat die Bundesregierung augenscheinlich ein scharfes Schwert geschaffen, um unliebsame Investoren aus dem Ausland unter Kontrolle zu halten. Es wird mitunter als weiterer Schritt des Gesetzgebers zu einer deutlich intensivierten Regulierung des Marktgeschehens gesehen.[395] Dabei fiel die Neuregelung des Außenwirtschaftsrechts letztlich deutlich milder aus als ursprünglich im ersten Gesetzentwurf der Bundesregierung vorgesehen.[396] Auch im internationalen Vergleich sind die deutschen Regeln eher moderat.[397] Bestätigt wird dies durch die Feststellungen der OECD im Jahr 2010, wonach Deutschland auch weiterhin zu den offensten Volkswirtschaften für ausländische Direktinvestitionen zählt.[398] Dies liegt wohl nicht zuletzt daran, dass die getroffene Regelung im Außenwirtschaftsrecht eine absolute Ausnahmeregelung darstellt und der Grundrechtseingriff in die Investitionsfreiheit des ausländischen Investors aufgrund des AWG nur selten gerechtfertigt sein wird. Dennoch

---

395 *Müller/Hempel*, NJW 2009, 1638, 1641.
396 *Reinhardt/Pelster*, NZG 2009, 441, 445.
397 Vgl. *Voland*, EuZW 2009, 519, 523.
398 OECD's FDI Restricitveness Index: 2010 Update, S. 18, online abrufbar (s. Fn. 297).

ist die Neuregelung einiger Kritik unterworfen, da sie über ihr Ziel, die Sicherheit der Bundesrepublik Deutschland zu gewährleisten, deutlich hinausgehe und es zudem nicht ausgeschlossen sei, dass die Regelung von künftigen Regierungen zu protektionistischen Zwecken missbraucht werde.[399]

Im Übrigen hat sich die Debatte um Staatsfonds aber mittlerweile auch rein faktisch entschärft. Als sich im März 2009 eine Investmentgesellschaft aus Abu Dhabi mit immerhin fast zehn Prozent an der Daimler AG beteiligte, geschah dies relativ geräuschlos. Große politische Vorbehalte waren nicht hörbar.[400] Staatsfonds sind eben kein neues Phänomen mehr und es hat sich auch einiges seit 1974 geändert.

D. Deutschland und eigene Staatsfonds

In Deutschland existieren Staatsfonds der hier beschriebenen Art weder auf der Landes- noch auf der Bundesebene. Zwar halten sowohl der Bund als auch die Länder Beteiligungen an verschiedenen Unternehmen der deutschen Wirtschaft. Diese Beteiligungen werden jedoch nicht in einem Sondervermögen gehalten. Der Erwerb größerer Beteiligungen, wie er für eine Private Equity Investition erforderlich ist, kommt damit nicht in Frage. Er müsste als Sonderposten im Bundeshaushalt vorgesehen werden. Mangels Ausgliederung aus dem Haushaltsvermögen des Bundes wäre jedoch schon die notwendige Haftungsbeschränkung nicht gegeben. Private Equity Investitionen im engeren Sinne werden aber mitunter von den Landesbanken getätigt. So unterstützt die WestLB beispielsweise mittelständische Unternehmen bei ihrer Nachfolgeregelung auch im Wege des Management Buyouts (MBO). Als Finanzinstitute können jedoch die Landesbanken nicht als Staatsfonds bezeichnet werden.

Staatsfondsähnlich ist in Deutschland allein die Kreditanstalt für Wiederaufbau (KfW). Sie verwaltet das Sondervermögen aus dem *European Recovery Program*, dem sogenannten Marshallplan. Dieses Vermögen investiert sie im Auftrag des Staates in unterschiedlichen Bereichen, unter anderem auch in Risikokapital, § 2 Abs. Nr. 1 lit. b) KfWG. Risikokapital ist außerbörsliches Beteiligungskapital, umfasst als Begriff also auch das aus dem ersten Teil der Untersuchung bekannte Private Equity. Der Unterschied zu Staatsfonds der hier beschriebenen Art besteht jedoch darin, dass die KfW nicht aus rein wirtschaftlichen Motiven investiert, sondern stets im Rahmen von Fördermaßnahmen, § 2

399 Vgl. zur Kritk insbesondere *Voland*, EuZW 2009, 519, 523.
400 *Reinhardt/Pelster*, NZG 2009, 441, 441.

Abs. 1 KfWG. Die KfW betreibt mit ihren Investitionen in Risikokapital somit vorrangig Wirtschaftsförderung. Sie nutzt sie nicht als Kapitalanlage. Die Investitionen in Risikokapital, die die KfW vornehmen darf, sind daher nicht als Investitionen in Private Equity im engeren Sinne zu verstehen, sondern vielmehr als Venture Capital Investitionen zur Förderung junger Unternehmer bzw. junger Unternehmen.[401]

Ein besonderer Fonds der Bundesrepublik Deutschland, welcher in jüngster Zeit von sich reden machte, ist der Finanzmarktstabilisierungsfonds, der im Herbst 2008 nach dem Zusammenbruch der Investmentbank Lehman Brothers durch das Finanzmarktstabilisierungsgesetz[402] (FMStG) geschaffen wurde. Der Fonds dient gemäß § 2 Abs. 1 S. 1 FMStG der Stabilisierung des Finanzmarktes durch Überwindung von Liquiditätsengpässen und durch Schaffung der Rahmenbedingungen für eine Stärkung der Eigenkapitalbasis von Unternehmen des Finanzsektors. Verwaltet wird dieser Fonds von der Bundesanstalt für Finanzmarktstabilisierung, einer rechtlich unselbständigen Anstalt des öffentlichen Rechts bei der Deutschen Bundesbank.[403] Bei diesem Fonds handelte es sich zwar um ein staatliches Sondervermögen. Ebenso wie das Sondervermögen aus dem Marshallprogramm soll es jedoch nicht zur Mehrung des Kapitals eingesetzt werden, sondern hat einen eindeutig wirtschaftsfördernden Charakter. Wenn mit dem Kapital des Sondervermögens Finanzmarktstabilisierung letztlich auch mitunter bedeutende Anteile an Unternehmen des Finanzsektors erworben wurden, wie bei der Bank Hypo Real Estate, die Milliardenhilfen aus dem Fonds erhielt bis sie im Frühjahr 2009 mehrheitlich vom Bund übernommen wurde,[404] so stellen diese Anteilserwerbungen keine Investitionen, sondern vielmehr Rettungsaktionen dar.

Ein Investmentfonds des Staates, der das Ziel hat, das Anlagevermögen des Bundes oder eines Bundeslandes zu mehren, existiert bislang nicht. Investitionen in Private Equity tätigen der Bund und die Länder nicht. Gerade diese Anlageform soll jedoch vorliegend daraufhin untersucht werden, ob sie durch die deutsche öffentliche Hand nutzbar gemacht werden kann, oder welche verfassungsrechtlichen Grenzen einer entsprechenden Investitionstätigkeit gezogen sind. Es sind dabei zwei Möglichkeiten der Beteiligung an Private Equity Investitionen denkbar. Entweder unmittelbar durch einen deutschen Staatsfonds, der wie Staatsfonds anderer Länder einen Teil seines Anlagevermögens in große Unternehmensbeteiligungen investiert, oder mittelbar durch eine Beteiligung der

---

401 Zur Unterscheidung von Private Equity und Venture Capital vgl. Erster Teil, A. I. 1.

402 Gesetz zur Umsetzung eines Maßnahmenpakets zur Stabilisierung des Finanzmarktes (Finanzmarktstabilisierungsgesetz – FMStG) vom 17. Oktober 2008, BGBl. I, S. 1982.

403 Vgl. zu den Einzelheiten *Ewer/Behnsen*, NJW 2008, 3457, 3458.

404 Vgl. zu den Einzelheiten: *Böckenförde*, NJW 2009, 2484.

öffentlichen Hand an einem privaten institutionellen Investor, dem Beispiel Chinas folgend, welches für drei Milliarden US-Dollar eine Beteiligung an Blackstone, einer der größten Private Equity Gesellschaften weltweit, erworben hat. Blackstone ist derzeit unter anderem einer der Hauptanteilseigner der Deutschen Telekom.

Dritter Teil

Die Möglichkeiten von Private Equity der öffentlichen Hand in Deutschland

Zu untersuchen ist nun, ob und inwieweit der Staat sich die Mittel der Privatwirtschaft bei Unternehmensübernahmen und Beteiligungskäufen zunutze machen und selbst als institutioneller Investor in Private Equity auf dem Finanzmarkt agieren kann. Der Staat soll dafür wie ein privater Unternehmer handeln und wirtschaftlich tätig werden. Dies ist jedoch nicht bedenkenlos zulässig, denn die Möglichkeiten und Grenzen einer wirtschaftlichen Betätigung des Staates wurden und werden in der rechtswissenschaftlichen Literatur umfassend diskutiert. Diese Diskussion hat auch Auswirkungen auf die Zulässigkeit einer Betätigung der öffentlichen Hand als institutioneller Investor.

Um den vorliegend zu untersuchenden Gegenstand im Kontext dieser Diskussion platzieren zu können, ist zunächst die Klärung einiger grundlegender Begriffe angezeigt.

A. Wirtschaftliche Betätigung der öffentlichen Hand

Für die Trägerschaft der wirtschaftlichen Betätigung von Bund, Ländern und Gemeinden sowie anderen juristisch selbständigen öffentlich-rechtlichen Einheiten hat sich in der Literatur der Sammelbegriff der öffentlichen Hand durchgesetzt[405] und wird in diesem Sinne im weiteren Gang der Untersuchung verwendet werden.

Unter wirtschaftlicher Betätigung der öffentlichen Hand ist die Teilnahme des Staates oder seiner Untergliederungen am Wettbewerb auf einem Markt als Anbieter und Nachfrager zu verstehen.[406] Die wirtschaftliche Betätigung der öffentlichen Hand erfolgt dabei im Wesentlichen in drei Grundformen:[407]

405 *Schmidt*, Öff. Wirtschaftsrecht AT, § 11 I b), S. 503; s.a. die Verwendung bei *Gusy*, JA 1995, 166, 167.

406 *Schliesky*, JA 1997, 902, 902.

407 *Eisenmenger*, Neuregelung, § 2 I, S. 11; vgl. auch *Ossenbühl*, DÖV 1971, 513, 520.

- als Verwaltungsträger, indem sie Daseinsvorsorge im Sinne einer infrastrukturellen Grundversorgung mit Gütern und Dienstleistungen wie Elektrizität, Gas und Wasser betreibt,[408]

- als Verbraucher bzw. Kunde bei sogenannten privatrechtlichen Hilfsgeschäften, indem sie Aufträge über Güter und Dienstleistungen im Rahmen ihres verwaltungsinternen Beschaffungswesens vergibt, und

- als Unternehmer, der erwerbswirtschaftlich tätig wird, als „Gleicher unter Gleichen" am marktwirtschaftlichen Wettbewerb teilnimmt und mit anderen privaten Wirtschaftssubjekten in Konkurrenz steht.

Soweit der Staat sich das Geschäftsmodell einer Private Equity Beteiligungsgesellschaft zunutze macht, kann dies weder unter Daseinsvorsorge subsumiert noch als privatrechtliches Hilfsgeschäft angesehen werden. Im Rahmen der folgenden Untersuchung, welche die Möglichkeiten der öffentlichen Hand bei der Umsetzung eines Private Equity Geschäftsmodells betrachten soll, wird das Augenmerk daher auf der dritten Form der wirtschaftlichen Betätigung der öffentlichen Hand liegen, also auf der erwerbswirtschaftlichen Betätigung des Staates.

Die Teilnahme der öffentlichen Hand am Wirtschaftsleben erfolgt über öffentliche Unternehmen. Diese wiederum können in alleiniger Trägerschaft der öffentlichen Hand stehen oder aber als gemischt-wirtschaftliche Unternehmen zusammen mit privaten Kapitalgebern betrieben werden.[409]

I. Öffentliche Unternehmen

Der Begriff des öffentlichen Unternehmens ist umstritten. Dabei gibt es sowohl unterschiedliche Ansichten und Aussagen zum Unternehmensbegriff als auch zum Begriffsmerkmal „öffentlich".

408 So auch der Begriff der Daseinsvorsorge bei *Ossenbühl*, DÖV 1971, 513, 516 ff.

409 *Vollmöller*, in: Schmidt/Vollmöller, Kompendium Öff. WirtschaftsR, § 5 Rn. 2.

1. Der Begriff des Unternehmens

Zunächst einmal ist der Begriff des Unternehmens im Allgemeinen, und des öffentlichen Unternehmens im Besonderen, gesetzlich nicht explizit geregelt.[410] Als Gesetzesbegriff kann „Unternehmen" in verschiedenen Rechtsgebieten zudem unterschiedliche Bedeutung haben, und selbst innerhalb eines konkreten Gesetzes kann der Begriff uneinheitlich auszulegen sein.[411] Die unterschiedliche Verwendung des Unternehmensbegriffs im Gesetzestext ist dabei jedoch lediglich eine Folge der faktischen Vielfalt der Erscheinungsformen von Unternehmen. Gerade aufgrund dieser faktischen Vielfalt wird die Existenz eines einheitlichen Unternehmensbegriffs auch weithin ausgeschlossen.[412]

Abstrakt kann das Unternehmen jedoch als Wirkungseinheit angesehen werden.[413] Im wirtschaftlichen Kontext müsste dabei wohl von einer wirtschaftlichen Wirkungseinheit gesprochen werden.[414] Der Begriffsteil der „Wirkung" deutet dabei auf ein aktives Tätigwerden der Einheit hin. Der Begriffsteil der „Einheit" verdeutlicht, dass es sich um eine organisatorische Zusammenfassung bestimmter wirkender Elemente handelt, die im Einzelfall von Einheit zu Einheit unterschiedlich sein können, jedoch stets in ihrer konkreten Zusammenstellung ein derart selbständiges Auftreten ermöglichen, dass es gerechtfertigt erscheint, sie nicht in einen größeren Wirkungskomplex einzugliedern, sondern sie bereits als eigenständige Einheit zu betrachten. Die Bezeichnung als Einheit bezieht sich dabei allerdings allein auf eine phänotypische Eigenständigkeit, also den Eindruck, dass die Einheit allein aufgrund der in ihr zusammen gefassten Elemente in der Lage ist, aus sich selbst heraus Wirkung zu entfalten. Über eine rechtliche Selbständigkeit oder gar juristische Persönlichkeit soll damit noch keine Aussage getroffen werden.

Vielen Definitionsansätzen des Unternehmensbegriffs ist denn auch das Element der organisatorischen Verselbständigung einer Wirtschaftseinheit gemeinsam.[415] Darüber hinaus werden unterschiedliche Kriterien postuliert, anhand derer die Eigenschaft einer Wirkungseinheit als Unternehmen bewertet werden können soll. Wichtige Merkmale sind dabei jedenfalls die Teilnahme am Wirtschaftsle-

---

410 *Fabry*, in: Fabry/Augsten, Hdb Unternehmen d. öff. Hand, Teil I Rn. 1.

411 *Storr,* Staat als Unternehmer, S. 35.

412 *Ibid.*; *Bayer*, in: MüKo, AktG, I, § 15 Rn. 9; *K.Schmidt*, HandelsR, § 4 I 1, S. 63.

413 S. *Flume*, AT des Bürgerlichen Rechts, § 2 VII 1, S. 48.

414 Vgl. auch *Gusy*, JA 1995, 166, 167.

415 S. schon *Kluth,* Grenzen kommunaler Wettbewerbsteilnahme, A I 2 b), S. 6 mwN. – ablehnend aber: *Schliesky*, Öff. WettbewerbsR, B I 1 b), S. 26 mwN.; in neuerer Zeit: *Eisenmenger*, Neuregelung, §2 II 5, S. 19; *Schmidt*, Öff. Wirtschaftsrecht AT, § 11 I b), S. 504; *Fabry*, in: Fabry/Augsten, Hdb Unternehmen d. öff. Hand, Teil I Rn. 2;

ben durch Austausch von Gütern oder Leistungen am Markt, und eine gewisse Dauerhaftigkeit des Handelns.[416] Die Verfolgung kommerzieller Zwecke ist hingegen nicht erforderlich.[417]

An dieser Stelle genügt es, festzuhalten, dass ein Unternehmen eine wirtschaftliche Wirkungseinheit ist, die nicht unbedingt kommerzielle Zwecke verfolgt. Damit ist zwar keine Definition des Unternehmens gelungen, anhand derer man sämtliche Erscheinungsformen von Unternehmen stets einwandfrei identifizieren könnte. Immerhin ist aber deutlich geworden, dass es sich bei dem Unternehmensbegriff um eine Größe im Wirtschaftsleben handelt, die es rechtfertigt, ihr bei der rechtlichen Behandlung einen eigenen Begriffsrahmen zuzuweisen, selbst wenn dieser, an den faktischen Verhältnissen orientiert, notwendig flexibel und damit unscharf bleiben muss. Dieser Feststellung entsprechend wird denn auch in der Literatur für die Untersuchung, welchen Rechtsregeln unternehmerisches Handeln der öffentlichen Hand unterliegt, allein ein materieller oder auch funktionaler Unternehmensbegriff als weiterführend angesehen, welcher das Wirtschaften einer faktisch verselbständigten Organisationseinheit erfasst.[418]

Auch die Ausführungen der Rechtsprechung sind diesem funktionalen Unternehmensbegriff angenähert. So spricht der BGH vom „Unternehmen" als jeder Tätigkeit im geschäftlichen Verkehr, die eine selbständige, aktive Teilnahme am Wirtschaftsleben darstellt.[419] Daneben hat sich auch der Europäische Gerichtshof einen ähnlichen Unternehmensbegriff erarbeitet, nach welchem er das Unternehmen in ständiger Rechtsprechung als eine wirtschaftliche Tätigkeit ausübende Einheit, unabhängig von ihrer Rechtsform und der Art ihrer Finanzierung ansieht.[420] Auch hier umfasst „wirtschaftliche Tätigkeit" jede Tätigkeit, die darin besteht, Güter oder Dienstleistungen auf einem bestimmten Markt anzubieten.[421]

416 *Eisenmenger*, Neuregelung, §2 II 5, S. 19.

417 *Storr*, Staat als Unternehmer, A 2 I 1, S. 40 mwN.

418 *Schmidt*, Öff. Wirtschaftsrecht AT, § 11 I b), S. 504; *Vollmöller*, in: Schmidt/Vollmöller, Kompendium Öff. WirtschaftsR, § 5 Rn. 3.

419 BGH WuW 1982, 49, 50 zum Unternehmensbegriff im Wettbewerbsrecht.

420 S. nur EuGH, C-218/00, „Cisal", Slg. 2002-I, S. 691, 727, Rn. 22; EuGH, C-264/01, „AOK Bundesverband", Slg. 2004-I, S. 2493, 2542, Rn. 46.

421 S. zum Nachweis der ständigen Rechtsprechung EuGH, C-218/00, „Cisal", Slg. 2002-I, S. 691, 727 Rn. 23.

2. *Begriffsmerkmal „öffentlich“*

Mit dem Begriff des „öffentlichen Unternehmens“ wird die Zuordnung der Unternehmenstätigkeit zum Staat oder zu einem anderen Verwaltungsträger erfasst.[422] Die Kriterien, anhand derer die Zuordnung erfolgen kann, sind dabei vielfältig.

Einen Anknüpfungspunkt für Zuordnungskriterien bietet § 130 Abs. 1 GWB. Dieser weitet unter der Überschrift „Unternehmen der öffentlichen Hand“ den Anwendungsbereich des GWB auch auf Unternehmen aus, „die ganz oder teilweise im Eigentum der öffentlichen Hand stehen oder die von ihr verwaltet oder betrieben werden.“ Es werden also drei Zuordnungskriterien genannt - das Eigentum, die Verwaltung und der Betrieb –, welche nicht kumulativ vorliegen müssen, um ein Unternehmen als öffentliches Unternehmen ansehen zu können.

Ein eindeutiges Kriterium ist demnach zunächst das Eigentum. Unter dem Gesichtspunkt des Eigentums können Unternehmen dann als öffentliche Unternehmen bezeichnet werden, wenn ihr Inhaber oder Träger die öffentliche Hand ist.[423] Träger oder Inhaber ist die öffentliche Hand zweifellos, wenn sie das alleinige Eigentum am Unternehmen hat. Für die Qualifikation als öffentliches Unternehmen soll aber gemäß § 130 GWB aber auch bloß anteiliges Eigentum genügen. Dies wirft die Frage auf, ob hier schon jeder noch so kleine Eigentumsanteil der öffentlichen Hand an einem privaten Unternehmen dieses rechtlich gesehen zu einem öffentlichen Unternehmen werden lässt, oder ob zum einen nicht ein weiteres Kriterium herangezogen werden muss, oder ob zum anderen möglicherweise erst eine Beteiligung am Eigentum, die einen bestimmten Schwellenwert überschreitet, als ausreichend für die Annahme eines öffentlichen Unternehmens anzusehen ist.

An dieser Stelle kann § 130 GWB nicht direkt zur Klärung herangezogen werden. Zwar ergibt sich aus dem Wortlaut des § 130 Abs. 1 GWB, welcher ohne Einschränkungen von „ganz oder teilweise im Eigentum der öffentlichen Hand“ stehenden Unternehmen spricht, dass jeder Eigentumsanteil umfasst sein soll. Allerdings kommt es der Vorschrift nach ihrem Regelungszweck nicht darauf an, öffentliche Unternehmen von privaten Unternehmen abzugrenzen, sondern allein darauf, den Anwendungsbereich des Gesetzes auch auf öffentliche Unternehmen auszuweiten. Sofern man öffentliche Unternehmen erst ab einer bestimmten Beteiligungshöhe der öffentlichen Hand am Eigentum eines Unternehmens annehmen wollte, so wären Unternehmen, an denen die öffentliche

---

422 *Badura*, Wirtschaftsverfassung/Wirtschaftsverwaltung, Rn. 201.

423 *Fabry*, in: Fabry/Augsten, Hdb Unternehmen d. öf. Hand, Teil I Rn. 1.

Hand in geringerer Höhe beteiligt ist, ohnehin vom Anwendungsbereich des GWB erfasst. Der Gesetzgeber konnte somit für seine Zwecke eine Differenzierung und die Festlegung auf einen Schwellenwert der Beteiligungshöhe im GWB unterlassen. Daher kann der Wortlaut des § 130 Abs. 1 GWB nicht zur Richtschnur gemacht werden.

Sofern die öffentliche Hand nicht das alleinige Eigentum an einem Unternehmen besitzt, spricht die Literatur von gemischt-wirtschaftlichen Unternehmen. Unter welchen Umständen diese als öffentliche Unternehmen angesehen werden können, wird unterschiedlich beantwortet. Nach einer Ansicht sollen sie dann zu den öffentlichen Unternehmen gezählt werden, wenn die öffentliche Hand die Kapitalmehrheit an ihnen besitzt.[424] Andere stellen unabhängig von den Kapitalbeteiligungsverhältnissen auf die Mehrheit der Stimmrechte ab.[425] Nach einer weiteren Ansicht sollen schließlich gemischt-wirtschaftliche Unternehmen auch dann öffentliche Unternehmen sein, wenn die öffentliche Hand als Anteilseigener einen herrschenden Einfluss im Unternehmen ausüben kann.[426] Danach käme es gerade nicht notwendig auf eine Kapitalmehrheit oder Stimmenmehrheit an.[427]

Ein beherrschender Einfluss wird stets angenommen, wenn die öffentliche Hand die Kapitalmehrheit besitzt, über die Mehrheit der Stimmrechte verfügt, oder mehr als die Hälfte des Verwaltungs-, Leitungs- oder Aufsichtsorgans des Unternehmens bestellen kann.[428] In den letztgenannten Fällen nämlich kann die öffentliche Hand trotz Minderheitsbeteiligung über die gesetzlichen oder satzungsmäßigen Organe des Unternehmens die Unternehmens- und Geschäftspolitik nach ihren Wünschen mitbestimmen.[429] Sofern sie dies nicht kann, liegt kein öffentliches Unternehmen vor, sondern lediglich eine Kapitalbeteiligung.[430] Dies muss aber auch dann gelten, wenn die öffentliche Hand zwar die Anteilsmehrheit innehat, jedoch nach der Ausgestaltung der Rechtsbeziehungen zur Gesellschaft und zu den Mitgesellschaftern keinen Einfluss auf die Unternehmensführung nehmen kann.

Mithin genügt, anders als es nach § 130 GWB zunächst scheint, nicht jeder Eigentumsanteil an einem Unternehmen, um dieses zu einem öffentlichen Unter-

---

424 *Stober*, Allg. WirtschaftsverwaltungsR, § 24 I, S. 222 f.

425 *Gusy*, JA 1995, 166, 168.

426 *Schmidt*, Öff. Wirtschaftsrecht AT, § 11 I 1 b), S. 504.

427 anders *Stober*, NJW 1984, 449, 450, der jedenfalls mehrheitlichen Anteilsbesitz voraussetzt.

428 *Stober*, Allg. WirtschaftsverwaltungsR, § 24 I, S. 222 f.

429 *Schliesky*, Öff. WirtschaftsR, S. 142 f.

430 *Ibid.*

nehmen zu machen. Notwendig sind – schlagwortartig verkürzt – Eigentum und Kontrolle.[431] Die öffentliche Hand muss die Kontrolle über die Unternehmensführung haben. Ob sie dies aufgrund hundertprozentigen Eigentums, aufgrund einer Kapitalmehrheit oder auch nur, wie bei einer Minderheitsbeteiligung, aufgrund anderweitiger rechtlicher oder faktischer Einflussmöglichkeiten hat, ist unerheblich. Jedenfalls kann nicht allgemein festgestellt werden, bei Vorliegen welcher Kriterien ein Unternehmen als öffentlich anzusehen ist. Vielmehr ist stets eine Gesamtschau aller gesetzlichen, satzungsrechtlichen und individualvertraglichen Bestimmungen für die wirtschaftliche Wirkungseinheit vorzunehmen.[432] Zu nennen sind hier satzungsmäßige Weisungsrechte gegenüber dem Vorstand oder Stimmbindungsverträge mit den anderen Gesellschaftern.[433]

Dementsprechend findet sich auch in der Literatur die allgemein anerkannte Formulierung, ein Unternehmen sei öffentlich, wenn die öffentliche Hand aufgrund Eigentums, finanzieller Beteiligung, Satzung oder sonstiger Bestimmungen, die die Tätigkeit des Unternehmens regeln, unmittelbar oder mittelbar einen beherrschenden Einfluss ausüben kann.[434] Dabei wird regelmäßig auch auf die gleichlautende Formulierung in Art. 2 Abs. (1) lit. B) der europäischen Richtlinie 2000/52/EG verwiesen.[435] Dieser Ansicht ist auch zu folgen, da ein Abstellen allein auf Stimmen- oder Kapitalmehrheiten zu kurz greift und nicht die gesamte Bandbreite der gesellschaftsrechtlichen Ausgestaltungs- und Einflussmöglichkeiten erfasst.

Es wird deutlich, dass in der neueren Literatur zum öffentlichen Wirtschaftsrecht das Begriffsmerkmal „öffentlich" nicht auf den Unternehmenszweck, sondern vielmehr rein faktisch auf die Beherrschung der wirtschaftlichen Wirkungseinheit abgestellt wird, ohne dass es darauf ankäme, dass ein spezieller öffentlicher Zweck durch ihr Tätigwerden verfolgt würde. Ein solches Verständnis des öffentlichen Unternehmens lag nicht immer vor. Vielmehr wurde noch vor wenigen Jahrzehnten postuliert, ein Unternehmen sei nur dann öffentlich, wenn es für die Allgemeinheit tätig wird, also der Öffentlichkeit diene.[436] Dieses Verständnis liegt auch dem bis heute noch nicht abschließend entschiedenen Streit zugrunde, ob eine Wirtschaftstätigkeit der öffentlichen Hand überhaupt zulässig ist. Auf diesen Streit wird noch zurückzukommen sein.

---

431 *Gramlich*, Öff. WirtschaftsR, S. 78.
432 *Storr*, Staat als Unternehmer, S. 243 f.
433 *Ibid.*
434 *Eisenmenger*, Neuregelung, §2 III 6, S. 24.
435 ABl. 2000, L193/75, Richtlinie 2000/52/EG vom 26.07.2000 zur Änderung der Richtlinie 80/723/EWG über die Transparenz der finanziellen Beziehungen zwischen den Mitgliedstaaten und den öffentlichen Unternehmen.
436 Vgl. die Nachweise bei *Storr*, Staat als Unternehmer, S. 44.

An dieser Stelle soll zunächst nur festgehalten werden, dass nach dem heutigen Verständnis des öffentlichen Unternehmens auch ein genuin privater Unternehmenszweck wie der der Gewinnerzielung durch ein als öffentlich eingestuftes Unternehmen verfolgt werden kann. Umgekehrt schließt der Unternehmensbegriff, wie gezeigt, auch Einrichtungen ein, die nicht auf Gewinnerzielung ausgerichtet sind. Diese werden auch als nichtwirtschaftliche Unternehmen bezeichnet.[437] Auch wenn bei Ihnen – trotz wirtschaftlicher Führung – regelmäßig nicht mit einem Ertrag zu rechnen ist, nehmen sie dennoch wie wirtschaftliche Unternehmen am Wirtschaftsleben teil. Nichtwirtschaftliche Unternehmen der öffentlichen Hand finden sich vor allem in den Bereichen von Sport und Erholung, Sozial- und Jugendhilfe, Gesundheitswesen, Wohnungs- und Siedlungswesen, Umweltschutz, Erziehung, Bildung, Kultur und Kunst.[438]

Zusammenfassend ist ein öffentliches Unternehmen jede am Wirtschaftverkehr teilnehmende Wirkungseinheit, auf die die öffentliche Hand auf Grund Eigentums, finanzieller Beteiligung, Satzung oder sonstiger Bestimmungen, die die Tätigkeit des unternehmerischen Geschäftsbetriebs regeln, unmittelbar oder mittelbar einen beherrschenden Einfluss ausüben kann. Der Begriff des öffentlichen Unternehmens ist dabei unabhängig von der konkreten Organisationsform, d.h. ein öffentliches Unternehmen kann öffentlich-rechtlich oder privatrechtlich organisiert, rechtsfähig oder nicht rechtsfähig sein.[439] Die unternehmerisch auftretende öffentliche Hand bedient sich regelmäßig der Gründung von Kapitalgesellschaften.[440] Die Voraussetzungen dafür werden vom Haushaltsrecht in § 65 der Bundeshaushaltsordnung (gleichlautend in den Landeshaushaltsordnungen) festgelegt, wobei diese Vorschrift lediglich eine Soll-Regelung enthält. Es gibt aber auch eine Vielzahl öffentlicher Unternehmen, die öffentlich-rechtlich organisiert sind.

Im Folgenden soll ein kurzer Überblick über die Organisationsformen typischer öffentlicher Unternehmen die Rechts- und Erscheinungsvielfalt der öffentlichen Unternehmen veranschaulichen. Daneben soll auch eine genauere Bestimmung vorgenommen werden, ab wann bei einem gemischt-wirtschaftlichen Unternehmen, von einem öffentlichen Unternehmen gesprochen werden kann.

---

437 *Meininger*, in: Fabry/Augsten, Hdb Unternehmen d. öff. Hand, Teil 2, Rn. 2 f.

438 *Spannowsky*, ZHR 160 (1996), 560, 564.

439 *Fabry*, in: Fabry/Augsten, Hdb Unternehmen d. öff. Hand, Teil I Rn. 2; *Eisenmenger*, Neuregelung, § 2 IV 1, S. 24.

440 *Badura*, Wirtschaftsverfassung/Wirtschaftsverwaltung, Rn. 204.

II. Organisationsformen öffentlicher Unternehmen

Öffentliche Unternehmen können sowohl öffentlich-rechtlich als auch privatrechtlich organisiert sein und zwar jeweils in verschiedenen Erscheinungsformen.

1. Öffentlich-rechtlich organisierte öffentliche Unternehmen

Von öffentlich-rechtlich organisierten Unternehmen lässt sich übergreifend bei öffentlich-rechtlichen Körperschaften, Stiftungen und Anstalten, aber auch bei den Eigen- und Regiebetrieben sprechen.[441] Daneben werden auch Sondervermögen als Erscheinungsformen öffentlich-rechtlicher Unternehmen qualifiziert.[442]

a. Die öffentlich-rechtliche Körperschaft

Die Körperschaft des öffentlichen Rechts ist ein mitgliedschaftlich verfasster und vom Mitgliederwechsel unabhängig bestehender, mit Hoheitsgewalt ausgestatteter Verwaltungsträger, der durch Hoheitsakt errichtet wird und öffentliche Aufgaben mit in der Regel hoheitlichen Mitteln unter staatlicher Aufsicht wahrnimmt.[443] Regelmäßig sind die Mitglieder dabei zur Teilhabe an der Bestimmung der Leitungsorgane und der Tätigkeitsziele der Körperschaft berechtigt oder sogar verpflichtet, haben ihr gegenüber Leistungs- und Informationsrechte und sind zur Beteiligung an ihrer Finanzierung verpflichtet.[444] Der Staat übt mit der Aufsicht über öffentlich-rechtliche Körperschaften sowohl eine Kontroll- als auch eine Leitungsfunktion aus.[445]

Die innere Organisation von Körperschaften ist unterschiedlich. Es lassen sich jedoch wesentliche Grundzüge bestimmen. So sind Entscheidungen von besonderem Gewicht oder mit Grundrechtsrelevanz regelmäßig von den Mitgliedern insgesamt (Mitgliederversammlung) oder dem von ihnen gewählten Repräsentationsorgan (Vertreterversammlung) zu treffen, während die laufende Verwaltung dagegen von einem Vorstand, einem Geschäftsführer oder einem sonstigen

---

441 Vgl. *Storr*, Staat als Unternehmenr, S. 51.

442 *Eisenmenger*, Neuregelung, § 2 IV 1 a, S. 25.

443 *Maurer*, Allg. VerwR, § 23 Rn. 37; *Schliesky*, Öff. WettbewerbsR, B I 6, S. 34.

444 *Kluth*, in: Wolff/Bachof/Stober, VerwR, Bd. 3, § 87 Rn. 7, 57 ff.

445 *Kluth*, in: Wolff/Bachof/Stober, VerwR, Bd. 3, § 87 Rn. 81.

durch die Mitglieder oder ihre Vertretung gewählten Organ übernommen wird.[446] Diese Grundstruktur kann ausdifferenziert werden, indem beispielsweise die Mitgliederversammlung Unterorgane in Form von beschließenden und beratenden Ausschüssen bildet, oder zur Unterstützung und Beratung des Vorstands ein Beirat gebildet wird.[447]

Die gewissermaßen demokratische Funktionsweise der Körperschaft erklärt sich aus der Entstehungsgeschichte der Körperschaft im Spannungsverhältnis zwischen Bürgertum und Staat im 19. Jahrhundert, in dem sich der neue sog. Dritte Stand eine Teilhabe an der öffentlichen Verwaltung in einem durch Selbstverwaltung gekennzeichneten Zusammenschluss sichern wollte, um in dieser Enklave des monarchistischen Staates seine Vorstellungen vom Rechtsstaat umzusetzen.[448] Als Ergebnis der politischen Auseinandersetzungen übertrug der Staat den Körperschaften Verwaltungsaufgaben, welche diese als Träger eigener Rechte und Pflichten rechtlich selbständig und eigenverantwortlich ausführte. Die öffentlich-rechtliche Körperschaft ist damit von vornherein als juristische Person gedacht worden. Die Verbindung zum Staat wurde durch das Institut der sogenannten Staatsaufsicht hergestellt.[449]

Aufgrund dieser historischen Bezüge ist die Rechtsfähigkeit grundsätzlich ein Merkmal der Körperschaft schlechthin. Allerdings werden heutzutage auch teilrechtsfähige und sogar nicht-rechtsfähige Körperschaften ausgemacht, welche dementsprechend keine bzw. nur teilweise Verwaltungsträger sind.[450] Nichtrechtsfähige Körperschaften sind dabei regelmäßig Kollegialorgane oder Untergliederungen von Verwaltungsträgern, wobei Bundestag, Landesparlamente und kommunale Vertretungskörperschaften Beispiele für das Erstere sind, und gemeindliche Bezirke und Ortschaften Beispiele für Letzteres sind.[451] Als teilrechtsfähige Körperschaften seien hier Fakultäten von Universitäten genannt. Für die vorliegende Untersuchung sind jedoch allein die (voll-)rechtsfähigen Körperschaften potenziell interessant und nur solche soll daher der hier verwendete Begriff der Körperschaft erfassen.

Die öffentlich-rechtliche Körperschaft wird durch Gesetz oder aufgrund eines Gesetzes errichtet. Der Gesetzgeber hat dabei die wesentlichen Grundzüge der Körperschaft (den Kreis der Mitglieder, die innere Organisation, die zu verfol-

---

446 *Maurer*, Allg. VerwR, § 23 Rn. 41.
447 *Kluth*, in: Wolff/Bachof/Stober, VerwR, Bd. 3, § 87 Rn. 71a, 77.
448 Vgl. die Ausführungen von *Jecht*, in: Die öffentliche Anstalt, S. 22 f.
449 *Ibid.*
450 Vgl. *Kluth*, in: Wolff/Bachof/Stober, VerwR, Bd. 3, § 87 Rn. 17 ff., *Maurer*, Allg. VerwR, § 23 Rn. 39.
451 *Kluth*, in: Wolff/Bachof/Stober, VerwR, Bd 3, § 87 Rn. 23.

genden Aufgaben und ihre Finanzierung) zu bestimmen, während die Ausgestaltung der inneren Organisation im Detail den Körperschaften selbst überlassen bleiben kann.[452] Die Tätigkeit der Körperschaft muss sich im Rahmen der ihr zugewiesenen Aufgaben halten. Lediglich die Gemeinden dürfen aufgrund ihrer sog. Allzuständigkeit auch ihnen nicht ausdrücklich zugewiesene Aufgaben durchführen.[453]

Der Organisationstyp der öffentlich-rechtlichen Körperschaft ist für öffentliche Unternehmen ungewöhnlich.[454] Nicht alle Abhandlungen zu öffentlichen Unternehmen führen ihn daher als Organisationsform für wirtschaftliche Betätigung der öffentlichen Hand auf. Nichtsdestotrotz können öffentlich-rechtliche Körperschaften unternehmerisch tätig werden.[455] Aktuelle Beispiele[456] dafür sind auf Bundesebene die Krankenkassen, auf Landesebene die Industrie- und Handelskammern[457].

b. Die Stiftung öffentlichen Rechts

Stiftungen sind rechtsfähige Organisationen zur Verwaltung eines von einem Stifter zweckgebunden übergebenen Bestands an Vermögenswerten.[458] Öffentlich-rechtliche Stiftungen sind selbst Verwaltungsträger, werden durch Gesetz oder aufgrund eines Gesetzes von einem anderen Verwaltungsträger errichtet, und erfüllen mit dem ihnen im Errichtungsakt übertragenen Kapital- oder Sachbestand zweckgebunden Aufgaben der öffentlichen Verwaltung.[459] Dabei ist die Stiftung im Gegensatz zur Körperschaft nicht verbandsmäßig organisiert. Die von der Stiftung begünstigten Personen (Destinatäre) haben als Nutznießer des Stiftungsvermögens regelmäßig keine Mitbestimmungsrechte.[460]

---

452 *Maurer*, Allg. VerwR, § 23 Rn. 38.
453 *Maurer*, Allg. VerwR, § 23 Rn. 42.
454 *Schmidt*, Öff. Wirtschaftsrecht AT, § 11 I 2 b aa), S. 513.
455 S. schon 1932 *Huber*, Wirtschaftsverwaltungsrecht,S. 13 ff., zur Wirtschaftstätigkeit der Verbände der Kohlen- und Kaliwirtschaft als öffentliche-rechtliche Körperschaften: ganz selbstverständlich 1984 *Münch/Püttner*, Gutachten zur Aufgabenverlagerung auf öff. Unternehmen, II 1, S. 25; schließlich auch *Schliesky*, Öff. WettbewerbsR, B I 6, S. 33 f., der bei Zugrundelegung eines funktionalen Unternehmensbegriffs bei entsprechender Ausichtung öffentlich-rechtliche Körperschaften ohne Zweifel als öffentliche Unternehmen ansieht.
456 Nach *Schliesky*, Öff. WettbewerbsR, B I 6, S. 34.
457 Zur Unternehmereigenschaft der Industrie- und Handelskammern, vgl. BFH, Urteil v. 20.08.2009, Az.: V R 70/05.
458 *Maurer*, Allg. VerwR, § 23 Rn. 55.
459 *Schliesky*, Öff. WettbewerbsR, B I 7, S. 35.
460 *Fiedler*, Staatliches Engagement im Stiftungswesen, S. 44

Für eine Stiftung, die von laufenden Zuwendungen getragen wird, kann folgendes Grundmuster der internen Organisation ausgemacht werden:[461] Die Stiftung besitzt in der Regel zwei Organe. Hauptorgan der Stiftung ist der Stiftungsrat. Dieser repräsentiert den Stiftungszweck, weshalb ihm auch die grundsätzlichen Entscheidungen vorbehalten bleiben müssen. Der Stiftungsrat ist pluralistisch zu besetzen. Die Führung der laufenden Geschäfte und die Vertretung der Stiftung werden dagegen von einem Stiftungsvorstand wahrgenommen, welcher vom Stiftungsrat überwacht wird. Dabei muss dem Stiftungsrat ein Weisungsrecht zustehen. Daneben kann dem Stiftungsvorstand auch ein Beirat als drittes Stiftungsorgan zugeordnet sein.

Die Stiftung ist eine für öffentliche Unternehmen seltene Rechtsform,[462] ist als solche aber zulässig und hat in den letzten Jahren zunehmende Verwendung gefunden.[463] Ein Beispiel ist die Stiftung „Brandenburgisches Haupt- und Landgestüt Neustadt (Dosse)", welche 2001 durch das brandenburgische Gestütsstiftungsgesetz[464] (GestStG) errichtet wurde. In § 4 Abs. 3 S. 2 der damaligen Fassung des GestStG hieß es, die Stiftung werde selbstlos tätig und verfolge nicht in erster Linie eigenwirtschaftliche Zwecke. Dies schloss eine wirtschaftliche Tätigkeit der Stiftung am Markt im Bereich der Pferdezucht aber nicht aus.[465] Ebenso müssen die Konzertveranstaltungen der Berliner Philharmoniker, die seit dem Jahr 2002 als Stiftung öffentlichen Rechts organisiert sind, und auch die Aufnahme von Tonträgern zur Vermarktung als wirtschaftliches Tätigwerden angesehen werden, selbst wenn auch hier eigenwirtschaftliche Zwecke nach § 2 Abs. 2 des Errichtungsgesetzes[466] nicht vordergründig sind. Eigenwirtschaftliche Zwecke sind demnach auch bei öffentlich-rechtlichen Stiftungen zulässig,sie dürfen nur eben nicht vorrangig verfolgt werden.

Als Nachteil der Organisationsform Stiftung öffentlichen Rechts für Unternehmen wird allerdings die mangelnde Flexibilität des Stiftungszwecks angesehen, welcher allein durch einen dem Errichtungsakt gleichrangigen Rechtssatz geändert werden kann. Eine Reaktion auf veränderte Marktanforderungen sei so nur in sehr engem Rahmen zulässig, weshalb wirtschaftlich flexibles Verhalten nahezu ausgeschlossen ist.[467] So musste auch der im GestStG festgeschriebene

461 Nach *Alscher*, Stiftung öffentlichen Rechts, § 8 II 4, S. 161 ff., sowie nach *Schick*, in: Fabry/Augsten, Hdb Unternehmen d. öff. Hand, Teil 10 Rn. 95.

462 *Püttner*, Die öff. Unternehmen, S. 61 Fn. 62; *Schmidt*, Öff. Wirtschaftsrecht AT, § 11 I b aa), S. 513.

463 *Eisenmenger*, Neuregelung, § 2 IV 1 a, S. 25.

464 Gesetz vom 30.07.2001, GVBl. Brandenburg 2001, I, S. 106.

465 S. *Eisenmenger*, Neuregelung, § 2 IV 1 a, S. 25.

466 Gesetz über die „Stiftung Berliner Philharmoniker" vom 12.07.2001, GVBl. Berlin 2001, S. 252.

467 *Schliesky*, Öff. WettbewerbsR, B I 7, S. 36.

Stiftungszweck der brandenburgischen Gestütsstiftung durch ein Änderungsgesetz[468] erweitert werden, um eine Ausweitung der Gestütsaktivitäten um touristische Angebote zuzulassen.[469]

Die Stiftung öffentlichen Rechts kann somit durchaus ein öffentliches Unternehmen sein. Dabei kann sie als Rechtsform gezielt gewählt werden, um beispielsweise gesellschaftsrechtliche Publizitätspflichten zu umgehen. Denn die unternehmerisch tätige Stiftung ist in Geschäftsführung und Finanzierung praktisch nicht kontrollierbar und unterliegt keiner Publizität.[470] Die fehlende Kontrolle kann sich jedoch auch für den Träger der Stiftung als problematisch erweisen. Für die wirtschaftliche Betätigung der öffentlichen Hand ist die Rechtsform der Stiftung nur marginal interessant, da der streng verbindliche Stiftungszweck eine Gewinnabführung an den Stifter oder andere Verwaltungsträger nicht zulässt.[471] Andererseits erlaubt gerade diese Tatsache die Thesaurierung von Gewinnen.[472] Jedenfalls für Gemeinden ist die Unternehmensform der Stiftung aber ungeeignet, da das Kommunalrecht regelmäßig die Einbringung von Gemeindevermögen in das Stiftungsvermögen nur dann zulässt, wenn der Stiftungszweck nicht anders erreicht werden kann.[473]

c. Anstalten des öffentlichen Rechts

Eine typische öffentlich-rechtliche Organisationsform für ein öffentliches Unternehmen stellt die Anstalt des öffentlichen Rechts dar.[474] Sie wird traditionell zwischen der Körperschaft und der Stiftung angesiedelt,[475] und gehört, sofern sie rechtsfähig ist, mit diesen zu den Erscheinungsformen der mittelbaren Staatsverwaltung. Mittelbare Staatsverwaltung liegt vor, wenn der Staat seine Verwaltungsaufgaben nicht selbst, durch eigene Behörden, erfüllt, sondern rechtlich selbständigen Organisationen zur Erledigung überträgt oder überlässt.[476]

---

468 Erstes Gesetz zur Änderung des Gestütsstiftungsgesetzes vom 23.04.2008, GVBl. Brandenburg 2008, I, S. 92.

469 Vgl. Pressemitteilung des brandenburgischen *Ministeriums für Ländliche Entwicklung, Umwelt und Verbraucherschutz vom 05.02.2008 zur Gesetzesnovelle, online abrufbar unter http://www.mluv.brandenburg.de/cms/detail.php/lbm1.c.199886.de*

470 *Janson*, Rechtsformen öff. Unternehmen, S. 150.

471 *Schliesky*, Öff. WettbewerbsR, B I 7, S. 36.

472 *Janson*, Rechtsformen öff. Unternehmen, S. 150.

473 *Fabry*, in: Fabry/Augsten, Hdb Unternehmen d. öff. Hand, Teil 1 Rn. 16.

474 *Schliesky*, Öff. WettbewerbsR, B I 5, S. 31.

475 *Müller*, in: Wolff/Bachof/Stober, VerwR, Bd. 3, § 88 Rn. 4.

476 *Maurer*, Allg. VerwR, § 23 Rn. 1.

Anders als die Körperschaft ist die Anstalt des öffentlichen Rechts nicht mitgliedschaftlich organisiert. Die Abgrenzung zur Stiftung öffentlichen Rechts stellt sich schwieriger dar. Mitunter wird in der Stiftung sogar ein Unterfall der Anstalt gesehen.[477] Ganz überwiegend wird jedoch die Stiftung als selbständige Organisationsform angenommen, die sich von der Anstalt darin unterscheidet, dass sich eine Stiftung durch Unabhängigkeit von Mitgliedern und Stiftern auszeichnet, während Zweckbindung, Organisation, Fortbestand und Verwaltung der Anstalt stets der Beherrschung des Anstaltsträgers ausgesetzt bleiben.[478]

(1) Der klassische Anstaltsbegriff

Nach der klassischen, noch heute oft verwendeten Definition *Otto Mayers* ist die öffentlich-rechtliche Anstalt ein Bestand von Mitteln, sachlichen wie persönlichen, welche in der Hand eines Trägers öffentlicher Verwaltung einem öffentlichen Zwecke dauernd zu dienen bestimmt sind.[479] In welcher Weise dieser Bestand sachlicher und persönlicher Mittel organisiert ist, wird dabei jedoch nicht festgelegt. Die Organisationsformen des öffentlichen Rechts sind auch zu komplex und variabel als dass sie unter einem Oberbegriff zusammengefasst werden könnten, der ein bestimmtes organisatorisches Grundmuster voraussetzt.[480] Angesichts der Ausgestaltungsfreiheit des Anstaltsträgers lassen sich keine allgemeingültigen Grundsätze zu den inneren Kompetenz- und Funktionszuweisungen innerhalb der öffentlichen Anstalt aufstellen.[481]

Indem der klassische Anstaltsbegriff auf eine Bestimmung der Organisationsweise verzichtet, erfasst er eine Vielzahl von Organisationsformen. Damit erlaubt er eine rechtlich einheitliche Behandlung dieser Verwaltungstätigkeit und führt so, ganz im Sinne des Rechtsstaatsprinzips, zur Klarheit und Übersichtlichkeit des Rechts der Verwaltungstätigkeit, da er dessen Aufsplitterung in verschiedenste Einzelerscheinungen vermeidet.[482] Deutlich wird jedoch, dass der Begriff der öffentlichen Anstalt damit weniger eine organisatorische Kategorie als ein Element der Verwaltungsorganisation darstellt. Als solches bezeichnet es eine Einrichtung, die der unmittelbaren Staatsverwaltung als verselbständigte

477 Vgl. die Ausführungen von *Jecht*, Die Öff. Anstalt, S. 30 f. mwN. (insb. Fn. 34), der die allgemein anerkannte Unterscheidung vornehmlich historisch bedingt sieht.

478 Vgl. die Ausführungen von *Fiedler*, Staatliches Engagement im Stiftungswesen, S. 45 f. mwN.

479 *Otto Mayer*, Dt. VerwR, Bd. II, S. 268; *Maurer*, Allg. VerwR, § 23 Rn. 46; *Jestaedt*, in: H-R/S-A/V, Grundlagen des VerwR, Bd. I, § 14 Rn. 27.

480 Vgl. *Janson*, Rechtsformen öff. Unternehmen, S. 165.

481 *Schliesky*, Öff. WettbewerbsR, B I 5, S. 33.

482 So schon 1963 *Jecht*, Die Öff. Anstalt, S. 81 f.

Verwaltungseinheit gegenüber steht.[483] Dabei kommt es auch hier nicht auf die rechtliche Selbständigkeit an, solange nur ein bestimmtes Maß an organisationsrechtlicher Verselbständigung gegeben ist.[484]

Gerade das bestimmte Maß an organisationsrechtlicher Verselbständigung wird jedoch durch die klassische Definition des Anstaltsbegriffes nach einigen Stimmen in der rechtswissenschaftlichen Literatur nicht genügend herausgearbeitet, wobei es nichtsdestotrotz von den Begründern und Verwendern dieses Anstaltsbegriffs vorausgesetzt wird.[485] Daher sei eine öffentliche Anstalt, nach einer etwas genaueren Definition, die von einer Hoheitsperson gemeinschaftlich getragene, in der Regel mit Hoheitsgewalt ausgestattete, rechtlich subjektivierte und institutionalisierte, d.h. mit eigenen Personal- und Sachmitteln versehene, Organisation, durch die der Träger eigene oder ihm gesetzlich auferlegte fremde, sachlich zusammenhängende öffentliche Angelegenheiten wahrnimmt, und auf die er daher – soweit dies nicht gesetzlich ausgeschlossen ist – dauernden maßgebenden Einfluss ausübt.[486]

Die organisationsrechtliche Verselbständigung der Anstalt kann allerdings verschieden weit gehen. Anstalten können rechtsfähig sein, sind es aber häufig nicht.[487] In diesen Fällen sind sie zwar organisatorisch selbständig, rechtlich aber nur als zweckgebundenes Sondervermögen Teil eines anderen Verwaltungsträgers.[488] Beispiele für nichtrechtsfähige Anstalten sind dabei die Bundesanstalt für Flugsicherung, Justizvollzugsanstalten oder kommunale Badeanstalten. Die rechtsfähige Anstalt ist hingegen auch rechtlich selbständig und selbst Verwaltungsträger.[489] Rechtsfähige Anstalten sind beispielsweise die Deutsche Bundesbank, einige Landesbanken und die öffentlich-rechtlichen Rundfunkanstalten. Zwischen rechtsfähigen und nichtrechtsfähigen Anstalten gibt es noch teilrechtsfähige Anstalten, die nur in bestimmter Beziehung Rechtsfähigkeit besitzen und daher nur insoweit selbständiger Verwaltungsträger, im Übrigen aber Teil eines anderen Verwaltungsträgers sind.[490]

---

483 *Wolf*, Anstalt als Wettbewerbsunternehmen, § 4 II 1, S. 89.

484 *Müller*, in: Wolff/Bachof/Stober, VerwR, Bd. 3, § 88 Rn. 2 mwN.

485 *Müller*, in: Wolff/Bachof/Stober, VerwR, Bd. 3, § 88 Rn. 7.

486 *Müller*, in: Wolff/Bachof/Stober, VerwR, Bd. 3, § 88 Rn. 6; übernommen von *Wolf*, Anstalt als Wettbewerbsunternehmen, § 4 II 2, S. 90.

487 *Schmalz*, Allg. VerwR, Rn. 684 f.; *Hofmann*, in: Hofmann/Gerke, Allg. VerwR, Rn. 43.

488 *Maurer*, Allg. VerwR, § 23 Rn. 48; *Jaworsky*, in: Giemulla/J/M-U, VerwR, Rn. 108.

489 *Hofmann*, in: Hofmann/Gerke, Allg. VerwR, Rn. 43; *Jaworsky*, in: Giemulla/J/M-U, VerwR, Rn. 108.

490 *Maurer*, Allg. VerwR, § 23 Rn. 48.

Diese Vielzahl unterschiedlichster als Anstalt bezeichneter Einrichtungen legt nahe, dass im Begriff der Anstalt ein verwaltungsrechtlicher Sammelbegriff für Erscheinungsformen öffentlich-rechtlich organisierter Organisationseinheiten zwischen den klarer konturierten Körperschaften und Stiftungen gefunden wurde.[491] Ferner drängt sich der Eindruck auf, der Anstaltsbegriff des Verwaltungsrechts sei das Gegenstück zum Unternehmensbegriff des Wirtschaftsrechts: Wie der Unternehmensbegriff das Wirtschaften einer faktisch verselbständigten Organisationseinheit rechtlich erfassen soll, soll der Anstaltsbegriff die Verwaltungstätigkeit durch faktisch verselbständigte Verwaltungseinheiten erfassen. Dabei ist die Organisation der jeweils beschriebenen Einheit unerheblich und in ihren tatsächlichen Erscheinungsformen auch zu vielfältig, um von einem allgemeinen Begriff erfasst werden zu können.

Zwar wird häufig auch gerade in Abgrenzung zu den öffentlich-rechtlichen Körperschaften und ihren Mitgliedern davon gesprochen, eine Anstalt sei dadurch gekennzeichnet, dass sie (Be-)Nutzer habe. Eine unmittelbare Nutzbarkeit durch die Allgemeinheit kann jedoch nicht als typisches Merkmal der Anstalt ausgemacht werden, da in der Realität für den größten Teil der als Anstalt erfassten öffentlich-rechtlichen Organisationen keine oder allenfalls eine partielle Nutzbarkeit anzunehmen ist.[492] Festzuhalten bleibt damit ein Verständnis der Anstalt als verselbständigte Verwaltungseinheit, die nicht mitgliedschaftlich organisiert ist.

(2) Die „Renaissance“ der Anstalt

Obwohl dem Anstaltsbegriff seit jeher eine Vielzahl von Erscheinungsformen zugeordnet werden konnte, ist diese Tatsache in den letzten Jahren verstärkt in den Blickpunkt des rechtswissenschaftlichen Interesses, aber auch in das Bewusstsein der Träger öffentlicher Verwaltung gerückt. Sah man zuvor in Anstalten herkömmlich eher Dienststellen von Verwaltungsbehörden als Unternehmensgebilde,[493] wurde auf kommunaler Ebene gerade in den letzten zehn bis fünfzehn Jahren ein neuer Unternehmenstypus geschaffen, der als Anstalt des öffentlichen Rechts konzipiert ist, und die an privatrechtlichen Organisationsformen gerühmte Selbständigkeit und Flexibilität mit öffentlich-rechtlichen

491 Dies bestätigen auch die Ausführungen von *Papier*, in: Erichsen/Ehlers, Allg. VerwR, § 38 Rn. 27, der dem Anstaltsbegriff nur dann einen Wert für Wissenschaft und Praxis zubilligt, „wenn er eine von der Körperschaft und Stiftung *abhebende* Organisationsform bezeichnet.“

492 *Berg*, NJW 1985, 2294, 2296.

493 *Janson*, Rechtsformen öff. Unternehmen, S. 165; ähnlich auch *Berg*, NJW 1985, 2294, 2297.

Vorzügen, wie etwa besserer Steuerungs- und Kontrollmöglichkeit, kombiniert.[494]

Diese Wiederentdeckung der Organisationsform der öffentlich-rechtlichen Anstalt begann mit der Umwandlung der Eigenbetriebe des Landes Berlin in rechtsfähige Anstalten des öffentlichen Rechts durch das Eigenbetriebsreformgesetz[495]. Nachdem das Land Hamburg wenig später Schritte in dieselbe Richtung unternahm und schließlich das Land Bayern mit der Neufassung der Gemeindeordnung den Kommunen allgemein die Errichtung wirtschaftlicher und nichtwirtschaftlicher Unternehmen in Anstaltsform ermöglichte, wurde die Anstaltsform inzwischen auch in Rheinland-Pfalz, Nordrhein-Westfalen, Sachsen-Anhalt, Schleswig-Holstein, Niedersachsen und Brandenburg als zusätzliche kommunale Unternehmensform eingeführt.[496]

Bemerkenswert daran ist, dass die Rechtsform des Eigenbetriebs, welche den Kommunen für ihre wirtschaftliche Betätigung bereits seit 1938 zur Verfügung steht, ebenfalls als ein dem klassischen Anstaltsbegriff unterfallender Organisationstyp angesehen wird – als nichtrechtsfähige Anstalt des öffentlichen Rechts, für die es landesrechtlich Eigenbetriebsgesetze oder –verordnungen gibt.[497] Wenn das Land Berlin also 1993 mit dem Eigenbetriebsreformgesetz seine bis dahin als Eigenbetriebe geführten kommunalen Unternehmen in die Rechtsform der öffentlich rechtlichen Anstalt überführt hat, so wurde im Grunde lediglich eine Umwandlung von einer nichtrechtsfähigen Anstalt in eine rechtsfähige Anstalt vollzogen. In diesem Zusammenhang aber von einer „Renaissance“ der Anstalt zu sprechen[498] überrascht zunächst.

Tatsächlich lässt sich aber feststellen, dass in den 1980er Jahren eine tiefgründige Auseinandersetzung mit den Möglichkeiten der Anstalt kaum noch stattfand, was ein mangelndes Interesse an dieser Rechtsform sowohl in der rechtswissen-

---

494 *Schliesky*, Öff. WettbewerbsR, B I 5, S. 33; ähnlich auch *Ehlers*, Die Anstalt des öffentlichen Rechts als neue Unternehmensform der kommunalen Wirtschaft, in: S-A/D, Beiträge zum öff. WirtschaftsR, S. 203, 210; *Müller*, in: Wolff/Bachof/Stober, VerwR, Bd. 3, § 88 Rn. 8.

494 *Schmalz*, Allg. VerwR, Rn. 685.

495 Gesetz vom 9. Juli 1993, GVBl. Berlin 1993, S. 319.

496 *Ehlers*, Die Anstalt des öffentlichen Rechts als neue Unternehmensform der kommunalen Wirtschaft, in: S-A/D, Beiträge zum öff. WirtschaftsR, S. 203, 210 f. mwN; *Pencereci/Brandt*, LKV 2008, 293.

497 *Münch/Püttner*, Gutachten zur Aufgabenverlagerung auf öff. Unternehmen, S. 26; *Schmalz*, Allg. VerwR, Rn. 685.

498 *Schliesky*, Öff. WettbewerbsR, B I 5, S. 33; *Wolf*, Anstalt als Wettbewerbsunternehmen, § 2 II 2, S. 39.

schaftlichen Literatur als auch bei Trägern öffentlicher Verwaltung indizierte.[499] Zu diesem Zeitpunkt wurden gerade im Bereich der wirtschaftlichen Betätigung der öffentlichen Hand öffentlich-rechtliche Organisationsformen immer stärker durch privatrechtliche Organisationsformen verdrängt.[500] Kommunen, die für ihre Unternehmen zunehmend eine andere Rechtsform als den Eigenbetrieb wählten, waren in Ermangelung einer weitergehenden gesetzlichen Ermächtigung in der Errichtung rechtsfähiger öffentlicher Anstalten auf die Einrichtung von Sparkassen beschränkt.[501]

Die aufgezählten landesgesetzlichen Neuregelungen der letzten zwanzig Jahre erlaubten es schließlich den Kommunen, für ihre wirtschaftliche Betätigung rechtsfähige Anstalten zu errichten. Indem die Rechtsform der rechtsfähigen Anstalt im Gegensatz zu den nichtrechtsfähigen Eigenbetrieben einen attraktiven Gegenpol zu privatrechtlichen Organisationsformen für die wirtschaftliche Betätigung der Kommunen schuf, kann somit durchaus von einer Renaissance der Anstalt gesprochen werden. Immerhin lässt sich feststellen, dass Anstalten des öffentlichen Rechts zu Beginn des 21. Jahrhunderts eine größere Bedeutung für die Organisation der Wirtschaftstätigkeit der öffentlichen Hand haben als je zuvor.[502] Dies liegt ganz beträchtlich an der (Wieder-)Entdeckung der rechtsfähigen öffentlich-rechtlichen Anstalt als öffentlichem Unternehmen. Diese für die vorliegende Untersuchung besonders interessante Anstaltsform soll im Folgenden näher betrachtet werden.

(3) Die rechtsfähige Anstalt als öffentliches Unternehmen

Die Errichtung einer rechtsfähigen Anstalt des öffentlichen Rechts erfolgt durch Gesetz oder aufgrund eines Gesetzes. Der Bund und die Länder können so im Rahmen ihrer durch das Grundgesetz umrissenen Kompetenzen die Anzahl ihrer rechtsfähigen Anstalten beliebig per Gesetz vergrößern.[503] Die Gemeinden hingegen sind auf gesetzliche Ermächtigungen angewiesen und haben daher in einigen Bundesländern noch heute nur einen eng begrenzten Spielraum zur Errichtung rechtsfähiger Anstalten öffentlichen Rechts für ihre wirtschaftliche Betätigung.[504]

---

499 Vgl. *Krebs*, NVwZ 1985, 609, 609 f.
500 *Berg*, NJW 1985, 2294, 2297.
501 S. *Berg*, NJW 1985, 2294, 2296..
502 *Wolf*, Anstalt als Wettbewerbsunternehmen, § 2 III, S. 56.
503 *Berg*, NJW 1985, 2294, 2296.
504 So in Thüringen, Sachsen, Hessen, Saarland, Bremen, Mecklenburg-Vorpommern, Baden-Württemberg.

Die Anstalt wird von einem Verwaltungsträger errichtet, dessen Aufgaben sie nach dessen Willen zu einem Teil wahrnehmen soll und dessen Willen damit durch sie und in ihr zur Geltung kommt.[505] Der die Anstalt errichtende Träger öffentlicher Verwaltung wird als Anstaltsträger bezeichnet. Dieser ist verpflichtet, nicht allein bei der Errichtung der Anstalt, sondern für die Dauer ihres Bestehens, die zur Erfüllung der ihr übertragenen Aufgaben erforderlichen Finanzmittel zur Verfügung zu stellen und ihre wirtschaftliche Basis zu sichern.[506] Diese Pflicht wird als Anstaltslast bezeichnet. Indem etwaige finanzielle Lücken durch Zuschüsse oder auf andere geeignete Weise ausgeglichen werden, wird die Anstalt für die Dauer des Bestehens funktionsfähig erhalten und eine Insolvenz praktisch ausgeschlossen.[507] Die Anstaltslast ist weder betragsmäßig noch zeitlich beschränkt. Die Anstalt entrichtet keine Vergütung für diese Haftung. Die Anstaltslast begründet allerdings lediglich eine Verpflichtung des Trägers gegenüber der Anstalt im Innenverhältnis und begründet keine Verbindlichkeiten gegenüber Dritten.[508]

Als Finanzierungspflicht im Innenverhältnis ist die Anstaltslast zu trennen von der sogenannten Gewährträgerhaftung. Diese stellt ein absolut herausragendes Merkmal der Anstalt öffentlichen Rechts dar.[509] Im Gegensatz zur Anstaltslast, welche als allgemeiner Rechtsgrundsatz anerkannt ist und damit stets besteht, besteht die Gewährträgerhaftung jedoch nicht, wenn sie nicht ausdrücklich (im Errichtungsgesetz der Anstalt) gesetzlich festgeschrieben wurde.[510] Die Haftung der Anstalt öffentlichen Rechts für Verbindlichkeiten gegenüber ihren Gläubigern ist auf das Anstaltsvermögen beschränkt.[511] Ist die Gewährträgerhaftung begründet, haftet der Gründer der Anstalt für alle Verbindlichkeiten der Anstalt unbeschränkt, soweit nicht Befriedigung aus deren Vermögen zu erlangen ist.[512] Damit ähnelt seine vermögensrechtliche Stellung derjenigen eines Gesellschafters an einer Personenhandelsgesellschaft. Da der Staat grundsätzlich nicht insolvent werden kann, bedeutet die Gewährträgerhaftung für die Gläubiger der

505 *Müller*, in: Wolff/Bachof/Stober, VerwR, Bd. 3, § 88 Rn. 13.
506 *Bunte*, in: Schimansky/Bunte/Lwowski, Bankrechts-Hdb., II, § 142 Rn. 53; *Kemmler*, Anstaltslast, S. 16.
507 *Bunte*, in: Schimansky/Bunte/Lwowski, Bankrechts-Hdb., II, § 142 Rn. 53; *Wolf*, Anstalt als Wettbewerbsunternehmen, § 3 I 1, S. 63.
508 *Kemmler*, Anstaltslast, S. 16; *Wolf*, Anstalt als Wettbewerbsunternehmen, § 3 I 1, S. 65.
509 *Pencereci/Brandt*, LKV 2008, 293, 294.
510 *Fett*, Anstalten als Konzernunternehmen, S. 33 f.; *Bunte*, in: Schimansky/Bunte/Lwowski, Bankrechts-Hdb., II, § 142 Rn. 54.
511 *Pencereci/Brandt*, LKV 2008, 293, 297.
512 *Pencereci/Brandt*, LKV 2008, 293, 294; *Wolf*, Anstalt als Wettbewerbsunternehmen, § 3 I 2, S. 66.

Anstalt einen absoluten Schutz, da sie bei Zahlungsunfähigkeit der Anstalt einen direkten Zahlungsanspruch gegen den Anstaltsträger haben.[513]

Durch die Institute der Anstaltslast und Gewährträgerhaftung kommt den Anstalten des öffentlichen Rechts ein auf dem Kapitalmarkt ansonsten unüblicher Refinanzierungsvorteil zu.[514] Es überrascht daher nicht, dass die Gewährträgerhaftung für die als rechtsfähige Anstalten öffentlichen Rechts organisierten Sparkassen von der EU-Kommission als Beihilfe eingestuft worden ist. In einem Kompromiss vom 18. Juli 2001 wurde deshalb die Abschaffung der Anstaltslast und der Gewährträgerhaftung für die Landesbanken und Sparkassen bis spätestens 18. Juli 2005 vereinbart.[515] Da Anstaltslast und Gewährträgerhaftung jedoch keine spezifischen Phänomene des Bankensektors sind, kann nicht ausgeschlossen werden, dass zukünftig auch Anstalten in anderen Wirtschaftsbereichen den Privilegien von Anstaltslast und Gewährträgerhaftung entsagen müssen.[516] Anstaltslast und Gewährträgerhaftung sind generell für Anstalten, die sich wirtschaftlich im Wettbewerb mit Privaten betätigen, als europarechtswidrige Beihilfen nach Art. 107 Abs. 1 des AEUV anzusehen.[517]

Unabhängig von diesen Erwägungen stellt die rechtsfähige öffentlich-rechtliche Anstalt für die öffentliche Hand bei ihrer wirtschaftlichen Betätigung gegenüber Unternehmensformen des Privatrechts eine echte Alternative dar. Als „juristische Person des öffentlichen Rechts ohne Eigenschaften – außer der, rechtsfähig zu sein –“[518] lässt sie sich auf die Bedürfnisse der öffentlichen Hand bei ihrer wirtschaftlichen Betätigung bis ins Detail genau abstimmen. Dabei ist die Funktion der öffentlich-rechtlichen Anstalt, eine weitreichende Verselbständigung der Verwaltungseinheit zu erreichen.[519] Die Selbständigkeit der Anstalt besteht in der Einräumung von Selbstverwaltung und in der Möglichkeit einer unmittelbaren Teilnahme am Wirtschaftsleben.[520]

Die rechtsfähige öffentlich-rechtliche Anstalt verbindet diesen Vorteil der rechtlichen Selbständigkeit mit den Vorzügen der Einflussnahme und Privilegien des

---

513 Vgl. *Wolf,* Anstalt als Wettbewerbsunternehmen, § 3 I 2, S. 67; *Bunte*, in: Schimansky/Bunte/Lwowski, Bankrechts-Hdb., II, § 142 Rn. 54.

514 *Wolf,* Anstalt als Wettbewerbsunternehmen, § 3 I 3, S. 67.

515 *Kämmerer*, NVwZ 2002, 1041, 1043; zu Einzelheiten des Kompromisses ausführlich *Quardt*, EuZW 2002, 424;

516 *Montag/Leibenath*, in: Heidenhain, Hdb d. Eur. Beihilfenrechts, § 7 Rn. 82 ff.

517 *Wolf,* Anstalt als Wettbewerbsunternehmen, § 10 I, S. 366.

518 Zitat nach *Lange*, VVDStRL 44 (1986), 169, 203.

519 Vgl. *Lange*, VVDStRL 44 (1986), 169, 189.

520 *Schmidt*, Öff. Wirtschaftsrecht AT, § 11 I 2, S. 512.

öffentlichen Rechts[521] Die Anstalt unterliegt, wie bereits dargestellt, im Hinblick auf ihre innere Organisation keiner Festlegung. Daher kann sie nach den Bedürfnissen des Unternehmens und des Verwaltungsträgers hinsichtlich seiner Einflussmöglichkeiten ausgestaltet werden. Es ist somit möglich, die Anstalt ähnlich einer Aktiengesellschaft auszugestalten. In Anlehnung an das Aktienrecht kann der Vorstand dann das Unternehmen grundsätzlich eigenverantwortlich leiten, unterliegt aber der Kontrolle eines Verwaltungsrates, wobei die Kompetenzen zu dessen Gunsten verschoben werden können.[522] Die Anstalt kann aber auch ähnlich einer GmbH aufgebaut werden,[523] wobei auch hier ein Verwaltungsrat die Geschäftsführung überwachen und die Verfolgung eines öffentlichen Zwecks sichern kann. Die Gestaltungsmöglichkeiten sind groß. Die anstaltsrechtlichen Besonderheiten können mit passenden Organisationsmaßstäben aus dem Recht der privaten Unternehmen kombiniert werden, während die jeweils im Wettbewerb nachteilig erscheinenden Regelungen gezielt außen vor gelassen werden können.[524]

Nur für eine Beteiligung Privater an einer Anstalt des öffentlichen Rechts ist grundsätzlich kein Raum. Eine Beteiligung an öffentlich-rechtlichen Rechtsformen ist Personen des Privatrechts verwehrt, sofern das Gesetz keine Ausnahmen zulässt.[525] Es kommt allein die Möglichkeit einer stillen Beteiligung in Betracht, bei der der private Unternehmer hinsichtlich seiner Kapitalbeteiligung zwar nicht rechtlich, aber immerhin faktisch vermögensmäßig wie ein Gesellschafter dasteht. Allerdings hat er keine Mitspracherechte bei der Unternehmensführung, sondern ist lediglich vermögensmäßig am Gewinn und, allerdings nicht zwingend, am Verlust des Unternehmens beteiligt. Sollen dem privaten Kapitalgeber Mitspracherechte bei der Führung der Anstalt eingeräumt werden, kommt für die rechtstechnische Umsetzung nur die Gründung einer Holding (in der Regel in der Rechtsform der Aktiengesellschaft) und dem Abschluss eines Beherrschungsvertrages zwischen der Holding und der öffentlich-rechtlichen Anstalt in Betracht.[526] Auf dieses sogenannte Berliner Modell wird weiter unten noch näher eingegangen werden.[527]

---

521 *Schmidt*, ZGR 1996, 345, 361; *Wolf*, Anstalt als Wettbewerbsunternehmen, § 2 III, S. 60; vgl. auch schon *Lange*, VVDStRL 44 (1986), 169, 203 f.

522 *Schmidt*, ZGR 1996, 345, 362.

523 Dies ist mittlerweile sogar „weit geübte Praxis“, vgl. schon *Erbguth/Stollmann*, DÖV 1993, 798, 806.

524 *Wolf*, Anstalt als Wettbewerbsunternehmen, § 2 III, S. 58.

525 *Pencereci/Brandt*, LKV 2008, 293, 295.

526 *Müller*, in: Wolff/Bachof/Stober, VerwR, Bd. 3, § 88 Rn. 16.

527 S. Dritter Teil, C. II. 3.

Die rechtsfähige Anstalt ist damit eine flexible und attraktive Rechtsform für öffentliche Unternehmen.

d. Eigenbetriebe und Regiebetriebe

Eigenbetriebe und Regiebetriebe sind Organisationsformen des öffentlichen Rechts ohne eigene Rechtsfähigkeit.[528] Bevor die Anstalt als neue Form des öffentlichen Unternehmens auf kommunaler Ebene zumindest in einigen Bundesländern eingeführt wurde, waren Regiebetriebe und Eigenbetriebe die einzigen den Kommunen für ihre wirtschaftliche Tätigkeit zur Verfügung stehenden öffentlich-rechtlichen Organisationsformen. Daneben gab und gibt es natürlich die privatrechtlichen Organisationsformen.

(1) Der Regiebetrieb

Der Regiebetrieb ist der historische Ausgangstypus der kommunalen Wahrnehmung wirtschaftlicher Betätigung.[529] Es handelt sich dabei nicht um ein Unternehmen in eigener Rechtsform, sondern um ein in die Kommunalverwaltung eingegliedertes und daher durch diese mitverwaltetes Unternehmen der Gemeinde, welches rechtlich, organisatorisch, personell, haushalts- und rechnungstechnisch unselbständig ist.[530] Seine Organisationsform beruht auf der Organisationsgewalt der Kommunen.[531] Ein Regiebetrieb entsteht aufgrund verwaltungsinterner Anordnung.[532] Sein Haushalt ist Teil des Gemeindehaushalts. Des weiteren verfügt der Regiebetrieb über keine eigenen Organe und ist personalwirtschaftlich in den Stellenplan der Gemeinde eingebunden.[533] Somit eignet er sich auch mangels Unabhängigkeit von den Weisungs- und Kontrollmechanismen der Gemeinde nicht für die Gewährung unternehmerischer Autonomie.[534] Aufgrund seiner Unselbständigkeit ist der Regiebetrieb dagegen durch die Gemeinde umfassend politisch steuerbar.[535]

---

528 *Eisenmenger*, Neuregelung, § 2 IV 1, S. 24.
529 *Hellermann*, in: Hoppe/Uechtritz: Hdb Kommunale Unternehmen, § 7 Rn. 22.
530 *Gern*, Deutsches Kommunalrecht, Rn. 747.
531 *Fabry*, in: Fabry/Augsten: Hdb Unternehmen d. öff. Hand, Teil I Rn. 10.
532 *Böttcher*, Kommunalrecht SH, Rn. 711.
533 *Hellermann*, in: Hoppe/Uechtritz, Hdb Kommunale Unternehmen, § 7 Rn. 23.
534 *Burgi*, Kommunalrecht, § 17 Rn. 76.
535 *Geis*, Kommunalrecht, § 12 Rn. 68.

Da es sich beim Rcgiebetrieb letztlich lediglich um eine Abteilung der allgemeinen Gemeindeverwaltung handelt, wird er mitunter nicht einmal als Unternehmen angesehen.[536] Für eine wirtschaftliche Wirkungseinheit sprechen beim Regiebetrieb aber seine wirtschaftlichen Aufgaben sowie seine zumindest innerbehördliche Abtrennung von der übrigen Verwaltung.[537]

Ob der Regiebetrieb tatsächlich zu den öffentlichen Unternehmen gezählt werden kann, kann hier jedoch dahinstehen. In der Praxis spielt er ohnehin kaum noch eine Rolle und tritt bei kleinen Betriebsgrößen oder bei Betrieben auf, die in keinem Wettbewerb mit Privaten stehen, vor allem in Form von Hilfsbetrieben, die der Gemeindeverwaltung und anderen kommunalen Unternehmen dienen sollen, wie beispielsweise gemeindeeigene Fuhrparks, Reparaturbetriebe oder Gärtnereien für den Stadtpark.[538]

(2) Der Eigenbetrieb

Als Gegenstück zum Regiebetrieb als typische Organisationsform der nichtwirtschaftlichen Einrichtungen der Kommunen ist der Eigenbetrieb als der herkömmliche Organisationstyp für die wirtschaftlichen Unternehmen der Kommunen anzusehen.[539] Der Eigenbetrieb ist im Unterschied zum Regiebetrieb in organisatorischer und finanzwirtschaftlicher Hinsicht von der Trägergemeinde getrennt.[540] Rechtlich verselbständigt ist jedoch auch er nicht. Seine Handlungen werden mangels eigener Rechtspersönlichkeit ausschließlich der Trägergemeinde zugerechnet.[541] Die Kommune haftet daher auch mit ihrem Vermögen für das Handeln des Eigenbetriebs.[542] Umgekehrt haftet der Eigenbetrieb als rechtlich unselbständiger Teil der Gemeindeverwaltung auch für die Gesamtheit der gemeindlichen Schulden.[543]

Eigenbetriebe müssen aber trotz dieser noch recht engen Verbindung zur Gemeinde als Sondervermögen geführt werden und unterscheiden sich von der üb-

---

536 *Schmidt*, Öff. Wirtschaftsrecht AT, § 11 I 2 b aa), S. 510 f.; *Gottschalk*, in: Eichhorn/Engelhardt, Standortbestimmung, S. 217.

537 *Schliesky*, Öff. WettberwerbsR, B I 2, S. 28.

538 *Böttcher*, Kommunalrecht SH, Rn. 711, *Burgi*, Kommunalrecht, § 17 Rn. 76, *Geis*, Kommunalrecht, § 12 Rn. 68.

539 *Hellermann*, in: Hoppe/Uechtritz, Hdb Kommunale Unternehmen, § 7 Rn. 31.

540 *Storr*, Staat als Unternehmer, S. 52.

541 *Gern*, Deutsches Kommunalrecht, Rn. 741.

542 *Hellermann*, in: Hoope/Uechtritz, Hdb Kommunale Unternehmen, § 7 Rn. 48.

543 *Schraffer*, Eigenbetrieb, S. 30.

rigen Verwaltung durch ihre kaufmännische Führung.[544] Damit bietet die Organisationsform des Eigenbetriebs den Kommunen die Möglichkeit der Führung eines wettbewerbsfähigen kommunalen Unternehmens nach kaufmännischen Gesichtspunkten bei gleichzeitiger Gewährleistung einer gemeindlichen Kontrolle im Rahmen einer einheitlichen Kommunalverwaltung.[545] Die genaue Ausgestaltung des Spannungsfeldes zwischen politischer Steuerung und wirtschaftlicher Effizienz ist dabei von Betrieb zu Betrieb unterschiedlich.[546]

Für die Errichtung von Eigenbetrieben durch die Gemeinde sind in den Bundesländern Eigenbetriebsgesetze erlassen worden. Diese sehen den Erlass einer Betriebssatzung durch die Gemeinde vor, in welcher der Name des Eigenbetriebs, der Unternehmensgegenstand, die Höhe des Stammkapitals, die Zuständigkeit für die Betriebsführung, Vertretungsbefugnisse und die Zusammensetzung der Werkleitung geregelt werden. Jeder Eigenbetrieb wird von einer Werk- bzw. Betriebsleitung geführt, welche zurückgebunden ist an den Bürgermeister bzw. Gemeindekämmerer und an den Werks- bzw. Betriebsausschuss, einem besonderen Ausschuss des Gemeinderates.[547] So wird die gemeindliche Kontrolle und die rechtsstaatliche Einbindung des Eigenbetriebs gewährleistet.[548] Zu finden ist die Rechtsform des Eigenbetriebs heute noch vor allem bei Verkehrs- und Versorgungsbetrieben auf kommunaler Ebene, wobei auch hier eine Verringerung der praktischen Relevanz dieser Rechtsform zu beobachten ist.[549]

e. Sondervermögen

Sondervermögen sind Zusammenfassungen von Kapital durch den Bund, ein Bundesland oder eine Kommune, welches getrennt vom Bundeshaushalt bzw. Landeshaushalt bzw. Gemeindehaushalt verwaltet wird. Für das Wirtschaften mit diesem Kapital ist daher eine eigene Buchführung, Finanzplanung usw. erforderlich. Den Sondervermögen kommt dabei im Rechtsverkehr aber keine Rechtspersönlichkeit zu. Aufgrund ihrer vermögensrechtlichen, nicht aber organisationsrechtlichen Verselbständigung stellen sie eine Erscheinungsform der nicht-rechtsfähigen Anstalt dar. Auf kommunaler Ebene finden sich vor allem die Eigenbetriebe, welche als Sondervermögen geführt werden. Sondervermögen werden jeweils durch eigene Gesetze geschaffen.[550] Es existieren jedoch nur

---

544 *Storr*, Staat als Unternehmer, S. 52.

545 *Geis*, Kommunalrecht, § 12 Rn. 69, *Fabry*, in: Fabry/Augsten, Hdb Unternehmen d. öff. Hand, Teil 1 Rn. 12.

546 *Hellermann*, in: Hoppe/Uechtritz, Hdb Kommunale Unternehmen, § 7 Rn. 49.

547 *Burgi*, Kommunalrecht, § 17 Rn. 76.

548 *Gern*, Deutsches Kommunalrecht, Rn. 741.

549 *Schliesky*, Öff. WettbewerbsR, B I 3, S. 30.

550 *Gramlich*, Öff. WirtschaftsR, S. 83.

noch wenige als Sondervermögen betriebene öffentliche Unternehmen auf Bundes- oder Landesebene.

2. Die Organisationsformen des Privatrechts

Der öffentlichen Hand stehen nach dem sogenannten Grundsatz der Formenwahlfreiheit für die wirtschaftliche Betätigung auch die Organisationsformen des Privatrechts zur Verfügung.[551] Für den Begriff des öffentlichen Unternehmens kommt es dabei nicht darauf an, ob ein Verwaltungsträger selbst in seiner öffentlich-rechtlichen Form, oder ob statt seiner eine zu 100 % in seinem Beteiligungsbesitz stehende juristische Person des Privatrechts Kapitaleigner ist, da es allein darauf ankommt, ob letztlich das gesamte Kapital der öffentlichen Hand zuzuordnen ist.[552]

Unternehmen, die in Privatrechtsform gegründet werden und deren Kapital vollständig der öffentlichen Hand zuzuordnen ist, werden zusammenfassend als Eigengesellschaften bezeichnet.[553] Sowohl Kapitalgesellschaften als auch Personengesellschaften des Privatrechts können demnach Eigengesellschaften darstellen. Zum Teil werden zwar in der Literatur allein Kapitalgesellschaften im Eigentum der öffentlichen Hand als Eigengesellschaften bezeichnet.[554] Dies liegt daran, dass für Gesellschaften staatlicher Hoheitsträger hauptsächlich die Organisationsformen der GmbH und der AG in Betracht kommen, da die Verwendung einer selbständigen juristischen Person des Privatrechts zu einer haushaltsmäßigen und vermögensmäßigen Trennung des Gesellschaftsvermögens vom Vermögen des Hoheitsträgers führt und so der durch die Haushaltsordnungenordnungen vorgeschriebenen Haftungsbegrenzung des Unternehmens gerecht wird.[555]

Die Errichtung von Eigengesellschaften der öffentlichen Hand ist keine neue Erscheinung. Besonders die Wahrnehmung öffentlicher Aufgaben, insbesondere

---

551 *Fabry*, in: Fabry/Augsten: Hdb Unternehmen d. öff. Hand, Teil 1 Rn. 17.

552 *Schmidt-Aßmann*, BB 1990, Beilage 34, S. 2.

553 Vgl. *Püttner*, Die öff. Unternehmen, S. 62; *Maurer* , VerwR AT, § 23 Rn. 61; *Dreier*, in: Dreier, GG, I, Art. 1 Abs. 3 Rn. 69; *Hellermann*, in: Hoppe/Uechtritz, Hdb Kommunale Unternehmen, § 7 Rn. 91; *Schraffer*, Eigenbetrieb, S. 55, ebenso weit auch die Legaldefinitionen der hessischen Gemeindeordnung in § 125 Abs. 1 S. 1 HessGO.

554 S. *Schliesky*, Öff. WettbewerbsR, B I 8, S. 36, welcher nur juristische Personen des Privatrechts – und damit keine Personengesellschaften – unter den Begriff der Eigengesellschaft fasst, ebenso die Legaldefinitionen in den Gemeindeordnungen Brandenburgs und Niedersachsens, § 101 Abs. 3 Nr. 2 BrbgGO, § 108 Abs. 2 Nr. 2 NdsGO.

555 *Schmidt*, Öff. Wirtschaftsrecht AT, § 11 I 2 b bb), S. 514.

der Leistungsverwaltung, in Privatrechtsform hat eine lange Tradition.[556] Obwohl in den 1930er Jahren für die Kommunen der Eigenbetrieb für die wirtschaftliche Betätigung geschaffen wurde, organisierten das Reich und die Länder ihre Staatsunternehmen fast ausschließlich in privatrechtlichen Organisationsformen.[557] Am Ende des Zweiten Weltkrieges war daher eine beträchtliche Anzahl von staatlichen und kommunalen Gesellschaften vorhanden.[558] Einige Privatisierungen in den Folgejahren veränderten den Bestand der öffentlichen Wirtschaft auch nach dem Aufkommen einer ersten Privatisierungsdebatte in den 1970er Jahren bis in die 1980er Jahre hinein nicht wesentlich.[559] Nach weitreichenden Privatisierungsmaßnahmen in den 1990er Jahren hat die Bundesrepublik Deutschland allerdings nur noch einen sehr kleinen Bestand an sich vollständig im Staatsbesitz befindlichen Unternehmen aufzuweisen.[560] Zu nennen wäre für die Bundesebene die Deutsche Bahn AG. Auf kommunaler Ebene stellt sich die Lage anders dar.

Organisation und Rechnungswesen der Eigengesellschaften unterliegen als Folge der privatrechtlichen Gesellschaftsform den Bestimmungen des auf sie anwendbaren Gesellschaftsrechts und sind nach dessen jeweiligen Vorschriften organisiert. Die wichtigsten Organisationsformen von Eigengesellschaften sind die GmbH und die AG. Vor allem die Organisationsform der GmbH bietet sich an. Sie ist nämlich am ehesten geeignet, den Einfluss des Hoheitsträgers auf die Geschäftsführung zu sichern, da die §§ 37, 45 und 46 GmbHG den Gesellschaftern weitreichende Möglichkeiten zur Beeinflussung der Geschäftsführung eröffnen.[561] Dem Geschäftsführer können vom Eigentümer der Gesellschaft Weisungen gegeben werden, solange diese nicht den Charakter der Geschäftsführung als solche aufheben.[562]

Die Gründung von Personengesellschaften durch einen Hoheitsträger kommt oftmals allein deshalb schon nicht in Betracht, da diese als vertraglich begründete Zusammenschlüsse mindestens zwei Mitglieder voraussetzen.[563] Eine Ausnahme von diesem Grundsatz kann jedoch für die Organisationsform der GmbH & Co. KG gemacht werden. Für die Gründung der KG ist mindestens ein Kommanditist und ein Komplementär erforderlich. Der Hoheitsträger kann sich als Kommanditist an der KG beteiligen, da er in dieser Gesellschafterposition nur

556 *Maurer*, VerwR AT, § 23 Rn. 61.
557 *Storr*, Staat als Unternehmer, S. 459.
558 *Stober*, in: Wolff/Bachof/Stober, VerwR, Bd. 3, § 91 Rn. 5.
559 Püttner, Die öff. Unternehmen, S. 14 ff.
560 Vgl. *Püttner*, DÖV 2002, 731, 731.
561 *Schmidt*, Öff. Wirtschaftsrecht AT, § 11 I 2 b bb), S. 514.
562 *Janson*, Rechtsformen öff. Unternehmen, S. 149.
563 *Hellermann*, in: Hoppe/Uechtritz, Hdb Kommunale Unternehmen, § 7 Rn. 119.

mit der erbrachten Einlage für Verbindlichkeiten der Gesellschaft haftet. Für die Gründung einer KG ist des weiteren mindestens ein Komplementär erforderlich, welcher stets mit seinem gesamten Vermögen für die Verbindlichkeiten der Gesellschaft haftet. Beteiligt sich eine vom Hoheitsträger gegründete GmbH als Komplementär an der KG, so ist die Haftung auf das Vermögen der GmbH begrenzt. Der Hoheitsträger als Gesellschafter der GmbH haftet nicht mit seinem eigenen Vermögen. Damit erlaubt es die Rechtsform der GmbH & Co. KG, eine den Kapitalgesellschaften angenäherte Organisationsform der Personengesellschaft zu nutzen, die den gesetzlichen Erfordernissen der Haftungsbeschränkung für die beteiligten Hoheitsträger genügt.[564]

Ein Beispiel für eine GmbH und Co. KG als Eigengesellschaft ist die Niedersachsen Ports GmbH & Co. KG, deren Kommanditist das Land Niedersachsen mit einer Kapitaleinlage von 100.000,- EUR ist. Komplementär ohne Einlage ist die Niedersächsische Hafengesellschaft mbH, deren einziger Gesellschafter das Land Niedersachsen ist. Gegenstand der GmbH & Co. KG ist die Verwaltung, die Unterhaltung, der Bau und der Betrieb von Hafenanlagen sowie die Erbringung von Leistungen für die Hafenwirtschaft und andere maritime Wirtschaftsbereiche. Unternehmensgegenstand der Komplementärin ist allein die Übernahme der Geschäftsführung und der Haftung als Komplementärin der Kommanditgesellschaft Niedersachsen Ports GmbH & Co. KG. Die Komplementär-GmbH kann aber auch zur Geschäftsführung in unterschiedlichen GmbH & Co. KG eingerichtet werden. So gibt es beispielsweise in Berlin die Liegenschaftsfonds Berlin GmbH & Co. KG, deren alleiniger Kommanditist das Land Berlin ist, welches auch alle Anteile an der Komplementärin, der Liegenschaftsfonds Berlin Verwaltungsgesellschaft mbH hält. Letztere ist zugleich Komplementärin in der Liegenschaftsfonds Berlin Projektgesellschaft mbH & Co. KG.

Gegenüber den Kapitalgesellschaften bietet die GmbH & Co. KG der öffentlichen Hand den Vorteil, dass das Handelsgesetzbuch weniger zwingende Vorgaben bezüglich der inneren Ausgestaltung der Gesellschaft und der Abfassung und Änderung des Gesellschaftsvertrages macht.[565] Andererseits sind ein komplexes Vertragswerk und ein höherer Verwaltungsaufwand erforderlich, da für die wirtschaftliche Betätigung der öffentlichen Hand in der Organisationsform einer GmbH & Co. KG letztlich zwei Gesellschaften zu gründen und zu betreiben sind.[566] Dessen ungeachtet wird die Organisationsform der GmbH & Co. KG in der Praxis überwiegend dann erwogen, wenn durch die Wahl einer Perso-

564 *Hellermann*, in: Hoppe/Uechtritz, Hdb. Kommunale Unternehmen, § 7 Rn 125.
565 *Fabry*, in: Fabry/Augsten, Hdb Unternehmen d. öff. Hand, Teil 1 Rn. 34.
566 *Ibid.*

nenhandelsgesellschaft im konkreten Fall steuerliche Vorteile überwiegen oder eine Fondsfinanzierung realisiert werden soll.[567]

Insgesamt bleibt zu den Eigengesellschaften festzuhalten, dass grundsätzlich jede Gesellschaftsform des Privatrechts für die wirtschaftliche Betätigung der öffentlichen Hand in Betracht kommt, sich aber Kapitalgesellschaften eher dafür eignen. Die Feststellung, dass auch eine GmbH & Co. KG öffentliches Unternehmen sein kann, ist für die vorliegende Untersuchung der Möglichkeiten staatlicher Beteiligungsgesellschaften, deren privatrechtliche Gegenstücke sich wie gezeigt bevorzugt als GmbH & Co. KG organisieren, besonders interessant. Anscheinend stellt sich die Rechtsform der GmbH & Co. KG nicht nur für privatrechtliche Akteure, sondern auch für den Staat bei der Fondsfinanzierung als besonders geeignet dar. Ob sie damit aber für die öffentliche Hand angesichts ihrer erweiterten Organisationsmöglichkeiten auch die beste Rechtsform für diese Zwecke ist, wird an späterer Stelle der vorliegenden Untersuchung zu betrachten sein.

3. Gemischt-wirtschaftliche Unternehmen

Gemischt-wirtschaftliche Unternehmen sind Unternehmen, an denen nicht allein die öffentliche Hand, sondern auch private Rechtsträger beteiligt sind. Alle Unternehmen, die weder Eigengesellschaften der öffentlichen Hand noch ausschließlich in privater Hand sind, sind damit gemischt-wirtschaftliche Unternehmen.[568] Kennzeichnend für gemischt-wirtschaftliche Unternehmen ist dabei die Privatrechtsform, regelmäßig die Rechtsform AG oder die der GmbH.[569] Aufgrund der Haftungsbegrenzung sind jedoch auch die Beteiligung als Kommanditist an Kommanditgesellschaften, insbesondere auch in der Sonderform der GmbH & Co. KG nicht ausgeschlossen.[570] Die Haftungsbegrenzung ist aber in jedem Fall erforderlich, da dies hinsichtlich der Gründung von Unternehmen in Privatrechtsform und der Beteiligung an solchen Unternehmen von § 65 S. 1 Nr. 2 BHO für den Bund, von § 65 S. 1 Nr. 2 der Landeshaushaltsordnungen für die Länder, und von den Landesgemeindeordnungen für die Gemeinden eingefordert wird.[571]

---

567 *Fabry*, in: Fabry/Augsten, Hdb Unternehmen d. öff. Hand, Teil 1 Rn. 34.

568 *Von Arnauld*, DÖV, 1998, 437, 444; *Spannowsky*, ZHR 160 (1996), 560, 569, spricht kurz von Beteiligungsunternehmen der öffentlichen Hand.

569 *Spannowsky*, ZHR 160 (1996), 560, 563.

570 *Schmidt-Aßmann*, BB 1990, Beilage 34, S. 1, 3; *Spannowsky*, ZHR 160 (1996), 560, 563.

571 *Spannowsky*, ZHR 160 (1996), 560, 563.

Auf die Höhe der Beteiligung der öffentlichen Hand am Unternehmen kommt es dabei für das Vorliegen eines gemischt-wirtschaftlichen Unternehmens ebenso wenig an wie darauf, ob die der öffentlichen Hand zuzurechnenden Kapitalanteile nicht von den öffentlich-rechtlich organisierten Verwaltungsträgern selbst, sondern von privatrechtlich organisierten Unternehmen gehalten werden.[572] Die Qualifikation als gemischt-wirtschaftliches Unternehmen sagt folglich noch nichts darüber aus, ob es sich bei der betreffenden Wirtschaftseinheit um ein öffentliches Unternehmen handelt oder nicht. Wie bereits erläutert, kann ein Unternehmen, an dem die öffentliche Hand nicht Alleineigentümer, sondern lediglich Miteigentümer ist, nur dann als öffentliches Unternehmen bezeichnet werden, wenn die öffentliche Hand die Geschäftsführung beherrschen kann. Dies kann aufgrund einer Kapitalmehrheit oder aber auch durch Benennungs- oder Entsenderechte der Fall sein. Beherrscht die öffentliche Hand nicht die Entscheidungsfindung im Unternehmen, kann dies nicht als öffentliches Unternehmen angesehen werden. Es handelt sich dann lediglich um eine Kapitalbeteiligung der öffentlichen Hand an einem privatwirtschaftlichen Unternehmen.

Eine gemeinsame Beteiligung Privater und der öffentlichen Hand ist regelmäßig nur in Leistungsbereichen zu erwarten, die mit Gewinn betrieben werden können, weshalb nichtwirtschaftliche Unternehmen grundsätzlich nicht gemischtwirtschaftlich betrieben werden.[573]

B. Zur Zulässigkeit und zu den Grenzen wirtschaftlicher Betätigung der öffentlichen Hand

Die wirtschaftliche Betätigung der öffentlichen Hand stellt die weitreichendste Einflussnahme des Staates auf das Wirtschaftsgeschehen dar.[574] Angesichts der Vielzahl der im vorangegangenen Abschnitt aufgeführten Erscheinungsformen öffentlicher Unternehmen, mag es überraschen, im Folgenden die Frage nach der Zulässigkeit wirtschaftlicher Betätigung der öffentlichen Hand zu stellen. Staatliche Wirtschaftstätigkeit ist jedoch durchaus keine Selbstverständlichkeit, da die Rechtsordnung der Bundesrepublik Deutschland auf einer grundsätzlichen Trennung von Staat und Gesellschaft beruht.[575] Daher soll es in diesem Abschnitt um die Voraussetzungen gehen, welche für die Zulässigkeit der wirt-

---

572 *Schmidt-Aßmann*, BB 1990, Beilage 34, S. 1, 2.
573 *Spannowsky*, ZHR 160 (1996), 560, 564.
574 *Gusy*, JA 1995, 166, 166.
575 *Berg*, GewArch 1990, 225, 225.

schaftlichen Betätigung erfüllt werden müssen, wobei gleichzeitig auch die Grenzen einer solchen Betätigung durch die öffentliche Hand deutlich werden.

I. Keine expliziten Aussagen zur Zulässigkeit staatlicher Wirtschaftstätigkeit im Grundgesetz

Im Grundgesetz findet sich keine allgemeine Aussage über Zulässigkeit oder Unzulässigkeit staatlicher Wirtschaftstätigkeit, mithin werden auch keine Grenzen für die wirtschaftliche Betätigung der öffentlichen Hand explizit aufgezeigt. Einzelne Verfassungsnormen lassen staatliche Wirtschaftstätigkeit in bestimmten Wirtschaftsbereichen ausdrücklich zu. Genannt sei hier Art. 87e Abs. 3 S. 1 GG: „Eisenbahnen des Bundes werden als Wirtschaftsunternehmen in privatrechtlicher Form geführt." Sowohl staatliches Wirtschaften als auch die privatrechtliche Organisationsform werden jedenfalls für den Bereich der Eisenbahnen verfassungsrechtlich für zulässig befunden. Hieraus jedoch eine allgemeine Aussage für die wirtschaftliche Betätigung der öffentlichen Hand ableiten zu wollen, dürfte jedoch nicht möglich sein. Die spärlichen Erwähnungen staatlicher Wirtschaftstätigkeit im Grundgesetz führten das Bundesverfassungsgericht schon früh dazu, von einer „wirtschaftspolitischen Neutralität" des Grundgesetzes auszugehen.[576] Wirtschaftspolitische Neutralität bedeutet, dass keine Grundentscheidung für oder gegen eine Staatswirtschaft bzw. eine Marktwirtschaft getroffen wurde, und dass somit staatliche Eingriffe in die Wirtschaft zu deren Steuerung nicht von vornherein unzulässig sind.

Wirtschaftslenkende staatliche Eingriffe in den Markt können neben Subventionen und anderen Maßnahmen auch durch wirtschaftliche Betätigung erfolgen.[577] Der Staat muss diese Eingriffsmöglichkeit grundsätzlich nutzen können, da das Grundgesetz zwar selbst wirtschaftspolitisch neutral ist, eine solche wirtschaftspolitische Neutralität jedoch in keiner Weise auch für die Regierungs- und Gesetzgebungsgewalt voraussetzt.[578] Der Gesetzgeber darf daher jeden ihm sachgemäß erscheinenden Eingriff in das Wirtschaftsleben vornehmen, sofern er dabei das Grundgesetz und insbesondere die Grundrechte beachtet.[579] Ihm kommt demzufolge ein weiter Gestaltungsspielraum zu, in dessen Rahmen er auf der Grundlage seiner wirtschaftspolitischen Ziele und unter Beachtung der Sachge-

---

576 S. schon BVerfGE 4, 7, 17.

577 Vgl. die Untersuchung von *Schliesky*, Öff. WettbewerbsR, B III, S. 45 ff. insb. S. 92, der im Ergebnis die Unmöglichkeit einer Abgrenzung zwischen Wirtschaftslenkung und wirtschaftlicher Tätigkeit des Staates feststellt.

578 Vgl. BVerfGE 4, 7, 17.

579 BVerfGE 4, 7, 17; 7, 377, 400; 50, 290, 338.

setzlichkeiten des betreffenden Wirtschaftsbereichs entscheiden kann, welche Maßnahmen er im Interesse des Gemeinwohls ergreifen will.[580] Auch umfangreiche unmittelbare staatliche Eingriffe in einen Markt, welche dem Staat vom Standpunkt einer am Gedanken der freien unternehmerischen Initiative und des Wettbewerbs orientierten Wirtschaftspolitik aus als unerwünscht erscheinen können, werden vom Grundgesetz aufgrund seiner wirtschaftspolitischen Neutralität nicht von vornherein ausgeschlossen.[581]

Staatliche Wirtschaftstätigkeit ist als Mittel der Wirtschaftslenkung folglich zulässig. Sie mag zwar einem ungehinderten und von staatlichen Einflussnahmen möglichst freien Wettbewerb entgegenstehen. Der vom Grundgesetz eingeräumte weite Gestaltungsspielraum lässt die wirtschaftliche Betätigung der öffentlichen Hand als Mittel der Wirtschaftspolitik jedoch zu. Auch für die Zulässigkeit wirtschaftlicher Tätigkeit der öffentlichen Hand jenseits einer staatlichen Wirtschaftspolitik ist das Grundgesetz maßgebend. Da die Verfassung erst die Staatlichkeit begründet, können dem Staat keine Freiheiten oder Legitimitätsquellen außerhalb der Verfassung zukommen.[582] Damit verbietet sich die Annahme eines Reservats staatlichen Wirkens, das dem Geltungsanspruch der Verfassung nicht untersteht.[583] Staatliche Wirtschaftstätigkeit kann nur durch das Grundgesetz legitimiert werden.

Wenn das Grundgesetz dennoch keine Aussage über die Zulässigkeit staatlicher Wirtschaftstätigkeit trifft, kann damit noch nicht die Unzulässigkeit der wirtschaftlichen Betätigung der öffentlichen Hand jenseits wirtschaftslenkender Hintergründe festgestellt werden. Vielmehr muss hier ebenfalls eine grundsätzliche Offenheit der Verfassung gegenüber jedweder Form staatlicher Wirtschaftsbetätigung angenommen werden. Die Abwesenheit ausdrücklicher Regelungen bedeutet dabei nicht die schrankenlose Zulässigkeit staatlicher Wirtschaftstätigkeit. Vielmehr ergeben sich die Grenzen aus anderen Regelungen und Wertungen der Verfassung, insbesondere den Grundrechten.[584] Diese Schlussfolgerung entspricht den Ausführungen des Bundesverfassungsgerichts zur wirtschaftspolitischen Neutralität des Grundgesetzes. Bei einem Fehlen expliziter Vorgaben der Verfassung kommt dem Staat ein Gestaltungsspielraum zu, welcher allein durch andere Verfassungsprinzipien und –normen begrenzt wird, denen sich der Staat unter keinen Umständen und in keiner Handlungs-

580 BVerfGE 30, 292, 317.
581 Vgl. BVerfGE 30, 292, 319.
582 *Berg*, GewArch 1990, 225, 225; vgl. auch *Hesse*, Verfassungsrecht, Rn. 348.
583 Vgl. *Hesse*, Verfassungsrecht, Rn. 348.
584 Vgl. auch *Jarass*, DÖV 2002, 489, 491.

form entziehen kann. Die grundsätzliche Zulässigkeit öffentlicher Wirtschaftstätigkeit wird dementsprechend heutzutage nicht in Frage gestellt.[585]

II. Grenzen der Aufnahme wirtschaftlicher Tätigkeit der öffentlichen Hand

Nachdem sich im Grundgesetz keine Aussage zur Zulässigkeit der Aufnahme einer wirtschaftlichen Betätigung durch die öffentliche Hand findet, ist festzustellen, dass auch der Gesetzgeber bisher keine allgemein verbindliche Regelung der staatlichen Wirtschaftstätigkeit, insbesondere der Frage ihrer generellen Zulässigkeit getroffen hat.[586] Etwas anderes gilt allein für die Gemeinden, deren Betätigung in den Gemeindeordnungen der Länder ausführlich geregelt ist.[587] Auf der Länderebene und der Ebene des Bundes aber kann allein die Verfassung Antworten auf die Frage nach der konkreten Ausgestaltung der wirtschaftlichen Betätigung geben. Daher soll im Folgenden dargestellt werden, wie eine wirtschaftliche Betätigung der öffentlichen Hand auszugestalten ist, und welche Normen und Wertungen der Verfassung ihr im Einzelfall entgegenstehen können. Eine ganz besondere Bedeutung kommt dabei dem zu verfolgenden öffentlichen Zweck der staatlichen Wirtschaftstätigkeit sowie den Grundrechten zu.

1. Die besondere Bedeutung des öffentlichen Zwecks

Im Folgenden soll untersucht werden, warum überhaupt ein öffentlicher Zweck erforderlich ist, und wie die staatlichen Handlungszwecke auszugestalten sind, um als öffentliche Zwecke anerkannt zu werden. Dabei ist ein besonderes Problem, inwieweit eine reine Gewinnerzielungsabsicht als öffentlicher Zweck anerkannt werden kann.

---

585 Vgl. *Ronellenfitsch*, in: Isensee/Kirchhof, Hdb. StaatsR, IV, § 98 Rn. 32; *Di Fabio*, in: Maunz/Dürig, GG, I, Art. 2 Abs. 1 Rn. 120; wenn auch die grundsätzliche Zulässigkeit erwerbswirtschaftlicher Betätigung des Staates mitunter verneint wird, beispielsweise von *Scholz*, in: Maunz/Dürig, GG, II, Art. 12 Rn. 415; *Hösch*, GewArch 2000, 1, 11.

586 Vgl. *Berg*, GewArch 1990, 225, 227.

587 *Gusy*, JA 1995, 166, 168; vgl. auch *Berg*, GewArch 1990, 225, 227.

a. Das Erfordernis einer öffentlichen Zwecksetzung

Die einem staatlichen Handeln zugrunde liegende Motivation kann verschieden sein, jedoch nicht beliebig. Im Rechtsstaat ist die Staatsgewalt stets begrenzt, weshalb es für jede staatliche Tätigkeit immer des Nachweises bedarf, dass Erwägungen des Gemeinwohls dieses Tätigwerden rechtfertigen.[588] Das Merkmal des modernen Staates ist es, dass er nicht um seiner selbst Willen, sondern für den Bürger und als Garant für dessen Freiheit existiert.[589]

Die Stellung des Staates als Garant der bürgerlichen Freiheit ergibt sich unter dem Grundgesetz aus den Grundrechten, welche gemäß Art. 1 Abs. 3 GG Gesetzgebung, vollziehende Gewalt und Rechtsprechung als unmittelbar geltendes Recht binden. Aus den bisherigen Ausführungen wurde jedoch deutlich, dass nicht allein die Grundrechte den zulässigen Rahmen des staatlichen Handelns begrenzen, sondern dass auch andere Regelungen und Wertungen der Verfassung staatliche Tätigkeit einschränken können. Insbesondere weil die Grundrechte die Staatsgewalt nur punktuell im Bereich des Eingriffs begrenzen, ist eine Präzisierung einer allgemeinen Handlungsgrenze zu suchen und im öffentlichen Interesse zu finden.[590]

Das öffentliche Interesse als Maßstab staatlichen Handelns ergibt sich aus der Überlegung, dass der Staat seine Existenzberechtigung allein aus seinem Nutzen für die Allgemeinheit zieht. Die Idee, dass sich legitime Staatlichkeit über das Gemeinwohl formiert ist dabei nicht neu. Sie findet sich in der abendländischen Rechtstradition bereits seit der Antike und hat sich schließlich im Verfassungsstaat niedergeschlagen.[591] Das Grundgesetz bildet hier keine Ausnahme. Gemäß Art. 20 Abs. 2 S. 1 geht alle Staatsgewalt vom Volke aus. Das Volk hat dem Staat aber gerade nicht wie einem Privatmann Handlungsfreiheit eingeräumt, sondern sein Handeln an die Pflicht gebunden, das gemeine Wohl zu fördern.[592] Damit kann im heutigen Rechtsstaat jede staatliche Tätigkeit nicht beliebig, sondern nur durch die staatliche Verpflichtung gegenüber dem Gemeinwohl motiviert sein.[593] Das Gemeinwohl bestimmt so zugleich Zweck und Grenzen staatlicher Tätigkeit.

---

588 *Püttner*, Die öffentlichen Unternehmen, S. 129.

589 Vgl. auch Schuppert, GewArch 2004, 441, 441.

590 Vgl. *Püttner*, Die öffentlichen Unternehmen, S. 128 f.

591 *Isensee*, in: Isensee/Kirchhof, Hdb. StaatsR, IV, § 71 Rnn. 22, 24.

592 Vgl. *Löwer*, VVDStRL 60 [2001], 416, 418 f.

593 *Ronellenfitsch*, in: Isensee/Kirchhof, Hdb. StaatsR, IV, § 98 Rn. 40; *Janson*, Rechtsformen öff. Unternehmen, S. 40; *Püttner*, Die öff. Unternehmen, S. 128 f.; *Pünder/Dittmar*, Jura 2005, 760, 760.

Die Idee, dass staatliches Handeln allein im öffentlichen Interesse erfolgen kann, ist eine Wertung des Grundgesetzes, die bei der Frage nach der Zulässigkeit einer bestimmten Tätigkeit der öffentlichen Hand heranzuziehen ist. Da sie jede staatliche Tätigkeit erfasst, hat diese Wertung auch Bedeutung für die wirtschaftliche Betätigung der öffentlichen Hand, weshalb ein Recht des Staates zu beliebiger Wirtschaftstätigkeit nicht anerkannt werden kann.[594] Dementsprechend wird von Rechtsprechung und Literatur für öffentliche Unternehmen des Bundes und der Länder stets die Verfolgung eines öffentlichen Zwecks gefordert.[595] Für die wirtschaftliche Betätigung der Gemeinden ergibt sich das Erfordernis eines rechtfertigenden öffentlichen Zwecks aus den Gemeindeordnungen der Länder.

Wirtschaftliche Betätigung der öffentlichen Hand muss daher immer einem öffentlichen Interesse dienen, unabhängig von der Rechtsform in welcher die öffentliche Hand tätig wird. Die sich an diese Feststellung anschließende Frage, welche Zwecke öffentlicher Unternehmen als öffentliche Zwecke in Betracht kommen, oder ab wann ein Unternehmenszweck als öffentlich angesehen werden kann, soll im Folgenden untersucht werden. Der Unternehmenszweck ist zudem insoweit von Bedeutung, als er Konsequenzen für die Ausgestaltung des öffentlichen Unternehmens haben kann und sich damit auch auf die Wahl der Rechtsform auswirken kann.[596]

b. Die Ausgestaltung des öffentlichen Zwecks

Als zulässige öffentliche Zwecke werden in der Literatur genannt: Versorgungsziele, Monopolkontrolle, Sozialpolitik, Aufgaben des Umweltschutzes, Unterstützung der Verwaltung und Wirtschaftsförderung, insbesondere stetiges und angemessenes Wirtschaftswachstum sowie ein hoher Beschäftigungsstand, aber auch außenwirtschaftliches Gleichgewicht und Stabilität des Preisniveaus.[597] Diese Aufzählung ist jedoch insoweit unbefriedigend, als sie nur sehr abstrakte Zwecke als zulässige Zwecke anführt und für die Praxis konkret nur wenige Anhaltspunkte zur genauen Ausgestaltung des Zwecks öffentlicher Unternehmen liefert.

---

594 *Püttner*, Die öffentlichen Unternehmen, S. 129.

595 S. *Püttner*, Die öff. Unternehmen, S. 128.

596 *Gusy*, JA 1995, 166, 167.

597 *Ehlers*, JZ 1990, 1089, 1091, *ders.*, Jura 1999, 212, 212; *Gusy*, JA 1995, 166, 167; *Püttner*, Die öff. Unternehmen, S. 53 ff.

Nach einer systematischeren Aufstellung der Funktionen öffentlicher Unternehmen, lassen sich allenfalls Kategorien für öffentliche Zwecke herleiten – genannt werden insbesondere ordnungspolitische, wettbewerbsfördernde und wirtschaftspolitische Funktionen.[598] Einer derartigen Systematisierung wird jedoch vorgeworfen, Zusammenhängendes auseinander zu reißen und wenig anschaulich zu sein.[599] Gemeinwohlzwecke werden damit jedenfalls durch öffentliche Unternehmen erfüllt, die bei Maßnahmen der staatlichen Wirtschaftsintervention oder Strukturförderung mitwirken, deren Zwecke raumordnerischer, regionalpolitischer, städtebaulicher, branchenspezifischer oder sozialpolitischer Art sein können. Dazu gehören insbesondere auch die Förderung und Umstrukturierung bestimmter, in Krisen geratener Wirtschaftsregionen oder –zweige sowie die Behebung einer krisenhaften Arbeitslosigkeit.[600] Allgemeine Kriterien zur Bestimmung eines öffentlichen Zwecks werden dagegen nicht aufgestellt.

Die Konkretisierung des öffentlichen Zwecks ist damit mühevoll aber nicht unmöglich.[601] Was genau unter Gemeinwohl zu verstehen ist, ist aber gerade nicht a priori festgelegt. Es ist vielmehr von einem offenen Gemeinwohlbegriff auszugehen.[602] Insbesondere ergibt sich aus den vorangegangenen Überlegungen, dass der Staat allein zur Förderung des Gemeinwohls tätig werden darf. Somit muss oberstes Kriterium für die Bestimmung eines öffentlichen Zwecks sein, ob der Staat mit seiner Tätigkeit objektiv das Gemeinwohl fördert. Da sich aus dem Grundgesetz neben der Verpflichtung des Staates zum Handeln im öffentlichen Interesse nicht ergibt, in welchem Maße das Gemeinwohl gefördert werden muss, muss grundsätzlich auch jegliche Gemeinwohlförderung für die Bejahung eines öffentlichen Zwecks ausreichend sein. Problematisch ist jedoch, dass staatliches Handeln, ebenso wie das Handeln Privater, nie nur einen einzigen Zweck verfolgt, sondern regelmäßig ein Bündel aus Zwecken unterschiedlicher Gewichtung vorliegt. So sind beispielsweise Mehrfachzwecke, die erwerbswirtschaftliche Ziele mit Anliegen der Daseinsvorsorge, der Strukturpolitik und anderen sozialwirtschaftlichen Anliegen verbinden, nicht unüblich.[603]

Gerade jedoch die erwerbswirtschaftlichen Zwecke sind in Literatur und Rechtsprechung heftig umstritten. Es wird argumentiert, dass die öffentliche Hand bei

598 Vgl. dazu und zum folgenden die Ausführungen von *von Loesch*, in: König/Siedentopf, Öff. Verw., S. 285, 290 ff.

599 Vgl. bspw. *Püttner*, Die öff. Unternehmen, S. 52.

600 *Breuer*, in: Isensee/Kirchhof, Hdb. StaatsR, VI (2. A.), § 148 Rn. 61.

601 *Ronellenfitsch*, in: Isensee/Kirchhof, Hdb. StaatsR, IV, § 98 Rn. 40; S. auch schon *Berkemann*, Staatliche Kapitalbeteiligung, S. 107.

602 Vgl zum notwendig offenen Gemeinwohlbegriff *Schuppert*, GewArch 2004, 441.

603 *Schön*, ZGR 1996, 429, 441; vgl. *Grupp*, ZHR 140 (1976), 367, 371; *Schmidt*, Öff. WirtschaftsR, AT, S. 505, *Gusy*, JA 1995, 166 ff.

der aktiven unmittelbaren Teilnahme am Wirtschaftsleben zu erwerbswirtschaftlichen Zwecken, d.h. zur Erlangung, Produktion oder Verteilung von Wirtschaftsgütern, als Hauptzweck nur einen eigeninteressierten Zweck und keinen öffentlichen Zweck verfolgt, weshalb das öffentliche Interesse (wie die Stärkung der Finanzkraft, die Beschaffung von Haushaltsmitteln, die Befriedigung des öffentlichen Bedarfs an Sachgütern für die Durchführung öffentlicher Verwaltungsaufgaben usw.) allenfalls über einen Nebenzweck oder nur mittelbar verfolgt wird.[604] Als der erwerbswirtschaftliche Zweck schlechthin steht dabei die Absicht der Gewinnerzielung im Mittelpunkt der Debatte. Sie wird auch als genuin privater Unternehmenszweck bezeichnet.[605]

Die Trennung privater und öffentlicher Interessenverfolgung ist indes kaum möglich,[606] denn auch erwerbswirtschaftliche Zwecke treten beim wirtschaftlich handelnden Staat nicht in Reinform auf. Nur der reine Erwerbszweck, d.h. die reine Gewinnerzielungsabsicht, soll auf keinen Fall als eigener Verwaltungszweck anzuerkennen sein.[607] Da Versuche, den wirtschaftenden Staat auf einen ausschließlich öffentlichen Zweck oder zumindest auf ein öffentliches Interesse festzulegen, an der Konturlosigkeit dieser Begriffe gescheitert sind,[608] schließt das Erfordernis einer öffentlichen Zwecksetzung letztlich eine Gewinnerzielungsabsicht per se nicht aus.[609] Daher ist zuzugestehen, dass jedenfalls bei einer wirtschaftlichen Betätigung der öffentlichen Hand, bei der die Gewinnerzielungsabsicht in einem Zweckbündel gemeinsam mit anerkannten öffentlichen Zwecken auftaucht, die Gewinnerzielungsabsicht bei entsprechender Gewichtung der übrigen, öffentlichen Zwecke als zulässig angesehen wird. Wirtschaftliche Betätigung des Staates zum Zwecke des Erhalts von Arbeitsplätzen, bei der Gewinn nur als Nebenprodukt der wirtschaftlichen Tätigkeit mitgenommen wird, ist danach zulässig.[610]

Sofern die Gewinnerzielungsabsicht jedoch Hauptzweck der wirtschaftlichen Betätigung der öffentlichen Hand ist, ist die Frage nach der Zulässigkeit dieser Tätigkeit davon abhängig, inwieweit möglicherweise dennoch von einer Gemeinwohlförderung ausgegangen werden kann.

---

604 Vgl. *Ipsen*, Öffentliche Subventionierung Privater, S. 20.

605 *Schmidt*, Öff. Wirtschaftsrecht AT, § 1 I 1, S. 505 f.

606 *Schmidt*, Öff. Wirtschaftsrecht AT, § 11 I 1, S. 506 mit Verweis auf BGHZ 69, 334, 339.

607 *Vollmöller*, in: Schmidt/Vollmöller, Kompendium Öff. WirtschaftsR, § 5 Rn. 28; *Gusy*, JA 1995, 166, 167; *Löwer*, VVDStRL 60 [2001], 416, 419 f.

608 *Schmidt*, Öff. Wirtschaftsrecht AT, § 11 I 1, S. 506.

609 *Meininger*, in: Fabry/Augsten, Hdb Unternehmen d. öff. Hand, Teil 2, Rn. 15.

610 *Ehlers*, in: Erichsen/Ehlers, Allg. VerwR, § 1 Rn. 31; aA: OLG Düsseldorf GewArch 2001, 370.

c. Gemeinwohlförderung durch Gewinnerzielung

Der Staat darf allein im öffentlichen Interesse, also zur Förderung des Gemeinwohls wirtschaftlich tätig werden. Ausschließliche oder überwiegende Gewinnorientierung der öffentlichen Hand soll aber niemals im öffentlichen Interesse liegen.[611] Indem man die Absicht der Gewinnerzielung als genuin privaten Unternehmenszweck bezeichnet, scheint sie bereits vom Begriff des öffentlichen Zwecks hinreichend ausgegrenzt zu sein. Doch muss dies nicht zwangsläufig stimmen, denn die Gewinnerzielung ist nur insoweit ein genuin privater Unternehmenszweck, als sie den typischen Unternehmenszweck des privaten Unternehmers darstellt. Wo der private Unternehmer jedoch aus Eigennutz handelt, kann sich die Gewinnerzielung aus staatlicher Sicht auch anders darstellen. Hier kommt es vor allem auf den Aspekt der Gemeinwohlförderung an, welcher auch bei einem Handeln mit Gewinnerzielungsabsicht gegeben sein kann.

Insoweit überrascht es nicht, wenn in der Literatur vereinzelt auch ausdrücklich der genuin private Unternehmenszweck der Gewinnerzielung als zulässiger Zweck der wirtschaftlichen Betätigung der öffentlichen Hand angesehen wird, unabhängig davon, ob er, wie etwa einer Investitionsförderung aus konjunkturpolitischen Gründen, von einem öffentlichen Zweck flankiert wird.[612] Zur Rechtfertigung der Anerkennung der Gewinnerzielungsabsicht als öffentlicher Zweck wird dabei in der Literatur aber regelmäßig eine mittelbare Förderung des Gemeinwohls durch die erwirtschafteten Erträge als ausreichend angesehen. Zweckmäßiger erscheint jedoch das Konzept der modifizierten Gewinnerzielungsabsicht zu sein, um den Gemeinwohlinteressen den ihnen gebührenden Platz einzuräumen.

(1) Zu einer mittelbaren Förderung des Gemeinwohls

Der wirtschaftliche Erwerb des Staates wird in der rechtswissenschaftlichen Literatur häufig als Zweck staatlicher Unternehmen anerkannt, sofern er als Hilfszweck zur Verfolgung anderer Verwaltungszwecke mit den Erträgen erfolgt.[613] Mitunter werden in der Literatur erwerbswirtschaftlich tätige Betriebe der öffentlichen Hand, wie der Ratskeller oder Gemeindebrauereien, ganz selbstverständlich als nicht unmittelbar öffentlichen Zwecken dienend erwähnt.[614] Ange-

611 *Dürig*, in: Maunz/Dürig, GG, So-Dr., Art. 2 Abs. 1 Rn. 52; *Ipsen*, NJW 1963, 2102, 2107.

612 *Schmidt*, Öff. Wirtschaftsrecht AT, § 1 I 1, S. 505 f.

613 *Gusy*, JA 1995, 166, 167; *Püttner*, Die öff. Unternehmen, S. 53 ff.

614 *Graf Vitzthum*, AöR 104. Bd. [1979], 580, 584, Fn. 16; *Stober*, NJW 1984, 449, 451.

sichts der Offenheit staatlicher Aufgaben soll sich allerdings nach einer verbreiteten Ansicht regelmäßig ein öffentlicher Zweck für die wirtschaftliche Betätigung der öffentlichen Hand finden lassen.[615] Gewinne werden zudem vom Staat selten um ihrer selbst willen angestrebt werden, sondern werden im Allgemeinen auch einem politischen Ziel dienen, nicht zuletzt auch der Ermöglichung einer Senkung der Steuerlast oder dem Zweck, die staatlichen Unternehmen als Grundlage für einen Kredit oder für eine Anleihe des Staates einzusetzen.[616] Die Erwirtschaftung von Gewinnen soll daher im öffentlichen Interesse liegen, wenn und soweit sie zur Erfüllung von rechtmäßigen Staatsaufgaben verwendet werden sollen.[617]

Sofern sich kein anderer Zweck finden lässt, dient Gewinnerzielung jedenfalls der Stärkung der Haushaltsmittel der öffentlichen Hand. Diese liegt nach einer verbreiteten Ansicht durchaus im öffentlichen Interesse, denn zur Bestimmung der Gemeinwohlförderung, und mithin der durch die Verwaltung zu verfolgenden Zwecke, dürfe die soziale und wirtschaftliche Gesamtsituation nicht unberücksichtigt gelassen werden.[618] In Zeiten notorisch knapper Haushaltskassen und hoher Ausgaben für sozialstaatliche Zwecke könne daher die Ansicht, Gewinnerzielung zur Stärkung der Haushaltsmittel sei unzulässig, da nur der letztere, allerdings unumstritten, ein öffentlicher Zweck sei, und dieser Sekundärzweck nicht den Primärzweck ebenfalls zu einem öffentlichen Zweck mache,[619] nicht unumstritten bleiben. Denn die Konsequenz der Verneinung der Zulässigkeit eines primären Gewinnzwecks wäre, dass der Staat mehr Einnahmen allein aus Steuermitteln zu generieren hätte und somit die Steuerlast der Bürger erhöhen müsste. Stattdessen solle der Staat aber im Gegenteil, soweit es ihm möglich ist, selbst auch im Rahmen der Daseinsvorsorge jede wirtschaftliche Gewinnmöglichkeit nutzen, um die Haushaltsmittel des Sozialstaats so gering wie möglich weiter zu belasten.

Dennoch ist die Ansicht, bei überwiegender Gewinnerzielungsabsicht genüge eine mittelbare Gemeinwohlförderung für die Annahme eines öffentlichen Zweckes, nicht unumstritten. Die Gegenmeinung führt an, erwerbswirtschaftliche Betätigung werde durch die Gewinnverwendung zu öffentlichen Zwecken gerade nicht zur Erfüllung öffentlicher Aufgaben.[620] Der Staat könne allein zur Er-

615 *Manssen*, in: v.Mangoldt/K/S, GG, I, Art. 12 Rn. 83; *Jarass*, DÖV 2002, 489, 489; auch *Löwer*, VVDStRL 60 [2001], 416, 428, erkennt an, dass sich stets „vernünftige Gründe" für staatswirtschaftliche Aktivitäten finden lassen.

616 *Klein*, Teilnahme, § 7 VII, S. 142 f.

617 *Ehlers*, Jura 1999, 212, 212.

618 *Menger*, DVBl. 1960, 297, 299.

619 So *Ipsen*, NJW 1963, 2102, 2106.

620 *Grupp*, ZHR 140 (1976), 367, 371.

füllung öffentlicher Aufgaben tätig werden. Faktisch habe der Staat zwar seit jeher, auch unter der Geltung des Grundgesetzes, rein erwerbswirtschaftlich orientierte Unternehmen betrieben, denen kein anderer öffentlicher Zweck zugesprochen werden könne.[621] Unter der Geltung der Grundgesetzes sei jedoch die Neuerrichtung öffentlicher Unternehmen oder der Erwerb bestehender Unternehmen, die lediglich erwerbswirtschaftliche Ziele verfolgen, durch die öffentliche Hand unzulässig, wenn damit nicht unmittelbar öffentliche Aufgaben verfolgt würden, wozu gerade nicht die Mittelgewinnung durch wirtschaftliche Tätigkeit gehöre.[622]

Nach dieser Argumentation ist rein erwerbswirtschaftliches Handeln des Staates mit nur mittelbar beabsichtigter Gemeinwohlförderung generell unzulässig, da staatliches Handeln allein zur unmittelbaren Förderung des Gemeinwohls zulässig sein soll. Die Gegenmeinung behauptet aber, das dies gerade nicht der Fall sei. Dies würden eine Reihe zulässiger staatlicher Verhaltensweisen belegen, wie beispielsweise die Vergabe öffentlicher Aufträge, und nicht zuletzt auch die Erhebung von Steuern.[623] Mit diesen Beispielen werde deutlich, dass jegliches Handeln des Staates mit dem Zweck der Generierung oder auch Einsparung von Haushaltsmitteln keinem unmittelbaren öffentlichen Zweck diene, sondern stets erst in der Folge durch die Verwendung der entsprechenden Mittel zum Wohle der Allgemeinheit durch das öffentliche Interesse gerechtfertigt würde. Dem Grundgesetz könne mithin zwar das Erfordernis entnommen werden, dass staatliches Handeln stets das Gemeinwohl fördern muss. Dass das Gemeinwohl dabei allerdings unmittelbar zu fördern sei, um ein öffentliches Interesse an der staatlichen Tätigkeit bejahen zu können, sei eine einschränkende Behauptung, die im Grundgesetz keinen Halt finde und als zu eng abzulehnen sei.

Es werde mithin den Anforderungen des Grundgesetzes gerecht, wenn der Staat durch sein Handeln – im Rahmen seiner verfassungsrechtlichen Kompetenz und unter Beachtung der Grundrechte – das Gemeinwohl fördert. Eine unmittelbare Förderung sei nicht erforderlich. Es stehe dem Staat daher frei, zur Erreichung einer optimalen Förderung des Gemeinwohls auch Tätigkeiten wahrzunehmen, welche erst mittelbar eine solche Förderung erreichen. Sofern man die Stärkung des öffentlichen Haushalts als legitime Aufgabe der Verwaltung anerkenne, könne es nicht mehr entscheidend sein, auf welche Weise der Rechtsstaat dieser Aufgabe nachkomme, sofern er nicht verfassungsrechtlich allein auf Steuerein-

621 *Grupp*, ZHR 140 (1976), 367, 370 ff.
622 *Grupp*, ZHR 140 (1976), 367, 381.
623 *Klein*, Teilnahme, § 7 VII, S. 141.

nahmen angewiesen sein soll[624] und den Bürgern aus der wirtschaftlichen Tätigkeit des Staates kein Schaden erwächst.[625]

Ein weiteres Argument für die Zulässigkeit auch mittelbarer Gemeinwohlförderung ist nach dieser Ansicht, dass zu unterschiedlichen Zeiten mit demselben Unternehmen auch unterschiedliche und damit mal mehr und mal weniger erwerbswirtschaftliche Zwecke verfolgt werden können; dass bisherige Zwecke entfallen können, dafür aber auch neue hinzutreten können. Ein Beispiel hierfür sind die öffentlichen Unternehmen in früher vom Staat monopolisierten Wirtschaftsbereichen wie Telekommunikation oder Energiewirtschaft. So wurde früher verbreitet vertreten, die Abgrenzung von wirtschaftlicher Betätigung des Staates zur Daseinsvorsorge und staatlicher Erwerbswirtschaft erfolge allein durch das objektive Merkmal, ob der Staat konkurrierend am Wirtschaftsgeschehen teilnimmt.[626] Spätestens mit der Öffnung der Märkte für Telekommunikation, Schienen- und Flugverkehr, Gas und Strom bestätigt sich diese Abgrenzung. Die daseinsvorsorgende Verwaltungstätigkeit hat sich von der Bereitstellung des Endprodukts auf die Regelung über den Zugang zum Markt und die Verpflichtung zu allgemeiner Versorgung durch private Anbieter beschränkt, und es entsteht zunehmend der Eindruck, dass die staatliche Wirtschaftstätigkeit hier wesentlich, wenn nicht sogar entscheidend von Gewinnerzielungsinteressen und weniger von Interessen der Daseinsvorsorge geprägt ist.[627]

Mit der Entwicklung der Gesellschaft und der wirtschaftlichen Gegebenheiten geht naturgemäß ein Wandel der Zwecke einher, denen ein Unternehmen im Laufe der Zeit dient. Öffentliche Unternehmen und öffentliche Zwecke bilden da keine Ausnahme. Ob der öffentliche Zweck, der bei der Gründung des Unternehmens verfolgt wurde nach Jahren noch besteht, oder ob umgekehrt ein ursprünglich eher erwerbswirtschaftlich ausgerichtetes Unternehmen in der Zukunft potenziell für öffentliche Aufgaben eingesetzt werden kann, ist regelmäßig offen und kann nach einer verbreiteten Ansicht die Existenz eines heute eher erwerbswirtschaftlich orientierten Unternehmens noch bzw. schon heute rechtfertigen.[628] Dieser stetige Wandel der Zwecke hat in der Literatur dazu geführt, öffentliche Unternehmen, die zeitweilig keinem öffentlichen Zweck dienen, in absehbarer Zeit jedoch wieder für einen öffentlichen Zweck eingesetzt werden

624 Unter dem Grundgesetz ist der Staat gerade nicht allein auf Steuereinnahmen angewiesen. Vgl. dazu unten, Dritter Teil, B. II. 5.

625 *Klein*, Teilnahme, § 7 VII, S. 142 f.

626 Vgl. *Klein*, Teilnahme, § 1 II 4, S. 22. Die anschließend erforderliche Abgrenzung zu anderen, nicht der Daseinsvorsorge dienenden Monopolen des Staates erfolge dann nach der sozialen Gewichtigkeit der staatlichen Wirtschaftstätigkeit für eine angemessene individuelle Bedürfnisbefriedigung (*ibid.*)

627 So *Kermel*, Steuerungsmöglichkeiten, S. 41, für den Bereich der Energieversorgung.

628 *Jarass*, DÖV 2002, 489, 490.

zu können, schlagwortartig als „fleet in being“ zu bezeichnen.[629] Ein solcher Vorhalt an öffentlichen Unternehmen wird verbreitet als zulässig erachtet, selbst wenn das Gemeinwohl nicht unmittelbar gefördert wird.[630]

Im Ergebnis wird mithin eine mittelbare Gemeinwohlförderung überwiegend für zulässig gehalten und der Erwerb als Hilfsmittel der öffentlichen Hand, um mit den Erträgen andere öffentliche Ziele verfolgen zu können, als öffentlicher Zweck angesehen.[631]

(2) Zur modifizierten Gewinnerzielungsabsicht

Problematisch an einer unmittelbar erwerbswirtschaftlichen Zwecksetzung der öffentlichen Hand ist jedoch, dass der Staat, wenn er wie ein privater Unternehmer wirtschaftet, auch den Risiken der privaten Unternehmer, insbesondere dem Risiko des Scheiterns seiner Unternehmen, ausgesetzt ist. Solange der Staat trotz dieses Risikos Gewinne erwirtschaftet, scheint die Zulässigkeit einer mittelbaren Förderung des Gemeinwohls durch diese Tätigkeit mithilfe der erwirtschafteten Gewinne unproblematisch. Der Staat erwirtschaftet jedoch nicht immer Gewinne.[632] Dabei wirtschaftet der Staat überwiegend mit Steuergeldern, weshalb auch seine erwerbswirtschaftliche Betätigung im Wesentlichen nicht ohne Steuergelder finanzierbar wäre. Steuergelder werden aber nach dem Bundesverfassungsgericht dem Staat zur Verwendung für das gemeine Wohl anvertraut.[633] Sie können daher nur öffentlichen Zwecken verpflichtet sein, da sie dem Staat nur zu Zwecken der Finanzierung von Staatsaufgaben und nicht als Finanzanlage zugewendet werden.[634] Dies übersehen die Befürworter der Anerkennung einer mittelbaren Förderung des Gemeinwohls. Weder bei der Vergabe öffentlicher Aufträge noch bei der Erhebung von Steuern ist der Staat dem Risiko des Verlusts der von ihm eingesetzten Mittel ausgesetzt. Daher mag zwar staatliches Handeln, welches nur mittelbar dem Gemeinwohl dient zulässig sein. Sofern jedoch dabei ein Risiko besteht, dass das Handelns sich als fruchtlos erweist, ist ein anderer Maßstab anzulegen.

Bei erwerbswirtschaftlicher Betätigung unterwirft sich der Staat einem unternehmerischen Risiko, welches eine Mehrung oder auch nur den Erhalt des ein-

629 Zurückgehend auf Oettle, zitiert u. a. von *Ehlers*, JZ 1990, 1089, 1091; *Schmidt*, Öff. Wirtschaftsrecht AT, § 11 I 1, S. 506.

630 Vgl. *Ehlers*, Jura 1999, 212, 212.

631 Vgl. *Gusy*, JA 1995, 166, 167.

632 So auch *Berkemann*, Staatliche Kapitalbeteiligung, S. 136.

633 Vgl. BVerfGE 44, 125, 143.

634 Vgl. *Löwer*, VVDStRL 60 [2001], 416, 421.

gesetzten Kapitals nicht als sicher feststehen lässt. Im ungünstigsten Fall kann das vom Staat eingesetzte Kapital vollständig aufgebraucht sein. Die Verluste sind dann aus Steuergeldern zu tragen, weshalb letztlich die Allgemeinheit und damit auch die ursprünglichen Konkurrenzunternehmen das Gewerberisiko der öffentlichen Hand finanzieren müssten.[635] In diesem Fall ist der Staat der berechtigten Frage ausgesetzt, welcher öffentliche Zweck denn mit den verlorenen Haushaltsmitteln gefördert wurde. Die mittelbare Förderung des Gemeinwohls ist mangels erwirtschafteter Finanzmittel ausgeblieben.

Wenn in diesem Fall der wirtschaftlichen Tätigkeit des Staates nicht neben möglicher aber hier unterbliebener Gewinnerzielung noch ein Eigenwert für die Förderung des Gemeinwohls zukommt, kann die Finanzierung dieser Tätigkeit nicht zulässig und nicht von einem öffentlichen Zweck zur Förderung des gemeinen Wohls getragen gewesen sein. Aus diesem Grund ist für die Rechtsfertigung des Einsatzes von Steuermitteln die unmittelbare Verfolgung öffentlicher Interessen durch staatliche Wirtschaftstätigkeit erforderlich. Damit wird Gewinnerzielung als Hauptzweck staatlicher Wirtschaftstätigkeit nicht ausgeschlossen. Sie ist aber dem Erfordernis eines öffentlichen Zwecks anzupassen und kann daher nicht in Reinform, wohl aber zusammen mit Nebenzwecken im öffentlichen Interesse auftreten. Denn auf diese Weise führt die Verbindung der reinen Gewinnerzielungsabsicht mit einem öffentlichen Zweck zu einer gehemmten und eingeschränkten Gewinnabsicht und muss vom reinen Erwerbszweck unterschieden werden.[636] Insoweit kann von einer modifizierten Gewinnerzielungsabsicht gesprochen werden.

Im Ergebnis wären damit nur solche Unternehmen verfassungswidrig, die überhaupt keinen anderen Zweck als den der Gewinnerzielung haben.[637] Ein solches Gewinnen allein um des Gewinnens Willen, was letztlich auf bloße Spekulation hinausliefe, ist aufgrund der Gemeinwohlverpflichtung des Staates schlicht unzulässig. Steuergelder können von der öffentlichen Hand nicht zum Glücksspiel eingesetzt werden. Auch wenn wirtschaftlicher Tätigkeit immer spekulative Elemente eigen sind, da man den Erfolg gerade nicht vorhersagen kann, stellt sie doch keine reine Spekulation seitens des Staates dar. Es lassen sich zudem auch regelmäßig öffentliche Interessen finden, welche durch die wirtschaftliche Betä-

---

635 *Stober*, ZHR 145 [1981], 565, 589; vgl. auch schon *Berkemann*, Staatliche Kapitalbeteiligung, S. 136.

636 *Püttner*, Die öff. Unternehmen, S. 51.

637 Zu diesem Schluss gelangt auch *Breuer*, in: Isensee/Kirchhof, Hdb. StaatsR, VI (2. A.), § 148 Rn. 61.

tigung der öffentlichen Hand gefördert werden.[638] Eine reine Gewinnerzielungsabsicht liegt nämlich selbst bei Privatunternehmen vielfach nicht vor, so dass die Diskussion um den öffentlichen Zweck staatlicher Wirtschaftsunternehmen allenfalls darüber geführt werden kann, welches Gewicht dem erwerbswirtschaftlichen Motiv bei der unternehmerischen Tätigkeit des Staates zukommen darf,[639] oder welches Gewicht dem verfolgten öffentlichen Interesse zukommen muss, um die Gewinnerzielungsabsicht hinreichend zu modifizieren, so dass diese als verfassungsrechtlich zulässig angesehen werden kann.

d. Das erforderliche Gewicht des öffentlichen Zwecks

Wer eine mittelbare Stärkung der Haushaltskasse nicht als zulässigen Zweck staatlicher Wirtschaftstätigkeit anerkennt, steht vor der Aufgabe, für die Frage der Zulässigkeit erwerbswirtschaftlicher Tätigkeit der öffentlichen Hand zu definieren, wann ein öffentlicher Zweck vorliegt und wann nicht. Dies ist jedoch problematisch, da sich stets auch öffentliche Zwecke finden lassen werden, und sei es nur die Schaffung von Arbeitsplätzen. Schon im klassischen Text des wirtschaftlichen Liberalismus, Adam Smiths Der Wohlstand der Nationen, heißt es: „Der einzelne ist stets darauf bedacht, herauszufinden, wo er sein Kapital, über das er verfügen kann, so vorteilhaft wie nur irgend möglich einsetzen kann. Und tatsächlich hat er dabei den eigenen Vorteil im Auge und nicht etwa den der Volkswirtschaft. Aber gerade das Streben nach seinem eigenen Vorteil ist es, das ihn ganz von selbst oder vielmehr notwendigerweise dazu führt, sein Kapital dort einzusetzen, wo es auch dem Land den größten Nutzen bringt."[640]

Darüber hinaus kann der private Unternehmer mitunter auch bewusst Gewinneinbußen hinnehmen, um, beispielsweise aus Gründen seines öffentlichen Ansehens zur Gewinnung hochqualifizierter Mitarbeiter, bestimmte gesellschaftlich erwünschte Ziele zu fördern, wie etwa eine umweltverträgliche Produktion, Kinderbetreuung, oder die Gewinnung eines größeren Anteils weiblicher Mitarbeiter. Auch diese Maßnahmen ergreift der Unternehmer letztlich allein, um seine Gewinn weiterhin zu sichern. Wie der private Unternehmer so durch sein ureigenstes auf Gewinnerzielung gerichtetes Unternehmerinteresse zu Wachstum und Wohlergehen der Volkswirtschaft beiträgt, trägt selbstverständlich auch die gewinnorientiert wie ein Privatunternehmer wirtschaftende öffentliche Hand zu

---

638 Vgl. auch *Manssen*, in: v.Mangoldt/K/S, GG, I, Art. 12 Rn. 83; *Jarass*, DÖV 2002, 489, 489; auch *Löwer*, VVDStRL 60 [2001], 416, 428, erkennt an, dass sich stets „vernünftige Gründe" für staatswirtschaftliche Aktivitäten finden lassen.

639 Vgl. *Jarass*, DÖV 2002, 489, 489.

640 *Adam Smith*, Der Wohlstand der Nationen, Viertes Buch, 2. Kapitel, Absatz 4.

diesem Effekt bei. Es ist also bereits hier eher die Frage, welches Gewicht diesem öffentlichen Zweck beigemessen werden soll, als die Frage, ob überhaupt ein öffentlicher Zweck vorliegt. Die Schwierigkeit aber, das erforderliche Gewicht des öffentlichen Zwecks zu definieren, soll folgende Überlegung verdeutlichen:

Wenn die öffentliche Hand ein Unternehmen, beispielsweise eine Bäckereikette mit 250 Filialen im Bund oder einem Land aufbauen würde und in jeder Filiale 5 Mitarbeiter beschäftigen würde, würden insgesamt 1250 Arbeitsplätze geschaffen. Da die Bewirtschaftung der Bäckereien auf einem konkurrierenden Markt betrieben wird und nicht zur Daseinsvorsorge erforderlich ist, läge eine erwerbswirtschaftliche, primär am Gewinn orientierte Wirtschaftstätigkeit vor. Die Schaffung und der Erhalt der 1250 Arbeitsplätze ist aber zweifellos gemeinwohlfördernd. Es gibt jedoch keine Kriterien dafür, welches Gewicht dieser Förderung im Verhältnis zur Gewinnerzielungsabsicht beizumessen ist. Dies liegt auch daran, dass je nach Lage der Dinge andere öffentliche Interessen als die mit der Wirtschaftstätigkeit verfolgten auch negativ beeinflusst werden können, solange die geförderten Interessen überwiegen. Die Ausfüllung des Begriffs „öffentliches Interesse" setzt sogar regelmäßig eine Abwägung verschiedener Interessen voraus.[641] Gegen eine staatliche Wirtschaftstätigkeit, die Arbeitsplätze schafft und erhält, kann jedoch nicht eingewendet werden, sie liege nicht im öffentlichen Interesse, da möglicherweise bei der Konkurrenz Arbeitsplätze verloren gehen.[642] Wettbewerb ist kein Nullsummenspiel, bei dem Gewinne eines Konkurrenten bei den übrigen Wettbewerbern zwangsläufig als Verluste verbucht werden. Der mögliche Arbeitsplatzverlust bei der Konkurrenz ist daher zu unsicher, um in einer Abwägung gegenüber den tatsächlich geschaffenen Arbeitsplätzen von Gewicht zu sein. Ein öffentliches Interesse ist deshalb zu bejahen. Wie stark es ausgeprägt ist, hängt jedoch vom Einzelfall ab.

Anders ist die Frage der Gemeinwohlförderung allerdings zu beurteilen, wenn der Staat ein Bäckereiunternehmen mit 250 Filialen übernimmt und weiter betreibt. Hier gehen durch dieses staatliche Handeln zwar jedenfalls keine Arbeitsplätze bei der Konkurrenz verloren, weil die Anzahl der Wettbewerber gleich bleibt, jedoch ist fraglich welches öffentliche Interesse der Staat hier unmittelbar verfolgt, welches nicht zuvor bereits hinreichend durch die private Initiative gefördert wurde. Die Übernahme und der Betrieb des Unternehmens liegen dann nicht an sich schon im öffentlichen Interesse. Aber auch hier kann der Staat öffentliche Zwecke verfolgen, die seiner wirtschaftlichen Betätigung einen zusätz-

---

641 Vgl. *Schuppert,* GewArch 2004, 441; *Graf Vitzthum*, AöR 104. Bd. [1979], 580, 599, Fn. 64.

642 Daher ist die Entscheidung des OLG Düsseldorf GewArch 2001, 370, (s. Fn. 615) kritisch zu sehen.

lichen gemeinwohlfördernden Aspekt verleihen, etwa eine gezielte Preispolitik für billigere Grundnahrungsmittel oder aber die Schaffung von weiteren Arbeitsplätzen, indem er beispielsweise die bisherige Zahl der Angestellten von 1250 auf 1500 erhöht und in jeder Filiale 6 Mitarbeiter beschäftigt. Beides geht zu Lasten des erwirtschafteten Gewinns, weshalb ein privater Unternehmer diese Maßnahmen nicht ergriffen hätte. Hier wird deutlich, dass modifizierte Gewinnerzielungsabsicht auch den Verzicht auf einen Teil des maximal möglichen Gewinns zur unmittelbaren Förderung öffentlicher Zwecke bedeuten kann. Aber welches Gewicht ist den öffentlichen Zwecken beizumessen? Wie viele Arbeitsplätze müssen geschaffen werden, damit der öffentliche Zweck überwiegt?

Die öffentlichen Zwecke sind gerade nicht verfassungsrechtlich vorgegeben.[643] Entsprechend divergieren die Meinungen über die Anerkennung öffentlicher Zwecke. Einerseits sollen die Sicherung von Arbeitsplätzen und die Schließung von Haushaltslücken keinen tragfähigen Zweck für staatliche Unternehmen abgeben.[644] Dass der Sozialstaat aber vorübergehend ein Unternehmen übernimmt, das für eine Region große wirtschaftliche Bedeutung hat, sei andererseits aber verfassungsrechtlich kaum zu verhindern.[645] Entsprechend soll ein öffentliches Interesse doch ohne Bedenken angenommen werden können, wenn der Staat ein sanierungsbedürftiges Unternehmen nicht subventioniert, sondern selbst übernimmt, um Arbeitsplätze zu erhalten und neue unternehmerische Konzepte anzuwenden, da in diesem Fall der Charakter der Wirtschaftsförderung im Vordergrund stehe und die konkrete Gewinnerzielung nebensächlich sei.[646] Aber wie sanierungsbedürftig muss das Unternehmen sein? Was, wenn es nur sanierungsfähig ist? Auch hier hat doch eine Übernahme durch den Staat zur Stärkung des Unternehmens wirtschaftsfördernden Charakter.

Sofern man bestimmte Motive aufgrund eines gemeinwohlfördernden Aspekts als öffentliche Zwecke anerkennt, ist in der Folge jegliche Schwelle, ab welcher Wichtigkeit ein öffentlicher Zweck vorliegt, willkürlich gesetzt. Entsprechende Überlegungen führen daher auch nicht zu präzisen Aussagen, sondern verweisen nur auf eine bestimmte Grenze, ohne jedoch zu klären, wo diese zu ziehen ist.[647] Diese Unklarheit ergibt sich insbesondere aus der Tatsache, dass eine Gewichtung unterschiedlicher Zwecke nebeneinander und gegeneinander nicht objektiv durchführbar ist. Soweit daher bei wirtschaftlicher Betätigung des Staates in der Absicht der Gewinnerzielung das Gemeinwohl in irgendeiner Weise gefördert wird, ist fraglich, weshalb das öffentliche Interesse an der wirtschaftlichen Betä-

643 Vgl. *Kermel*, Steuerungsmöglichkeiten, S. 45.
644 *Kluth*, in: Storr, Öff. Unternehmen, S. 15.
645 *Kluth*, in: Storr, Öff. Unternehmen, S. 15 f.
646 *Stober*, ZHR 145 [1981], 565, 585.
647 Vgl. schon die Kritik von *Berkemann*, Staatliche Kapitalbeteiligung, S. 137.

tigung des Staates mit dem wenig nützlichen Hinweis auf eine unbestimmte Grenze verneint werden soll. Die Konsequenz aus dieser Überlegung ist, dass grundsätzlich jeglicher öffentliche Zweck genügen muss, der bei der wirtschaftlichen Betätigung der öffentlichen Hand neben die Gewinnerzielungsabsicht tritt.

e. Konsequenzen des Ausreichens auch geringer öffentlicher Interessen

Das Kriterium des öffentlichen Zwecks ist juristisch nicht klar zu definieren und kann damit für eine klare Abgrenzung zulässiger und unzulässiger staatlicher Tätigkeit nur wenig aussagen. Aus diesem Grund kann es schlechthin nicht zum ausschlaggebenden Merkmal für oder gegen die verfassungsmäßige Zulässigkeit einer wirtschaftlichen Betätigung der öffentlichen Hand erhoben werden. Aus dem Wesen des modernen Staates ergibt sich dessen Pflicht, allein zur Förderung des Gemeinwohls tätig zu werden. Dabei eine mittelbare Förderung ausreichen zu lassen, ist zumindest fragwürdig und erlaubte dem Staat grundsätzlich jede Tätigkeit, solange nur mittelbar ein öffentliches Interesse verfolgt wird. Dies dehnt die Grenzen der staatlichen Handlungsfreiheit zu sehr aus. Vorzugswürdig ist daher eine unmittelbare Förderung des Gemeinwohls einzufordern. Diese kann auch mit der Absicht der Gewinnerzielung gekoppelt sein.

Handelt der Staat in der Absicht der Gewinnerzielung, so ist zunächst zu prüfen, ob daneben auch öffentliche Zwecke verfolgt werden. Der öffentliche Zweck wird ermittelt, in dem man gedanklich das gesamte vom Staat zu investierende Geld als verloren annimmt und prüft, ob dennoch zumindest ein gemeinwohlfördernder Aspekt der Investition ersichtlich ist. Solange auf diese Weise ein öffentlicher Zweck nachweisbar ist, sollte die erwerbswirtschaftliche Betätigung des Staates unter diesem Gesichtspunkt zulässig sein, denn eine Gewichtung kann objektiv nicht vorgenommen werden und somit das Überwiegen des Motivs der Gewinnerzielung oder der Gemeinwohlförderung nicht eindeutig festgestellt werden. Vielmehr wird die Abwägung stets durch persönliche Einschätzungen beeinflusst sein. Dabei ist auch zu berücksichtigen, dass dem Staat bei der Erfüllung seiner Aufgaben auch ein Einschätzungsspielraum zukommt, in dessen Rahmen er die Zwecke seines Handelns auch anders einschätzen kann, als es sich einem außenstehenden Beobachter darstellt. Zu bedenken ist auch, dass insoweit dem Gedanken an eine mittelbare Verfolgung öffentlicher Zwecke durchaus ein legitimer Platz einzuräumen ist, selbst wenn zunächst eine unmittelbare Gemeinwohlförderung einzufordern ist.

Da es auf das Gewicht des unmittelbar geförderten Zwecks nicht ankommt, mag der unmittelbar verfolgte öffentliche Zweck mitunter nur ein Feigenblatt darstellen, mit der die Absicht der Gewinnerzielung zur mittelbaren Verfolgung öffentlicher Zwecke legitimiert werden soll. Dies ist aber hinzunehmen, da letztliche jegliche Gemeinwohlförderung erstrebenswert ist, sei sie auch noch so geringfügig, zumal ansonsten bei einem Scheitern der unternehmerischen Initiative die entsprechenden Haushaltsmittel verfassungswidrig ganz ohne gemeinwohlfördernde Wirkung verwendet worden wären. Der öffentliche Zweck steht damit der Aufnahme staatlicher Wirtschaftstätigkeit nicht entgegen. Auf das Gewicht des verfolgten öffentlichen Zwecks kommt es erst an anderer Stelle an, nämlich letztlich erst im konkreten Einzelfall, wenn durch die staatliche Tätigkeit Grundrechtseingriffe zu besorgen oder abzuwehren sind. Hier muss sich der öffentliche Zweck konkret gegenüber den betroffenen Einzelinteressen als wichtiger erweisen, damit die erwerbswirtschaftliche Tätigkeit des Staates weiterhin zulässig ist.

Die Nachweisbarkeit eines öffentlichen Zwecks ist damit weniger im Rahmen der Voraussetzungen wirtschaftlicher Tätigkeit der öffentlichen Hand relevant, sondern vielmehr unverzichtbare Bedingung, um die mit jeder staatlichen wirtschaftlichen Betätigung verbundene Einschränkung der Grundrechte Dritter rechtfertigen zu können.[648] Dabei kann gerade nicht die Existenz überhaupt eines öffentlichen Zwecks Grundrechtseingriffe rechtfertigen, sondern der konkret verfolgte Zweck des öffentlichen Unternehmens muss gegen die Schwere des Grundrechtseingriffs abgewogen werden.[649] Bei der bloßen Prüfung aber, ob überhaupt ein öffentlicher Zweck vorliegt, muss jegliche unmittelbare Gemeinwohlförderung für eine Rechtfertigung staatlicher Tätigkeit ausreichen, unabhängig von einer daneben noch bestehenden Gewinnerzielungsabsicht.

Allein eine reine Gewinnerzielungsabsicht ist verfassungsrechtlich unzulässig. Gewinnmaximierung um jeden Preis ist mit der Gemeinwohlverpflichtung des Staates unvereinbar. Eine modifizierte Gewinnerzielungsabsicht ist dagegen zulässig, da damit der Förderung des Gemeinwohls gegenüber der Gewinnmaximierung der Vorrang gegeben wird. Selbst wenn Gewinnerzielung weiterhin Hauptzweck der staatlichen Tätigkeit ist, so wird die Art ihrer Verfolgung durch den öffentlichen Nebenzweck beeinflusst. Reine Gewinnerzielungsabsicht ist in der Praxis aber auch kaum anzutreffen. Solange die öffentliche Hand Unternehmen beherrscht, kann ihr jeder gemeinwohlfördernde Aspekt der unternehmerischen Tätigkeit zugerechnet werden. Schwieriger gestaltet sich die Frage nach dem öffentlichen Zweck dagegen bei bloßen Kapitalbeteiligungen.

---

648 *Schmidt*, Öff. Wirtschaftsrecht AT, § 11 II c aa), S. 525.

649 Sofern die wirtschaftliche Betätigung der öffentlichen Hand überhaupt einer Grundrechtsbindung unterliegt. Vgl. dazu unten, Dritter Teil, C. I.

f. Der öffentliche Zweck bei bloßen Kapitalbeteiligungen der öffentlichen Hand

Bei der Legitimation der öffentlichen Hand zur kapitalmäßigen Beteiligung an privatwirtschaftlichen Unternehmen handelt es sich seit jeher um einen unerforschten Fragenkomplex.[650] Die Unternehmensbeteiligungen des Bundes hängen von vielfältigen Einzelüberlegungen ab, die keiner detaillierten rechtlichen Regelung zugänglich sind, weshalb in der Literatur zumindest eine Verschärfung der haushaltsrechtlichen Konturen gefordert wird, um den „Nebel über den Beteiligungszielen des Bundes" etwas zu lichten.[651] Die bloße Kapitalbeteiligung der öffentlichen Hand ist aber jedenfalls als erwerbswirtschaftliche Tätigkeit des Staates zu qualifizieren.[652] Damit ist auch hier die Problematik eröffnet, dass der Erwerb von Beteiligungen und Unternehmen, welche allein erwerbswirtschaftliche Ziele verfolgen, durch die öffentliche Hand unzulässig ist, da Profiterzielung durch Gewinnmaximierung allein Privaten vorbehalten ist und keine öffentliche Aufgabe darstellt.[653] Eine Beteiligung der öffentlichen Hand an der Gewinnmaximierung Privater kann damit nicht zulässig sein. Allerdings wird in der Literatur auch hier eine nuancierte Betrachtung der staatlichen Beweggründe für die Beteiligung vorgenommen.

Zum einen wird argumentiert, dass den Beteiligungen des Bundes ein Bündel wirtschafts- und finanzpolitischer Zielsetzungen zugrunde liegen, unter denen betriebswirtschaftliche und kaufmännische Erwägungen kein maßgebliches Gewicht besitzen - die Sicherung der Verfügbarkeit bestimmter Güter und Dienstleistungen sei dabei ebenso angestrebt wie die regionale Stabilisierung des Arbeitsmarktes oder die Beeinflussung des Preisniveaus einzelner Produkte.[654] Dies scheint zunächst sehr pauschal, es weist aber richtigerweise darauf hin, dass auch hinsichtlich staatlicher Kapitalbeteiligungen öffentliche Interessen vielfältig sind. Sie können jedoch mehr oder weniger dringlich oder mehr oder weniger stark ausgeprägt sein. Auch hier ist eine Gewichtung schwer vorzunehmen. Eine staatliche Kapitalbeteiligung ad hoc zur Stützung oder Sanierung einer privaten Aktiengesellschaft im dringlichen Interesse der Erhaltung der Arbeitsplätze einer großen Belegschaft ist jedoch stark und unmittelbar durch einen öffentlichen Zweck geprägt.[655]

---

650 Vgl. die Formulierung von *Burmeister*, DÖV 1975, 695, 703, übernommen von *Berg*, GewArch 1990, 225, 226.

651 Vgl. *Krebs*, ZRP 1983, 270, 273.

652 Vgl. *Ipsen*, NJW 1963, 2102, 2104.

653 Vgl. *Grupp*, ZHR 140 (1976), 367, 381.

654 *Krebs*, ZRP 1983, 270, 272.

655 *Ipsen*, NJW 1963, 2102, 2105.

Je stärker ein entsprechender staatlicher Kapitaleinsatz allerdings letztlich darauf abzielt, durch Erträge aus dem Gewinn des Unternehmens die Finanzkraft des jeweilig beteiligten Verwaltungsträgers zu stärken, desto mittelbarer wird die mit dem Kapitaleinsatz verbundene Verwirklichung des öffentlichen Interesses.[656] Aber auch eine solche mittelbare Gemeinwohlförderung ist nach einer verbreiteten Ansicht in der Literatur zulässig, da Erwerb und Besitz von Unternehmensbeteiligungen der öffentlichen Hand im Wechsel von Konjunktur und Krise einmal in der Absicht der Gewinnerzielung und zu anderer Zeit auch ausschließlich aufgrund verwaltungsmäßiger Motive geschehen können, unter Umständen auch unter Hinnahme finanzieller Verluste.[657] Eine allgemeine Forderung, dass die öffentliche Hand bei Wegfall des öffentlichen Zwecks ihre Beteiligung an einem Unternehmen aufzugeben habe, sei daher nicht sachgemäß.[658] Nach der hier vertretenen Ansicht ließe sich jedoch unter zwei Bedingungen ein Rückzug der öffentlichen Hand aus der Beteiligung fordern:

Zum einen müsste der öffentliche Zweck komplett entfallen sein und nicht nur fortan einen sekundären Rang einnehmen, da in diesem Fall die staatliche Beteiligung durchaus noch als zulässig einzustufen ist - das verdeutlicht gerade eine Beteiligung an Energieversorgungsunternehmen, bei der neben der scheinbar primären Gewinnerzielungsabsicht[659] ein daseinsvorsorgendes Moment unter dem Gesichtspunkt der Energiesicherheit durchaus noch anerkannt werden kann. Dies steht mit den bisherigen Feststellungen zur erwerbswirtschaftlichen Betätigung der öffentlichen Hand im Einklang, dass eine solche nur dann unzulässig ist, sofern sich überhaupt kein öffentlicher Zweck neben der Absicht der Gewinnerzielung feststellen lässt. Zum anderen darf der öffentliche Zweck nicht nur vorübergehend entfallen sein. Gerade nämlich, wenn der öffentliche Zweck nur konjunkturbedingt entfallen ist, kann er potenziell auch konjunkturbedingt wieder aufleben, weshalb eine übereilte Veräußerung der staatlichen Beteiligung wenig sinnvoll und bei späterer Wiederbeteiligung möglicherweise auch noch verlustreich wäre.[660]

Die Verpflichtung des Staates auf das Gemeinwohl verbietet es nicht, zum Zwecke der Gewinnerzielung Unternehmensbeteiligungen einzugehen, sie verlangt aber, dass sich der Staat das private Interesse einzelner oder einer Mehrheit von Individuen nicht zu eigen machen darf, wenn es nicht mit dem Interesse der All-

---

656 *Ipsen*, NJW 1963, 2102, 2105.
657 *Klein*, Teilnahme, § 1 II 4, S. 21; *Menger*, DVBl. 1960, 297, 299.
658 Vgl. aber *Kermel*, Steuerungsmöglichkeiten, S. 44.
659 Vgl. *Kermel*, Steuerungsmöglichkeiten, S. 41 f.
660 So auch der faktische Befund bei *Kermel*, Steuerungsmöglichkeiten, S. 45. Im Übrigen liegt diese Überlegung für Unternehmen des Bundes auch § 63 Abs. 2 BHO zugrunde.

gemeinheit zusammenfällt.[661] Das bedeutet, dass der Staat eine Kapitalbeteiligung nicht allein aus Gewinninteressen, sondern überhaupt nur deshalb eingehen darf, weil das Unternehmen durch seine Tätigkeit selbst auch gemeinwohlfördernd wirkt. Eine Kapitalbeteiligung der öffentlichen Hand an privaten Unternehmen ist deshalb allein durch einen öffentlichen Zweck, den zu flankieren sie bestimmt ist, zu rechtfertigen und bei jeder staatlichen Anlagetätigkeit muss ein Rückbezug auf den dahinterstehenden öffentlichen Zweck möglich bleiben.[662] Beteiligungen an Wirtschaftsunternehmen, die ausschließlich privatwirtschaftlichen Zwecken dienen, sind daher nicht zulässig.[663]

In der Praxis sind jedoch die Gründe für eine Beteiligung der öffentlichen Hand an einem Unternehmen oft schon im Zeitpunkt der Begründung der Beteiligung unklar.[664] Soweit mit ihnen kein anderer Zweck verfolgt wird, sollen Unternehmensbeteiligungen der öffentlichen Hand aber nach einer Ansicht in der Literatur mit der bloßen Absicht der Gewinnerzielung eingegangen und gehalten werden.[665] Dies wäre jedoch angesichts der Unzulässigkeit einer reinen Gewinnerzielungsabsicht problematisch. Es ist jedoch bei Unternehmensbeteiligungen nicht immer möglich, die Gewinnorientierung von anderen Motiven staatlichen Wirtschaftens zu trennen.[666] Im Ergebnis muss daher mit den bereits für die erwerbswirtschaftliche Betätigung der öffentlichen Hand angeführten Gründen jeder mit der Beteiligung unmittelbar verfolgte öffentliche Zweck für die verfassungsrechtliche Zulässigkeit der Beteiligung genügen.

Gegenstand der öffentlichen Zweckbindung ist dabei nicht primär die Führung des Unternehmens selbst, sondern die Handhabung der staatlichen Beteiligung. Erfolgt die Beteiligung an einem Unternehmen etwa zur Stützung eines notleidenden Unternehmens, so werden mittelbar Aufgaben der Wirtschaftsförderung erledigt.[667] Um die Beteiligung durch ein öffentliches Interesse rechtfertigen zu können, ist nach einer Ansicht stets ein Maximum an Beherrschung zu entwickeln, damit dem Steuermitteleinsatz auch eine Gemeinwohlmehrung zugeordnet werden kann.[668] Dies geht jedoch zu weit, da letztlich Kapitalbeteiligungen an privaten Unternehmen gerade dadurch gekennzeichnet sind, dass keine Be-

---

661 *Klein*, Teilnahme, § 7 VII, S. 141.

662 *Löwer*, VVDStRL 60 [2001], 416, 426 f.

663 *Stober*, ZHR 145 [1981], 565, 583 – als Beispiel führt er allerdings die Volkswagen AG an, obwohl sich für die staatliche Beteiligung hier auch geförderte Gemeinwohlinteressen finden lassen.

664 *Jarass*, DÖV 2002, 489, 490.

665 Vgl. *Stober*, NJW 1984, 449, 451.

666 So für den Bereich der Energiewirtschaft *Kermel*, Steuerungsmöglichkeiten, S. 44, mit Verweis auf BGHZ 69, 334, 339.

667 *Stober*, NJW 1984, 449, 452.

668 So *Löwer*, VVDStRL 60 [2001], 416, 434.

herrschung durch die öffentliche Hand vorliegt, da ansonsten das gemischtwirtschaftliche Unternehmen als öffentliches Unternehmen anzusehen wäre.

Insofern ist es angemessener, für die Rechtfertigung der Kapitalbeteiligung die durch ein privates Unternehmen geförderten Gemeinwohlinteressen zu betrachten, welche sich der Staat über die Beteiligung an dem Unternehmen zu eigen macht und möglicherweise auch durch Erhöhung des Stammkapitals des Unternehmens unterstützt. Soweit auch öffentliche Interessen verfolgt werden, ist es dabei für die Zulässigkeit der Beteiligung unbeachtlich, dass sich der Staat gleichzeitig auch die hauptsächlich verfolgten Gewinninteressen des Unternehmens zu eigen macht. Die Kehrseite dieser Zurechnung ist jedoch, dass dem Staat auch gemeinwohlschädigendes oder grundrechtsverletzendes Verhalten des Unternehmens entgegengehalten werden kann. In diesem Zusammenhang wird erst das Gewicht des mit der Beteiligung verfolgten öffentlichen Interesses relevant. A priori sind staatliche Kapitalbeteiligungen damit aber verfassungsrechtlich zulässig, solange nur ein öffentlicher Zweck nachweisbar ist – unabhängig von seinem relativen Gewicht gegenüber der Gewinnerzielungsabsicht.

2. *Verfassungsrechtliches Subsidiaritätsprinzip*

Wenn es um die Frage der Zulässigkeit und Grenzen staatlicher Wirtschaftstätigkeit geht, wird im rechtswissenschaftlichen Schrifttum auch stets die Frage nach einem verfassungsrechtlichem Subsidiaritätsprinzip aufgeworfen, welches die Möglichkeiten der Betätigung des Staates auf dem freien Markt beschränken könnte.[669] Subsidiarität bedeutet, dass innerhalb einer hierarchisch aufgebauten Organisation Aufgaben nur dann durch eine höher geordnete Ebene wahrgenommen werden dürfen, wenn sie unterhalb dieser Ebene nicht oder nicht ausreichend erfüllt werden können. Innerhalb der Staatsorganisation bedeutet ein Subsidiaritätsprinzip daher, dass von allen Organisationsebenen, die eine bestimmte öffentliche Aufgabe ebenso gut erfüllen können, die hierarchisch niedrigere Ebene bei der Aufgabenzuweisung den Vorrang vor der höheren Ebene erhält.[670] Mitunter wird in der rechtswissenschaftlichen Literatur die Existenz eines verfassungsrechtlichen Subsidiaritätsprinzip behauptet, welches sich regelmäßig aus einer Gesamtschau einzelner Bestimmungen des Grundgesetzes herauslesen lassen soll.[671]

---

669 So bereits *Dürig*, in seiner Kommentierung zu Art. 2 Abs. 1 GG, in: Maunz/Dürig, GG, So-Dr., Art. 2 Abs. 1 Rn. 52.

670 Vgl. die Ausführungen zum Subsidiaritätsprinzip im Kommunalrecht bei *Uechtritz/Oetting*, in: Hoppe/Uechtritz, Hdb Kommunale Unternehmen, § 6 Rn. 75.

671 Vgl. in jüngerer Zeit *Sodan*, DÖV 2000, 361, insb. S. 368.

Die Anwendung des Subsidiaritätsprinzips auf die Frage nach der Zulässigkeit staatlicher Wirtschaftstätigkeit ergibt, dass unterhalb der untersten staatlichen Organisationsebene, nichtstaatliche Handlungsträger, also Private, mit ihrer wirtschaftlichen Betätigung dann Vorrang vor staatlicher Wirtschaftstätigkeit haben, und diese mithin ausschließen, wenn die vom Staat wahrgenommene Aufgabe ebenso gut und wirtschaftlich durch die Privatwirtschaft erfüllt werden kann. In diesem Sinne wird argumentiert, das Grundgesetz enthalte eine Absage an die Staatswirtschaft, die durch die mittelbare Verfolgung von Gemeinwohlinteressen, etwa durch die Erwirtschaftung von Gewinnen zur Entlastung von Haushalten oder die Schaffung von Arbeitsplätzen, gekennzeichnet ist, weil eine solche Wirtschaft die Trennung von Staat und Gesellschaft aufhebe und eine schleichende Beseitigung der individuellen Freiheit bewirke, wenn der Staat dem einzelnen nicht mehr nur hoheitlich, sondern auch als Arbeitgeber gegenüber tritt.[672]

Die öffentliche Hand könnte demnach nur dort im privatwirtschaftlichen Bereich tätig werden, wo der Markt im Rahmen des freien Wettbewerbs nicht existiert oder nur ungenügend funktioniert und daher überragende Forderungen des Gemeinwohls durch die Selbstregulierung des Marktes nicht erfüllt werden können.[673] Nicht aber dürfte danach der Staat einfach als weiterer Wettbewerber auf einem auch ohne den Staat funktionierenden Markt agieren. Erwerbswirtschaftliche Betätigung des Staates wäre nur als ultima ratio der Wirtschaftsbeeinflussung möglich.[674]

Das Prinzip der Subsidiarität hat an verschiedenen Stellen im Grundgesetz Niederschlag gefunden, beispielsweise in der Selbstverwaltungsgarantie der Gemeinden in Art. 28 GG, oder auch im grundsätzlichen Vorrang der Länder bei der Erfüllung der staatlichen Aufgaben nach den Art. 30, 70 und 83 GG.[675] Des weiteren wird mitunter angenommen, das in Art. 23 Abs. 1 S. 1 GG für die Europäische Union ausdrücklich erwähnte Prinzip strahle auch auf die innerstaatliche Rechtsordnung aus, auch wenn sich daraus keine unmittelbaren Handlungsanweisungen entnehmen ließen.[676] Zudem wird argumentiert, die Grundrechte garantierten dem Bürger eine persönliche und wirtschaftliche Freiheitssphäre gegenüber dem Staat, in die dieser nicht ohne weiteres als Wettbewerber eintreten könne.[677] Dahinter verbirgt sich jedoch kein generelles Subsidiaritätsprinzip,

672 *Hösch*. GewArch 2000, 1, 11.
673 Vgl. *Ronellenfitsch*, in: Isensee/Kirchhof, Hdb. StaatsR, IV, § 98 Rn. 34.
674 Vgl. *Dürig*, in: Maunz/Dürig, GG, Art. 2 Abs. 1 Rn. 52.
675 Vgl. *Küchenhoff*, NJW 1968, 433, 435.
676 *Ehlers*, Jura 1999, 212, 213 f.
677 Vgl. *Dürig*, in: Maunz/Dürig, GG, So-Dr., Art. 2 Abs. 1 Rn. 52; *Küchenhoff*, NJW 1968, 433, 435.

sondern schlicht die Grundrechtsdogmatik, welche Eingriffe in die Freiheitssphäre des Bürgers zwar nur bei entsprechender Rechtfertigung zulässt, aber eben doch zulässt.

Es sollte vermieden werden, im Wege einer die einzelnen Grundrechte nivellierenden Gesamtschau der Grundrechte, ein Subsidiaritätsprinzip zu entwickeln, welches einerseits nicht weiter gehen kann als der jeweilige Schutz einzelner Grundrechte, ohne diese Grundrechte unzulässigerweise eines Teils ihrer Bedeutung zu berauben, und andererseits nicht hinter dem jeweiligen Schutz dieser einzelnen Grundrechte zurückbleiben kann, ohne selbst bedeutungslos zu werden.[678] Die Grundrechte haben ihren Platz im Grundgesetz nicht aufgrund eines Subsidiaritätsgedankens, sondern zum Schutz der Menschenwürde und der persönlichen Freiheitssphäre erhalten. Versuche, im Nachhinein aus ihnen ein verfassungsrechtliches Subsidiaritätsprinzip herauslesen zu wollen, können nicht überzeugen.[679]

Ebenso wie bei den Grundrechten, ist es auch bei den anderen grundgesetzlichen Regelungen, in denen sich Ansätze eines Subsidiaritätsgedankens finden, wenig sinnvoll, ein dahinterstehendes verfassungsrechtliches Gesamtprinzip zu konstruieren, wenn sich darüber nicht mehr aussagen lässt als sich bei genauer Auslegung der einzelnen Grundgesetzbestimmungen ohnehin ergibt.[680] Im Gegenteil, die Konstruktion eines hinter den Verfassungsnormen stehenden gewissermaßen überrechtlichen Prinzip ist im Hinblick auf die Rechtssicherheit zweifelhaft und birgt die Gefahr einer unzulässigen Vermischung rechtlicher und außerrechtlicher Aspekte.[681] Aus vereinzelten anderen Normen des Grundgesetzes im Wege einer Gesamtanalogie ein Subsidiaritätsprinzip von Verfassungsrang ableiten zu wollen, ist daher abzulehnen.

Das Subsidiaritätsprinzip wird demzufolge auch, zumindest als Verfassungsprinzip für die Grenzen staatlicher Wirtschaftstätigkeit von der rechtswissenschaftlichen Literatur ganz überwiegend abgelehnt.[682] Auch in der Rechtssprechung ist ein verfassungsrechtliches Subsidiaritätsprinzip bisher nicht ange-

---

678 Vgl. auch *Schliesky*, Öff. WettbewerbsR, C I 2 a, S. 128.

679 *Eisenmenger*, Neuregelung, § 6 I 1 f, S. 91, bezeichnet es als fernliegend, aus der Bezugnahme des Grundgesetzes auf die Menschenwürde ein Subsidiaritätsprinzip zwischen öffentlicher und privater Wirtschaftstätigkeit folgern zu können.

680 Vgl. *Ehlers*, Verwaltung in Privatrechtsform, S. 99.

681 *Ehlers*, Verwaltung in Privatrechtsform, S. 99; *Eisenmenger*, Neuregelung, § 6 I 1 f, S. 91.

682 *Ehlers*, Verwaltung in Privatrechtsform, S. 98; *Schliesky*, Öff. WettbewerbsR, C 2 a, S. 129 f.; *Eisenmenger*, Neuregelung, § 6 I 1 f, S. 91; *Schmidt*, Öff. Wirtschaftsrecht AT, § 11 II 1 a, S. 520; *Dickersbach*, WuV 1983, 187, 196; *Berg*, GewArch 1990, 225, 227; *Pieroth/Hartmann*, DVBl. 2002, 421, 427.

nommen worden. Das Bundesverwaltungsgericht lehnt die Ableitung eines allgemeinen Verfassungsgrundsatzes ab.[683] Das Bundesverfassungsgericht hat bis heute keine Entscheidung auf einen entsprechenden Verfassungsgrundsatz gestützt.[684] Lediglich die Gemeindeordnungen der Länder enthalten verschieden scharfe Subsidiaritätsklauseln für die Zulässigkeit einer wirtschaftlichen Betätigung der Gemeinden.[685] Aus dem Grundgesetz ergibt es sich jedoch nicht.

3. Ländervorbehalt

Von den Vertretern eines verfassungsrechtlichen Subsidiaritätsprinzips wird als Beispiel für Subsidiaritätselemente im Grundgesetz auch die Aufgabenteilung angeführt, welche das Grundgesetz zwischen Bund und Ländern etwa in den Art. 30, 70 und 83 GG vornimmt. Art. 30 unterstellt die Erfüllung der Staatsaufgaben, soweit nichts anderes vorgesehen ist, den Ländern. Dies gilt nach dem Bundesverfassungsgericht sowohl für die gesetzesakzessorische als auch für die „gesetzesfreie" Erfüllung staatlicher Aufgaben.[686] Sofern wirtschaftliche Tätigkeit der öffentlichen Hand staatliche Aufgaben erfüllt, ist Art. 30 GG demgemäß anwendbar, unabhängig davon, ob der Staat diese Aufgaben in öffentlich-rechtlicher oder privatrechtlicher Organisationsform wahr nimmt.[687] Umstritten ist allerdings, ob es auch staatliche Tätigkeiten des Staates, insbesondere erwerbswirtschaftliche Tätigkeiten gibt, welche von der Kompetenzzuordnung des Art. 30 GG nicht erfasst sind.

Nach verbreiteter Ansicht soll erwerbswirtschaftliche Tätigkeit des Staates von den bundesstaatlichen Kompetenzzuordnungsregeln ausgenommen sein, da die Teilnahme am Wettbewerb „reine Wirtschaft" ist und mithin nicht als Ausübung staatlicher Befugnisse oder Erfüllung staatlicher Aufgaben angesehen werden kann.[688] Auch kann durch eine bürgergleiche Teilnahme am Wirtschaftsverkehr der Bund nicht in den Verwaltungsraum der Länder eindringen.[689] Diese Auffas-

683 Vgl. BVerwGE 23, 304, 306; BVerwGE 39, 329, 338;

684 Vgl. bereits *Ehlers*, Verwaltung in privatrechtsform, S. 99, und seine Ausführungen in Fn. 134 zu BVerfGE 22, 180 ff. und 10, 59, 83.

685 Vgl. dazu *Ehlers*, DVBl. 1998, 497, 501 f.

686 BVerfGE 12, 205, 246.

687 Vgl. *W.März*, in: v.Mangoldt/K/S, GG, II, Art. 30 Rn. 42; *Ehlers*, Verwaltung in Privatrechtsform, S. 114 f.

688 *Gubelt*, in: v.Münch/Kunig, GG, II, Art. 30 Rn. 8; *Stern,* StaatsR II, S. 783; *Oebbecke*, in: Isensee/Kirchhof, Hdb. StaatsR, VI, § 136 Rn. 7 ; *Püttner*, Die öffentlichen Unternehmen, S. 162 f.; *Dittmann*, Bundesverwaltung, S. 11; *Dickersbach*, WuV 1983, 187, 194 f.; vgl. auch *Klein*, Teilnahme, § 8 VII, S. 150.

689 Vgl. *Pietzcker*, in: Isensee/Kirchhof, Hdb. StaatsR, VI, § 134 Rn. 18.

sung begegnet jedoch der Schwierigkeit, klar nach dem Zweck der wirtschaftlichen Betätigung eines öffentlichen Unternehmens abgrenzen zu müssen. Dies ist aber, wie bereits erläutert, nur sehr schwer möglich. Problematisch ist dies insbesondere für Bundesunternehmen, die bei einer Anwendbarkeit des Art. 30 GG möglicherweise als verfassungswidrig einzustufen wären, wenn sich für ihre Tätigkeit keine Bundeszuständigkeit im Grundgesetz finden ließe.

Dennoch befindet sich die Auffassung, dass auch das erwerbswirtschaftliche Handeln des Staates Art. 30 GG unterfällt im Vordringen.[690] Zwei Argumente werden für die Anwendbarkeit des Art. 30 GG auf die erwerbswirtschaftliche Tätigkeit des Staates hervorgebracht. Zum einen wird die Existenz eines kompetenzzuweisungsfreien Raumes für staatliche Tätigkeit außerhalb des Grundgesetzes verneint. Es widerspräche der Tendenz des Grundgesetzes, den Staat in allen seinen Erscheinungsformen zu binden.[691] Mithin kann es keine Tätigkeitsfelder des Staates geben, die nicht den in Art. 30 GG verwendeten Begriffen Aufgabe und Befugnis zugeordnet werden könnten.[692] Zum anderen wird angeführt, dass öffentliche Unternehmen stets einen öffentlichen Zweck verfolgen müssen und damit jedenfalls mittelbar einen Beitrag zur Erfüllung öffentlicher Aufgaben leisten müssen, was die Anwendbarkeit des Art. 30 GG auch auf die erwerbswirtschaftliche Betätigung der öffentlichen Hand hinreichend begründen würde.[693]

Vorliegend wird Art. 30 GG als mögliche Grenze für die Zulässigkeit staatlicher Wirtschaftstätigkeit angesehen. Bereits bei der Frage um die grundsätzliche Zulässigkeit solcher Tätigkeit und insbesondere auch der erwerbswirtschaftlichen Betätigung des Staates wurden Freiräume für staatliches Handeln jenseits der Verfassung ausgeschlossen. Sofern man aber staatliche Wirtschaftstätigkeit generell der Verfassung unterworfen sieht, muss man auch die Anwendbarkeit des Art. 30 GG bejahen. Erst mit der Verfassung entsteht der Staat und kann auch nur in dem von ihr festgesetzten Rahmen tätig werden. Alle Handlungen der öffentlichen Gewalt müssen daher mit den Anforderungen der Verfassung im Einklang stehen und sind anderenfalls verfassungswidrig.[694] Die grundsätzliche Offenheit des Grundgesetzes gegenüber erwerbswirtschaftlichem Staatshandeln erlaubt es nicht, die allgemeinen Grenzen staatlicher Tätigkeit zu negieren und

690 Vgl. *Erbguth*, in: Sachs, GG, Art. 30 Rn. 33.

691 *Ehlers*, Verwaltung in Privatrechtsform, S. 114; ähnlich auch *Lerche*, in: Maunz/Dürig, GG, V, Art. 83 Rn. 42.

692 *Korioth*, in: Maunz/Dürig, GG, IV, Art. 30 Rn. 19.

693 Vgl. *Pernice*, in: Dreier, GG, II, Art. 30 Rn. 28; *Ehlers*, Verwaltung in Privatrechtsform, S. 114; *Lerche*, in: Maunz/Dürig, GG, V, Art. 83, Rn. 42.

694 Vgl. *Badura*, StaatsR, A Rn. 13 zur Bindung der öffentlichen Gewalt an das Verfassungsrecht.

eine für das Staatshandeln relevante Kompetenzzuweisungsnorm des Grundgesetzes für nicht anwendbar zu erklären. Wirtschaftliche Betätigung der öffentlichen Hand ist eben nur dann zulässig, wenn sie sich in dem ihr durch die Verfassung zugewiesenen Bereich hält, welcher insbesondere durch die Grundrechte aber eben auch durch Aufgabenzuweisungen und Verfassungsprinzipien umrissen wird.[695]

Art. 30 GG ist damit auch bei erwerbswirtschaftlicher Tätigkeit des Staates zu beachten. Dabei ist unerheblich, ob die wirtschaftliche Betätigung in öffentlich-rechtlichen oder in privatrechtlichen Erscheinungsformen erfolgt,[696] und ob sie im Inland oder im Ausland stattfindet[697]. Für die Frage erwerbswirtschaftlicher Betätigung der Länder ergeben sich damit aus Art. 30 GG keine Probleme. Für die Gemeinden gilt ohnehin Art. 28 Abs. 2 GG als Ausnahmeregelung zu Art. 30 GG.[698] Schwieriger scheint es jedoch, eine Kompetenzzuweisung an den Bund als Ausnahme zu Art. 30 GG zu finden. Da eine Gewerbefreiheit des Staates verfassungsrechtlich nicht vorgesehen ist, bedarf jede Form staatlicher Wirtschaftsbetätigung einer kompetenzrechtlichen Legitimation.[699] Zum Teil wird das Sozialstaatsprinzip als ausreichende Stütze für eine wirtschaftliche Tätigkeit des Bundes angesehen.[700] Andere sehen eine ungeschriebene Bundeszuständigkeit in den Art. 134, 135 GG mitgeschrieben, da diese Normen eindeutig belegen würden, dass der Bund eigenes Vermögen besitzen und damit auch wirtschaftlich sinnvoll nutzen kann.[701]

Am weitesten verbreitet ist jedoch die Ansicht, die erwerbswirtschaftliche Betätigung des Bundes sei ein Komplex ursprünglicher Bundesfunktionen kraft Natur der Sache, der schon seiner Art nach außerhalb der Länderzuständigkeit liegt, soweit nicht ohnehin Spezialnormen des Grundgesetzes verfügbar sind, wie beispielsweise zu den Bahn- und Postunternehmen des Bundes.[702] Auch hier kommt es damit maßgeblich auf die bereits erläuterte Frage an, welchen Zwecken das erwerbswirtschaftliche Handeln unmittelbar oder mittelbar dienen kann. Solange man nicht von einem einseitig vorgeprägten Verständnis der Staatsaufgaben ausgeht, lassen sich aus der Kompetenzordnung des Grundgesetzes nur sehr allgemeine Schranken für die wirtschaftliche Betätigung des Staates

695 Vgl. *Grupp*, ZHR 140 (1976), 367, 380.

696 Vgl. *Schliesky*, Öff. WettbewerbsR, C I 2 e, S. 137 ff.; *Ehlers*, Verwaltung in Privatrechtsform, S. 114 f.

697 Ablehnend: *Gubelt*, in: v.Münch/Kunig, GG, II, Art. 30 Rn. 9.

698 *Gundlach*, LKV 2002, 264, 264.

699 *Scholz*, in: Maunz/Dürig, GG, II, Art. 12 Rn. 413.

700 *Ehlers*, Verwaltung in Privatrechtsform, S. 115.

701 *Bothe*, in: AK-GG, Art. 30 Rn. 17; vgl. auch *Püttner*, Die öffentlichen Unternehmen, S. 162.

702 *Lerche*, in: Maunz/Dürig, GG, V, Art. 83 Rn. 42.

ableiten.[703] Dies entspricht auch der deutschen Staatstradition, die jedenfalls in den letzten zweihundert Jahren bereits durch eine gemäßigte unternehmerische Betätigung des Staates gekennzeichnet ist.[704] Art. 30 GG stellt damit für die erwerbswirtschaftliche Betätigung des Bundes nur geringe Hürden auf. Es bedarf lediglich einer öffentlichen Aufgabe, die der Bund erfüllen muss oder darf.[705]

4. Gesetzesvorbehalt

Fraglich ist, ob es für die Errichtung eines öffentlichen Unternehmens auch eines formellen Gesetzes bedarf. Der aus dem Rechtsstaatsprinzip, Art. 20 Abs. 1 GG, abgeleitete Grundsatz der Gesetzmäßigkeit der Verwaltung erlaubt hier keine abschließende Beantwortung der Frage, da allein belastendes Verwaltungshandeln dem Prinzip des Vorbehalts des Gesetzes unterfällt. Demzufolge bedarf wirtschaftliche Betätigung des Staates jedenfalls dann einer gesetzlichen Grundlage, wenn sie in Grundrechte natürlicher oder juristischer Personen eingreift. Im Regelfall soll jedoch ein Grundrechtseingriff durch erwerbswirtschaftliche Betätigung zu verneinen sein.[706] Dies wird noch genauer zu untersuchen sein.[707] Nicht belastendes Verwaltungshandeln unterfällt keinem Gesetzesvorbehalt, sondern darf, gemäß des Prinzips des Vorrangs des Gesetzes, lediglich nicht gegen bestehendes Recht verstoßen.

Das gewichtigere Argument für einen Gesetzesvorbehalt bei Gründung öffentlicher Unternehmen ist jedoch jedenfalls für den Bund die Regelung des Art. 87 Abs. 3 GG. Darin ist vorgesehen, dass der Bund für Gebiete, in denen ihm die Gesetzgebung zusteht, durch Gesetz neue bundesunmittelbare Körperschaften und Anstalten des öffentlichen Rechts durch Bundesgesetz errichten kann. Dieser Gesetzesvorbehalt gilt seinem Wortlaut nach nur für die Gründung juristischer Personen des öffentlichen Rechts. Er kann jedoch auch für die Gründung juristischer Personen des Privatrechts nicht ohne Bedeutung bleiben. Die Regelung des § 87 Abs. 3 GG würde ohne Bedeutung sein, wenn der Bund sich für die Errichtung eines Verwaltungsträgers schlicht durch die Wahl einer privatrechtlichen Rechtsform dem Gesetzesvorbehalt und damit den Bindungen des Grundgesetzes entziehen könnte.

---

703 *Kluth*, in: Storr, Öff. Unternehmen, S. 17.
704 *Kluth*, in: Storr, Öff. Unternehmen, S. 17.
705 *Schliesky*, Öff. WettbewerbsR, S. 142.
706 *Otting*, DVBl. 1997, 1258, 1260.
707 S. dazu unten, Dritter Teil, B. II. 6.

Der Gesetzesvorbehalt des Art. 87 Abs. 3 GG ist eine notwendige Ergänzung zu der Regelung des Ländervorbehalts im Grundgesetz und der enumerativen Auflistung der Gesetzgebungskompetenzen des Bundes. Indem es dem Bund zur Pflicht gemacht wird, neue Verwaltungsträger durch Bundesgesetz zu errichten, wird gewährleistet, dass sich der Bund auch mit seiner Verwaltungstätigkeit im Rahmen der ihm zugewiesenen Regelungsgebiete hält und nicht in Regelungsbereiche eingreift, die den Ländern vorbehalten sind. Der Gesetzesvorbehalt des Art. 87 Abs. 3 GG ist mithin als verfassungsmäßige Sicherung des Ländervorbehalts auch in Belangen der Verwaltung von solcher Bedeutung, dass er sich auf die Gründung juristischer Personen des Privatrechts erstrecken muss.[708] Gleichzeitig wird aber deutlich, dass es sich allein um ein Erfordernis auf Bundesebene handelt. Für die öffentlichen Unternehmen der Bundesländer ist damit noch keine Aussage getroffen.

Es ist jedoch auch auf der Ebene der Bundesländer für die Gründung juristischer Personen des öffentlichen Rechts sowie des Privatrechts ein Gesetzesvorbehalt anzunehmen. Dies wird in der rechtswissenschaftlichen Literatur aus dem Demokratieprinzip hergeleitet, weil auch privatrechtlich organisierte Gesellschaften der öffentlichen Hand einer demokratischen Legitimation bedürfen.[709] Dieses Argument gilt jedenfalls dann, wenn mit der Gesellschaft eine Tätigkeit angestrebt werden soll, welche die Verwaltung bisher nicht schon selbst wahrgenommen hat. Sofern die Verwaltung lediglich eine bereits von ihr wahrgenommene Tätigkeit (im Wege einer Organisationsprivatisierung) in neuer Rechtsform fortführen möchte, ist diese Tätigkeit bereits zu einem früheren Zeitpunkt demokratisch legitimiert worden und das Erfordernis eines Gesetzes entbehrlich. Sofern es aber um wirtschaftliche Betätigung geht, die die öffentliche Hand gerade erst mit dem neu zu gründenden Unternehmen erstmalig im Rahmen ihres Aufgabenkreises wahrnehmen möchte, ist das Erfordernis einer demokratischen Legitimation und Kontrolle der Verwaltung nicht von der Hand zu weisen.

In dem somit erforderlichen Gesetz sollen die einschlägige Rechtsgrundlage und der die Tätigkeit legitimierende Zweck anzugeben sein,[710] da sich nur so ein unkontrolliertes Ausgreifen der unternehmerischen Tätigkeit des Staates durch

708 Diesen Aspekt übersieht wohl *Schliesky*, Öff. WettbewerbsR, C I2 a) bb) (3), S. 151, bei der Auslegung der Norm. Danach weise die Vorschrift lediglich darauf hin, dass die bezeichneten Körperschaften und Anstalten durch Gesetz zu errichten sind. Es bestehe jedoch gerade kein allgemeiner Gesetzesvorbehalt, sondern nur ein institutioneller Gesetzesvorbehalt für die Organisationsformen des öffentlichen Rechts. Auf den Zusammenhang des in der Vorschrift erwähnten Gesetzes und die ebenso in der Vorschrift vorausgesetzte Gesetzgebungskompetenz des Bundes geht er nicht ein.

709 Vgl. *Stober*, NJW 1984, 449, 453.

710 Vgl. *Löwer*, VVDStRL 60 [2001], 416, 433.

ständige Aufgabenerweiterung verhindern lassen soll.[711] Inwieweit es jedoch sinnvoll ist, den zu verfolgenden öffentlichen Zweck gesetzlich festzuhalten, ist fraglich, da es nicht unüblich ist, dass sich der öffentliche Zweck mit gesellschaftlichen und wirtschaftlichen Entwicklungen wandelt. Dagegen wird jedoch eingewendet, das Demokratieprinzip erfordere parlamentarische Verantwortungs- und Überwachungsmechanismen zur Legitimation staatlicher Tätigkeit, welche der Gesetzesvorbehalt gerade gewährleisten solle. Daher habe das Parlament die durch die Unternehmen der öffentlichen Hand zu erfüllenden öffentlichen Aufgaben zu konkretisieren und stets gesetzlich niederzulegen.[712] Dem ist jedoch nur bedingt zuzustimmen, da sich der öffentliche Zweck eines Unternehmens gerade nicht für alle Zeit in Stein meißeln lässt und darüber hinaus auch kaum scharf zu umreißen ist. Die Angabe, welcher Zweck mit der Wirtschaftsbetätigung verfolgt wird, muss jedoch insoweit bestimmt sein, als erkennbar sein muss, welcher verfassungsmäßigen Aufgabe des Staates er zuzuordnen ist, um eine Prüfung der Einhaltung der verfassungsrechtlichen Kompetenzzuweisungen, insbesondere des Ländervorbehalts, zu ermöglichen.[713]

Jedenfalls aber soweit von der geplanten wirtschaftlichen Betätigung der öffentlichen Hand Eingriffe in Grundrechte zu befürchten sind, spielt der mit der Betätigung verfolgte öffentliche Zweck eine entscheidende Rolle, und ist daher unbedingt schon in das die Wirtschaftstätigkeit des Staates begründende Gesetz so bestimmt wie möglich mit aufzunehmen. Dies ist insbesondere für die Prüfung der Verhältnismäßigkeit der befürchteten Eingriffe wichtig, denn es ist danach zu fragen, ob die öffentliche Hand einen legitimen öffentlichen Zweck im Rahmen einer ihr verfassungsmäßig zugewiesenen Aufgabe verfolgt, und ob die Gründung des öffentlichen Unternehmens geeignet und erforderlich ist, diesen Zweck zu erfüllen, und im Verhältnis zu den betroffenen Grundrechten angemessen ist.[714] Der rechtsstaatliche Grundsatz der Verhältnismäßigkeit spielt dann für die Zulässigkeit der konkret beabsichtigten wirtschaftlichen Betätigung eine entscheidende Rolle. Für die abstrakte Frage nach der Zulässigkeit öffentlicher Wirtschaftstätigkeit ist der Grundsatz der Verhältnismäßigkeit dagegen nicht heranzuziehen. Eine Übersteigerung des Verhältnismäßigkeitserfordernisses zum Kriterium für die Zulässigkeit der wirtschaftlichen Betätigung schlechthin würde letztlich nur zur Einführung eines verfassungsrechtlichen Subsidiaritätsprinzips führen, welches gerade nicht existiert.

Festzuhalten bleibt aber, dass für die Aufnahme staatlicher Wirtschaftstätigkeit durch Gründung eines öffentlichen Unternehmens in Form einer juristischen

711 *Spannowsky*, ZGR 1996, 400, 407.
712 Vgl. *Grupp*, ZHR 140 (1976), 367, 381 f.
713 Vgl. *Brohm*, NJW 1994, 281, 283.
714 Vgl. *Grupp*, ZHR 140 (1976), 367, 388 f.; S. auch *Brohm*, NJW 1994, 281, 283.

Person des öffentlichen Rechts oder des Privatrechts, ein verfassungsrechtlicher Gesetzesvorbehalt besteht, welcher zugleich auf die Einhaltung der verfassungsrechtlichen Kompetenzzuweisungen zwischen Bund und Ländern hinwirkt. Die beabsichtigte Wirtschaftstätigkeit muss daher stets in den Kompetenzrahmen derjenigen Gebietskörperschaft fallen, die die Gründung des öffentlichen Unternehmens vornimmt. Allein Gemeinden können als Ausfluss ihrer Selbstverwaltungsgarantie nach Art. 28 Abs. 2 GG auch ohne ausdrückliche einfachgesetzliche Regelung juristische Personen des Privatrechts gründen, wobei dort die notwendige demokratische Legitimation und Kontrolle durch die Beteiligung der Gemeindevertretung zu gewährleisten ist.[715]

5. *Finanzverfassung*

Mitunter werden die Artikel 104a bis 115 GG, die sog. Finanzverfassung, als Argument gegen eine erwerbswirtschaftliche Betätigung des Staates zum Zwecke der Gewinnerzielung angeführt. Eine erwerbswirtschaftliche Tätigkeit der öffentlichen Hand allein zum Zwecke der Haushaltsfinanzierung sei danach mit dem steuerstaatlichen Prinzip unvereinbar.[716] Im Steuerstaat könne kein öffentliches Interesse an der Unternehmerschaft der öffentlichen Hand zum ausschließlichen Zweck der Gewinnerzielung bestehen.[717] Die Regelungen des Grundgesetzes über das Finanzwesen begründeten nämlich einen Abgabenstaat, welcher zur Finanzierung seiner Aufgaben allein auf die Teilhabe am privaten Wirtschaftserfolg und gerade nicht auf eigene wirtschaftliche Betätigung angewiesen ist.[718] Der Sinn des Steuer- und Abgabenprivilegs vertrage es mithin nicht, dass die öffentliche Hand zur Finanzierung ihrer Aufgaben, aus den Bahnen und Bindungen des sozialen Rechtsstaats ausbrechend, wie ein privater Unternehmer mit der bloßen Absicht der Erzielung und Maximierung von Gewinnen wirtschafte.[719]

Diese Argumentation wird jedoch überwiegend nicht nachvollzogen. Denn auch wenn das Grundgesetz offensichtlich davon ausgeht, dass Steuergelder die Haupteinnahmequelle des Staates darstellen, so ist damit nicht auf ein Verbot von Einnahmen aus erwerbswirtschaftlicher Tätigkeit zu schließen. Im Gegenteil, indirekte Hinweise deuten auf die Zulässigkeit von Erwerbseinkünften hin,

---

715 Vgl. *Stober*, NJW 1984, 449, 453.

716 *Di Fabio*, in: Maunz/Dürig, GG, I, Art. 2 Abs. 1 Rn. 123.

717 *Stober*, NJW 1984, 449, 452 f.

718 *Stober*, DÖV 1995, 125, 131; *derS.* NJW 2002, 2357, 2362; *Löwer*, VVDStRL 60 [2001], 416, 423.

719 *Breuer*, in: Isensee/Kirchhof, Hdb. StaatsR, VI (2. A.), § 148 Rn. 60; ebenso *Ehlers*, Jura 1999, 212, 214.

beispielsweise die Artikel 105, 106, 108, 110 Abs. 1 und 115 GG, weshalb Steuern weder als das ausschließliche noch auch nur das verfassungsmäßig vorrangige Mittel der Staatsfinanzierung angesehen werden müssen.[720] Zudem sprechen auch die historische Bedeutung der Staatseinnahmen aus erwerbswirtschaftlicher Betätigung, insbesondere in Preußen, und die Übernahme der preußischen Staatsbetriebe in das Vermögen des Bundes durch das Grundgesetz, Artikel 134, 135 GG, gegen die Verfassungswidrigkeit wirtschaftlicher Staatstätigkeit, selbst wenn sie durch die Erzielung von Einnahmen geprägt ist.[721]

Da auch heute noch die Beteiligungen der öffentlichen Hand an rechtsfähigen Unternehmen einen wichtigen Teil des staatlichen Vermögens bilden,[722] ist die These, dass sich der moderne Staat nur durch Steuern finanzieren könne und Überschüsse nicht erwirtschaften dürfe, heute wie auch schon vor vierzig Jahren eine unbewiesene und unbeweisbare Behauptung.[723] Der Steuerstaat ist als solcher verfassungsrechtlich gerade nicht vorgegeben, sondern wird lediglich aus einzelnen Verfassungsbestimmungen abgeleitet, wobei jedoch die Grundsätze des Finanzverfassungsrechts gerade kein Verbot erwerbswirtschaftlichen Gewinnstrebens enthalten.[724] Dass erwerbswirtschaftliche Einnahmen in diesem Zusammenhang keine ausdrückliche Erwähnung im Grundgesetz finden, kann nicht als Argument gegen ihre Zulässigkeit verwendet werden, denn schließlich sind Gebühren und Beiträge auch nicht explizit im Grundgesetz erwähnt und werden dennoch nicht als verfassungswidrig angesehen.[725]

Aus den Grundsätzen des Steuerstaates entgegen dem historischen Befund staatlicher Wirtschaftstätigkeit ein grundsätzliches Verbot für staatliche Unternehmen, wenn auch nur für die reine Erwerbswirtschaft anzunehmen, käme deshalb einer verschärfenden Neuinterpretation des Grundgesetzes gleich, weshalb sich der Grundsatz des Steuerstaats als strikte Schranke unternehmerischer Tätigkeit des Staates nicht hat durchsetzen können.[726] Da letztendlich mit dem Argument der Finanzverfassung auch nicht jede erwerbswirtschaftliche Betätigung des Staates für unzulässig erklärt werden soll, sondern lediglich der Ausschluss einer wirtschaftliche Betätigung der öffentlichen Hand zum Zwecke der Gewinnerzielung beabsichtigt ist,[727] ist die Diskussion ohnehin besser im Rahmen des

---

720 S. *Püttner*, Die öffentlichen Unternehmen, S. 198.
721 Vgl. *Jarass*, DÖV 2002, 489, 490 f.
722 *Jarass*, DÖV 2002, 489, 491.
723 Vgl. *Klein*, Teilnahme, § 7 VII, S. 143.
724 Vgl. *Storr*, Staat als Unternehmer, S. 127 ff.
725 *Jarass*, DÖV 2002, 489, 490.
726 *Kluth*, in: Storr, Öff. Unternehmen, S. 20; vgl. auch *Otting*, DVBl. 1997, 1258, 1260; *Schliesky*, Öff. WettbewerbsR, C I 2 i), S. 165;
727 Vgl. *Stober*, DÖV 1995, 125, 131; *Hösch*, GewArch 2000, 1, 4.

legitimen Zwecks staatlicher Wirtschaftstätigkeit zu führen.[728] Die Finanzverfassung gibt jedoch wie gezeigt insoweit keine engeren Grenzen vor als bisher ohnehin gezogen worden sind und ist daher für die Frage nach der Zulässigkeit staatlicher Wirtschaftstätigkeit unbeachtlich.

6. Grundrechte

Aufgrund der wirtschaftspolitischen Neutralität des Grundgesetzes sind für die Frage nach der Zulässigkeit einer wirtschaftlichen Betätigung der öffentlichen Hand insbesondere mögliche Grundrechtseingriffe zu untersuchen. In Betracht kommen Eingriffe in die Grundrechte aus Art. 2, Art. 3, Art. 12 und Art. 14 GG.

a. Der Gleichheitssatz – Art. 3 GG

Es ist schwer ersichtlich, inwieweit das Gleichbehandlungsgebot des Art. 3 Abs. 1 GG ein Verbot wirtschaftlicher Tätigkeit des Staates schlechthin beinhalten kann. Zunächst kann es nur einen Rahmen vorgeben, innerhalb dessen der wirtschaftlich handelnde Staat zu agieren hat. Ein Verbot wirtschaftlicher Tätigkeit schlechthin wäre Art. 3 GG daher allein dann zu entnehmen, wenn der so gesteckte Handlungsrahmen für den Staat derart klein wäre, dass jegliche sinnvolle unternehmerische Tätigkeit nicht auszuführen wäre. Dass dies der Fall ist, wird in der Tat von einigen Stimmen in der Literatur behauptet.[729] Dem Grundgesetz zu entnehmen ist es jedoch nicht. Sicherlich ist hier auch von Bedeutung, zu welchem Zweck die öffentliche Hand wirtschaftlich tätig wird. So ist im Rahmen der Daseinsvorsorge durchaus darauf zu achten, dass nicht nur für das Dasein einiger Weniger vorgesorgt wird und bei Geschäften zur Bedarfsdeckung mag die öffentliche Hand auch gehalten sein, nicht stets pauschal auf denselben Zulieferer zurückzugreifen, sondern sich um das jeweils günstigste Angebot zu bemühen.

Was die erwerbswirtschaftliche Tätigkeit des Staates angeht, so ist jedoch nicht ersichtlich, welche Zwänge der allgemeine Gleichheitssatz aus Art. 3 Abs. 1 GG beinhalten soll. So wird denn Art. 3 Abs. 1 GG in Bezug auf privatrechtliche Tätigkeiten der öffentlichen Hand, welche grundsätzlich auch die erwerbswirtschaftliche Betätigung umfassen, von der Literatur anders als bei der öffentlichen Auftragsvergabe neben dem ohnehin anwendbaren Privatrecht grundsätz-

728 *Schliesky*, Öff. WettbewerbsR, C I 2 i), S. 165.
729 Vgl. *Emmerich*, JuS 1970, 332, 334.

lich keine eigene Bedeutung beigemessen.[730] Als Willkürverbot gilt der Gleichheitssatz des Art. 3 Abs. 1 GG für jegliches staatliche Handeln.[731] Als Argument gegen die grundsätzliche Zulässigkeit erwerbswirtschaftlicher Betätigung der öffentlichen Hand kann er jedoch nicht dienen.

b. Die Wettbewerbsfreiheit - Art. 2, 12 GG

Die Wettbewerbsfreiheit wird allgemein als grundgesetzlich geschützt angesehen,[732] auch wenn umstritten ist, ob durch Art. 2 GG oder Art. 12 GG. Neben der Diskussion um den öffentlichen Zweck ist die Wettbewerbsfreiheit das Hauptstreitfeld in der Auseinandersetzung über die Zulässigkeit erwerbswirtschaftlicher Betätigung der öffentlichen Hand. Andere Bereiche, wie die grundgesetzliche Kompetenzordnung oder die Finanzverfassung werden häufig gar nicht erst angesprochen. Die Diskussionen um den öffentlichen Zweck und den Schutz der Wettbewerbsfreiheit ergänzen sich zudem. Kommt man nämlich nach entsprechender Definition des Schutzbereichs der Wettbewerbsfreiheit zur Annahme eines Eingriffs, wird auf der Ebene der Rechtfertigung das Gewicht des öffentlichen Zwecks relevant.

(1) Die Verortung der Wettbewerbsfreiheit im Grundgesetz

Da die Wettbewerbsfreiheit im Grundgesetz nicht ausdrücklich Erwähnung findet, besteht Streit darüber, wo genau in der Verfassung sie zu verorten ist. In Betracht kommen Art. 2 Abs. 1 GG und Art. 12 Abs. 1 GG, da die Wettbewerbsfreiheit als institutionelle Voraussetzung sowohl der Berufsfreiheit als auch der allgemeinen wirtschaftlichen Handlungsfreiheit betrachtet werden kann.[733] Mitunter wird die Wettbewerbsfreiheit damit in Art. 2 Abs. 1 GG verortet.[734] Da die von Art. 2 Abs. 1 GG geschützte allgemeine Handlungsfreiheit keine inhaltlichen Vorgaben bezüglich des geschützten Verhaltens macht, ist die wirtschaftliche Betätigung auch jedenfalls durch Art. 2 Abs. 1 GG geschützt.[735]

---

730 Vgl. *Dürig*, in: Maunz/Dürig, GG, I, Art. 3 Abs. I, Rn. 502 ff.; *Starck*, in: v.Mangoldt/K/S, GG, I, Art. 3 Abs. 1, Rn. 281; *Osterloh*, in: Sachs, GG, Art. 3 Rn. 76.

731 BVerfGE 116, 135 f, 159 ff., *Osterloh*, in: Sachs, GG, Art. 3 Rn. 76.

732 Vgl. *Lindner*, DÖV 2003, 185, 185 f.

733 *Di Fabio, in: Maunz/Dürig*, GG, I, Art. 2 Abs. 1 Rn. 116.

734 *Dürig*, in: Maunz/Dürig, GG, So.-Dr., Art. 2 Abs 1 Rn. 46; Kunig, in: v.Münch/Kunig, GG, I, Art. 2 Rn. 29, BVerwGE 30, 191, 198; *Huber*, DÖV 1956, 135, 136 f.

735 *Kunig*, in: v.Münch/Kunig, GG, I, Art. 2 Rn. 16.

Zumeist wird die Wettbewerbsfreiheit allerdings vorrangig in Art. 12 Abs. 1 GG verortet.[736] Art. 12 Abs. 1 GG schützt die Berufsfreiheit, insbesondere die freie Berufswahl und die Berufsausübungsfreiheit. Damit konkretisiert Art. 12 Abs. 1 GG das Grundrecht auf freie Entfaltung der Persönlichkeit im Bereich der individuellen Leistung und Existenzerhaltung und zielt auf eine möglichst unreglementierte berufliche Betätigung ab.[737]

Nach Ansicht des Bundesverfassungsgerichts, und inzwischen auch des Bundesverwaltungsgerichts, ist das Verhalten von Unternehmern im Wettbewerb im Rahmen der bestehenden Wirtschaftsordnung Bestandteil ihrer Berufsausübung und damit durch Art. 12 Abs. 1 GG geschützt.[738] Schutzgut der Berufsfreiheit ist nämlich auch die Erwerbszwecken dienende freie unternehmerische Betätigung.[739] Unabhängig von ihrer Einordnung ist der grundrechtliche Schutz der Wettbewerbsfreiheit aber unbestritten. Insoweit geht es vielmehr dogmatisch um die Frage ob Art. 12 Abs. 1 GG in den von dieser Norm erfassten Fällen Vorrang vor einer Anwendung des Art. 2 Abs. 1 GG genießt.[740] Da jedoch sowohl die Berufsfreiheit als auch die allgemeine Handlungsfreiheit Ausfluss des Persönlichkeitsrechts sind, überzeugt es eher, die Wettbewerbsfreiheit Art. 12 Abs. 1 GG zuzuordnen, da dieser speziell die freie Entfaltung der Persönlichkeit im Berufsleben und damit auch im wirtschaftlichen Wettbewerb schützt.[741] Nur dort, wo sich Wirtschaftsteilnehmer nicht auf Art. 12 Abs. 1 GG berufen könnten, etwa bei ausländischen Wettbewerbern, bleibt noch Raum für einen Rückgriff auf Art. 2 GG im Rahmen der Wettbewerbsfreiheit.[742]

(2) Staatliche Konkurrenz als Problem des Schutzbereichs

Alle deutschen natürlichen und gemäß Art. 19 Abs. 3 GG auch juristischen Personen des Privatrechts sind Träger des Grundrechts aus Art. 12 Abs. 1 GG. Hinzu kommen natürliche und juristische Personen aus EU-Mitgliedstaaten, welche über Art. 2 Abs. 1 GG aus Gründen des unionsrechtlichen Diskriminierungsverbots eine mit Art. 12 Abs. 1 GG vergleichbar starke Schutzposition inneha-

---

736 *Manssen*, in: v.Mangoldt/K/S, GG, I, Art. 12 Rnn. 71, 274; *Puhl*, VVDStRL 60 [2001], 456, 481; *Papier*, DVBl 1984, 801, 809; vgl. auch *Rittstieg*, in: AK-GG, I, Art. 12 Rn. 80; *Schliesky*, DVBl. 1999, 78, 82 mwN.

737 BVerfGE 75, 284, 292; BVerwGE 87, 37, 39.

738 BVerfGE 32, 311, 317; 46, 120, 137; BVerwGE 71, 183, 189; 87, 37, 39.

739 BVerwGE 87, 37, 39.

740 Vgl. *Kunig*, in: v.Münch/Kunig, GG, I, Art. 2 Rn. 16.

741 So auch *Schliesky*, Öff. WettbewerbsR, D II 1 a, S. 197.

742 *Manssen*, in: v.Mangoldt/K/S, GG, I, Art. 12 Rn. 71.

ben.[743] Neben juristischen Personen werden zudem auch Handelsgesellschaften vom Schutz des Art. 12 Abs. 1 GG erfasst.[744] Das Grundrecht der Berufsfreiheit all dieser auf dem deutschen Markt unternehmerisch tätig werdenden Einzelpersonen oder Unternehmen könnte damit durch wirtschaftliche Tätigkeit seitens der öffentlichen Hand beeinträchtigt werden. Ob eine solche Beeinträchtigung bereits mit der Aufnahme staatlicher Wirtschaftstätigkeit vorliegt, ist eine Frage des Schutzbereichs der Wettbewerbsfreiheit. Dieser müsste bereits vor staatlicher Konkurrenz an sich schützen. Ob dies der Fall ist, ist jedoch umstritten.

Zwar wird dem Staat mit dem Grundsatz der offenen Wirtschaftsverfassung des Grundgesetzes eine wirtschaftliche Betätigung nicht grundsätzlich verboten. Wirtschaftliche Betätigung der öffentlichen Hand soll jedoch nach verbreiteter Ansicht im Verhältnis zu konkurrierenden Privaten stets als Grundrechtseingriff zu werten sein. Denn Art. 12 Abs. 1 GG schütze die Möglichkeit, sich frei von staatlicher Ingerenz konkurrierend im Wettbewerb zu betätigen.[745] Die Wettbewerbsfreiheit gewährt nämlich den einzelnen Unternehmen das Recht, sich gegenüber anderen Unternehmen auf dem Markt durch freie Leistungskonkurrenz durchzusetzen.[746] Damit gewährleistet die Wettbewerbsfreiheit Zugang zu den Märkten und die Teilnahme am Wettbewerb.[747] Wettbewerb sei aber kein vorgegebenes institutionelles Gebilde, dass jeden Marktteilnehmer akzeptiere, der sich wie ein Wettbewerber verhält, sondern sei die gelebte Freiheit des Individuums. Wettbewerb könne deshalb stets nur Wettbewerb unter Trägern der Grundrechtsfreiheit aus Art. 12 Abs. 1 GG sein.[748] Dem Staat steht eine solche Freiheit gerade nicht zu.[749] Die Wettbewerbsfreiheit soll damit auch die Stellung des Unternehmers im Wettbewerb sichern, indem sie seinen konkreten Marktanteil zu einem bestimmten Zeitpunkt schützt, wenn auch nicht vor Beeinträchti-

743 Vgl. *Dieterich*, in: Erfurter Kommentar zum Arbeitsrecht, Grundgesetz, Einleitung, Rn. 4, sowie Art. 12 GG, Rn. 12; Vgl. aber *Scholz*, in Maunz/Dürig, GG, II, Art. 12 Rn. 105, der den EU-Ausländern zwar aufgrund des Diskriminierungsverbots eine vergleichbare Schutzposition zugesteht, diese jedoch gerade nicht aus Art. 2 Abs. 1 GG herleitet, sondern anscheinend allein durch Verweise ins Europarecht begründen will. Demnach begründen die Grundfreiheiten des europäischen Binnenmarktes einen Schutz der Berufsfreiheit, welcher aufgrund des unionsrechtlichen Diskriminierungsverbots auf das Niveau des deutschen Staatsbürgern durch Art. 12 GG garantierten Schutzes angeglichen wird.

744 *Mann*, in; Sachs, GG, Art. 12 Rn. 39; *Manssen*, in: v.Mangoldt/K/S, GG, I, Art. 12 Rn. 271.

745 *Puhl*, VVDStRL 60 [2001], 456, 481.

746 *Dürig*, in: Maunz/Dürig, GG, So-Dr., Art. 2 Abs. 1 Rn. 48, nach *Huber*, DÖV 1956, 135, 137.

747 *Di Fabio*, JZ 1993, 689, 694; *Dietlein*, in: Stern, StaatsR IV/1, § 111 II 1 h γ, S. 1822.

748 *Löwer*, VVDStRL 60 [2001], 416, 419; auch *Ipsen*, NJW 1963, 2102, 2107 (zu Art. 2 Abs. 1 GG).

749 Vgl. *Di Fabio*, in: Maunz/Dürig, GG, I, Art. 2 Abs. 1 Rn. 118.

gung durch Konkurrenz Privater, so jedenfalls doch aufgrund der grundsätzlichen Schutzrichtung des Art. 12 Abs. 1 GG gegen den Staat durch Konkurrenz der öffentlichen Hand.[750] Sofern das Bundesverfassungsgericht ausführt, Art. 12 Abs. 1 GG schütze nicht vor Konkurrenz,[751] könne damit nur private Konkurrenz gemeint sein.

Dem widerspricht die Gegenansicht. Das Hinzutreten des Staates als Konkurrent beinhalte lediglich eine weitgehend systemimmanente Verschärfung des marktwirtschaftlichen Konkurrenzdrucks, vor der Art. 12 Abs 1 GG nicht bewahrt, solange dadurch nicht private Konkurrenz unmöglich gemacht oder unzumutbar eingeschränkt wird.[752] Die Wettbewerbsfreiheit schütze nicht vor Konkurrenz Dritter und damit auch nicht vor Konkurrenz des Staates.[753] Art. 12 Abs. 1 GG schütze lediglich vor staatlicher Intervention.[754] Wettbewerb entstehe zwar erst durch das individuelle Ausleben der unternehmerischen Handlungsfreiheit. Dies bedeute aber nicht, dass der Staat nicht am Wettbewerb teilnehmen könne, da Wettbewerb nur insoweit entstehen könne, wie ihn der Staat bei der Ausgestaltung des Wirtschaftssystems erlaubt. Das einfache Gesetzesrecht ordne die Freiheitsverhältnisse der Wettbewerbsteilnehmer insbesondere durch das UWG und das GWB grundsätzlich auch in der Relation zur öffentlichen Hand.[755] Ein Rückgriff auf die Grundrechte sei daher weder erforderlich noch weiterführend.[756] Sieht man somit durch Art. 12 Abs. 1 GG lediglich das Interesse, am Wettbewerb teilzunehmen und sich in diesem durch konkurrenzwirtschaftliche Betätigung gegenüber anderen Unternehmen durchzusetzen, als geschützt an,[757] so ist die bloße unternehmerische Betätigung der öffentlichen Hand nicht zwangsläufig grundrechtsrelevant.

Das Bundesverfassungsgericht führt dazu aus, die bestehende Wirtschaftsverfassung enthält den grundsätzlich freien Wettbewerb der als Anbieter und Nachfra-

---

750 *Schliesky*, Öff. WettbewerbsR, D II 1 a, S. 198 f.

751 S. BVerfGE 34, 252, 256; 55, 261, 269.

752 BVerwG DVBl. 1996, 152, 153.

753 BVerwGE 39, 329, 336; *Scholz*, in: Maunz/Dürig, GG, II, Art. 12 Rn. 412; *Wieland*, in: Dreier, GG, I, Art. 12 Rn. 89, *Papier*, DVBl 1984, 801, 809; *Stern*, in: Stern, StaatsR IV/1, § 104 II 6 f α, S. 907 (zu Art. 2 Abs. 1 GG); *Breuer*, in: Isensee/Kirchhof, Hdb. StaatsR, VI (2. A.), § 148 Rn. 58; aA: *Löwer*, VVDStRL 60 [2001], 416, 419. *Puhl* in VVDStRL 60 [2001], 456, 481; *Tettinger*, DVBl. 1999, 679, 686; *Schmidt*, Öff. Wirtschaftsrecht AT, § 11 II 1, S. 524; *Dietlein*, in: Stern IV/1, § 111 IV 5 b β, S. 1861 f. (zu Art. 12 Abs. 1 GG).

754 *Papier*, DVBl 1984, 801, 809.

755 Vgl. *Ehlers*, DVBl. 1998, 497, 502; *Schliesky*, DVBl. 1999, 78, 83 ff.

756 *Papier*, DVBl. 1984, 801, 809.

757 So etwa *Huber*, JZ 2000, 877, 879; ähnlich zur Wettbewerbsfreiheit auch VGH Kassel NJW 1985, 1356, 1357 (zu Art. 2 I GG).

ger auftretenden Unternehmer als eines ihrer Grundprinzipien.[758] Es erklärt damit jedoch nicht, dass die Institution freier Wettbewerb grundgesetzlich geschützt wäre. Dies widerspräche auch der Feststellung des Bundesverfassungsgerichts, das Grundgesetz sei wirtschaftspolitisch neutral.[759] Geschützt durch die Wettbewerbsfreiheit ist damit nicht der Wettbewerb an sich, sondern allein das Verhalten der Unternehmer im Wettbewerb, da es Bestandteil ihrer allgemeinen oder berufsspezifischen wirtschaftlichen Handlungsfreiheit ist. Wenn somit aber der Wettbewerb an sich nicht geschützt ist, kann auch nicht das Erfordernis eines staatsfreien Wettbewerbs aus dem Grundgesetz abgeleitet werden.

Schließlich spricht auch die Tatsache, dass ausländische staatliche Unternehmen grundsätzlich frei sind, am deutschen innerstaatlichen Wettbewerb teilzunehmen, gegen die Annahme, staatliche Akteure seien aufgrund der Schutzwirkung des Art. 12 Abs. 1 GG von wirtschaftlicher Tätigkeit abzuhalten. Sollte das Grundrecht der Wettbewerbsfreiheit tatsächlich allein den Wettbewerb unter Privaten erfordern, müsste der Gesetzgeber geeignete Maßnahmen treffen, ausländische staatliche Unternehmen vom Zutritt zum deutschen Markt abzuhalten. Wer staatliche Konkurrenz stets als Eingriff in die grundrechtlich geschützte Wettbewerbsfreiheit ansieht, müsste diese Konsequenz ziehen, tut es jedoch soweit ersichtlich nicht.

Da der Wettbewerb selbst nicht als Institution geschützt ist,[760] sondern auf einer Entscheidung des Gesetzgebers im Rahmen seines weiten Ermessensspielraums innerhalb der offenen Wirtschaftsverfassung des Grundgesetzes beruht, wird der Schutz des Wettbewerbs an sich allein aufgrund einfachgesetzlicher Regelungen gewährleistet. Dies ist auch die Ansicht des Bundesverfassungsgerichts, denn es erklärte: „Erfolgt die unternehmerische Berufstätigkeit am Markt nach den Gesetzen des Wettbewerbs, wird die Reichweite des Freiheitsschutzes auch durch die rechtlichen Regeln mitbestimmt, die den Wettbewerb ermöglichen und begrenzen. Art. 12 Abs. 1 GG sichert in diesem Rahmen die Teilnahme am Wettbewerb nach Maßgabe seiner Funktionsbedingungen."[761] Dieser Satz ist zwar in der Literatur umstritten, scheint er doch die anerkanntermaßen grundrechtlich

---

758 BVerfGE 32, 311, 317.

759 Anders aber *Di Fabio*, in: Maunz/Dürig, GG, I, Art. 2 Abs. 1 GG Rn. 116, der Wettbewerb auch als Institution durch Art. 2 Abs. 1 GG geschützt sieht. Eine Institutionsgarantie wie für die Ehe oder die Familie ist dem Grundgesetz für den Wettbewerb jedoch nicht zu entnehmen. Art. 12 Abs. 1 GG und Art. 2 Abs. 1 GG schützen lediglich Handlungsweisen, die Wettbewerb begründen können, nicht jedoch den so begründeten Wettbewerb an sich.

760 S. dazu schon *Huber*, DÖV 1956, 135, 137; vgl. auch die Ausführungen dazu von *Schliesky*, Öff. WettbewerbsR, D I, S. 189 ff.; aA jedoch *Di Fabio*, in: Maunz/Dürig, GG, I, Art. 2 Abs. 1 Rn. 116.

761 BVerfGE 105, 252, 265.

geschützte Wettbewerbsfreiheit unter einen einfachgesetzlichen Ausgestaltungsvorbehalt zu stellen und damit den Schutzbereich dem Ermessen des Gesetzgebers zu überlassen.[762] Die Feststellung des Bundesverfassungsgerichts ist jedoch die logische Schlussfolgerung aus dem Grundsatz der offenen Wirtschaftsverfassung des Grundgesetzes. Danach wird das auf Wettbewerb begründete Wirtschaftssystem der freien Marktwirtschaft erst durch eine gesetzgeberische Entscheidung eingeführt und ausgestaltet.

Da die Art. 12 Abs. 1 GG und Art. 2 Abs. 1 GG somit gerade nicht den Wettbewerb als Institution für die Freiheitsentfaltung voraussetzen und erst aufgrund einer gesetzgeberischen Entscheidung im Rahmen eines auf Wettbewerb ausgerichteten Wirtschaftssystems verwirklicht werden sollen, sind ihre Grenzen naturgemäß dort gezogen, wo der Gesetzgeber bei der Ausgestaltung des Wirtschaftssystems die Grenzen des Wettbewerbs gezogen hat, beispielsweise durch Einführung eines sozialen Elements, welches die freie Marktwirtschaft zu einer sozialen Marktwirtschaft macht.

Da somit einfachgesetzliche Regelungen den Wettbewerb ausgestalten, welche auch auf öffentliche Unternehmen anwendbar sind, und diese keineswegs von der Teilnahme am Wettbewerb ausschließen, geben erst diese Regeln der öffentlichen Hand und damit den staatlichen Unternehmen die Grenze vor, deren Überschreiten zu einem Eingriff in die Wettbewerbsfreiheit der übrigen Wettbewerbsteilnehmer führt. Aufgrund dieser Überlegung ist es auch gerechtfertigt, von der Ablehnung eines Schutzes vor Konkurrenz Dritter auch auf die Ablehnung eines Schutzes vor staatlicher Konkurrenz zu schließen. Dieselbe Schlussfolgerung zieht auch das Bundesverwaltungsgericht unter Verweis auf den Bundesgerichtshof, wenn es sagt, die Wettbewerbsfreiheit dürfe durch ein öffentliches Unternehmen nicht in unerträglichem Maße eingeschränkt werden, der Privatunternehmer in seinen Wettbewerbsmöglichkeiten nicht unzumutbar geschädigt werden, was im übrigen bereits aus den einfachgesetzlichen Regeln des Wettbewerbsrechts folge.[763]

Die Aufnahme einer wirtschaftlichen Betätigung durch die öffentliche Hand wird somit durch Art. 12 Abs. 1 GG nicht ausgeschlossen. Allerdings setzt Art. 12 GG der staatlichen Konkurrenzwirtschaft Grenzen.[764] Zwar berührt die bloße Aufnahme konkurrierender Wirtschaftstätigkeit durch den Staat regelmäßig nicht den Schutzbereich des Art. 12 Abs. 1 GG.[765] Die Teilnahme öffentli-

---

762 Vgl. *Lindner*, DÖV 2003, 185, 188.
763 Vgl. BVerwG DVBl. 1996, 152, 153.
764 Vgl. die Nachweise bei *Scholz*, in: Maunz/Dürig, GG, II, Art. 12 Rn. 112.
765 Vgl. auch die Zusammenfassung der Rechtsprechung des BVerwG bei *Pieroth/Hartmann*, DVBl. 2002, 421, 423.

cher Unternehmen am Wettbewerb ist jedoch in ihrem Verlauf mitunter durchaus für Erwerbsmöglichkeiten privater Unternehmen von Relevanz und trifft diese in ihren spezifisch beruflichen Erwerbsinteressen.[766] Damit ist aber der Schutzbereich des Art. 12 Abs. 1 GG betroffen.[767] Staatliche Konkurrenz ist dann jedoch eine Frage des Eingriffs in Art. 12 GG und keine Frage des Schutzbereichs mehr. Im Folgenden ist daher zu untersuchen, inwieweit staatliche Konkurrenz einen Eingriff in die Wettbewerbsfreiheit darstellen kann.

(3) Staatliche Konkurrenz als Problem des Eingriffs

Die Konkurrenz durch staatliche Wirtschaftsunternehmen stellt nach den bisherigen Feststellungen nicht bereits per se einen Eingriff in den Schutzbereich des Grundrechts aus Art. 12 Abs. 1 GG dar.[768] Dies kann jedoch nur dann gelten, wenn der Staat und seine Unternehmen im Wettbewerb denselben Bedingungen wie private Konkurrenten unterliegen.[769] Der Staat unterliegt aber immer dann nicht denselben Wettbewerbsbedingungen wie seine privaten Konkurrenten, wenn staatliche Unternehmen einen unangemessenen Wettbewerbsvorteil genießen, etwa wenn ihm Vorteile gewährt werden, die den privaten Unternehmen nicht zukommen und denen keine ausreichenden Sonderlasten gegenüberstehen.[770]

Dem Staat sollen nach einer nicht unbegründeten Ansicht in der Literatur seine theoretisch unbegrenzten Finanzmittel, besondere hoheitliche Machtmittel und vielfältige Einflussmöglichkeiten stets unbestreitbare Vorteile gegenüber seinen privaten, auf ausreichende Rendite angewiesene Mitbewerber gewähren.[771] Insbesondere mit einem Vertrauensvorsprung bei den Leistungsabnehmern und einer zumindest faktischen Konkursunfähigkeit[772] werden dabei aber auch Vorteile aufgezählt, von denen sich der Staat kaum befreien kann. Auf diese Vorteile kann jedoch nicht abgestellt werden. Ansonsten würde staatliche Konkurrenz doch stets per se schon einen Eingriff in Art. 12 Abs. 1 GG darstellen. Diese Ansicht ist jedoch abzulehnen. Vielmehr ist allein auf Vorteile abzustellen, welche den staatlichen Unternehmen *gewährt* werden und im Umkehrschluss auch

---

766 *Dietlein*, in: Stern, StaatsR IV/1, § 111 IV 5 b δ, S. 1865.

767 *Jarass*, DÖV 2002, 489, 492.

768 Vgl. auch BVerwG DVBl. 1996, 152, 153.

769 Vgl. *Wieland*, in: Dreier, GG, I, Art. 12 Rn. 89.

770 Vgl. *Jarass* in *Jarass/Pieroth*, GG, Art. 12 Rn. 16; *Papier*, DVBl. 1984, 801, 809; *Schneider,* DVBl. 2000, 1250, 1256.

771 *Di Fabio*, in: Maunz/Dürig, GG, I, Art. 2 Abs. 1 Rn. 122; vgl. auch *Schmidt*, Öff. Wirtschaftsrecht AT, § 11 II 1, S. 523.

772 Vgl. Zu den dem Wettbewerber Staat inhärenten Wettbewerbsvorteilen *Löwer*, VVDStRL 60 [2001], 416, 445.

vorenthalten werden können und vorenthalten werden müssen, um keinen Eingriff in die Wettbewerbsfreiheit darzustellen. Dazu zählt etwa die Ausnutzung besonderer hoheitlicher Machtmittel und Einflussmöglichkeiten.

Eine derartige Vorteilsgewährung dürfte jedoch bereits nach einfachem, jedenfalls aber nach europäischem Wettbewerbsrecht, insbesondere den Artikeln 106, 107 AEUV, wettbewerbswidrig sein und damit auch einen Verstoß gegen die Wettbewerbsfreiheit nach Art. 12 Abs. 1 GG darstellen. Insoweit schützt Art. 12 Abs. 1 GG den privaten Unternehmer nicht direkt vor der staatlichen Konkurrenz, sondern vielmehr vor der Vorteilsgewährung an den Konkurrenten, welche einen Eingriff darstellt, unabhängig davon, ob es sich um einen privaten oder staatlichen Konkurrenten handelt. Ein echter Eingriff in Art. 12 Abs. 1 GG durch staatliche Wirtschaftstätigkeit kann vielmehr nur dann vorliegen, wenn diese selbst den Wettbewerb nicht bereichert, sondern verzerrt.[773] Ab wann eine Verzerrung des Wettbewerbs durch staatliche Unternehmen gegeben sein soll, ist allerdings umstritten. Eine solche Verzerrung könnte bei der Aufnahme eines staatlichen Auszehrungs- und Verdrängungswettbewerbes vorliegen. Allerdings wird die Ansicht, ein Auszehrungs- und Verdrängungswettbewerb der öffentlichen Hand sei grundrechtswidrig, zuweilen auch als inkonsequent kritisiert, da Wettbewerb gerade auch die Freiheit beinhalte, die Erwerbschancen des Wettbewerbers bis hin zu dessen Verdrängung zu mindern, weshalb staatliche Konkurrenz nicht einerseits als zulässig angesehen werden kann und gleichzeitig aber dieser konkurrenzimmanente Aspekt unzulässig sein soll.[774]

Folgt man der zuletzt genannten Ansicht, sei nicht einmal die Aufnahme eines Auszehrungs- und Verdrängungswettbewerbes als Eingriff in Art. 12 Abs. 1 GG zu qualifizieren, wenn ansonsten die Wettbewerbsbedingungen für alle Marktteilnehmer gleich sind. Was der Wettbewerbskampf gebietet, stehe auch den Staatsunternehmen frei.[775] Im Gegensatz dazu wird jedoch von einer anderen Ansicht nicht allein ein Verdrängungswettbewerb durch staatliche Konkurrenz, sondern wird auch eine sonstige empfindliche Belastung von anderen Marktteilnehmern durch die staatliche Wirtschaftstätigkeit als ein Eingriff in das Grundrecht aus Art. 12 GG angesehen.[776] Ein wichtiges Argument für diese Ansicht ist, dass die grundrechtliche Gewährleistung privater Wirtschaftsbetätigung weitgehend sinnentleert wäre, wenn damit nur ein Schutz in Extremfällen erreicht werden könnte.[777] Daher sollen neben gezielten staatlichen Maßnahmen auch rein faktische Belastungen eines privaten Konkurrenten durch staatliche

773 *Michael/Morlok*, Grundrechte, Rn. 355.
774 Vgl. *Schmidt*, Öff. Wirtschaftsrecht AT, S. 524 f.
775 Vgl. *Püttner*, Die öff. Unternehmen, S. 114.
776 Vgl. *Jarass* in *Jarass/Pieroth*, GG, Art. 12 Rn. 16.
777 *Grupp*, ZHR 140 (1976), 367, 384 f.

Wirtschaftsbetätigung bereits einen Eingriff in den Schutzbereich der Wettbewerbsfreiheit darstellen.[778] Dies entspricht dem modernen Eingriffsbegriff, welcher nicht mehr lediglich gezielte staatliche Maßnahmen, sondern auch faktische Nebenwirkungen staatlicher Aktivitäten als grundrechtlich relevante Beeinträchtigungen ansieht.[779]

Damit ist die Schwierigkeit bei der Bestimmung, ob ein Eingriff vorliegt oder nicht, angesprochen worden. Es ist nämlich festzuhalten, dass mit wirtschaftlicher Betätigung des Staates jedenfalls kein klassischer Grundrechtseingriff vorliegt, da wirtschaftliche Tätigkeit des Staates keine an den privaten Konkurrenten des Staates adressierte rechtsförmliche Maßnahme mit Regelungswirkung darstellt,[780] selbst wenn es sich um einen Auszehrungs- und Verdrängungswettbewerb handelt. Nach dem modernen Eingriffsbegriff ist aber jedes staatliche Verhalten, welches in zurechenbarer Weise das durch einen grundrechtlichen Schutzbereich erfasste Verhalten beeinträchtigt, sofern es eine gewisse, eine Bagatellgrenze überschreitende Intensität aufweist, als Eingriff zu werten.[781] Es ist kein Grund ersichtlich, weshalb der moderne Eingriffsbegriff nicht auch auf das Grundrecht aus Art. 12 Abs. 1 GG Anwendung finden sollte.[782] Dabei ist jedoch anerkannt, dass es für die Qualifizierung einer faktischen Belastung als Grundrechtseingriff wesentlich auf das Gewicht der belastenden Wirkung für die Grundrechtsausübung ankommt.[783] Bei staatlichem Handeln, welches ohne dies zu bezwecken, Dritte mittelbar betrifft, gilt es, die bloße Lästigkeit von der grundrechtsrelevanten Belastung zu unterscheiden.[784] Es gilt insoweit ein Bagatellvorbehalt.[785]

Wie stark im Rahmen des Art. 12 GG die Belastung durch staatliche Konkurrenz allerdings sein muss, um als empfindlich und mithin als Grundrechtseingriff angesehen zu werden, ist wiederum umstritten. Nach einer Ansicht soll bereits jede „fühlbare“[786], „spürbare“[787] oder „merkliche“[788] Beeinträchtigung der

---

778 *Di Fabio*, in: Maunz/Dürig, GG, I, Art. 2 Abs. 1 Rn. 122.

779 Vgl. zum faktischen Grundrechtseingriff *Pieroth/Schlink*, Grundrechte, Rn. 240; *Manssen*, StaatsR II, Rn. 126 ff.

780 *Di Fabio*, in: Maunz/Dürig, GG, I, Art. 2 Abs. 1 Rn. 120.

781 Vgl. *Schliesky*, DVBl. 1999, 78, 82; *Pieroth/Schlink*, Grundrechte, Rn. 240.

782 Abgesehen sicherlich von dem nicht unbedeutenden Umstand, dass das Bundesverfassungsgericht im Rahmen des Art. 12 Abs. 1 GG dem klassischen Eingriffsbegriff nur den sog. berufsregelnden Eingriffsbegriff entgegensetzt, den davon zu unterscheidenden modernen Eingriffsbegriff jedoch bisher nicht anerkannt hat, vgl. *Pieroth/Jarass*, DVBl. 2002, 421, 424.

783 *Jarass*, DÖV 2002, 489, 493; *Schmidt*, Öff. Wirtschaftsrecht AT, § 11 II 1, S. 523.

784 Vgl. *Pieroth/Schlink*, Grundrechte, Rnn. 245, 248.

785 *Manssen*, StaatsR II, Rn. 127.

786 *Di Fabio*, in: Maunz/Dürig, GG, I, Art. 2 Rn. 122.

privaten Wirtschaftstätigkeit genügen.[789] Dies wird mitunter jedoch als zu extensiv abgelehnt.[790] Im Gegenzug werden zum Teil sogar nur „unerträgliche“[791] oder „unzumutbare“[792] oder zumindest „schwerwiegende“[793] Beeinträchtigungen als ausreichend angesehen. Um diese Begriffe näher konkretisieren zu können, soll der Maßstab für die Intensität des Eingriffs am Gewährleistungsgehalt des betroffenen Grundrechts ausgerichtet werden.[794] Auch dieser Hinweis bleibt jedoch zu abstrakt, um unabhängig vom Einzelfall eine Eingriffsschwelle zu bestimmen.

Nach einer Ansicht in der rechtswissenschaftlichen Literatur soll ausschließlich ein Verdrängungswettbewerb des Staates die entsprechende Intensitätsschwelle überschreiten und einen Eingriff in Art. 12 Abs. 1 GG darstellen.[795] Die Gegenmeinung hält diese Ansicht jedoch für überhöht und nicht überzeugend begründbar.[796] Zwar schützt Art. 12 Abs. 1 GG nicht vor Konkurrenz durch private Dritte.[797] Anders als bei privater Konkurrenz bedeuteten jedoch die Einschränkung des Kundenkreises, die Beeinträchtigung des Umsatzes und die Erschwerung des Marktzutritts durch ein öffentliches Unternehmen einen faktischen mittelbaren Eingriff in den Schutzbereich des Art. 12 Abs. 1 GG.[798] Solche Beeinträchtigungen haben dieselbe Wirkung wie Berufsausübungsregelungen und sind daher grundsätzlich als Eingriff zu werten.[799] Nichtsdestotrotz kann damit aber nicht jede wirtschaftliche Betätigung der öffentlichen Hand einen Grundrechtseingriff darstellen, da faktische Einwirkungen Grundrechtseingriffe sein können, aber dies nicht sein müssen. Ansonsten würde praktisch jede staatliche Aktivität einen Grundrechtseingriff bedeuten.[800]

---

787 *Tettinger/Erguth/Mann*, Besonderes VerwR, Rn. 324; *Tettinger*, DVBl. 1999, 679, 686.

788 *Di Fabio*, in: Maunz/Dürig, GG, I, Art. 2 Abs. 1 Rn. 122.

789 Vgl. *Dietlein*, in: Stern, StaatsR IV/1, § 111 IV 5 b δ, S. 1865.

790 So *Jarass*, in: Jarass/Pieroth, GG, Art. 12 Rn. 16.

791 BVerwGE 30, 191, 198.

792 BVerwGE 30, 191, 199; BVerwG DVBl. 1996, 152.

793 BVerwG NJW 1996, 3161, 3161.

794 *Storr*, Staat als Unternehmer, S. 175.

795 *Wieland*, in: Dreier, GG, I, Art. 12 Rn. 89; *Michael/Morlok*, Grundrechte, Rn. 355.

796 So die Kritik von *Schliesky*, DVBl. 1999, 78, 82.

797 *Manssen*, in: v.Mangoldt/K/S, GG, I, Art. 12 Rn. 71, *Papier*, DVBl 1984, 801, 808; BVerfGE 34, 252, 256; 55, 261, 269; BVerwGE 65, 167, 173; 60, 154, 158.

798 *Hösch*, DÖV 2000, 393, 399.

799 Vgl. *Schink*, NVwZ 2002, 129, 138.

800 Vgl. *Schneider*, DVBl. 2000, 1250, 1255; vgl. insbesondere auch *Jarass*, DÖV 2002, 489, 493, welcher als Beispiel eine durch die öffentliche Hand gebaute Straße anführt, aufgrund derer auf einer bereits bestehenden Straße weniger Verkehr stattfindet und so Umsatz-einbußen bei den dortigen Geschäften und Tankstellen herbeiführt, ohne dass

Es ist daher zumindest eine Einschränkung der Wettbewerbsfreiheit „in einem erheblichen Maße“ erforderlich, um den Grundrechtsschutz geltend machen zu können.[801] Dieses Maß kann abstrakt in der rechtswissenschaftlichen Theorie nicht näher bestimmt werden. Damit kommt es stets konkret auf den Einzelfall an. Je länger dabei die Kausalkette zwischen dem staatlichen Handeln und der Grundrechtsbeeinträchtigung ist, desto mehr spricht gegen die Annahme eines Grundrechtseingriffs.[802] Zu berücksichtigen ist jedoch auch, welche Auswirkungen die entsprechende staatliche Betätigung auf den von Art. 12 Abs. 1 GG geschützten Freiheitsraum der Konkurrenten hat. Bei staatlicher Wirtschaftstätigkeit ist ein Eingriff allenfalls mittelbar, da die Belastung durch faktische Schlechterstellung letztlich erst aus dem Konsumentenverhalten resultiert.[803] Dabei kann staatliche Wirtschaftsbetätigung auch durchaus ohne Beeinträchtigung der Wettbewerbsfreiheit Dritter erfolgen, da die Marktgröße nicht statisch ist. Wettbewerb ist kein Nullsummenspiel, bei dem der Erfolg eines Teilnehmers immer entsprechende Verluste bei den Konkurrenten bedeutet.

Ein Eingriff liegt demzufolge jedenfalls dann vor, wenn sich die öffentliche Hand nicht marktkonforme Vorteile verschafft, etwa durch Missbrauch einer beherrschenden Marktstellung, oder einen Auszehrungs- und Verdrängungswettbewerb betreibt. Im Übrigen können aber auch andere Beeinträchtigungen Eingriffe darstellen. Bei Bejahung der Eingriffswirkung unterfällt die erwerbswirtschaftliche Betätigung der öffentlichen Hand dem Gesetzesvorbehalt und den Anforderungen des Verhältnismäßigkeitsgrundsatzes. Dabei ist die Grenze verfassungsrechtlicher Zulässigkeit nicht erst dort zu ziehen, wo die Möglichkeit des privaten Konkurrenten, sich als verantwortlicher Unternehmer wirtschaftlich zu betätigen in einem unzumutbaren Maße eingeschränkt wird, sondern bereits dort, wo die Belastungswirkung für den Grundrechtsträger außer Verhältnis zum von der staatlichen Konkurrenz verfolgten öffentlichen Zweck steht.[804] Genau an dieser Stelle ist mit der Diskussion um den öffentlichen Zweck anzusetzen, die sich ansonsten, rein abstrakt geführt, als undefinierbar und nutzlos erweist, hier jedoch konkret dem jeweiligen Eingriff entgegengehalten werden kann.[805] Damit erweist sich staatliche Konkurrenz letztendlich als Problem der Eingriffsrechtfertigung.

der Straßen-bau selbst ein Eingriff in die Grundrechte dieser Geschäfts- und Tankstelleninhaber sei.

801 So *Ehlers*, DVBl. 1998, 497, 502.

802 Vgl. *Manssen*, StaatsR II, Rn. 128.

803 *Di Fabio*, in: Maunz/Dürig, GG, I, Art. 2 Abs. 1 Rn. 120.

804 *Di Fabio*, in: Maunz/Dürig, GG, I, Art. 2 Abs. 1 Rn. 123.

805 So auch *Schmidt*, Öff. Wirtschaftsrecht AT, § 11 II 2, S. 525.

Es wurde in der Literatur vorgetragen, Art. 12 GG schütze den einzelnen Konkurrenzunternehmer wegen der faktischen Grundrechtsbeeinträchtigungen vor solchen staatlichen wirtschaftlichen Betätigungen, die nicht durch dringende öffentliche Zwecke gerechtfertigt sind.[806] Das Erfordernis eines *dringenden* öffentlichen Zweckes erscheint überzogen.[807] Die Formulierung weist aber insgesamt den richtigen Ansatz, dass es letztendlich auf eine Abwägung der Unternehmerinteressen mit den öffentlichen Interessen hinausläuft. Als faktische Grundrechtsbeeinträchtigung, die wie eine Berufsausübungsregelung wirkt, sind zur Rechtfertigung des Eingriff in Art. 12 Abs. 1 GG vernünftige Erwägungen des Gemeinwohls ausreichend, aber auch notwendig.[808] Grundsätzlich steht Art. 12 Abs. 1 GG der Aufnahme staatlicher Wirtschaftstätigkeit jedoch nicht entgegen.

c. Die Eigentumsgarantie – Art. 14 GG

Art. 14 GG schützt das Eigentum. Die Eigentumsgarantie des Art. 14 GG soll dem Grundrechtsträger einen Freiraum im vermögensrechtlichen Bereich erhalten und dem Einzelnen eine eigenverantwortliche Gestaltung des Lebens, auch durch wirtschaftliche Betätigung, sichern.[809] Bei einer solchen wirtschaftlichen Betätigung schützt Art. 14 GG den einzelnen Unternehmer allerdings nicht vor wirtschaftlicher Konkurrenz durch andere Private.[810] Umstritten ist jedoch, ob Art. 14 GG möglicherweise vor der Konkurrenz durch den Staat schützt. Staatliche Wettbewerbsteilnahme kann Benachteiligungen privater Anbieter auf dem Markt mit sich führen, die eine relevante Beeinträchtigung des Schutzbereichs der Eigentumsgarantie des Art. 14 GG darstellen können.[811]

In Betracht kommt ein Eingriff in durch Art. 14 GG geschützte Unternehmenspositionen. Im Gegensatz zu Art. 12 GG bietet Art. 14 GG Wirtschaftsunternehmen jedoch nur Bestandsschutz, nicht Erwerbsschutz.[812] Art. 14 GG erfasst daher auch nicht die allgemeinen Gegebenheiten und Chancen, innerhalb derer

806 *Stober*, ZHR 145 [1981], 565, 579.

807 Es ist hier zu berücksichtigen, dass *Stober* diese Forderung zwar allgemein formuliert hat, sie jedoch unmittelbar im Anschluss an Ausführungen zur Gefahr einer schleichenden Monopolisierung zu Gunsten des Staates aufstellt. Ein solch umfassender Eingriff muss denn auch durch einen entsprechend gewichtigen öffentlichen Zweck gerechtfertigt werden, weshalb in diesem Zusammenhang, die Formulierung „dringlich“ durchaus ihre Berechtigung hat.

808 Vgl. *Schink*, NVwZ 2002, 129, 138.

809 BVerfGE 78, 58, 73 f.; BVerfGE 51, 193, 218; BVerwGE 81, 329, 341.

810 *Jarass*, in: Jarass/Pieroth, GG, Art. 14 Rn. 25.

811 *Wendt*, in: Sachs, GG, Art. 14 Rn. 51.

812 *Jarass*, in: Jarass/Pieroth, GG, Art. 14 Rn. 10, mit Verweis auf BGHZ 98, 341, 351, und auf BVerwGE 95, 341, 348 f.

der Unternehmer seine Tätigkeit entfaltet.[813] Insbesondere in seiner Rechtsprechung zum Schutz des eingerichteten und ausgeübten Gewerbebetriebs ist das Bundesverfassungsgericht von einem anfänglichen Schutz in der weiteren Entwicklung zu der Ansicht gelangt, das Unternehmen sei lediglich eine rein tatsächliche Zusammenfassung der zu seinem Vermögen gehörenden Sachen und Rechte, welche bereits an sich vor verfassungswidrigen Eingriffen geschützt sind.[814] Ob darüber hinaus dem Gewerbebetrieb überhaupt noch ein eigenständiger Schutz aus Art. 14 GG zukommt, lässt das Bundesverfassungsgericht nunmehr ausdrücklich offen.[815] Zumindest scheint er nicht erforderlich, wenn er nicht weiter reichen kann als der Schutz seiner Grundlagen.[816]

Die faktische Lage einer Konkurrenzsituation eröffnet einem Unternehmen nur Marktchancen, mehr nicht.[817] Bloße Erwerbschancen, die private Unternehmer auf einem Markt mit geringerer oder keiner Konkurrenz zu erwarten hätten, werden jedoch von Art. 14 GG nicht geschützt.[818] Sie gehören nicht zum geschützten Bestand eines Unternehmens. Wie die grundrechtlichen Wirtschaftsfreiheiten allgemein entfaltet auch die Eigentumsgarantie des Art. 14 GG daher nach überwiegender Ansicht keinen Schutz des Einzelnen gegenüber staatlicher Konkurrenzwirtschaft.[819] Solange es der Staat nicht gezielt auf die Zurückdrängung eines oder mehrerer Unternehmen vom Markt abgesehen hat, sondern wie jeder andere private Konkurrent auftritt, kann somit ein Eingriff in Art. 14 GG nicht angenommen werden. Ein Eingriff läge allerdings bei einem Verdrängungswettbewerb der öffentlichen Hand vor, oder wenn für ein öffentliches Unternehmen eine unerlaubte Monopolstellung entsteht.[820]

Dem modernen Eingriffsbegriff unterfallen jedoch auch nicht gezielte staatliche Beeinträchtigungen grundrechtlich geschützter Positionen. Eine solche Beeinträchtigung wird vereinzelt in staatlicher Wirtschaftsbetätigung gesehen und da-

---

813 BVerfGE 45, 142, 173; *Wieland*, in: Dreier, GG, I, Art. 14 Rn. 50; *Jarass*, in: Jarass/Pieroth, GG, Art. 14 Rn. 25;

814 Vgl. BVerfGE 51, 193, 221 f.; zur Entwicklung der Rechtsprechung S. *Berkemann*, in: Umbach/Clemens, GG, I, Art. 14 Rn. 144 ff.

815 Zuletzt BVerfG NJW 2005, 589, 590.

816 Nur so weit reicht er aber laut BVerfGE 58, 300, 353.

817 *Berkemann*, in: Umbach/Clemens, GG, I, Art. 14 Rn. 478.

818 *Papier*, in: Maunz/Dürig, GG, II, Art. 14 Rn. 233; vgl. auch *Jarass*, DÖV 2002, 489, 492.

819 *Papier*, in: Maunz/Dürig, GG, II, Art. 14 Rn. 233; *Jarass*, in: Jarass/Pieroth, GG, Art. 14 Rn. 25; *Depenheuer*, in: v.Mangoldt/K/S, GG, I, Art. 14 Rn. 103 unter Verweis auf BVerfGE 50, 290, 336 ff.; BVerwGE 39, 329, 337; BVerwG DÖV 1978, 851, 852; BVerwG DVBl. 1996, 152, 153.

820 Vgl. BVerwG, DVBl. 1996, 152, 153.

für entsprechend eine Rechtfertigung des Eingriffs in Art. 14 GG verlangt.[821] Staatliche Konkurrenztätigkeit müsse daher angesichts der darin möglicherweise enthaltenen nachteiligen Berührung der Freiheitssphäre privatwirtschaftlich tätiger Personen durch vernünftige Erwägungen des Gemeinwohls gerechtfertigt sein und dürfte die Privatrechtssubjekte nicht übermäßig belasten und unzumutbar beeinträchtigen.[822] Sofern man mit dieser vereinzelt vertretenen Ansicht Eingriffe in das unternehmerische Eigentum durch staatliche Konkurrenzwirtschaft annimmt, kommt es für die Zulässigkeit solcher Staatstätigkeit dennoch immer auf den konkreten Einzelfall an, denn eine Beeinträchtigung durch staatliche Konkurrenz per se ist nicht auszumachen. Deshalb kann an dieser Stelle jedenfalls festgehalten werden, dass Art. 14 GG staatliche Wirtschaftstätigkeit nicht grundsätzlich ausschließt.

7. Ergebnis: Grundsätzliche verfassungsrechtliche Zulässigkeit

Nach den bisherigen Betrachtungen stehen weder die Grundrechte noch andere Verfassungsnormen oder -wertungen der Aufnahme wirtschaftlicher Tätigkeit durch die öffentliche Hand grundsätzlich entgegen. Festzustellen ist des Weiteren, dass das europäische Gemeinschaftsrecht der Kategorie der öffentlichen Unternehmen weitgehend indifferent gegenüber steht.[823] Es verbietet die wirtschaftliche Betätigung der Mitgliedstaaten oder öffentliche Unternehmen nicht, sondern misst sie vielmehr mit demselben Maßstab wie private Unternehmen.[824] Nicht die Gestalt des Unternehmens, sondern allein seine Tätigkeit ist damit für das Gemeinschaftsrecht von Interesse.[825] Aus Art. 106 AEUV geht deutlich die Zulässigkeit öffentlicher Unternehmen nach Europarecht hervor. Das Europarecht stellt damit genauso wie das Grundgesetz keine grundsätzliche Hürde für die Zulässigkeit staatlicher Wirtschaftstätigkeit auf.

Hervorzuheben ist jedoch, dass es sich bei der festgestellten verfassungsrechtlichen Zulässigkeit der Aufnahme wirtschaftlicher Tätigkeit durch den Staat nur um eine grundsätzliche Zulässigkeit handelt. Das Verfassungsrecht mag der Aufnahme staatlicher Wirtschaftstätigkeit nicht entgegenstehen. Nichtsdestotrotz gibt es einen allgemeinen Rahmen aus Verfassungsprinzipien und Grundrechten vor, der bei der Aufnahme staatlicher Wirtschaftstätigkeit und ihrer anschließenden Ausführung zu beachten ist. Bei den Ausführungen zu möglichen

---

821 Vgl. *Wendt*, in: Sachs, GG, Art. 14 Rn. 51.
822 Vgl. *Papier*, in, Maunz/Dürig, GG, II, Art. 14 Rn. 233.
823 *Kämmerer*, NVwZ 2002, 1041, 1045.
824 Vgl. *Schneider*, DVBl. 2000, 1250, 1252 ff.
825 *Kämmerer*, NVwZ 2002, 1041, 1046.

Eingriffen in Art. 12 Abs. 1 GG ist dies bereits deutlich geworden. Dieser Rahmen kann im Einzelfall der staatlichen Wirtschaftstätigkeit Schranken setzen. Daher soll im Folgenden die Auswirkung des Verfassungsrechts auf die unternehmerische Tätigkeit des Staates untersucht werden.

C. Die Auswirkung des Verfassungsrechts auf die unternehmerische Tätigkeit des Staates

Zuallererst ist zu untersuchen, inwieweit die öffentliche Hand bei ihrer unternehmerischen Tätigkeit den Grundrechten unterworfen ist. Es wurde bereits festgestellt, dass die Aufnahme wirtschaftlicher Tätigkeit an sich nicht bereits gegen Grundrechte verstößt. Fraglich ist, ob die öffentliche Hand aber auch bei der Ausübung ihrer Wirtschaftstätigkeit an die Grundrechte gebunden ist. Anschließend ist zu untersuchen, inwieweit die wirtschaftliche Betätigung der öffentlichen Hand Bindungen an andere Verfassungsprinzipien unterliegt.

I. Die Grundrechtsbindung der öffentlichen Hand bei der wirtschaftlichen Betätigung

Nachdem bereits festgestellt worden ist, dass zwar nicht schon die Aufnahme der wirtschaftlichen Betätigung, wohl aber der Betrieb eines öffentlichen Unternehmens, unabhängig von seiner Rechtsform, mit Eingriffen in Grundrechte anderer Marktteilnehmer verbunden sein kann, soll nun untersucht werden, inwieweit die öffentliche Hand bei der Ausübung ihrer wirtschaftlichen Tätigkeit, insbesondere bei Entscheidungen der Unternehmensführung, einer Grundrechtsbindung unterworfen ist. Ausgangspunkt für eine Grundrechtsbindung der öffentlichen Hand ist dabei Art. 1 Abs. 3 GG. Dieser unterwirft Gesetzgebung, vollziehende Gewalt und Rechtsprechung unmittelbar der Bindung an die Grundrechte. Da wirtschaftliche Betätigung weder Gesetzgebung noch Rechtsprechung ist, kann hierfür aus Art. 1 Abs. 3 GG nur dann eine Grundrechtsbindung abgeleitet werden, wenn die Einrichtungen für die wirtschaftliche Betätigung der öffentlichen Hand als Teil der vollziehenden Gewalt angesehen werden können.[826]

In der Literatur wird diese Frage seit Jahrzehnten diskutiert und unterschiedlich beantwortet. Dabei wird zunächst nach der Art der wirtschaftlichen Betätigung

826 Vgl. *Ehlers*, DVBl. 1983, 422, 424.

differenziert. Die wirtschaftliche Betätigung der öffentlichen Hand lässt sich in drei Arten einteilen, welche schlagwortartig als Daseinsvorsorge, als privatrechtliche Hilfsgeschäfte und als erwerbswirtschaftliche Betätigung beschrieben werden können.[827] Die Rechtsprechung des Bundesgerichtshofes unterscheidet für die Grundrechtsbindung der öffentlichen Hand danach, ob sie im Rahmen der Daseinsvorsorge tätig wird oder nicht.[828]

1. Grundrechtsbindung der Verwaltung im Rahmen der Daseinsvorsorge

Einigkeit besteht in der Literatur darüber, dass es keine rechtsfreien Hoheitsakte geben kann und die nach Art. 1 Abs. 3 GG gebotene Grundrechtsbindung alle Zweige staatlicher Gewalt umfassend und lückenlos betrifft.[829] Daher soll der Begriff „vollziehende Gewalt" in Art. 1 Abs. 3 GG jede Tätigkeit der öffentlichen Gewalt erfassen, auch wenn sie nicht im „Vollzug" von Gesetzen besteht, weshalb jede Tätigkeit der öffentlichen Gewalt zur Erfüllung öffentlicher Aufgaben der Grundrechtsbindung unterliegt.[830] Dabei kommt es gerade nicht darauf an, in welcher Rechtform die vollziehende Gewalt ihrer hoheitlichen Tätigkeit nachkommt. Öffentliche Verwaltung bleibt öffentliche Verwaltung, auch wenn sie in privatrechtlichen Rechtsformen ausgeführt wird. Wo also materiell öffentliche Zwecke und Aufgaben in privatrechtlichen Formen verwirklicht werden, wird Hoheitsgewalt ausgeübt, weshalb die Grundrechtsbindung des Art. 1 Abs. 3 GG jedenfalls solches Staatshandeln betrifft.[831] Damit wird die wirtschaftliche Betätigung der öffentlichen Hand im Rahmen der Daseinsvorsorge von der Grundrechtsbindung nach Art. 1 Abs. 3 GG erfasst.

Der von Literatur und Rechtsprechung verwendete Begriff der Daseinsvorsorge ist dabei aber nicht so umfassend zu verstehen, wie es zunächst den Anschein hat. Wirtschaftliche Tätigkeit des Staates ist nämlich nicht schon dann Daseinsvorsorge, wenn sie lediglich auf die Produktion und Verteilung von Gütern oder Dienstleistungen gerichtet ist, welche dem Bürger zur Befriedigung lebensnotwendiger Bedürfnisse dienen. Daseinsvorsorge betreibt der Staat ausschließlich dort, wo durch sein Handeln Leistungen erbracht werden, die ansonsten in der

827 Vgl. auch oben Dritter Teil, A. vor I.

828 BGHZ 52, 325, 328 f.

829 *Herdegen*, in: Maunz/Dürig, GG, I, Art. 1 Abs. 3 Rn. 11; *Starck*, in: v.Mangoldt/K/S, GG, I, Art. 1 Rn. 222.

830 *Starck*, in: v.Mangoldt/K/S, GG, I, Art. 1 Rn. 227.

831 So schon *Dürig*, in: Maunz/Dürig, GG, So-Dr., Art. 1 Abs. 3 Rn. 134; *Wertenbruch*, JuS 1961, 105, 105.

industriellen Gesellschaft nicht allein durch das marktwirtschaftliche Wirtschaftssystem den Bürgern zur Verfügung stünden.[832]

Das bereits erwähnte Subsidiaritätsprinzip[833] lässt sich zwar nicht für die Zulässigkeit staatlicher Wirtschaftstätigkeit heranziehen, grenzt jedoch den Bereich der Daseinsvorsorge von der bloß erwerbswirtschaftlichen Betätigung der Verwaltung ab. Wo die Verwaltung mit ihrer wirtschaftlichen Tätigkeit Daseinsvorsorge betreibt, erfüllt sie genuin öffentliche Aufgaben. Diese können auch in privatrechtlichen Organisationsformen erfüllt werden.[834] Die öffentliche Hand hat diese Möglichkeit von jeher genutzt.[835] Dabei soll der Staat jedoch nicht unmittelbar in den Genuss der Privatautonomie gelangen, da das Privatrecht von Normen des öffentlichen Rechts überlagert wird und deshalb nur modifiziert, als sogenanntes Verwaltungsprivatrecht, auf die öffentliche Hand Anwendung finden können soll.[836] Zu diesen das Privatrecht überlagernden Normen gehören insbesondere die Grundrechte.[837] Zwar muss auch der unternehmerischen Flexibilität der Verwaltungsunternehmen Rechnung getragen werden.[838] Es ist dennoch unbestritten, dass die öffentliche Hand bei wirtschaftlicher Tätigkeit im Rahmen der Daseinsvorsorge unabhängig von der gewählten Organisationsform vollständig den Grundrechten verpflichtet ist.[839]

2. *Grundrechtsbindung der Verwaltung bei privatrechtlichen Hilfsgeschäften*

Bei fiskalischen Hilfsgeschäften sind die Ansichten in Rechtsprechung und Literatur zur Grundrechtsbindung der öffentlichen Hand geteilt. Einerseits wird vertreten, die öffentliche Hand verfolge mit diesen Hilfsgeschäften nur mittelbar öffentliche Zwecke, weshalb es gerechtfertigt erscheine, den Verwaltungsträger, welcher hierbei auch keine hoheitlichen Befugnisse einsetze, wie eine Privatperson zu behandeln.[840] Andererseits soll selbst eine nur mittelbare Verfolgung öffentlicher Zwecke nicht die Entäußerung der die Verwaltung in allen Funktionen treffenden Grundrechtsbindung rechtfertigen können.[841]

---

832 Vgl. *Ossenbühl*, DÖV 1971, 513, 516 ff.
833 Vgl. oben Dritter Teil, B. II. 2.
834 *Starck*, in: v.Mangoldt/K/S, GG, I, Art. 1 Rn. 222.
835 *Ossenbühl*, DÖV 1971, 513, 518.
836 *Ossenbühl*, DÖV 1971, 513, 519, *Ehlers*, DVBl. 1983, 422, 423.
837 *Dreier*, in: Dreier, GG, I, Art. 1 Abs. 3 Rn. 65.
838 *Dreier*, in: Dreier, GG, I, Art. 1 Art. 3 Rn. 68.
839 Vgl. BGHZ 52, 325 f., 328; *Ossenbühl*, DÖV 1971, 513, 520; *Dreier*, in: Dreier, GG, I, Art. 1 Abs. 3 Rn. 68.
840 *Wertenbruch*, JuS 1961, 105, 108, 110.
841 *Herdegen*, in: Maunz/Dürig, GG, I, Art. 1 Abs. 3 Rn. 95.

Art. 1 Abs. 3 GG bindet die Staatsgewalt umfassend und sehe keine grundrechtsfreien Räume für staatliches Tätigwerden vor, sei die Betätigung auch noch so unbedeutend oder in Privatrechtsform.[842] Letztlich sind eben auch die privatrechtlichen Hilfsgeschäfte zuständigkeitsgemäße Verwaltungshandlungen zur Erfüllung von Staatsaufgaben.[843] Aus diesem Grunde lassen sich auch kaum überzeugende Abgrenzungskriterien finden, die eine Befreiung der privatrechtlichen Hilfsgeschäfte von der Grundrechtsbindung rechtfertigen könnten.[844] Zudem sind privatrechtliche Hilfsgeschäfte nicht per se unbedeutend, da ihnen nicht zuletzt bei der Vergabe öffentlicher Aufträge eine erhebliche finanzielle Bedeutung zukommen kann.[845] Dies als „Hilfstätigkeit" abzutun, verschleiert die mit einer solchen Bedeutung verbundene wirtschaftliche Macht und Missbrauchsmöglichkeit.[846]

3. *Grundrechtsbindung der Verwaltung bei erwerbswirtschaftlicher Betätigung*

Erwerbswirtschaftliche Tätigkeit kann der Staat ebenso wie Daseinsvorsorge in öffentlich-rechtlicher oder in privatrechtlicher Form betreiben.[847] Was die Organisationsform der wirtschaftlichen Betätigung der öffentlichen Hand betrifft, so sollen alle juristischen Personen des öffentlichen Rechts, die Träger vom Staat abgeleiteter öffentlicher Gewalt sind, Grundrechtsverpflichtete im Sinne von Art. 1 Abs. 3 GG sein.[848] Sie genießen bei ihrer wirtschaftlichen Tätigkeit und ihrem Status als Vermögensträger verschiedene Vorrechte, die Privaten nicht zustehen.[849] Dennoch soll nach einer verbreiteten Ansicht in der Literatur die vorrangige Wahrnehmung privatrechtlicher Interessen im Rahmen einer erwerbswirtschaftlichen Tätigkeit auch juristischen Personen des öffentlichen Rechts den Schutz des Art. 12 Abs. 1 GG bei ihrer wirtschaftlichen Betätigung gewähren.[850] Dem steht jedoch eine weiter verbreitete Gegenansicht gegenüber,

---

842 Vgl. *Dreier*, in: Dreier, GG, I, Art. 1 Abs. 3 Rn. 66.

843 *Mallmann*, VVDStRL 19 [1961], 165, 197 f.

844 Vgl. *Dreier*, in: Dreier, GG, I, Art. 1 Abs. 3 Rn. 66; *Stern*, in: Stern, StaatsR III/1, § 74 IV 2 c, S. 1397 f.

845 *Dreier*, in: Dreier, GG, I, Art. 1 Abs. 3 Rn. 66; *Stern*, in: Stern, StaatsR III/1, § 74 IV 2 b, S. 1397.

846 *Stern*, in: Stern, StaatsR III/1, § 74 IV 5 b β, S. 1416.

847 *Dreier*, in: Dreier, GG, I, Art. Abs. 3 Rn. 69.

848 *Höfling*, in: Sachs, GG, Art. 1 Rn. 85.

849 *Stern*, in: Stern, StaatsR III/1, § 74 IV 5, S. 1413.

850 Vgl. *Manssen*, in: v.Mangoldt/K/S, GG, I, Art. 12 Abs. 1 Rn. 273; *Ruffert*, in: Epping/Hillgruber, GG, Art. 12 Rn. 39; *Wieland*, in: Dreier, GG, I, Art. 12 Rn. 71.

nach der juristische Personen des öffentlichen Rechts auch bei erwerbswirtschaftlicher Tätigkeit nicht dem Schutz des Art. 12 Abs. 1 GG unterfallen.[851]

Vorliegend geht es jedoch weniger um die Frage, ob die öffentliche Hand bei einer erwerbswirtschaftlichen Betätigung auch Träger von Grundrechten sein kann, sondern vielmehr darum, ob die öffentliche Hand bei ihrer Tätigkeit gleichzeitig Gewährleister von Grundrechten sein muss. Problematisch erscheint eine solche Grundrechtsbindung der öffentlichen Hand dort, wo sie nichthoheitlich, und zwar vor allem in den Formen des Privatrechts tätig wird.[852] Die Eigengesellschaften der öffentlichen Hand sind als GmbH oder als AG juristische Personen, die von ihrem öffentlich-rechtlichen Aufgabenträger unabhängige Rechtspersonen sind und rechtlich ein selbständiges Dasein führen.[853] Bei den Rechtsformen des öffentlichen Rechts mag die augenscheinlich größere Nähe zum Staat eine andere Bewertung der Grundrechtsbindung rechtfertigen.

Ob aber tatsächlich für die Frage der Grundrechtsbindung des öffentlichen Unternehmens bei erwerbswirtschaftlicher Betätigung nach der öffentlichrechtlichen oder privatrechtlichen Organisationsform zu differenzieren ist, kann zunächst dahinstehen bis die kontrovers diskutierte Frage nach der Grundrechtsbindung des privatrechtlich erwerbswirtschaftlich handelnden Staates entschieden ist. Da bei der aktiven unmittelbaren Teilnahme am Wirtschaftsablauf in den Formen des Privatrechts zu erwerbswirtschaftlichen Zwecken die öffentliche Hand nicht-hoheitlich tätig wird, ist ihre Bindung an die Grundrechte umstritten. Das Spektrum der vertretenen Ansichten reicht dabei von einer Freistellung der öffentlichen Hand von der Grundrechtsbindung bis hin zu einer vollständigen Bindung an die Grundrechte. Bevor eine eigene Stellungnahme zu diesem Problemkreis erfolgt, sollen die Eckpunkte der vertretenen Ansichten nachstehend kurz umrissen werden.

a. Keine Grundrechtsbindung

Einer Ansicht nach ist die öffentliche Hand bei einer wirtschaftlichen Betätigung in Privatrechtsform gar keiner Grundrechtsbindung unterworfen. Insoweit Träger der öffentlichen Verwaltung sich (im Rahmen des überhaupt Zulässigen)

851 Vgl. *Gubelt*, in: v.Münch/Kunig, GG, I, Art. 12 Rn. 6; *Mann*, in: Sachs, GG, Art. 12 Rn. 40; *Scholz*, in: Maunz/Dürig, GG, II, Art. 12 Rn. 113; *Jarass*, in: Jarass/Pieroth, GG, Art. 12 Rn. 10a; *Dietlein*, in: Stern, Staatsrecht IV/1, § 111 III 3 d, S. 1838; *Tettinger*, DVBl. 1999, 679, 685.

852 Vgl. *Hesse*, Verfassungsrecht, Rn. 346.

853 *Spannowsky*, ZGR 1996, 400, 408.

gänzlich auf den Boden des Privatrechts stellen und in seinen Formen aktiv und unmittelbar als Produzent, Verteiler oder Konsument von Bedarfsgütern, d.h. erwerbswirtschaftlich und konkurrierend am Wirtschaftsablauf teilnehmen, soll danach eine Emanzipation der Exekutive von den rechtsstaatlichen Verfassungsprinzipien in Betracht kommen können.[854] Dies wird damit begründet, dass die Grundrechtsbindung der sich erwerbswirtschaftlich betätigenden Verwaltung für den Erfolg im Wettbewerb notwendige unternehmerische Freiheiten beschränkt und somit der Verwaltung eine Fessel angelegt wird, die ein erfolgreiches Wirtschaften unmöglich macht. Nach dem Grundsatz der Einheit der Rechtsordnung kann nicht dieselbe Verfassung, die die erwerbswirtschaftliche Betätigung erlaubt, Schranken enthalten, die eine solche Tätigkeit im Ergebnis verhindern.[855]

Hier konzentrieren sich die Befürchtungen der Literatur vor allem auf die Anwendung des Gleichheitssatzes nach Art. 3 Abs. 1 GG, welcher bei umfassender Geltung für die erwerbswirtschaftliche Tätigkeit der öffentlichen Hand dazu führen soll, dass diese aufgrund der subjektiven Rechte des Einzelnen auf Gleichbehandlung einem generellen Kontrahierungszwang und einem Verbot jeglichen Preiswettbewerbs unterliegen würde und deshalb nicht erfolgreich im Wettbewerb bestehen könnte.[856] Eine Grundrechtsbindung der öffentlichen Hand sei hier aber entbehrlich, weil das Privatrecht, dem die erwerbswirtschaftlichen öffentlichen Unternehmen unterworfen sind, in der Lage sei, die üblicherweise den Grundrechten zugedachten Aufgaben zu lösen.[857]

Zudem würden auch bei der erwerbswirtschaftlichen Betätigung der Verwaltung zumeist lediglich mittelbar öffentliche Zwecke verfolgt, was es rechtfertigen soll, diese Tätigkeit ebenso wie die privatrechtlichen Hilfsgeschäfte, von der Grundrechtsbindung auszunehmen.[858] Gerade Kapitalgesellschaften des Privatrechts sind dabei als eigene Rechtspersönlichkeiten einer gesetzlich festgelegten Ordnung unterworfen und vom Wechsel ihrer Gesellschafter unabhängig, weshalb sich der Staat, sofern er eine solche Rechtsform wählt in die Bindungen des privaten Gesellschaftsrechts begebe und somit sein Unternehmen nur wie jeder andere private Gesellschafter betreiben könne. Daher bestehe eine Bindung an die Grundrechte in diesem Fall der mittelbaren Verwaltung nicht.[859] Gerade bei der Aktiengesellschaft, die nach dem Gesellschaftsrecht als „anonyme“ Gesell-

854 *Ipsen*, DVBl. 1956, 461, 465.
855 *Zeidler*, VVDStRL 19 [1961], 208, 232, 241.
856 *Emmerich*, JuS 1970, 332, 334.
857 *Emmerich*, JuS 1970, 332, 337.
858 *Wertenbruch*, JuS 1961, 105, 108 ff.
859 *Püttner*, Die öffentlichen Unternehmen, S. 119.

schaft ausgestaltet ist, wird dies deutlich. Hier wäre plötzlich doch zu ermitteln, wer als Gesellschafter hinter der Gesellschaft steht.[860]

b. Mittelbare Grundrechtsbindung

Auch wenn einige Stimmen in der Literatur die Grundrechtsbindung der privatrechtlich organisierten Unternehmen der öffentlichen Hand verneinen, sehen sie sie doch mittelbar den Grundrechten unterworfen. Für eine solche mittelbare Grundrechtsbindung werden dabei hauptsächlich zwei Argumentationslinien entworfen. Zum einen soll der Staat als Gesellschafter unmittelbar den Grundrechten verpflichtet bleiben, woraus sich eine Pflicht zur Einwirkung auf die Geschäftsführung des Unternehmens zur Vermeidung von Grundrechtsverstößen ergeben soll.[861] Damit wird dem Argument widersprochen, die öffentliche Hand entzöge sich in privatrechtlichen Organisationsformen ihrer verfassungsgemäßen Grundrechtsbindung. Als Alleingesellschafter wird der öffentlichen Hand dabei ein solcher Eingriff stets möglich sein, weshalb das öffentliche Unternehmen sich trotz fehlender unmittelbarer Grundrechtsbindung sich de facto stets grundrechtskonform verhalten dürfte.

Eine andere Argumentation für eine mittelbare Grundrechtsbindung öffentlicher Unternehmen ist das Abstellen auf einfach-gesetzliche Normen des Privatrechts. Die Verfassung als oberste Rechtsnorm des Staates ist bei der Auslegung der einfachen Gesetze zu berücksichtigen. Dies führt insbesondere über Generalklauseln, für deren Anwendung auf den Einzelfall eine wertende Auslegung erfolgt, zur Berücksichtigung der Grundrechte. Für den erwerbswirtschaftlich handelnden Staat bedeute dies, dass seine Handlungen daran zu messen sind, inwieweit sie in öffentlich-rechtlicher Organisationsform zulässig wären. Der Grundsatz des venire contra factum proprium würde so zu einer schärferen Beurteilung staatlicher Rechtsgeschäfte führen und einen Missbrauch privater Rechtsformen durch die öffentliche Hand zur Befreiung von ihrer Grundrechtsbindung verhindern.[862]

---

860 *Püttner*, Die öffentlichen Unternehmen, S. 119.

861 *Püttner*, Die öffentlichen Unternehmen, S. 120; *Spannowsky*, ZGR 1996, 400, 413.

862 *Dürig*, in: Maunz/Dürig, GG, So-Dr., Art. 1 Abs. 3 Rn. 135, *derS.* In: Festschrift für Hans Nawiasky, S. 157, 199 f.

c. Unmittelbare Grundrechtsbindung

Obwohl der Begriff der „Gewalt“ in Art. 1 Abs. 3 GG auf die Notwendigkeit eines hoheitlichen Auftretens hindeutet, soll nach einer verbreiteten Ansicht durch Art. 1 Abs. 3 GG keine Staatstätigkeit von der Grundrechtsbindung ausgespart bleiben welche damit auch die mit privatrechtlichen Mitteln arbeitende Verwaltung erfasst.[863] Gestützt wird diese Auffassung vom bis 1956[864] geltenden Wortlaut der Norm, welcher anstelle von vollziehender Gewalt schlicht von Verwaltung sprach. Mit der Grundgesetzänderung sollte jedoch keine Einschränkung der bisherigen Grundrechtsbindung erfolgen, sondern lediglich die Erstreckung der Grundrechtsbindung auch auf die neu geschaffene Bundeswehr verdeutlicht werden.[865] Sofern der Begriff der vollziehenden Gewalt damit weiterhin den gesamten Bereich der Verwaltung umfasst, soll dies auch die privatrechtliche Verwaltung umfassen und somit grundrechtlich binden.[866]

Da Art. 1 Abs. 3 GG demgemäß weder nach der Rechtsform noch nach dem verfolgten Zweck des Verwaltungshandelns unterscheidet, ist nach dieser Ansicht auch die erwerbswirtschaftliche Betätigung des Staates uneingeschränkt den Grundrechten unterworfen.[867] Die Teilnahme am Markt und die Unterwerfung unter seine Eigengesetzlichkeiten kann den Staat nicht von der Grundrechtsbindung befreien.[868] Da der Staat und seine Tätigkeit erst durch die Verfassung konstituiert wird,[869] kann es keine staatliche Tätigkeit geben, mit der dem Staat eine Rechtstellung außerhalb der für ihn geschaffenen Verfassung zukommt.[870] Staatsgewalt im Sinne des Grundgesetzes ist daher nicht allein Ausübung von staatlicher Herrschaftsmacht, sondern die Gesamtheit der dem Staat und seinen Untergliederungen zustehenden Zuständigkeiten und Befugnisse.[871] Allein nach Entstehung und Bedeutung des Art. 1 GG soll es keinen Bereich staatlichen

---

863 *Robbers*, in: Umbach/Clemens, GG, I, Art. 1 Rnn. 83, 86.

864 Die Neufassung erfolgte durch das Gesetz zur Änderung des Grundgesetzes vom 19. März 1956, BGBl. I, S. 111.

865 Vgl. nur *Ehlers*, DVBl. 1983, 422, 424.

866 *Ehlers*, DVBl. 1983, 422, 424 f.

867 *Herdegen*, in: Maunz/Dürig, GG, I, Art. 1 Abs. 3, Rn. 95; *Dreier*, in: Dreier, GG, I, Art. 1 Abs, 3 Rn. 65; *Jarass*, in: Jarass/Pieroth, GG, Art. 1 Rn. 38; *Mallmann*, VVDStRL 19 [1961], 165, 202; *Höfling*, in: Sachs, GG, Art. 1 Rn. 104; *Erichsen/Ebber*, Jura 1999, 373, 375.

868 *Dreier*, in: Dreier, GG, I, Art. 19 Abs. 3 Rn. 68.

869 Vgl. Auch *Schnapp*, JuS, 1, 2, der diesen Gedanken auf die Französische Revolution, insbesondere die Abhandlung „Qu'est-ce que le tiers état?“ des Abbé Sieyès 1788 zurückführt.

870 *Starck*, in: v.Mangoldt/K/S, GG, I, Art. 1 Abs. 3 Rn. 229; *Unruh*, DÖV 1997, 653, 665; *Erichsen/Ebber*, Jura 1999, 373, 375.

871 *Erichsen/Ebber*, Jura 1999, 373, 375.

Handelns geben, das dem Geltungsanspruch der Grundrechte nicht untersteht, zumal diese eine Konkretisierung des in Art. 1 Abs.1 GG formulierten und alle Staatsgewalt bindenden Menschenwürdeschutzes sind.[872]

Außerhalb des öffentlich-rechtlich bestimmten Rahmens ist ein privatrechtliches Handeln von Bund, Ländern und Gemeinden schlicht unwirksam.[873] Dieser Rahmen ergibt sich aus den Grundrechten, aber auch anderen Wertungen des Grundgesetzes sowie aus den konkreten Zuständigkeits- und Vertretungsregelungen, aber auch beispielsweise aus dem Haushaltsrecht.[874] Das Bundesverwaltungsgericht bejaht ebenfalls die Grundrechtsbindung eines staatlichen Unternehmens in Privatrechtsform.[875] Der Einwand, die Verfassung könne nicht einerseits eine erwerbswirtschaftliche Betätigung des Staates zulassen, ihm aber über die Grundrechtsbindung die für diese Betätigung unmöglich machen, berücksichtigt nicht hinreichend, dass es durchaus einen Sinn hat, den Staat nicht aus öffentlich-rechtlichen Bindungen zu entlassen.[876]

Die erforderliche Achtung der Grundrechte bei wirtschaftlicher Betätigung des Staates kann dabei nicht als unangemessene Einschränkung staatlicher Aktivitäten angesehen werden.[877] Zum einen sei insbesondere der von der Gegenauffassung angeführte Gleichheitssatz keine Forderung nach umfassender Gleichbehandlung aller Bürger, sondern erlaube gerade Differenzierungen. Zum anderen sei im Rahmen der Rechtfertigung eines möglichen Grundrechtseingriffs das schonendere privatrechtliche Auftreten zu beachten. [878] Somit sei es gerechtfertigt und ganz im Sinne von Art. 1 Abs. 3 GG, bei der Frage nach der Grundrechtsbindung der öffentlichen Hand im Rahmen ihrer wirtschaftlichen Tätigkeit nicht nach der Art der jeweiligen Tätigkeit zu unterschieden. Staatliche Wirtschaftstätigkeit stellt gerade auch wegen des hiermit verbundenen öffentlichen Zwecks lediglich eine besondere Form der vollziehenden Gewalt dar, ist aber nichtsdestotrotz vollziehende Gewalt Im Sinne des Art. 1 Abs. 3 GG.[879]

Hinzu kommt, dass sich keine überzeugenden Abgrenzungskriterien des erwerbswirtschaftlichen Handelns zum öffentliche Aufgaben wahrnehmenden

---

872 *Stern*, in: Stern, StaatsR III/1, § 74 IV c β, S. 1411.
873 *Ehlers*, DVBl. 1983, 422, 424.
874 *Ehlers*, DVBl. 1983, 422, 424.
875 BVerwG 113, 208, 211.
876 *Schnapp*, JuS 1989, 1, 6.
877 *Herdegen*, in: Maunz/Dürig, GG, I, Art. 1 Abs. 3 Rn. 95; vgl. auch *Hesse*, Verfassungsrecht, Rn. 347: „Es gibt keine fiskalische Aufgabe, deren sachgemäße Bewältigung einen Dispens von den Freiheitsrechten erfordert.“
878 *Jarass*, in: Jarass/Pieroth, GG, Art. 1 Rn. 38.
879 Vgl. *Di Fabio*, in: Maunz/Dürig, GG, I, Art. 2 Abs. 1 Rn. 122.

Handeln des Staates finden lassen.[880] Nicht selten steht nämlich das erwerbswirtschaftliche Streben eines Hoheitsträgers in engem Zusammenhang mit öffentlichen Zwecken wie der Erhaltung des gesamtwirtschaftlichen Gleichgewichts oder wird es in den Dienst der Struktur-, Investitions- und Regionalpolitik gestellt.[881] In der Praxis wird daher eine scharfe Trennung zwischen Daseinsvorsorge und erwerbswirtschaftlichem Handeln mitunter als undurchführbar angesehen.[882] Die Unmittelbarkeit der Verfolgung öffentlicher Zwecke kann als Merkmal nicht ausreichen. Zumal nach der hier vertretenen Ansicht stets eine unmittelbare Gemeinwohlförderung auch von erwerbswirtschaftlicher Betätigung des Staates zu fordern ist. Da der Staat somit stets öffentliche Interessen zu wahren hat, kann es für die Abgrenzung allenfalls auf die Gewichtung der öffentlichen und der wirtschaftlichen Interessen ankommen. Diese sind jedoch von Unternehmen zu Unternehmen unterschiedlich und können über längere Zeiträume auch variieren. Eine eindeutige Abgrenzung wird somit erheblich erschwert.[883]

Auch bei Kapitalgesellschaften, die als juristische Person selbst erwerbswirtschaftlich tätig werden, kann der Staat nicht als bloßer Gesellschafter angesehen werden, der selbst zwar den Grundrechten unterliegt während die Gesellschaft hingegen, voll und ganz dem Gesellschaftrecht unterstellt, eigenständig und genau wie jeder andere private Unternehmer am Wettbewerb teilnimmt. Da der Staat als Alleineigentümer sich nicht mit den Gesellschaftsinteressen anderer Miteigentümer auseinanderzusetzen hat und die Unternehmenspolitik somit allein bestimmen kann, kann die Annahme einer im Unternehmen verselbständigten grundrechtsberechtigten Handlungsform nicht überzeugen.[884] Auch wenn die öffentliche Hand sich im Wettbewerb wirtschaftlich betätigt und daher den Anforderungen des Marktes genügen muss, um sich erfolgreich behaupten zu können, kann auf die Grundrechtsbindung nicht verzichtet werden, da der Staat stets in der Lage ist, als Eigentümer eines Unternehmens bei Grundrechtsverletzungen moderierend einzuwirken.[885]

---

880 Vgl. *Dreier*, in: Dreier, GG, I, Art. 1 Abs. 3 Rn. 67; *Rüfner*, in: Isensee/Kirchhof, Hdb. StaatsR, V (2. A.), § 117 Rn. 44 f.; *Ossenbühl*, DÖV 1971, 513, 520 f.; *Mallmann*, VVDStRL 19 [1961], 165, 202.

881 *Stern*, in: Stern, StaatsR III/1, § 74 IV 3 b β, S. 1404 sowie § 74 IV 5 b γ, S. 1419.

882 *Berg*, GewArch 1990, 225, 225.

883 *Schaumann*, JuS 1961, 110 f.; *Emmerich*, JuS 1970, 332, 335.

884 *Von Arnauld*, DÖV, 1998, 437, 443 f.

885 *Stern*, in: Stern, StaatsR III/1, § 74 IV 5 b γ γγ), S. 1422.

d. Ergebnis

Bei wirtschaftlicher Betätigung in Privatrechtsform handelt der Staat wie ein Privatmann. Er handelt jedoch nicht als Privatmann. Der Staat bleibt, egal in welcher Form er tätig wird, immer der Staat, und die Zwecke, die er mit seiner Tätigkeit verfolgt, können zulässigerweise nur dieselben Zwecke sein, für die der Staat überhaupt geschaffen wurde. Da der Staat nicht als Unternehmen geschaffen wurde, kann er auch nicht zum Zwecke der reinen Gewinnerzielung eingesetzt werden. Wirtschaftliche Betätigung kann deshalb stets nur Mittel zur Verwirklichung von öffentlichen Zwecken und Staatszielen sein. Diese Zwecke und Ziele ergeben sich in Deutschland aus dem Grundgesetz, etwa aus dem Sozialstaatsgebot des Art. 20 Abs. 1 GG. Im modernen Verfassungsstaat ist das Volk oberster Souverän. Der Staat ist daher dem Volk, der Allgemeinheit verpflichtet, und hat dessen bzw. ihre Interessen zu verfolgen.

Nach Art. 1 Abs. 1 GG ist die Achtung und der Schutz der Menschenwürde Verpflichtung aller staatlichen Gewalt. Diese Verpflichtung ist durch Art. 79 Abs. 3 GG auf ewig in der Verfassung verankert. Die Grundrechte sind Konkretisierungen des Menschenwürdeschutzes. Grundrechtsbindung bedeutet letztlich Bindung an die Achtungs- und Schutzverpflichtung gegenüber der Menschenwürde. Dem besonderen Gewicht dieser Verpflichtung, der zudem nicht ohne historischen Grund eine herausragende Bedeutung im deutschen Staatsverständnis zukommt, entspricht es, eine umfassende Bindung jeder staatlichen Tätigkeit an den Menschenwürdeschutz anzunehmen. Dies wird für die Grundrechte auch in Art. 1 Abs. 3 noch einmal herausgehoben. Dabei kann der verwendete Begriff der Staatsgewalt aber nicht als lediglich hoheitliche Tätigkeit erfassend verstanden werden.

Die eine umfassende Grundrechtsbindung ablehnenden Meinungen haben ihre Wurzel in der Zeit vor dem Grundgesetz als mit der Rechtsfigur des Fiskus ein „alter ego“ des Staates geschaffen wurde, welches im Gegensatz zum hoheitlich handelnden Staat die private Seite des Staates, sozusagen als Mitbürger wie jeder andere, repräsentieren sollte, welcher zur Erfüllung seiner öffentlichen Aufgaben seine Einkäufe zu tätigen hat und sich nebenbei durch erwerbswirtschaftliche Betätigung ein Zubrot zu den Steuern und Abgaben der Bürger, seiner Haupteinnahmequelle, verdient. Die Rechtsfigur des Fiskus hat einen tiefen Eindruck in der Rechtslehre hinterlassen. Noch heute findet die Diskussion zur Grundrechtsbindung des Staates bei privatrechtlichen Hilfsgeschäften und erwerbswirtschaftlicher Betätigung unter dem Stichwort der fiskalischen Verwaltung oder des fiskalischen Verwaltungshandelns statt. Da der Fiskus an sich jedoch nicht mehr als Begründung für die Grundrechtsfreiheit des Staates bei solch fiskalischer Aktivität verwendet wird, sondern vielmehr materielle Argumente, wie oben ausgeführt, vorgebracht werden, kann die voranstehende Darstellung ohne eine Auseinandersetzung mit der Figur des Fiskus auskommen.

Öffentlichen Unternehmen unterstehen damit im Ergebnis der vollen Grundrechtsbindung.[886] Dies gilt unabhängig von der öffentlich-rechtlichen oder privatrechtlichen Organisationsform des öffentlichen Unternehmens. Die Tragweite einer Grundrechtsbindung jedes wirtschaftlichen Handelns des Staats ist aber geringer als gemeinhin angenommen wird.[887] Auch wer Grundrechtsbindung im Prinzip annimmt, möchte damit nicht die staatlichen Wirtschaftsunternehmen in den Konkurs treiben.[888] In der Sache steht nämlich der wirtschaftenden Verwaltung dennoch ein erheblich größerer Spielraum als der Vollzugsverwaltung zu, welcher durchaus das Interesse der Verwaltung an einer flexiblen und effizienten Wirtschaftsführung gebührend berücksichtigt.[889]

Die Grundrechtsbindung der öffentlichen Hand auch bei erwerbswirtschaftlicher Betätigung bedeutet nicht, dass für die wirtschaftliche Betätigung der öffentlichen Hand allein die Grundrechte zum Maßstab für die Zulässigkeit eines bestimmten Handelns gemacht werden. Tatsächlich gibt es eine Vielzahl gesetzlicher Normen des Privat- und Wirtschaftsrechts, anhand derer die Rechtmäßigkeit unternehmerischer Maßnahmen zu bestimmen ist. Dabei ist nicht nur an die als Einfallstore für die Grundrechte in das Privatrecht bekannten Generalklauseln des BGB, wie § 242 oder § 826 BGB zu denken, sondern auch an wettbewerbsrechtliche Vorschriften des UWG und des GWB.[890] Solche gesetzlichen Normen sind grundsätzlich vorrangig anzuwenden. Andererseits sind diese Vorschriften im staatlichen Normengefüge an der Verfassung zu messen.

Dies bedeutet, dass die gesetzlichen Regelungen für wirtschaftliche Sachverhalte im Rechtsstaat bereits das Ergebnis staatlicher Moderation der Grundrechte und Interessen der Wettbewerbsteilnehmer darstellen. Ein Verstoß gegen solche gesetzlichen Normen durch einen Grundrechtsverpflichteten, sei es auch in Privatrechtsform, dürfte damit oftmals zugleich einen Eingriff in Grundrechte Dritter darstellen. Da insoweit die Grundrechte auch über einfach-gesetzliche Normen eine Wirkung auf die öffentliche Hand als Wettbewerbsteilnehmer haben, wird teilweise wie dargestellt vorgeschlagen, allein über eine mittelbare Grundrechtswirkung ein Regulativ für die öffentliche Hand als Wettbewerbsteilnehmer zu schaffen.

---

886 *Herdegen*, in: Maunz/Dürig, GG, I, Art. 1 Abs. 3 Rn. 95.
887 *Starck*, in. v.Mangoldt/K/S, GG, I, Art. 1 Rn. 230 GG.
888 So *Stern*, in: Stern, StaatsR III/1, § 74 IV 4 c, S. 1408.
889 *Ehlers*, in: DVBl. 198, 422, 425.
890 Vgl. *Stern*, in: Stern, StaatsR III/1, § 74 IV 5 b β, S. 1417.

Damit wird jedoch auch deutlich, dass die öffentliche Hand sich eben auch bei erwerbswirtschaftlicher Tätigkeit in Privatrechtsform nicht ihrer verfassungsmäßigen Bindung an die Grundrechte entziehen kann. Unter diesem Gesichtspunkt ist es aber konsequent, stets eine unmittelbare Grundrechtsbindung anzunehmen. Es ist nicht einzusehen, warum der Staat seine umfassend gewollte Grundrechtsbindung durch beliebiges Zwischenschalten von durch ihn kontrollierten juristischen Personen von einer unmittelbaren in eine lediglich mittelbare Bindung umwandeln können soll.

Im Ergebnis ist mithin im von einer unmittelbaren Grundrechtsbindung des Staates durch Art. 1 Abs. 3 GG auszugehen, welche jegliche erwerbswirtschaftliche Betätigung der öffentlichen Hand betrifft, unabhängig davon, ob sie in privatrechtlicher oder öffentlich-rechtlicher Organisationsform erfolgt. Dies gilt jedenfalls für öffentliche Unternehmen im Alleineigentum der öffentlichen Hand. Die Grundrechtsbindung gemischt-wirtschaftlicher Unternehmen wird im Folgenden zu untersuchen sein.

4. Gemischt-wirtschaftliche Unternehmen

Geht man von einer umfassenden Grundrechtsbindung öffentlicher Unternehmen im Alleineigentum der öffentlichen Hand aus, so muss deshalb bei gemischt-wirtschaftlichen Unternehmen, nicht von vornherein ebenfalls eine umfassende und unmittelbare Grundrechtsbindung angenommen werden. Kennzeichnend für gemischt-wirtschaftliche Unternehmen ist schließlich, dass neben der öffentlichen Hand auch andere natürliche oder juristische Personen des Privatrechts am Eigentum des Unternehmens beteiligt sind. Diese Personen sind jedoch im Gegensatz zur öffentlichen Hand allein dem Privatrecht unterworfen und somit nicht zur Beachtung der Grundrechte im Umgang mit anderen Privatrechtssubjekten verpflichtet. Vielmehr sind sie sogar selbst grundrechtsberechtigt und können für sich den Schutz und die Achtung ihrer Grundrechte gegenüber dem Staat reklamieren.

Es stellt sich somit die Frage, ob entweder an sich nicht grundrechtsverpflichtete Dritte durch die Beteiligung an einem Unternehmen, an dem auch die öffentliche Hand beteiligt ist, der Bindung an die Grundrechte unterworfen werden, oder ob umgekehrt die öffentliche Hand durch den Zusammenschluss mit nicht grundrechtsverpflichteten Dritten bei der Beteiligung an Unternehmen selbst von ihrer Grundrechtsbindung befreit werden kann. Die Problematik ist deutlich. Überspitzt formuliert könnte sich die öffentliche Hand nämlich nach der zweiten Alternative durch eine minimale Beteiligung eines privaten Dritten ihrer Grundrechtsbindung nach Art. 1 Abs. 3 GG entziehen (Gefahr der unzulässigen Flucht aus der Grundrechtsbindung), wohingegen bereits eine minimale Beteiligung des Staates an einem privaten Unternehmen ausreichen könnte, dieses von einem Grundrechtsberechtigten zu einem Grundrechtsverpflichteten zu machen und dem Schutz der Grundrechte zu entziehen (Gefahr des unzulässigen Entzugs von Grundrechten). Entweder stünde also die öffentliche Hand besser als verfassungsrechtlich vorgesehen, oder die privaten Anteilseigner des Unternehmens stünden schlechter.[891] Eine Lösung dieses Konfliktes ist schwierig, denn weder der Staat noch die beteiligten privaten Unternehmer können gleichzeitig Grundrechtsträger und Grundrechtsadressat sein.[892]

Während daher die Eigengesellschaften der öffentlichen Hand als „privatrechtliche Trabanten“[893] der vollziehenden Gewalt zugerechnet werden können, weil sich der Staat mit Ihnen lediglich ein gesellschaftsrechtliches Gewand zur Erfüllung öffentlicher Aufgaben übergezogen hat, ist eine derartige Zurechnung für gemischt-wirtschaftliche Unternehmen aufgrund der damit verbundenen Grundrechtsbindung umstritten.[894]

a. Streit um die Grundrechtsbindung

Zum Teil wird in der Literatur zugunsten der Grundrechtsberechtigten angenommen, gemischt-wirtschaftliche Unternehmen seien von der Grundrechtsverpflichtung ausgenommen. Vereinzelt beruht diese Ansicht aber auf der Ablehnung einer Grundrechtsbindung für erwerbswirtschaftlich agierende öffentliche Unternehmen in Privatrechtsform schlechthin.[895] Für die bloße Beteiligung der öffentlichen Hand an einem Unternehmen kann schließlich kein strengerer Handlungsrahmen gelten als bei Volleigentum am Unternehmen. Ansonsten wird vor allem auf Art. 19 Abs. 3 GG abgestellt, welcher die Grundrechtsfähigkeit juristischer Personen des Privatrechts unterstreicht. Die Bildung und Betätigung einer gewinnorientierten Gesellschaft des privaten Rechts mit mittelbarer oder unmittelbarer Beteiligung natürlicher Personen sei stets Ausdruck der freien Entfaltung dieser Personen, welche individuell aber eben über Art. 19 Abs. 3 GG auch kollektiv grundrechtlich geschützt ist.[896] Dieser Schutz könne

891 *Dreier*, in: Dreier, GG, I, Art. 19 Abs. 3 Rn. 76.
892 *Spannowsky*, ZHR 160 (1996), 560, 569.
893 Diese Formulierung geht zurück auf *Ehlers*, in: Erichsen/Ehlers, Allg. VerwR, und wird dort auch heute noch benutzt, vgl. § 3 Rn. 85. Zur Urheberschaft der Formulierung: vgl. *Spannowsky*, ZGR 1996, 400, 409.
894 *Spannowsky*, ZHR 160 (1996), 560, 569.
895 Z.B. bei *Püttner*, Die öff. Unternehmen, S. 119 ff.
896 *Koppensteiner*, NJW 1990, 3105, 3109.

auch bei der Beteiligung Privater an sich mehrheitlich in Staatshand befindlichen Unternehmen nicht gemindert werden, weshalb Art. 19 Abs. 3 GG auch für diese gelte.[897]

Eine Ausnahme sei allenfalls dort zu machen, wo die Beteiligung Privater lediglich Alibifunktion habe und die Tätigkeit des Unternehmens in Wahrheit auf öffentliche Verwaltung gerichtet sei.[898] Dies wird bei erwerbswirtschaftlicher Betätigung der öffentlichen Hand selten der Fall sein. Gemischt-wirtschaftliche Unternehmen sind typischerweise nicht im Rahmen der Daseinsvorsorge tätig.[899] Daher überrascht es nicht, dass die Vertreter dieses Ansatzes auch dann die Grundrechtsbindung eines gemischt-wirtschaftlichen Unternehmens verneinen, wenn nur eine ganz niedrige Beteiligung Privater vorliegt, sei sie sogar auf nur einen Anteil beschränkt.[900] Mitunter wird auch angeführt, dass ein Kriterium für eine exakte Abgrenzung der gemischt-wirtschaftlichen Unternehmen von den reinen Privatunternehmen fehlt, da niemand zuverlässig bestimmen könne, ab wann eine Beherrschung durch die öffentliche Hand vorliegt und wann nicht.[901]

Argumentiert wird zum einen, dass die Höhe der Kapitalbeteiligung von privaten Gesellschaftern schon deshalb nicht den Ausschlag dafür geben könne, ob die Privaten eine Verringerung ihres Grundrechtsschutzes hinnehmen müssen oder nicht, da es regelmäßig die öffentliche Hand selbst ist, die verhindert, dass die Privaten mehr als eine bestimmte Quote an den Geschäftsanteilen erwerben können und damit der Staat hier einseitig über den Grundrechtsschutz der Betroffenen verfügen könne.[902] Des Weiteren wird am Abstellen auf die Beherrschungsmöglichkeiten der öffentlichen Hand die Intransparenz für den Grundrechtsträger kritisiert. Da sich die Beherrschungsmöglichkeiten der öffentlichen Hand eben nicht zwingend aus der Höhe der Beteiligung am Unternehmen ergeben, sei das Kriterium intransparent und führe für außenstehende Dritte zu der Notwendigkeit, erst eine gesellschaftsrechtliche Analyse der Machtverhältnisse durchzuführen, um die Reichweite ihres Grundrechtsschutzes und den gegebenenfalls zu beschreitenden Rechtsweg bestimmen zu können.[903] Konsequent sei es daher, gemischt-wirtschaftliche Unternehmen unabhängig von den – mög-

897 *Koppensteiner*, NJW 3105, 3114; *Storr*, Staat als Unternehmer, S. 246.

898 *Stern*, in: Stern, StaatsR III/1, S. 1170; *Schmidt-Aßmann*, BB 1990, Beilage 34, sieht eine solche Ausnahme allenfalls für Beteiligungen unterhalb einerr 10%-Marge vor.

899 *Schmidt-Aßmann*, BB 1990, Beilage 34, S. 1, 3.

900 *Storr*, Staat als Unternehmer, S. 246; *Spannowsky*, ZHR 160 (1996), 560, 572.

901 Vgl. *Emmerich*, JuS 1970, 332, 335.

902 Vgl. *Spannowsky*, ZHR 160 (1996), 560, 571 f.

903 *Ibid.*

licherweise extremen – Beteiligungsverhältnissen wie rein private Unternehmen zu behandeln.[904]

Die öffentliche Hand wäre folglich, auch wenn sie die Kapitalmehrheit an einem gemischt-wirtschaftlichen Unternehmen hält, allein als Anteilseigner, nicht aber in extenso mit dem gesamten Unternehmen den Grundrechten verpflichtet.[905] Ihrer Grundrechtsbindung soll die öffentliche Hand durch ihren Einfluss als Gesellschafter gerecht werden.[906] Soweit die öffentliche Hand solche Unternehmen beherrscht, ist das möglicherweise unproblematisch. Was aber, wenn sie gerade nicht aufgrund ihrer beherrschenden Stellung auf die Unternehmensführung im Sinne des Grundrechtsschutzes Dritter einwirken kann? Hier soll der Staat seine Beteiligungsrechte grundrechtskonform und soweit dadurch nicht schützenswerte Interessen der privaten Anteilseigner geschädigt werden zur Geltung bringen.[907]

b. Grundrechtsbindung der staatlich beherrschten Unternehmen

Nach anderer Ansicht wird durch eine generelle Ablehnung der Grundrechtsbindung gemischt-wirtschaftlicher Unternehmen und der bloßen Bindung der öffentlichen Hand als Anteilseigner die praktische Wirkung der Grundrechte stark eingeschränkt.[908] Es soll danach sachgerechter sein, bei der Rechtfertigung von Eingriffen die private Beteiligung zu berücksichtigen.[909] Trotz dieses Widerspruchs zu einer generellen Ablehnung der Grundrechtsbindung wird die Ansicht, dass gemischt-wirtschaftliche Unternehmen auch bei einer nur marginalen Beteiligung der öffentlichen Hand stets der Grundrechtsbindung unterliegen, soweit ersichtlich nicht vertreten. Bei zu geringen Beteiligungen ist die Ähnlichkeit mit rein privat geführten Unternehmen zu groß, als dass man ernsthaft die Grundrechtsbindung des Unternehmens verlangen könnte.[910] Die Privatautonomie der anderen Beteiligten würde damit verfassungswidrig eingeschränkt werden.[911]

---

904 Vgl. *Spannowsky*, ZHR 160 (1996), 560, 571 f.

905 *Höfling*, in: Sachs, GG, Art. 1 Rn. 104.

906 *Rüfner*, in: Isensee/Kirchhof, Hdb. StaatsR, V (2. A.), § 117 Rn. 49.

907 *Höfling*, in: Sachs, GG, Art. 1 Rn. 104; *Rüfner*, in: Isensee/Kirchhof, Hdb. StaatsR, V (2. A.), § 117 Rn. 49; *Starck*, in: v.Mangoldt/K/S, GG, I, Art. 1 Rn. 231.

908 *Jarass*, in: jarass/Pieroth, GG, Art. 1 Rn. 40.

909 *Jarass*, in: jarass/Pieroth, GG, Art. 1 Rn. 40.

910 Vgl. *Von Arnauld*, DÖV 1998, 437, 445.

911 *Starck*, in: v.Mangoldt/K/S, GG, I, Art. 1 Rn. 231.

Das Bundesverfassungsgericht hat entschieden, dass die öffentliche Hand bei Unternehmenstätigkeit Grundrechtsschutz nicht beanspruchen kann, wenn eine Minderheit privater Anteilseigner beteiligt ist.[912] Damit ist im Umkehrschluss von einer Grundrechtsbindung auch dieser privaten Minderheitsgesellschafter auszugehen. Da die öffentliche Hand in dem vom Bundesverfassungsgericht entschiedenen Fall jedoch im Rahmen der Daseinsvorsorge tätig war, kann die Aussage des Gerichts angesichts der verbreiteten Differenzierung in der Behandlung der staatlichen Wirtschaftstätigkeit nicht zweifelsfrei auch auf die erwerbswirtschaftliche Betätigung bezogen werden. Wenn die Minderheitsgesellschafter im Rahmen der Daseinsvorsorge an der Erfüllung genuiner staatlicher Aufgaben mitwirken, ist es konsequent, sie den gleichen Handlungsmaßstäben zu unterwerfen wie den Staat selbst. Die Handlungsmaßstäbe des Staates bei erwerbswirtschaftlicher Betätigung sind aber gerade umstritten, weshalb sich daraus zunächst keine Handlungsmaßstäbe für beteiligte private Anteilseigner ableiten lassen.

Soweit man die Staatsgewalt in privatrechtlicher Handlungsform auch bei erwerbswirtschaftlicher Betätigung durch Art. 1 Abs. 3 GG gebunden sieht - und gerade nicht nur als Anteilseigner, sondern unmittelbar in der juristischen Person des Privatrechts -, wird allerdings bezweifelt, dass aufgrund des bloßen Hinzutretens privater Anteilseigner der staatliche Anteil an der Aufgabenwahrnehmung verdrängt werden soll und folglich das Unternehmen insgesamt von der Grundrechtsbindung befreit wäre.[913] Der Vorschlag, gemischt-wirtschaftliche Unternehmen seien nur dann an die Grundrechte zu binden, wenn sie nach ihrer Satzung öffentliche Aufgaben erfüllen, wird als zu vage kritisiert und stellt zudem die Grundrechtsbindung ins Belieben der Satzungsgeber.[914]

Man könnte diese Problematik damit lösen, die Existenz gemischtwirtschaftlicher Unternehmen schlechthin zu untersagen.[915] Solange eine solche Lösung jedoch praktisch nicht ersichtlich ist, wird man darauf abstellen müssen, ob eine Beherrschung des Unternehmens durch die öffentliche Hand vorliegt oder nicht. Das Kriterium der Beherrschung des Unternehmens durch die öffentliche Hand wird dabei auch häufig in der Literatur für die Annahme einer Grundrechtsbindung angenommen.[916] Unter Umständen können damit also auch private Anteilseigner eines Unternehmens über dieses an die Grundrechte ge-

912 BVerfG NJW 1990, 1783.

913 *Erichsen/Ebber*, Jura 1999, 373, 376, *Schliesky*, Öff. WettbewerbsR, B III 4 a bb) (4), S. 75.

914 *Jarass*, in: Jarass/Pieroth, GG, Art. 1 Rn. 40.

915 *Dreier*, in: Dreier, GG, I, Art. 19 Abs. 3 Rn. 76.

916 U.A. von *Jarass*, in: Jarass/Pieroth, GG, Art. 1 Rn. 40, *Starck*, in: v.Mangoldt/K/S, GG, I, Art. 1 Rn. 231.

bunden sein. Dem Einwand des Grundrechtsentzugs der privaten Anteilseigner ließe sich entgegenhalten, dass derjenige, der in Ausübung seiner grundrechtlichen Freiheit mit der öffentlichen Hand kooperiert, sich in das Rechtsregime des Staates inkorporiert.[917] Problematisch könnte bei einer solchen Argumentation allerdings die Konstellation einer späteren Beteiligung der öffentlichen Hand durch Anteilskauf sein. In diesen Fällen wären die privaten Anteilseigner und Grundrechtsträger die Verbindung mit der öffentlichen Hand nicht unbedingt freiwillig eingegangen.[918] Daher soll einer Ansicht nach jedenfalls in diesen Fällen eine Grundrechtsbindung der öffentlichen Hand ausscheiden, um den privaten Anteilseignern nicht den Grundrechtsschutz zu entziehen.[919]

c. Ergebnis

Grundsätzlich gilt auch hier das Argument, dass jegliches staatliches Handeln nur auf der Grundlage der verfassten Staatsgewalt geschehen kann und daher auch der Grundrechtsbindung des Art. 1 Abs. 3 GG unterliegt.[920] Auch die erwerbswirtschaftliche Betätigung der öffentlichen Hand in gemischtwirtschaftlichen Unternehmen muss daher der Grundrechtsbindung unterstehen. Dies kann jedoch nur insoweit gelten, als der Staat das Handeln des Unternehmens auch tatsächlich beeinflussen kann. Selbst die Ansichten, die zwar eine Grundrechtsbindung der gemischt-wirtschaftlichen Unternehmen generell ablehnen, den Staat aber als Anteilseigner in der Pflicht sehen, seine Position grundrechtskonform zu nutzen, erreichen letztlich lediglich mittelbar, rein faktisch aber ebenso, ein grundrechtskonformes Verhalten des gemischtwirtschaftlichen Unternehmens.

Hier wird denn also die Problematik um die Einordnung gemischtwirtschaftlicher Unternehmen als „öffentliche“ Unternehmen relevant. Gemischt-wirtschaftliche Unternehmen sind nur dann öffentliche Unternehmen, wenn sich bei einer Gesamtschau der gesetzlichen, satzungsrechtlichen und individualvertraglichen Rechtsbeziehungen der öffentlichen Hand zur Gesellschaft und zu ihren privaten Mitgesellschaftern die Beherrschung des Unternehmens durch den Staat erweist[921] und dieser damit entscheidenden Einfluss auf die Ge-

---

917 *Erichsen/Ebber*, Jura 1999, 373, 377.

918 Sicherlich werden in der Praxis häufig aber durch vinkulierte Namensaktien oder auch, insbesondere bei der GmbH, durch entsprechende Satzungsbestimmungen Zustimmungsvorbehalte der Gesellschafter vorgesehen sein und so ein Anteilskauf der öffentlichen Hand nicht gegen den Willen der Gesellschaftererfolgen können.

919 *Erichsen/Ebbers*, Jura 1999, 373, 377.

920 Ebenso *Schliesky*, Öff. WettbewerbsR, B III 4 a bb) (4), S. 75.

921 *Storr*, Staat als Unternehmer, S. 243 f.

schäftspolitik des Unternehmens nehmen kann.[922] Für die Einstufung als öffentliches Unternehmen kommt es damit nicht allein auf einen bestimmten Kapitalanteil der öffentlichen Hand an. Nur Öffentliche Unternehmen unterliegen der Grundrechtsbindung, private Unternehmen, an denen die öffentliche Hand lediglich beteiligt ist, sind selbst Grundrechtsträger und Grundrechten Dritter nicht verpflichtet. Hier ist der Staat nur als Anteilseigner den Grundrechten verpflichtet.

Sofern daher eine Beteiligung der öffentlichen Hand mit der Beherrschung des Unternehmens einhergeht, geht die Grundrechtsbindung des betriebenen Unternehmens dem Grundrechtschutz der neben dem Staat am Unternehmen beteiligten privaten Anteilseigner vor. Dabei kann es nicht darauf ankommen, ob die öffentliche Hand bereits bei Gründung des Unternehmens oder erst später Anteilseigentümer geworden ist. Zum einen ließe sich ansonsten die Grundrechtsbindung für die öffentliche Hand durch einen späteren Eintritt in die Gesellschaft einfach umgehen, zum anderen wäre es für den Bürger, welcher sich durch ein Unternehmen, an dem die öffentliche Hand beteiligt ist, in seinen Grundrechten verletzt sieht, nicht erkennbar, wann die öffentliche Hand Anteilsinhaber oder Mehrheitsgesellschafter geworden ist, weshalb eine Unsicherheit über den Grundrechtsschutz entstünde, die im Rechtsstaat, insbesondere angesichts der Abwehrfunktion der Grundrechte gegen den Staat, schwer hingenommen werden kann.

An diesem Ergebnis ändert auch der verminderte Grundrechtsschutz der zusammen mit der öffentlichen Hand am Unternehmen beteiligten Privatpersonen nichts. Soweit sie die Gesellschaft nicht beherrschen, ist das Verhalten des Unternehmens Ihnen nicht zuzurechnen. Es ist der Staat, der wirtschaftet, während die privaten Anteilseigner lediglich ihr Kapital zur Verfügung gestellt haben, wobei Ihnen mit dem Staat ein potenter und weitestgehend insolvenzfester Gesellschafter zur Seite gestellt wird.[923] Daher ist ein verminderter Grundrechtsschutz gerechtfertigt, zudem dieser verminderte Schutz sie weniger als Unternehmer in ihrer unternehmerischen Freiheit, sondern eher als Anteilseigner mit ihrem Kapital trifft. Eine Verminderung des Grundrechtsschutzes wird dabei vom Bundesverfassungsgericht für unternehmerische Tätigkeit im Rahmen der Daseinsvorsorge anerkannt und ist mithin durchaus mit dem Grundgesetz vereinbar. Solange der Staat handelt und dabei an Grundrechte gebunden ist, darf eine bloße Beteiligung privater Minderheitsgesellschafter nicht zur Befreiung von der Grundrechtsbindung führen. Dies muss auch bei erwerbswirtschaftlicher Staatstätigkeit gelten.

---

922 Vgl. oben Dritter Teil, A. II. 3.

923 *Schliesky*, Öff. WettbewerbsR, B III 4 a bb) (4), S. 74.

In den nicht von der öffentlichen Hand beherrschten gemischt-wirtschaftlichen Unternehmen genießen die privaten Anteilseigner hingegen den vollen Grundrechtsschutz, während der Staat den Grundrechten weiterhin verpflichtet ist.

d. Sonderfall Gesamthand

Die Argumentation der Gegner einer Grundrechtsbindung gemischt-wirtschaftlicher Unternehmen mit Art. 19 Abs. 3 GG, welcher den Grundrechtsschutz inländischer juristischer Personen gewährleistet, stützt sich darauf, dass die juristische Person des Privatrechts eigenständiger Träger von Rechten und Pflichten ist und damit gerade nicht den Rechten und Pflichten ihrer Anteilsinhaber unterworfen ist. Dieses Argument kann jedoch nicht auf Personengesellschaften, zu denen auch die GmbH & Co. KG gehört, angewendet werden, da es sich bei diesen nicht um juristische Personen, sondern um Gesamthandsvermögen handelt. Da im Rahmen dieser Untersuchung eine generelle Freistellung gemischt-wirtschaftlicher Unternehmen von der Grundrechtsbindung des Art. 1 Abs. 3 GG abgelehnt wird, muss die Grundrechtsbindung von Gesamthandsvermögen nicht ausführlicher betrachtet werden.

Es gilt, wie für juristische Personen, allein darauf abzustellen, ob dem öffentlichen Anteilsinhaber eine beherrschende Stellung zukommt oder nicht. Dabei steht ein Mitglied einer Gesamthandsgemeinschaft dem Gesamthandsvermögen grundsätzlich viel näher als ein Gesellschafter dem Vermögen einer Kapitalgesellschaft. Das Gesamthandsvermögen ist nicht in persönliche Anteile aufgeteilt, die den einzelnen Mitgliedern der Gesamthand zuzuordnen wären. Die Mitglieder einer Gesamthandsgemeinschaft sind stets als Vertreter des Ganzen anzusehen, und nicht allein als Repräsentant ihres Anteils. Diese Konzeption erklärt auch die Pflicht, grundsätzlich einstimmig über die Geschicke der Gesellschaft zu entscheiden. Mithin käme dem Staat als Mitglied einer Gesamthandsgemeinschaft auch bei einem nur kleinen Anteil ein entscheidendes Gewicht bei. Die Annahme einer Grundrechtsbindung der Gesellschaft liegt dann nahe. Für den Einzelfall mag die erforderliche Gesamtschau aller rechtlichen, gesellschafts- und individualvertraglichen Regelungen jedoch Anderes ergeben.

5. Die Grundrechtsbindung der öffentlichen Hand als Anteilsinhaber bei bloßer Kapitalbeteiligung

Nach einigen bisher ausgeführten Ansichten in der Literatur und Rechtssprechung ist die öffentliche Hand bei erwerbswirtschaftlicher Tätigkeit in Privatrechtsform schlechthin, zumindest aber bei der Beteiligung an gemischtwirtschaftlichen Unternehmen allein als Anteilseigner an die Grundrechte gebunden, wohingegen die juristische Person des Unternehmens unverpflichtet bleibt. Die hier vertretene Auffassung geht von einer Grundrechtsbindung aller öffentlichen Unternehmen aus, einschließlich derjenigen gemischtwirtschaftlichen Unternehmen, die aufgrund ihrer Beherrschung durch den staatlichen Anteilseigner als öffentlich zu qualifizieren sind. Danach bleibt für eine Grundrechtsbindung der öffentlichen Hand lediglich als Anteilseigner nur für die Fälle der bloßen Kapitalbeteiligung Raum. Da jedes Tätigwerden der öffentlichen Hand nur in dem durch die Grundrechte gezogenen Rahmen erfolgen kann, steht eine Grundrechtsbindung der öffentlichen Hand als Anteilseigner außer Frage.[924] Fraglich ist lediglich, welche Auswirkungen diese Bindung konkret hat.

Auch bei Minderheitsbeteiligungen ist die öffentliche Hand verpflichtet, über ihre Einflussmöglichkeiten ein grundrechtskonformes Verhalten des Unternehmens zu erwirken.[925] Allerdings wird der Staat, gerade weil er das Unternehmen eben nicht beherrscht, häufig gerade nicht seine Vorstellungen der Unternehmenspolitik durchsetzen können. Zwar kann man geringe Beteiligungen auch eher als Finanzvermögen der öffentlichen Hand ansehen denn als unternehmerische Betätigung.[926] Sofern dies aber impliziert, dass es dem Staat bei einer solchen Beteiligung weniger um die Erfüllung öffentlicher Aufgaben als um eine gute Verzinsung seines Kapitals gehe, ist die Zulässigkeit dieses Verhaltens fraglich.[927] Zudem darf die öffentliche Hand aufgrund der fehlenden Grundrechtsbindung der betroffenen Unternehmen nur dann mit einer Gesellschaft des privaten Rechts kooperieren, wenn dies durch ein wichtiges Interesse gerechtfertigt wird.[928] Daher wird die Beteiligung letztlich doch einem öffentlichen Zweck dienen müssen, bei dessen Verfolgung die öffentliche Hand allein in dem von den Grundrechten gesteckten Handlungsspielraum agieren kann.

Dies wirft jedoch die Frage auf, ob sich die öffentliche Hand überhaupt durch bloße Kapitalbeteiligungen erwerbswirtschaftlich betätigen kann, wenn sie damit ohne hinreichende Einflussmöglichkeit zum Komplizen der privaten Anteilseigner bei Grundrechtseingriffen durch das gemischt-wirtschaftliche Unter-

---

924 *Erichsen/Ebber*, Jura 1999, 373, 377.

925 *Ibid.*

926 So z.B. *Püttner*, Die öff. Unternehmen, S. 26, obwohl er diesen Gedanken für die Frage der Grundrechtsbindung der öffentlichen Hand als Anteilseigner, S. 119 f., keine Rolle spielen lässt.

927 Vgl. *Schliesky*, Öff. WettbewerbsR, C I 2 m bb) (2), S. 180.

928 *Ehlers*, in: Erichsen/Ehlers, Allg. VerwR, § 3 Rn. 88.

nehmen wird.[929] Den Grundrechten kommt schließlich nicht nur eine Abwehrfunktion zu, die den Bürger vor staatlichen Eingriffen in seine Freiheitssphäre schützen soll, sondern sie begründen auch eine Schutzpflicht des Staates, den Rechtsraum insgesamt so auszugestalten, dass auch Dritte nicht ungerechtfertigt die Freiheitssphäre des Bürgers beeinträchtigen können.[930] Aus dieser Schutzpflicht ergibt sich dann ein vom Bürger einklagbarer Schutzanspruch, wenn er sich mit hinreichender Bestimmtheit aus dem objektiven Recht entwickeln lässt.[931] Meistens wird man dann jedoch auch nur zu dem Ergebnis kommen, dass den Staat eine Schutzpflicht trifft, nicht aber, wie er sie am besten erfüllen kann, es sei denn sein Gestaltungsspielraum ist derart eingeschränkt, dass nur eine einzige Art zu handeln in Frage kommt.[932]

Die Konsequenz dieser Überlegungen ist, dass sich die öffentliche Hand bei Unternehmensbeteiligungen in Fällen, in denen sie Grundrechtsverletzungen nicht anders verhindern kann, aus dem Unternehmen zurückziehen müsste. Im Falle der Grundrechtsverletzung durch ein gemischt-wirtschaftliches Unternehmen, an dem die öffentliche Hand beteiligt ist, könnte der Betroffene gegenüber dem umfassend grundrechtsverpflichteten Anteilsinhaber einen Anspruch darauf haben, die Verletzung zu verhindern oder die Beteiligung an dem Unternehmen aufzugeben.[933] Aus der Schutzfunktion der Grundrechte folgt die Verpflichtung des öffentlichen Aufgabenträgers, den Grundrechtsschutz durch die Absicherung entsprechender Kontroll- und Einwirkungsmöglichkeiten sicherzustellen, soweit die unmittelbare Grundrechtsbindung des gemischt-wirtschaftlichen Unternehmens verneint wird.[934] Eine Nichterfüllung dieser Einwirkungs- und Kontrollpflichten durch den öffentlichen Aufgabenträger führt dann zu einer Schadensersatzpflicht gegenüber dem Geschädigten.[935]

Solche Fragen werden aber letztlich stets im Einzelfall zu entscheiden sein. Bisher ist die Geltendmachung eines Anspruchs wie dem soeben beschriebenen nicht ersichtlich. An dieser Stelle sollen denn auch nicht hypothetische Beispiele gebildet werden, die zu einem Rückzug der öffentlichen Hand aus einem gemischt-wirtschaftlichen Unternehmen führen könnten. Dabei ist auch zu bedenken, dass ein vom Staat nicht zu verhindernder Grundrechtseingriff durch ein

929 Vgl. *Erichsen/Ebber*, Jura 1999, 373, 377.

930 Vgl. *Hesse*, Verfassungsrecht, Rn. 350; *Klein*, NJW 1989, 1633, 1633; *Pieroth/Schlink*, Grundrechte, Rn. 60; *v.Münch*, in: v.Münch/Kunig, GG, I, vor Art. 1 Rn. 22; BVerfGE 92, 26, 46.

931 *Hesse*, Verfassungsrecht, Rn. 350.

932 Vgl. *Hesse*, Verfassungsrecht, Rn. 350.

933 Diese Konsequenz zieht auch *Püttner*, Die öff. Unternehmen, S. 120.

934 vgl. *Spannowsky*, ZGR 1996, 400, 411; *Ehlers*, in: Erichsen/Ehlers, Allg. VerwR, § 3 Rn. 88.

935 Vgl. *Spannowsky*, ZHR 160 (1996), 560, 592.

gemischt-wirtschaftliches Unternehmen auch gerechtfertigt sein kann, und dass eine solche Rechtfertigung auch die vom Staat mit dem Anteilsbesitz verfolgten öffentlichen Zwecke in die Abwägung mit einstellt. Daher soll an dieser Stelle lediglich die Möglichkeit eines Anspruchs auf Rückzug der öffentlichen Hand aus einem gemischt-wirtschaftlichen Unternehmen festgehalten werden. Im weiteren Verlauf der Untersuchung werden dann konkrete Beispiele möglicher Grundrechtseingriffe der öffentlichen Hand bei Kapitalbeteiligungen an gemischt-wirtschaftlichen Beteiligungsgesellschaften untersucht und geprüft werden.

II. Anforderungen an die Ausgestaltung der Rechtsform öffentlicher Unternehmen

Für die Frage der Zulässigkeit einer wirtschaftlichen Betätigung der öffentlichen Hand war bisher nicht entscheidend, in welcher Organisationsform der Staat wirtschaftlich tätig wird. Nichtsdestotrotz gibt der verfassungsrechtlich für staatliche Wirtschaftstätigkeit gesteckte Rahmen aus Grundrechten und anderen Regelungen und Wertungen der Verfassung Maßstäbe dafür vor, welche Rechtsformen für öffentliche Unternehmen in Betracht kommen und was bei ihrer internen Ausgestaltung zu berücksichtigen ist.

1. Grundsatz der Wahlfreiheit der Rechtsform

Die öffentliche Hand kann bei der Erfüllung ihrer Aufgaben grundsätzlich frei entscheiden, ob sie sie in den Organisationsformen des öffentlichen Rechts oder in jenen des Privatrechts erfüllt.[936] Das Grundgesetz trifft zwar keine Aussage darüber, ob die Verwaltung juristische Personen des Privatrechts gründen oder sich auch nur an ihnen beteiligen kann.[937] Es lässt jedoch erkennen, dass es privatrechtliches Handeln und privatrechtliche Organisationsformen des Staates nicht als Fremdkörper empfindet.[938] Dabei ist zu beachten, dass öffentlich-rechtliche Bindungen, der die Verwaltung bei der Wahl einer öffentlich-rechtlichen Organisationsform unterliegen würde, bei der Wahl einer privatrechtlichen Organisationsform nicht umgangen werden können.[939] Auch die privatrechtlich organisierte Verwaltung muss sich an den Vorgaben des Rechts-

936 *Erbguth/Stollmann*, DÖV 1993, 798, 799; *Schmidt*, ZGR 1996, 345, 349.
937 *Stober*, NJW 1984, 449, 452.
938 *Stern*, in: Stern, StaatsR III/1, § 74 IV 3 a, S. 1400.
939 Vgl. *Ehlers*, JZ 1990, 1089, 1091.

staats für Verwaltungstätigkeit messen lassen. Nur in diesem Rahmen hat die öffentliche Hand auch bei ihrer wirtschaftlichen Betätigung die Möglichkeit, zwischen privatrechtlichen und öffentlich-rechtlichen Unternehmensformen zu wählen, und nutzt diese Möglichkeit auch

Die Organisationsformen des Privatrechts sind aus vielerlei Gründen für die öffentliche Hand bei ihrer wirtschaftlichen Tätigkeit interessant. Jedenfalls für die Bindung der öffentlichen Hand an die Grundrechte spielt die Wahl einer öffentlich-rechtlichen oder einer privatrechtlichen Unternehmensform aber keine Rolle.[940] Dass dennoch gerade bei der Wirtschaftstätigkeit der Öffentlichen Hand eine Tendenz zur privatrechtlichen Rechtsform festgestellt werden kann, wird im Allgemeinen mit deren größerer Flexibilität begründet. Diese bezieht sich sowohl auf die Befreiung von den Zwängen des Haushaltsrechts und des öffentlichen Dienstrechts, als auch auf die Möglichkeiten der Beteiligung Privater und die damit einhergehenden erweiterten Möglichkeiten der Kapitalbeschaffung oder des Know-how-Erwerbs.[941] Man erwartet durch eine bessere Nutzung privaten Sachverstands eine höhere Kreditwürdigkeit, Effizienzsteigerungen und den Abbau von Vollzugsdefiziten.[942]

Zweck der formellen Privatisierung ist damit regelmäßig die rechtliche und faktische Emanzipation vom Verwaltungsträger.[943] Damit einher gehen sollen auch eine Entpolitisierung der Entscheidungen, Bürgernähe, leistungsorientiertes unternehmerisches Handeln und die Entlastung des Gesamthaushalts als Vorteile dieser sog. Organisationsprivatisierung.[944] Mitunter beruhen diese Erwartungen zwar auf Fehlvorstellungen,[945] treiben die „Flucht“ der Verwaltung ins Privatrecht aber dennoch voran. Eine solche Fehlvorstellung ist auch, dass sich juristische Personen des Privatrechts einfacher gründen ließen als öffentlich-rechtliche Unternehmen, welche durch Gesetz gegründet werden. Auch für die Gründung juristischer Personen des Privatrechts gilt ein Gesetzesvorbehalt.[946]

---

940 Vgl. oben, Dritter Teil, C. I. 3. d).

941 Vgl. *Spannowsky*, ZGR 1996, 400, 402; *Erbguth/Stollmann*, DÖV 1993, 798, 802.

942 *Schmidt*, ZGR 1996, 345, 348; *Bauer*,VVDStRL 54 [1995], 243, 256; *Erbguth/Stollmann*, DÖV 1993, 798, 802.

943 *Schmidt*, ZGR 1996, 345, 349; mitunter werden aber auch steuerliche Gründe angeführt, vgl. *Unruh*, DÖV 1997, 653, 657; *Fabry*, in: Fabry/Augsten, Hdb. Unternehmen d. öff. Hand, Teil I Rn. 83; S. auch schon *Ossenbühl*, DÖV 1971, 513, 519.

944 *Spannowsky*, ZHR 160 (1996), 560, 565; vgl. a. *Graf Vitzthum*, AöR 104. Bd. [1979], 580, 590; *Erbguth/Stollmann*, DÖV 1993, 798, 802.

945 So etwa hinsichtlich einer größeren Kreditwürdigkeit der Privatrechtssubjekte, vgl. *Ehlers*, JZ 1990, 1089, 1092; *Unruh*, DÖV 1997, 653, 656.

946 *Löwer*, VVDStRL 60 [2001], 416, 432 f.

Die Wahl einer privatrechtlichen Organisationsform kann allerdings auch Nachteile bergen. Ohne bereits an sich eine bessere Verwaltung zu garantieren, verkompliziert die privatrechtlich organisierte Verwaltung zunächst nur den Verwaltungsaufbau, erschwert die demokratische Kontrolle des Verwaltungsträgers, gefährdet die Einheitlichkeit der Verwaltung und kann auch Bürgerferne erzeugen.[947] Auch die Kapitalbeschaffung kann erschwert sein, da der Verwaltungsträger möglicherweise haushalts- oder beihilfenrechtlich gehindert sein kann, neues Kapital beizusteuern.[948]

Schließlich kann auch die Gründung von Unternehmen in Privatrechtsform die öffentliche Hand nicht von allen öffentlich-rechtlichen Zwängen befreien. So setzt das Demokratieprinzip voraus, dass sich die Träger öffentlicher Unternehmen nicht der Verantwortung für das Handeln ihrer Werkzeuge entziehen können.[949] Solange es sich um rein öffentliche Unternehmen handeln, mag diese Forderung auf der Hand liegen. Komplizierter wird es jedoch sowie eine Beteiligung Privater angestrebt wird, sei es in geringem Umfang oder gar als Mehrheitsbeteiligte.

2. *Zur Beteiligung des Staates an privatrechtlichen Organisationsformen*

Einen Anhaltspunkt für die verschiedenen Anforderungen, die verfassungsrechtlich an die Beteiligung an Unternehmen in privater Rechtsform gestellt werden, deren Gesellschafter nicht ausschließlich der Staat ist, gibt die Vorschrift des § 65 Abs. 1 der Bundeshaushaltsordnung (BHO), welche sich inhaltsgleich auch in den verschiedenen Landeshaushaltsordnungen (LHO) entsprechend findet.[950]

---

947 *Stober*, NJW 1984, 449, 452.
948 *Stober*, NJW 1984, 449, 452.
949 *Ehlers*, JZ 1990, 1089, 1093.
950 Die Vorschrift lautet für den Bund:

Der Bund soll sich, ... , an der Gründung eines Unternehmens in einer Rechtsform des privaten Rechts oder an einem bestehenden Unternehmen in einer solchen Rechtsform nur beteiligen, wenn

1. ein wichtiges Interesse des Bundes vorliegt und sich der vom Bund angestrebte Zweck nicht besser und wirtschaftlicher auf andere Weise erreichen lässt,

2. die Einzahlungsverpflichtung des Bundes auf einen bestimmten Betrag begrenzt ist,

Zwar hat § 65 BHO/LHO nur einen kümmerlichen Aussagewert und ist zudem bloß Soll-Vorschrift ohne Außenwirkung, die sich allein an die Verwaltung richtet.[951] In drei Punkten konkretisiert diese Norm jedoch Verfassungsrecht. Insoweit sind ihre materiellen Anforderungen zu berücksichtigen. Dies gilt hinsichtlich des Erfordernisses eines wichtigen Interesses des Bundes bzw. des Landes, hinsichtlich der erforderlichen Haftungsbeschränkung und hinsichtlich des erforderlichen Einflusses auf die Unternehmensführung.

Das von der Norm geforderte „wichtige Interesse" des Staates wird ganz allgemein als Erfordernis eines öffentlichen Zwecks gelesen.[952] Auf dieses Erfordernis bei jeglicher staatlicher Wirtschaftstätigkeit ist bereits ausführlich eingegangen worden.[953] Dass die Vorschrift gleichzeitig eine Art Subsidiaritätsprinzip einführt, entspricht dagegen nicht verfassungsrechtlichen Vorgaben[954] und ist mithin aufgrund der Rechtsnatur der Norm als rein haushaltsrechtliche Soll-Vorschrift zu vernachlässigen. Die geforderte Haftungsbegrenzung ist zunächst ähnlich unverbindlich und lässt deshalb Ausnahmen aus wichtigem Grund zu.[955] Hier stehen aber dennoch gewichtige Wertungen der Verfassung hinter der Norm. Dazu zählen zum einen die Erfordernisse der Haushaltsplanung der Artikel 111 und 112 GG, nach denen Verpflichtungen im Voraus festzulegen sind und unvorhergesehene Ausgaben die Ausnahme bleiben sollen.[956] Zudem gebieten auch Aspekte des Rechtstaats- und nicht zuletzt auch des Sozialstaatsprinzips, dass die öffentliche Hand von Haftungsfallen möglichst verschont bleibt und nicht durch wirtschaftliche Abenteuer andere Staatsziele gefährdet. Daher ist stets eine Begrenzung des Risikos erforderlich und eine Haftungsbeschränkung geradezu zwingend vorgegeben.

Nicht zuletzt auch aus Gründen der Risikobegrenzung, fordert das Haushaltsrecht des Bundes, und verlangen die Haushaltsordnungen der Länder, dass der

3. *der Bund einen angemessenen Einfluss, insbesondere im Aufsichtsrat oder in einem entsprechenden Überwachungsorgan erhält,*

4. *gewährleistet ist, dass der Jahresabschluss und der Lagebericht, soweit nicht weitergehende gesetzliche Vorschriften gelten oder andere gesetzliche Vorschriften entgegenstehen, in entsprechender Anwendung der Vorschriften des Dritten Buchs des Handelsgesetzbuchs für große Kapitalgesellschaften aufgestellt und geprüft werden.*

951 *Krebs*, ZRP 1983, 270, 272; *Janson*, Rechtsformen öff. Unternehmen, S. 39.
952 Vgl. *Kermel*, Steuerungsmöglichkeiten, S. 44 mwN.; *Janson*, Rechtsformen öff. Unternehmen, S. 38 f.
953 Vgl. oben, Dritter Teil, B. II. 1. a).
954 Vgl. oben, Dritter Teil, B. II. 2.
955 *Zeichner*, AG 1985, 61, 67.
956 *Krebs*, ZRP 1983, 270, 272.

Bund bzw. die Länder bei der Beteiligung an einer privatrechtlichen Organisationsform einen angemessenen Einfluss eingeräumt bekommen. Vorrangig ist diese Regelung jedoch als Ausfluss des verfassungsrechtlichen Demokratieprinzips und des Rechtsstaatsprinzips zu verstehen.[957] Der Staat darf sich nicht durch die Zusammenarbeit mit Privaten seiner rechtsstaatlichen Bindungen entziehen und muss weiter im Rahmen dieser Bindungen dem Volk gegenüber für seine unmittelbaren und mittelbaren Handlungen verantwortlich bleiben. Der somit mittelbar vom Verfassungsrecht geforderte angemessene Einfluss der staatlichen Hoheitsträger auf die privatrechtlich organisierten Unternehmen soll dann „angemessen“ sein, wenn er dem mit der Beteiligung verfolgten Zweck sowie der Höhe und Bedeutung der Beteiligung gerecht wird.[958] Demzufolge muss sich die öffentliche Hand stets ausreichende Ingerenz- und Kontrollrechte vorbehalten, um eine effektive Steuerung und Kontrolle ihrer Unternehmen sicherzustellen, jedenfalls im Rahmen ihrer Beteiligungsquote.[959]

Schon immer gab es ein Spannungsverhältnis zwischen dem Selbständigkeitsstreben, dem wirtschaftlichen Behauptungswillen der Leiter öffentlicher Unternehmen einerseits und dem Interesse der Träger auf Einflussnahme im Sinne der Erfüllung öffentlicher Aufgaben andererseits.[960] Kann die öffentliche Hand durch die ihr eingeräumte Position im Entscheidungsgefüge des Unternehmens nicht stets auf die Tätigkeit des Unternehmens einen Einfluss ausüben, der die Sicherung des öffentlichen Zwecks oder die Grundrechte Dritter gewährleistet, so kann im Rahmen ihrer Verantwortung für das Handeln des Unternehmens dem Bürger ein grundrechtlicher Anspruch auf Rückzug der öffentlichen Hand aus dem Unternehmen oder auch, bei Bedeutung des Unternehmens für die Daseinsvorsorge, auf dessen Verstaatlichung zustehen.[961] Dies gebieten das Rechtsstaats- und das Sozialstaatsprinzip.[962]

In privatrechtlichen Unternehmensformen sind die erforderlichen Möglichkeiten der Einflussnahme der Unternehmenseigentümer nicht in jedem Unternehmenstyp gleichermaßen gewährleistet. Insbesondere das Recht der Aktiengesellschaft sieht vor, dass die Mitglieder des Vorstands und des Aufsichtsrats unabhängig und nicht an Weisungen gebunden sind.[963] Hier kann sich die öffentliche Hand

957 *Ehlers*, JZ 1990, 1089, 1093.

958 *Ehlers*, Verwaltung in Privatrechtsform, S. 166, darauf Bezug nehmend auch *Erbguth/Stollmann*, DÖV 1993, 798, 800 f.

959 So *Ehlers*, JZ 1990, 1089, 1093.

960 *Püttner*, DÖV 2002, 731, 733.

961 Vgl. dazu oben, Dritter Teil, C. I. 5.; s.a. *Püttner*, Die öff. Unternehmen, S. 120.

962 Dies ist letztlich die Konsequenz der Gedanken von *Ehlers*, JZ 1990, 1089, 1093.

963 Vgl. zur Weisungsfreiheit von Vorstand und Aufsichtsrat *Hüffer*, AktG, § 76 Rn. 10, bzw. *Habersack*, in: MüKo, AktG, II, § 111 Rn. 136 ff, zum Ganzen auch *Konzen*, NJW 1989, 2977, 2977.

zwar über Entsenderechte Einfluss bei der Besetzung der Unternehmensorgane sichern, nicht jedoch die Entscheidungen der Geschäftsführung unmittelbar beeinflussen. Die aktienrechtlichen Regelungen für den Aufsichtsrat können über § 52 GmbHG auch für den Aufsichtsrat der GmbH gelten. Allerdings ist die Einrichtung eines Aufsichtsrats in der GmbH entbehrlich. Die GmbH hat daher im Normalfall nur zwei notwendige Organe, die Geschäftsführer und die Gesellschafterversammlung.[964] Die Geschäftsführer können über die Regelung des § 37 GmbHG Weisungen der Gesellschafter unterworfen sein, wenn entsprechende Weisungsrechte entweder bereits im Gesellschaftsvertrag oder durch Beschluss der Gesellschafter geschaffen wurden.[965] Über eine solche Konstruktion kann sich die öffentliche Hand Einfluss auf Maßnahmen der Geschäftsführung sichern.

Die Wahl einer privatrechtlichen Organisationsform eröffnet zudem die Möglichkeit, private Unternehmer am öffentlichen Unternehmen zu beteiligen. So bietet sich der Betrieb eines gemischt-wirtschaftlichen Unternehmens in Form der GmbH an, um der öffentlichen Hand eine Garantenstellung zu sichern und es ihr gleichzeitig zu ermöglichen, in der Kooperation mit Privaten Wissen und Finanzen zu erschließen, die der staatlichen Verwaltung sonst nicht zur Verfügung stehen.[966] Allerdings kann die öffentliche Hand bei gemischtwirtschaftlichen Unternehmen nur Steuerungs- und Kontrollrechte im Rahmen ihrer Einflussquote beanspruchen.[967] Die öffentliche Hand steht insoweit nicht besser als jeder sonstige Anteilsinhaber.[968] Dies bedeutet, dass ihre Verhandlungsposition und Einflussmöglichkeiten umso geringer sind, je geringer ihre Beteiligung am Unternehmen ausfällt.

In der Praxis stellt die Wahl eines privatrechtlich organisierten gemischtwirtschaftlichen Unternehmens die öffentliche Hand mitunter vor Schwierigkeiten bei der Unternehmensführung, da die Unternehmensformen auf kooperative wirtschaftliche Betätigung von Privaten zugeschnitten sind. Die öffentliche Hand unterliegt jedoch als Gesellschafter strengen rechtlichen Bindungen, die ihre Kooperationsfähigkeit begrenzen, weshalb die Wahrnehmung einer öffentlichen Aufgabe mittels einer vom Gesellschaftrecht bereitgestellten Unternehmensform zu einer komplizierten rechtlichen Gemengelage führt.[969] Dies haben nicht zuletzt auch die Überlegungen zur Grundrechtsbindung des wirtschaftenden Staates gezeigt. Hinzu kommt, dass private Kapitalgeber regelmäßig eher an

964 *Zöllner/Noack*, in: Baumbach/Hueck, GmbHG, Vor § 35 Rn. 2.
965 Vgl. *Konzen*, NJW 1989, 2977, 2979.
966 *Schmidt*, ZGR 1996, 345, 347 f.
967 *Ehlers*, JZ 1990, 1089, 1094.
968 *Zeichner*, AG 1985, 61, 68.
969 Vgl. *Spannowsky,* ZHR 160 (1996), 560, 562.

einer hohen Rendite als an der Einhaltung der öffentlichen Zwecksetzung interessiert sind, weshalb die Zusammenarbeit der öffentlichen Hand mit privaten Kapitalgebern erschwert sein kann.[970]

3. Zur Beteiligung Privater an den Organisationsformen des öffentlichen Rechts

Juristische Personen des Privatrechts, Personengesellschaften und natürliche Personen können an öffentlichen Unternehmen in Rechtsformen des öffentlichen Rechts beteiligt. werden. Dies kommt zwar in der Praxis nur selten vor und bedarf mitunter komplizierter rechtlicher Konstruktionen. Die Aussage, dass das Anstreben einer Beteiligung privater Dritter am öffentlichen Unternehmen zur Wahl einer privatrechtlichen Organisationsform zwingt,[971] lässt sich jedoch widerlegen. Zwar ist Personen des Privatrechts eine unmittelbare Beteiligung an Unternehmen in öffentlich-rechtlichen Rechtsformen grundsätzlich verwehrt. Dies gilt jedoch nur, sofern das Gesetz keine Ausnahmen zulässt.[972] Da gerade öffentliche Unternehmen in Rechtsformen des öffentlichen Rechts ohnehin nur durch Gesetz oder aufgrund eines Gesetzes gegründet werden können, kann bei einer angestrebten Beteiligung Privater problemlos eine entsprechende Regelung in dieses Gesetz aufgenommen werden.[973]

Aber auch ohne entsprechendes Gesetz ist eine Beteiligung Privater insbesondere an einem Unternehmen in der Form einer rechtsfähigen öffentlich-rechtlichen

---

970 Vgl. *Ehlers*, JZ 1990, 1089, 1094.

971 So *Fabry*, in: Fabry/Augsten, Hdb. Unternehmen d. öff. Hand, Teil I Rn. 83.

972 Vgl. *Pencereci/Brandt*, LKV 2008, 293, 295.

973 Ein Beispiel für ein solches Gesetz war das Gesetz über die Deutsche Siedlungs- und Landesrentenbank (DSLBG) vom 11.07.1989, BGBl. I, S. 1421. Nach § 1 DSLBG war die Deutsche Siedlungs- und Landesrentenbank eine bundesunmittelbare Anstalt des öffentlichen RechtS. § 4 Abs. 1 S. 1 DSLBG lautete:

Der Bund ist an dem Grundkapital der Bank mit mindestens einundfünfzig vom Hundert beteiligt; andere juristische Personen, Personengesellschaften und natürliche Personen können bis zu neunundvierzig vom Hundert beteiligt werden.

Nach den Ausführungen von *Hanf*, Eine Bank als Anstalt des öffentlichen Rechts, S. 68 ff., widersprach diese Beteiligungsmöglichkeit nicht dem Wesen der Anstalt öffentlichen Rechts als einer lediglich ausgegliederten verwaltungsrechtlichen Einheit. Im Übrigen blieb die DSL Bank in der Rechtsform einer Anstalt des öffentlichen Rechts organisiert bis sie durch das DSL Bank-Umwandlungsgesetz vom 16.12.1999, BGBl. I, S. 2441, mit Ablauf des 31.12.1999 in eine Aktiengesellschaft umgewandelt wurde. Im Jahr 2000 verkaufte der Bund seine Anteile an der DSL Bank an die Deutsche Postbank AG.

Anstalt nicht ausgeschlossen. Zwar können dort Private nicht unmittelbar in den rechtlichen Organisationsrahmen der Anstalt integriert werden. Sie können jedoch über die Konstruktion einer stillen Gesellschaft am öffentlichen Unternehmen beteiligt werden. Die öffentlich-rechtliche Anstalt schließt dafür mit dem privaten Kapitalgeber einen stillen Gesellschaftvertrag ab. Bei einer solchen stillen Gesellschaft wird der Kapitalgeber vermögensmäßig wie ein echter Gesellschafter behandelt. Er muss eine Einlage leisten und wird am Gewinn und Verlust der Gesellschaft beteiligt. Die Beteiligung am Verlust kann aber auch ausgeschlossen werden. Die Gesellschafterstellung ist eher eine faktische denn eine rechtliche. Einem stillen Gesellschafter stehen daher typischerweise keinerlei Möglichkeiten der Einflussnahme auf die Geschäftsführung zu.[974] Für die beteiligten privaten Unternehmer, die mehr als nur Kapitalgeber sein möchten, ist diese Konstruktion deshalb unbefriedigend.

Sofern dem privaten stillen Gesellschafter doch Einfluss auf die Lenkung der Anstalt zukommen soll, ist wohl allein ein Holdingmodell, wie es in Berlin für die Teilprivatisierung der Berliner Wasserbetriebe konzipiert wurde, anzudenken.[975] Bei diesem sogenannten Berliner Modell ist das Kernstück eine Holdinggesellschaft in Form einer Aktiengesellschaft. Die Holdinggesellschaft gehört zu 50,1 % dem Land Berlin, zudem ist zwischen der Gesellschaft und dem Land Berlin ein Interessenwahrungsvertrag geschlossen. Die Beherrschung der Holdinggesellschaft durch die öffentliche Hand ist somit gesichert. Die Holdinggesellschaft ist ein öffentliches Unternehmen. An diesem ist zu 49,1 % eine Beteiligungsgesellschaft in Form einer Aktiengesellschaft beteiligt. Die Beteiligungsgesellschaft vereint die privaten Investoren als Gesellschafter. Die privaten Investoren sind so nicht unmittelbar an der Holdingsgesellschaft beteiligt, weshalb ein Wechsel der Investoren unkompliziert verlaufen kann und das Funktionieren der Holdinggesellschaft nicht berührt.

Die Holdinggesellschaft leistet eine Einlage in Höhe von 49,9 % des Stammkapitals der Anstalt und wird an den Gewinnen und Verlusten der Anstalt zu 49,9 % beteiligt. Die Holdinggesellschaft wird damit stiller Gesellschafter der Anstalt öffentlichen Rechts, die rechtlich gesehen vollständig im Eigentum des Landes Berlin bleibt. Indes wird über eine stille Beteiligung der Beteiligungsgesellschaft an der Holdinggesellschaft in Höhe von 100 % erreicht, das die Beteiligungsgesellschaft gegen Leistung einer Einlage in Höhe von 100 % des Stammkapitals der Holdingsgesellschaft vollständig von der Gewinn- und Verlustauskehrung der Anstalt an die Holdinggesellschaft profitiert. Die Beteili-

974 *Kühn*, in: MüHdbGesR, II, § 80 Rn. 4.

975 Die Ausführungen im Folgenden beruhen auf der Darstellung des Modells in Drucksache 13/3367 des Berliner Abgeordnetenhauses, S. 5; Vgl. auch die Gedanken von *Hecker*, VerwArch 92 (2001), 261, insb. Fn. 25.

gungsgesellschaft steht damit vermögensmäßig wie ein Inhaber von 49,9 % der Anteile an der Anstalt. Durch einen Vertrag über eine einheitliche Leitung wird der Holdinggesellschaft ein Einfluss auf die Geschäftsführung der Anstalt gewährt. Die Beherrschung der Holdinggesellschaft durch das Land Berlin sichert jedoch die Wahrung des öffentlichen Interesses bei der Anstaltsführung.

Letztlich arbeitet also auch das Berliner Holdingmodell für die Beteiligung privater Unternehmer mit der Konstruktion der stillen Gesellschaft. Die privaten Unternehmer werden jedoch nicht unmittelbar stille Gesellschafter, da ihnen über einen Vertrag Einfluss auf die Unternehmensführung eingeräumt werden soll. Um diesen Einfluss im öffentlichen Interesse und zur Wahrung des Demokratieprinzips kontrollieren zu können, ist die Zwischenschaltung einer vom Staat beherrschten Holdinggesellschaft erforderlich.[976] Die privaten Unternehmer stehen dann faktisch wie Beteiligte an der Anstalt zu 49,9 %. Ein höheres Maß an Beteiligung kann nicht erreicht werden, ohne die Wahrung des öffentlichen Interesses bei der Führung der Anstalt zu gefährden.

Abschließend ist anzumerken, dass das Berliner Holdingmodell zwar für die Rechtsform der rechtsfähigen Anstalt des öffentlichen Rechts entwickelt wurde, dass jedoch grundsätzlich auch eine Anwendbarkeit auf Körperschaften des öffentlichen Rechts und gegebenenfalls sogar auf bestimmte als Sondervermögen ausgegliederte Eigenbetriebe möglich ist.[977]

4. Die Aufnahme der Wirtschaftstätigkeit durch den Staat

Es steht dem Staat frei, ob er für seine wirtschaftliche Tätigkeit ein Unternehmen in der Rechtsform des Privatrechts oder des öffentlichen Rechts gründet. Allgemeingültige Empfehlungen einer bestimmten Rechtsform sind nicht möglich, weshalb immer im Einzelfall zu untersuchen ist, welches die optimale Organisationsform für ein zu gründendes öffentliches Unternehmen ist.[978] Die für die unmittelbare Teilnahme am Wirtschaftsleben konzipierten Gesellschaftsformen des Privatrechts stellen sicherlich stets eine gute Wahlmöglichkeit dar, insbesondere die Aktiengesellschaft, die GmbH, aber auch die GmbH & Co. KG. Von den öffentlich-rechtlichen Organisationsformen ist die öffentliche Anstalt

---

976 Vgl. zur Wahrung des Demokratieprinzips in dieser Konstruktion die Ausführungen von *Wolfers*, NVwZ 2000, 765, 765 f. zu BerlVerfGH NVwZ 2000, 794.

977 *Wolfers*, NVwZ 2000, 765, 766.

978 *Fabry*, in: Fabry/Augsten, Hdb. Unternehmen d. öff. Hand, Teil I Rn. 83; vgl. auch *Erbguth/Stollmann*, DÖV 1993, 798, 809.

am ehesten geeignet, den verschiedenartigsten Aufgaben im Bereich der Wirtschaft zu genügen.[979]

Die Unternehmen öffentlich-rechtlicher Organisationsform werden durch Gesetz oder aufgrund eines Gesetzes gegründet. Für die Gründung juristischer Personen des Privatrechts sieht das Gesellschaftrecht kein Gesetz, sondern schlicht einen Gesellschaftsvertrag vor. Sofern der Staat jedoch solche Unternehmen gründet, unterliegt er dennoch einem verfassungsrechtlichen Gesetzesvorbehalt,[980] weshalb auch für juristische Personen des Privatrechts ein Gesetz erforderlich ist.[981] In dem Gesetz zur Gründung des öffentlichen Unternehmens soll der öffentliche Zweck als Kernstück der Anstalts-, Körperschafts- oder Unternehmensverfassung verdeutlicht werden.[982] Im Übrigen soll sogar das unmittelbare Wirtschaften zur Erfüllung von Staatsaufgaben, ohne die Gründung einer juristischen Person, mindestens durch Beschluss der Vertretungskörperschaft mit Angabe der Zweckverfolgung gerechtfertigt werden, selbst bei Unternehmensbeteiligungen.[983]

In der Praxis wird bisweilen festgestellt, dass die Wahl privatrechtlicher Organisationsformen für öffentliche Unternehmen zu beträchtlichen Einwirkungs- und Kontrollverlusten des Staates führt und die Kontrollintensität der öffentlichen Hand gemindert wird.[984] Eine konkrete Festlegung des öffentlichen Zwecks in der Satzung einer staatlich beherrschten Gesellschaft privaten Rechts wird daher oft als die wichtigste Weichenstellung für die Sicherung des staatlichen Interesses angesehen,[985] insbesondere wenn private Unternehmer an dem Unternehmen beteiligt werden sollen.[986] Fehlt eine öffentliche Zweckbestimmung in der Satzung und lässt sich diese auch nicht durch Auslegung gewinnen, ist das Unternehmen wie ein privates Unternehmen nach erwerbswirtschaftlichen Grundsätzen, d.h. gewinnorientiert, zu führen.[987] Wie jedoch bereits dargelegt wurde lassen sich stets öffentliche Zwecke finden, die mit der konkreten Tätigkeit gefördert werden,[988] auch wenn in der Satzung keine entsprechende Regelung niedergelegt ist.

979 So auch *Schmidt*, Öff. Wirtschaftsrecht AT, § 11 I 2, S. 509.
980 Vgl. auch oben, Dritter Teil, B. II. 4.
981 Vgl. *Löwer*, VVDStRL 60 [2001], 416, 432 f.
982 *Löwer*, VVDStRL 60 [2001], 416, 433.
983 *Löwer*, VVDStRL 60 [2001], 416, 434.
984 Vgl. *Erbguth/Stollmann*, DÖV 1993, 798, 801.
985 Vgl. *Schön*, ZGR 1996, 429, 436.
986 *Schmidt*, ZGR 1996, 345, 359.
987 *Schön*, ZGR 1996, 429, 440.
988 Vgl. oben, Dritter Teil, B. II. 1. d); vgl auch *Manssen*, in: v.Mangoldt/K/S, GG, I, Art. 12 Rn. 83; *Jarass*, DÖV 2002, 489, 489; auch *Löwer*, VVDStRL 60 [2001], 416,

Gerade wenn, wie vorliegend für möglich gehalten, auch ein nicht schwer wiegender öffentlicher Zweck, gegebenenfalls auch nur ein Nebeneffekt der staatlichen Wirtschaftsbetätigung, für die Zulässigkeit des staatlichen Handelns genügen soll, ist eine Aufnahme des Zwecks in die Unternehmenssatzung kaum praktikabel. Zudem wurde ebenfalls bereits festgestellt, dass sich der öffentliche Zweck einer Wirtschaftbetätigung auch im Laufe der Zeit ändern kann und mitunter ein eben noch Daseinsvorsorge betreibendes Unternehmen nur mehr noch als Teil der „fleet in being" existiert.[989] Angesichts solcher möglicher Entwicklungsverläufe scheint das Erfordernis einer Festschreibung des öffentlichen Zwecks in der Unternehmenssatzung oder dem Gründungsgesetz durchaus zweifelhaft. Vielmehr scheint dieses Erfordernis der Literatur als Feigenblatt des Rechtsstaats zu dienen, um den Staat nicht gänzlich ohne Angabe eines öffentlichen Zweckes am Wirtschaftsleben teilhaben lassen.

Aber auch wenn er seine Beweggründe nicht in der Unternehmenssatzung festschreiben muss, so muss der Staat dennoch mit seiner wirtschaftlichen Betätigung einen öffentlichen Zweck verfolgen. Dies gilt auch für bloße Beteiligungen an privaten Unternehmen. Je geringer dabei die Beteiligung der öffentlichen Hand an dem privaten Unternehmen ausfällt, desto größer ist die Gefahr, dass der mit der Beteiligung verfolgte öffentliche Zweck hinter Wirtschaftlichkeitsüberlegungen der am Unternehmen beteiligten privaten Kapitalgeber zurückstehen muss. Hier ist daher stets genau zu prüfen, inwieweit die Beteiligung des Staates am Unternehmen noch berechtigt ist. Im Zielkonflikt zwischen öffentlichem Zweck und Wirtschaftlichkeit wird dabei nur eine Abwägung zwischen den bestehenden Kontroll- und Einflussmöglichkeiten einerseits und den Belangen der Aufgabenerfüllung andererseits zum richtigen Ergebnis führen können.[990]

Die erforderlichen Einfluss- und Kontrollmöglichkeiten der öffentlichen Hand können unter Beachtung der gesellschaftsrechtlichen Beschränkungen durch eine entsprechende Gestaltung der Satzung der Unternehmen sowie durch flankierende vertragliche Gestaltungen gesichert werden, wobei grundsätzlich alle zur Verfügung stehenden Kontroll- und Einwirkungsmöglichkeiten benutzt werden müssen.[991] Umfang und Dichte der Kontroll- und Einflussmöglichkeiten sind im Rahmen der Beteiligungsquote und im Verhältnis zur verfolgten öffentlichen

428, erkennt an, dass sich stets „vernünftige Gründe" für staatswirtschaftliche Aktivitäten finden lassen.

989 Vgl. oben, Dritter Teil, B. II. 1 c) (1).

990 *Schmidt*, ZGR 1996, 345, 349.

991 *Spannowsky*, ZGR 1996, 400, 424 f.

Aufgabe auszugestalten.[992] Daher ist ein öffentliches Unternehmen der Daseinsvorsorge deutlich stärker als ein erwerbswirtschaftliches Unternehmen zu überwachen. Grundsätzlich ist unter dem Gesichtspunkt der Steuerbarkeit bei der Wahl einer privatrechtlichen Organisationsform die Gesellschaft mit beschränkter Haftung vorzuziehen.[993]

Bei bloßen Beteiligungen der öffentlichen Hand, reduzieren sich die Kontroll- und Einwirkungspflichten auf eine Rumpfpflicht, welche durch den staatlichen Schutzauftrag der Grundrechte umrissen ist. Diese ist aber immer zu erfüllen. Auch bloße Minderheitsbeteiligungen an Unternehmen befreien die öffentliche Hand im Rechtsstaat nicht von den Bindungen der Grundrechte.[994]

D. Zur Zulässigkeit öffentlicher Beteiligungsgesellschaften für Private Equity und Beteiligungen der öffentlichen Hand an privaten Private Equity Gesellschaften

Nach den bisherigen allgemeinen Untersuchungen zur Zulässigkeit und zu den verfassungsrechtlichen Grenzen der staatlichen Wirtschaftsbetätigung sollen die dabei herausgearbeiteten Prinzipien nunmehr praktisch angewendet werden: zum einen auf den Fall der Gründung einer eigenen staatlichen Kapitalbeteiligungsgesellschaft zur Durchführung von Private Equity Transaktionen, zum anderen auf den Fall einer bloßen Beteiligung des Staates an einer privaten Private Equity Gesellschaft.

Welchen Anforderungen unterliegt die Organisation staatlicher Investitionen in Private Equity? Wie sind die Beteiligungsgesellschaften der öffentlichen Hand zu gründen und auszugestalten? Inwieweit sind die aufgezeigten Grenzen staatlicher Wirtschaftstätigkeit relevant für die öffentliche Hand bei der Leitung von Kapitalbeteiligungsgesellschaften und bei der Beteiligung an privaten Private Equity Gesellschaften? Einige bisher nur abstrakt umstrittene und argumentierte Punkte der verfassungsrechtlichen Zulässigkeit staatlicher Wirtschaftstätigkeit sollen im Folgenden anhand des konkreten Beispiels einer öffentlichen Private Equity Gesellschaft neu diskutiert und bewertet werden

---

992 Vgl. *Schön*, ZGR 1996, 429, 446 mwN; *Ehlers*, JZ 1990, 1089, 1094; auf *Ehlers* verweisen auch *Ergbuth/Stollmann*, DÖV 1993, 798, 801.

993 So *Schmidt*, ZGR, 345, 358.

994 Vgl. oben, Dritter Teil, C. I. 5.

I. Beteiligungsgesellschaften der öffentlichen Hand für Private Equity

Im Folgenden soll dargestellt werden, dass Gründung und Leitung von Beteiligungsgesellschaften für Private Equity Transaktionen Tätigkeiten der öffentlichen Hand sind, die in besonderer Weise die Grenzen der Zulässigkeit staatlicher Wirtschaftsbetätigung unter dem Grundgesetz austesten und deren Ausführung mithin deutlich durch verfassungsrechtliche Vorgaben eingeschränkt wird. Die scheinbar weit gesteckten verfassungsmäßigen Grenzen lassen wenig Spielraum für die Umsetzung öffentlicher Investitionen in Private Equity. Um das für die Ausführung solcher Investitionen unbedingt erforderliche Fachwissen und das Vermögen besser konzentrieren zu können, ist jedoch zunächst eine Verselbständigung der Wirtschaftstätigkeit angezeigt. Mithin ist die Gründung eines Unternehmens erforderlich. Hier hat der Staat die erste Entscheidung zu treffen, nämlich in welcher Rechtsform er seine Kapitalbeteiligungsgesellschaft und ihre Tochtergesellschaften organisieren möchte.

1. Die Organisation der Beteiligungsgesellschaft und ihrer Tochtergesellschaften

Soll der Staat wie eine private Beteiligungsgesellschaft Investitionen in Private Equity organisieren, so ist die Gründung der Beteiligungsgesellschaft nur der erste Schritt. Diese Beteiligungsgesellschaft ist lediglich der Kopf, welcher den Sachverstand für die Unternehmensübernahmen enthält und damit die Geschäfte des eigentlichen Beteiligungsfonds leitet, der als eigenes Sondervermögen unter Beteiligung privater Kapitalgeber organisiert wird. Darüber hinaus können auch weitere Gesellschaften zu errichten sein. Die Beteiligungsgesellschaft wird mit einem Grundkapital ausgestattet, welches mehrere Millionen Euro umfassen sollte.[995] Je mehr Kapital der Staat zur Verfügung stellen kann, desto besser.

Die Frage, woher der Staat solche Beträge nehmen soll, braucht hier nicht erörtert werden. Wie bereits gezeigt, können die Finanzmittel für Staatsfonds auf unterschiedliche Weise vom Staat aufgebracht werden. Ein besonderer Rohstoffreichtum erleichtert die Errichtung des Fonds zwar, Voraussetzung ist er aber nicht. Gerade in den Industriestaaten kommen vor allem Veräußerungserlöse privatisierter Unternehmen, Versteigerungserlöse für Netzwerkzugänge, oder der Einsatz von Fremdwährungsreserven in Betracht.[996] Mit diesen Mitteln wird

995 Vgl. oben, Erster Teil, D. III.
996 Vgl. oben, Zweiter Teil, A. II.

die staatliche Beteiligungsgesellschaft zur Durchführung von Private Equity Transaktionen ausgestattet. Zuvor ist jedoch zu entscheiden, in welcher Rechtsform die Gesellschaft überhaupt errichtet werden soll.

a. Zur Rechtsform der Beteiligungsgesellschaft

Trotz der grundsätzlichen Wahlfreiheit der Rechtsform hat die öffentliche Hand bei der Gründung einer Kapitalbeteiligungsgesellschaft nur wenige Wahlmöglichkeiten. Sofern sie eine privatrechtliche Organisationsform bevorzugt, käme allein die GmbH & Co. KG in Betracht. Dies ist weniger den Vorgaben des Grundgesetzes als der Tatsache geschuldet, dass sich in der Praxis der privaten Kapitalbeteiligungsgesellschaften die GmbH & Co. KG als die flexible und angemessene Rechtsform für die Belange der Investoren und der Geschäftsführung der Gesellschaft erwiesen hat.[997] Es gibt schlicht keinen Grund für die öffentliche Hand, für die Errichtung einer eigenen Kapitalbeteiligungsgesellschaft eine andere Organisationsform des Privatrechts zu wählen. Die GmbH & Co. KG bietet zudem den Vorteil, die Haftung des wirtschaftenden Staates auf seine Einlagen in die KG und die geschäftsführende GmbH zu begrenzen. Einer Aufnahme privater Kapitalgeber in die Gesellschaft stehen damit auch keine verfassungsrechtlichen Bedenken entgegen. Die Gründung der GmbH & Co. KG unterliegt jedoch einem Gesetzesvorbehalt.[998]

Allerdings stehen dem Staat, anders als den privaten Unternehmen, auch die Organisationsformen des öffentlichen Rechts zur Verfügung. Tatsächlich kommt von diesen jedoch allenfalls die öffentlich-rechtliche Anstalt als Alternative zur GmbH & Co. KG in Betracht. Stiftungen des öffentlichen Rechts sind für Unternehmungen, die vorrangig auf Gewinnerzielung ausgerichtet sind, ungeeignet, da das erwirtschaftete Kapital zweckgebunden ist und nicht an die Stifter ausgezahlt werden darf. Private Investoren kann man so nicht gewinnen und auch für die öffentliche Hand ist die Anhäufung von Gewinnen allein im Stiftungsvermögen uninteressant, wenn mit ihm nur nachrangig ein öffentlicher Zweck verfolgt werden soll und Gewinnerzielung im Vordergrund steht.

Auch die Körperschaft des öffentlichen Rechts scheidet als geeignete Rechtsform aus. Das auf Selbstverwaltung als juristische Person angelegte Modell der öffentlich-rechtlichen Körperschaft ist zu sehr als Verwaltungseinheit denn als Wirtschaftsunternehmen konzipiert. Es soll einer Gruppe von allgemein bestimmbaren Mitgliedern als Mittel zur Selbstverwaltung in eigenen Angelegen-

---

997 Vgl. oben, Erster Teil, D. I.

998 Vgl. oben, Dritter Teil, B. II. 4.; sowie C. II. 4.

heiten dienen. Die öffentlich-rechtliche Körperschaft ist gerade keine öffentlich-rechtliche Aktiengesellschaft, deren Mitglieder nach Belieben ein- und austreten können. Die öffentliche Hand als Investor und erst Recht die Beteiligten privaten Investoren wollen nicht sich selbst, sondern allein ihr Kapital verwalten.

Allein die öffentlich-rechtliche Anstalt bleibt somit als Rechtsform für eine staatliche Beteiligungsgesellschaft überhaupt möglich. Dabei ist sie für eine staatliche Beteiligungsgesellschaft eine durchaus ernsthaft in Betracht zu ziehende Organisationsform. Die Organisationsform der öffentlichen Anstalt kann schließlich für die Bedürfnisse der öffentlichen Hand maßgeschneidert werden. Dabei kann sich die Ausgestaltung an den engen Organisationsrahmen des Gesellschaftsrechts orientieren, ohne aber die jeweils für sie nachteiligen Regelungen des Gesellschaftsrechts mit übernehmen zu müssen.[999] Die Anstalt kann verfassungsrechtlich nur durch Gesetz oder aufgrund eines Gesetzes errichtet werden. In diesem Gesetz kann die Beteiligung Privater vorgesehen werden, soweit ein beherrschender Einfluss der öffentlichen Hand gewährleistet ist. Zwingend erforderlich ist eine Beteiligung Privater an der Beteiligungsgesellschaft jedoch nicht. Die Beteiligungsgesellschaft hat schließlich lediglich die Aufgabe, die Sondervermögen für den Beteiligungserwerb aufzusetzen und deren Geschäftsführung zu überwachen.

Die staatliche Beteiligungsgesellschaft kann somit durch Gesetz als GmbH & Co. KG oder als rechtsfähige Anstalt des öffentlichen Rechts gegründet werden. Diese Beteiligungsgesellschaft errichtet anschließend, unter Beteiligung privater Investoren, Sondervermögen für Unternehmensübernahmen. Da sie diese ebenfalls als eigenständige juristische Personen aufsetzen muss, ist bereits im Errichtungsgesetz der Beteiligungsgesellschaft aufgrund des Gesetzesvorbehalts vorzusehen, dass die Beteiligungsgesellschaft im Rahmen ihrer wirtschaftlichen Betätigung Tochtergesellschaften gründen kann, auf deren Geschäftsführung ihr jedoch ein angemessener Einfluss einzuräumen ist.

b. Zur Organisation der Sondervermögen für den Beteiligungserwerb

Die Sondervermögen für den Beteiligungserwerb organisiert die Beteiligungsgesellschaft in Tochterunternehmen mit eigener Rechtspersönlichkeit. Für die von einer staatlichen Beteiligungsgesellschaft gegründeten Tochterunternehmen sollte grundsätzlich eine mögliche Beteiligung privater Kapitalgeber an diesen Sondervermögen vorgesehen werden. Das Sondervermögen stellt den eigentlichen Fonds zur Unternehmensübernahme dar. Es ist überaus empfehlenswert und für

999 Vgl. *Wolf,* Anstalt als Wettbewerbsunternehmen, § 2 III, S. 58.

den Buy-Out von Unternehmen eines der Grundprinzipien der privaten Beteiligungsgesellschaften, das Sondervermögen überwiegend durch Einlagen anderer Kapitalgeber, vor allem privater und institutioneller Investoren, aufzubauen. Die Beteiligungsgesellschaft ist am Private Equity Markt grundsätzlich nur Finanzintermediär.[1000]

Sofern der Staat jedoch, gewissermaßen als privilegierter Investor, einen Großteil des zu investierenden Sondervermögens stellen möchte, kann dies nur unmittelbar und nicht über die Beteiligungsgesellschaft erfolgen. Das Verhältnis des Staates zur Beteiligungsgesellschaft kann aber möglicherweise ähnlich wie bei den Captive Funds des Privatrechts[1001] derart ausgestaltet sein, dass, anders als sonst, ein Einfluss des Investors auf die Geschäftsführung der Beteiligungsgesellschaft gegeben ist. Da vorliegend die Möglichkeit des Staates, sich an Beteiligungsgesellschaften als Investor zu beteiligen bisher noch nicht untersucht wurde, soll an dieser Stelle und im Folgenden zunächst grundsätzlich von einer ausschließlichen Beteiligung privater Investoren ausgegangen werden.

Die Errichtung des Sondervermögens aus Einlagen privater Investoren hat dabei auch große Vorteile. Durch die Hinzuziehung fremden Kapitals können nämlich nicht nur größere Transaktionen getätigt werden als dies bei einem Vorgehen als alleiniger Investor der Fall wäre, sondern es wird zudem das Risiko der gesamten Investition zum weit überwiegenden Teil, wenn nicht gar fast ausschließlich, auf die Schultern der privaten Kapitalgeber geladen. Die Beteiligung der Beteiligungsgesellschaft am Sondervermögen fällt mit 0 bis 1 % nur minimal aus. Einkünfte werden von der Beteiligungsgesellschaft somit fast ausschließlich über die überproportionale Beteiligung am Gewinn erzielt. Verluste trägt sie dagegen kaum. Diese Ausgestaltung sollte auch Ziel der Errichtung eines Sondervermögens durch eine staatliche Beteiligungsgesellschaft sein.

Private Beteiligungsgesellschaften verwenden für die Errichtung der Sondervermögen zumeist die Rechtsform der GmbH & Co. KG.[1002] Auch für eine staatliche Beteiligungsgesellschaft bietet sich diese Rechtsform aus Gründen der Haftungsbeschränkung und der Möglichkeit, die privaten Kapitalgeber als Kommanditisten von der Geschäftsführung auszuschließen, an. Nichtsdestotrotz ist es auch hier durchaus denkbar, sich für die Rechtsform der öffentlich-rechtlichen Anstalt zu entscheiden. Sofern jedoch tatsächlich private Kapitalgeber mit Einlagen an dem Sondervermögen beteiligt werden sollen, ist in dem Gesetz zur Errichtung der Beteiligungsgesellschaft nicht allein die Möglichkeit vorzusehen, Tochterunternehmen für die Organisation der Sondervermögen zu

1000 Vgl. oben, Erster Teil, A. II. 2.
1001 Vgl. dazu oben, Erster Teil, A. III. 2.
1002 Vgl. oben, Erster Teil, D. I.

errichten, sondern auch die Beteiligung privater Kapitalgeber an diesen öffentlich-rechtlichen Anstalten vorzusehen.

Für die Wahl eines privatrechtlichen Organisationsrahmens spricht jedoch die bessere Vertrautheit der privaten Unternehmer mit den Rechtsformen des Privatrechts. In Bereichen, wo es bei der wirtschaftlichen Betätigung der öffentlichen Hand auf die Beteiligung Privater ankommt, stellt eine Organisationsform des Privatrechts grundsätzlich die bessere Wahl dar, weil sie den Teilnehmern am Wirtschaftsleben vertrauter ist. Insbesondere auf den Finanzmärkten ist Vertrauen ein nicht zu unterschätzender Faktor. Investoren platzieren ihr Geld allein dort, wo sie das mit der Anlage verbundene Risiko am besten abschätzen können. Für eine klare Risikoeinschätzung ist eine gute Kenntnis darüber erforderlich, mit welcher Strategie und nach welchen Maßstäben das angelegte Kapital eingesetzt wird, auf welche Weise eine Entscheidung über den Einsatz oder auch den Rückzug von Kapital getroffen wird, und welchen Einflüssen und Abhängigkeiten die Geschäftsführung des Fonds unterliegt.

Gerade wenn der Staat um privates Kapital bei seiner wirtschaftlichen Betätigung wirbt, können Investoren durchaus skeptisch sein, scheint es doch allgemein die Erfahrung zu geben, dass die Leistungsfähigkeit des wirtschaftenden Staates derjenigen der Privatwirtschaft unterlegen ist.[1003] Diese geringere Leistungsfähigkeit wird dem Staat nicht zuletzt aufgrund der Bindungen des öffentlichen Rechts unterstellt, denen er unterliegt, und die mitunter Abstriche von der Befolgung reiner Prinzipien der Wirtschaftlichkeit fordern. Die Organisation eines Sondervermögens zum Beteiligungserwerb sollte daher nicht durch die Wahl der Rechtsform diese öffentlich-rechtlichen Bindungen unterstreichen. Ein weiterer Punkt ist die Flexibilität der inneren Ausgestaltung der Anstalt. Da eine Anstalt in einer Vielzahl von Varianten organisiert sein kann, ist mit dem Anstaltsbegriff nicht ein bestimmter Aufbau, nicht eine bestimmte Funktionsweise, nicht ein bestimmter Mechanismus der Einflussnahme durch die öffentliche Hand verbunden, und verhindert so eine Vertrautheit des Marktes mit diesem Unternehmenstypus. So vorteilhaft die Flexibilität für den Staat ist, so sehr ist sie zugleich dem Misstrauen des Marktes ausgesetzt, dass sich der Staat zu seinen Gunsten eine passende Organisation zurechtgeschneidert hat, welche die Interessen weiterer Beteiligter möglicherweise nicht hinreichend berücksichtigt.

Eine staatliche Beteiligungsgesellschaft, die sich um finanzstarke Kapitalgeber bemüht, sollte daher für die Organisation ihres Sondervermögens zum Beteiligungserwerb eine Rechtsform des Privatrechts wählen. Zu folgen ist hier der Praxis, welche regelmäßig die Rechtsform der GmbH & Co. KG wählt. Die

---

1003 Zu dieser Erfahrung *Berg*, GewArch 1990, 225, 227.

staatliche Beteiligungsgesellschaft ist als geschäftsführender Kommanditist mit einer Einlage von 0 bis 1 % an dem Sondervermögen zu beteiligen und übernimmt die Geschäftsführung der Gesellschaft. Komplementär wird eine vom Staat gegründete GmbH. Diese erhält jedoch keine Geschäftsführungsbefugnis. Die privaten Kapitalgeber, welche den größten Teil des Sondervermögens beisteuern, werden jeweils mit ihrer Einlage Kommanditist der Gesellschaft. Ein weiterer Kommanditist wird die Management-GmbH, mit einer Einlage von etwa 1 % des Sondervermögens.

c. Zur Gründung der Komplementär-GmbH und der Management-GmbH

Die Komplementär-GmbH, welche von der Geschäftsführung ausgeschlossen wird, dient allein dem Zweck, die gesellschaftrechtlich in der KG vorgesehene Rolle des persönlich haftenden Gesellschafters auszufüllen und über die Haftungsbeschränkung der GmbH letztlich doch eine Haftungsbeschränkung der KG zu erreichen. Die Komplementär-GmbH erfüllt ihren Zweck daher bereits mit ihrer bloßen Existenz und nimmt keine weiteren Aufgaben wahr. Sie wird als Vorratsgesellschaft mit nicht mehr als dem gesetzlich vorgesehenen Mindeststammkapital gegründet und als Baustein in die Organisation des Sondervermögens eingesetzt. Alleiniger Gesellschafter der Komplementär-GmbH ist die Beteiligungsgesellschaft selbst.

Die Management-GmbH, welche eine Kommanditistenrolle in der GmbH & Co. KG einnimmt, führt nicht die Geschäfte der Gesellschaft, sondern soll allein der direkten Beteiligung des Managements des Sondervermögens an den Gewinnen dienen und so Anreize für schnelle und hohe Gewinne schaffen. Mit einem Stammkapital, welches etwa 1 % des Sondervermögens entspricht, spielt auch sie keine aktive Rolle in der GmbH & Co. KG, sondern fungiert nur als Platzhalter für die Beteiligung der Geschäftsführung am Gewinn. Die jeweiligen Manager des Sondervermögens sind deshalb immer zugleich auch alleinige Gesellschafter der Management-GmbH. Die Manager sind somit auch Investoren in das Sondervermögen und stehen deshalb mit ihrer GmbH gleich den anderen Investoren als gewöhnliche Kommanditisten im Aufbau der GmbH & Co. KG.

Die Komplementär-GmbH ist von der Beteiligungsgesellschaft zu errichten. Auch diese Maßnahme ist im Gesetz zur Errichtung der Beteiligungsgesellschaft ausdrücklich vorzusehen. Die Management-GmbH kann grundsätzlich auch von den ersten Managern des Sondervermögens privat errichtet werden. Wichtig ist nur, dass ein Wechsel des Managements insgesamt oder auch nur teilweise sich stets in der Gesellschafterstruktur der Management-GmbH widerspiegelt.

Rechtsformen des öffentlichen Rechts kommen weder für die Rolle des Komplementärs – hier wäre die Errichtung einer reinen Vorratsanstalt, ohne jedwede Aufgabe, als reiner Lückenfüller schlichtweg zu umständlich – noch für eine Beteiligung des Managements am Sondervermögen in Betracht. Der Staat kann nicht eine Rechtsform des öffentlichen Rechts als bloße Hülle für natürliche Personen als alleinige Eigentümer errichten. Es ist also auch hier in beiden Fällen dem Vorbild der Praxis zu folgen und die Rechtsform der GmbH vorzuziehen.

2. Der mit der Beteiligungsgesellschaft verfolgte öffentliche Zweck

Ein entscheidender Punkt für die Zulässigkeit von Unternehmensübernahmen durch die öffentliche Hand liegt in dem Nachweis der Verfolgung eines öffentlichen Zwecks, welcher für jede Tätigkeit des Staates und mithin auch für dessen wirtschaftliche Betätigung erforderlich ist. Private Beteiligungsgesellschaften zielen mit ihrer Tätigkeit allein auf Maximierung ihres eingesetzten Kapitals, mithin allein auf Gewinn. Wie bereits festgestellt wurde, ist eine solche reine Gewinnerzielungsabsicht kein öffentlicher Zweck. Sofern sich jedoch neben der Gewinnerzielungsabsicht, und sei es auch nachrangig, andere unmittelbare Zwecke nachweisen lassen, die als öffentliche Zwecke qualifiziert werden können, ist die zu diesen Zwecken vorgenommene staatliche Tätigkeit auch verfassungsrechtlich zulässig.[1004]

a. Zulässige Ziele einer staatlichen Beteiligungsgesellschaft

Für eine staatliche Beteiligungsgesellschaft, die über ein erhebliches Sondervermögen für Unternehmensübernahmen und große Beteiligungskäufe verfügt, kommen verschiedene öffentliche Zwecke in Betracht, die die öffentliche Hand mit der Gesellschaft verfolgen kann. Oberste Richtschnur muss für die erfolgreiche Führung einer Private Equity Gesellschaft jedoch die Wirtschaftlichkeit ihrer Tätigkeit und das Streben nach Gewinn sein. Gewinnerzeilung steht somit klar im Vordergrund.

Wie bereits erläutert, darf die Gewinnerzielung aber nicht einziges Handlungsmotiv der öffentlichen Hand sein. Es genügt aber, wenn zumindest neben der Gewinnerzielungsabsicht auch ein öffentlicher Zweck mit der Tätigkeit verfolgt

---

1004 Vgl. oben, Dritter Teil, B. II. 1. e).

wird. Dieser öffentliche Zweck kann auch von nur geringem Gewicht sein.[1005] Er muss jedoch unmittelbar verfolgt werden, damit die staatliche Wirtschaftsbetätigung verfassungsrechtlich zulässig ist. Aufgrund des Erfordernisses eines unmittelbaren öffentlichen Zwecks kommen die klassischen mit Staatsfonds verfolgten Zwecke vorliegend nicht in Betracht. Klassische Staatsfonds dienen unmittelbar allein der Gewinnerzielung. Die regelmäßig angegebene öffentliche Aufgabe dieser Fonds, wie Stabilisierung oder Diversifizierung der Wirtschaft,[1006] wird lediglich mittelbar verfolgt. Dies ist in Deutschland nach der hier vertretenen Ansicht unzulässig.[1007] Staatliches Handeln muss stets einem unmittelbaren öffentlichen Zweck dienen, um den Einsatz öffentlicher Gelder zu rechtfertigen.

Für eine staatliche Beteiligungsgesellschaft kommt damit nur eine Tätigkeit mit modifizierter Gewinnerzielungsabsicht in Betracht. Bei modifizierter Gewinnerzielungsabsicht wird die Erzielung von Gewinnen zwar als Hauptzweck und der öffentliche Zweck als Nebenzweck erfolgt. Der öffentliche Zweck erlangt jedoch einen solchen Einfluss auf die Gewinnerzielungsabsicht, dass jedenfalls ein Streben nach maximalen Gewinnen unmöglich wird. Die Verbindung der reinen Gewinerzielungsabsicht mit einem öffentlichen Zweck zu einer gehemmten und eingeschränkten Gewinnerzielungsabsicht.[1008] Mitunter kann eine modifizierte Gewinnerzielungsabsicht zwar auch bedeuten, dass aufgrund des nachrangig verfolgten öffentlichen Zwecks Einschränkungen der Wirtschaftlichkeit und geringere Gewinne in Kauf genommen werden. Eine derart modifizierte Gewinnerzielungsabsicht würde jedoch das Geschäftsmodell der Beteiligungsgesellschaft hinfällig machen. Schließlich strebt sie eine umfangreiche Mitwirkung von privaten Investoren am Sondervermögen für den Beteiligungserwerb an. Bei der Aussicht auf möglicherweise nur unterdurchschnittliche Rendite wird eine solche Mitwirkung ausbleiben.

Die staatliche Beteiligungsgesellschaft ist mithin so auf Gewinnerzielung auszurichten, dass der zugleich als Nebenzweck verfolgte öffentliche Zweck keinen sichtbaren Einfluss auf die Gewinnerzielung als solche hat. Dies ist durchaus möglich, wie sogleich dargestellt werden soll. Zuvor soll aber ein auf den ersten Blick nahe liegender öffentlicher Zweck einer staatlichen Beteiligungsgesellschaft betrachtet werden.

1005 Vgl. oben, Dritter Teil, B. II. 1. d).

1006 Vgl. oben zu den Aufgaben von Staatsfonds, Zweiter Teil, B. III. 1.

1007 Vgl. oben, Dritter Teil, B. II. 1. c) (2).

1008 Vgl. *Püttner*, Die öff. Unternehmen, S. 51.

b. Einsatz zur gezielten Abwendung politisch unerwünschter Unternehmensübernahmen oder zur Rettung von angeschlagenen Unternehmen

Ein im Zusammenhang der Debatte um Staatsfonds aber auch große Hedge Funds immer wieder aufkommendes Argument für die Nützlichkeit einer eigenen staatlichen Beteiligungsgesellschaft für Unternehmensübernahmen ist die Möglichkeit, politisch unerwünschte Unternehmensübernahmen durch Einsatz des eigenen Staatsfonds zu verhindern.[1009] Die Übernahme des jeweils betroffenen Unternehmens durch einen anderen Investor kann dabei aus verschiedenen Gründen politisch unerwünscht sein. Zunächst kann die Übernahme eines Unternehmens durch einen ausländischen Staatsfonds aufgrund der Befürchtung einer politisch intervenierenden Motivation abgelehnt werden. Aber auch die Übernahme durch private Investoren kann unerwünscht sein, wenn es sich bei diesen Investoren um Hedge-Fonds oder Private Equity Gesellschaften handelt, und befürchtet wird, dass die Interessen des zu übernehmenden Unternehmens hinter den Gewinnerzielungsabsichten der Investoren derart zurückzustehen haben, dass auch der Ruin des Unternehmens in Kauf genommen wird.

In beiden Fällen sind die Befürchtungen zumeist unbegründet.[1010] Sofern die Befürchtungen aber unbegründet sind, kann die Abwehr der Übernahme nicht durch ein öffentliches Interesse gerechtfertigt werden, auch wenn sich die öffentliche Meinung durch die Presse bereits dahingehend verfestigt hat, die Übernahme abzulehnen. Der in diesen Fällen durchaus verständliche politische Wunsch, die Übernahme zu verhindern, beruht dann nicht auf Erwägungen des Gemeinwohls sondern allein auf Erwägungen des eigenen politischen Wohls der Entscheidungsträger. Unter Umständen kann es jedoch auch begründete Befürchtungen vor der Übernahme eines Unternehmens geben, insbesondere, wenn es sich bei dem zu übernehmenden Unternehmen, aufgrund der mit ihm verbundenen Arbeitsplätze, seiner Produkte oder auch seiner Tradition um ein Unternehmen von großer Bedeutung für den Wirtschaftsstandort handelt. Hier kann bereits die Übernahme unerwünscht sein, auch ohne dass konkrete Übernahmepläne durch einen Investor schon existieren. Sofern das Unternehmen finanziell angeschlagen ist und sein Niedergang zu befürchten steht, könnte eine Übernahme durch die staatliche Beteiligungsgesellschaft helfen, dass Unternehmen wieder wirtschaftlich auf die Beine zu bringen (*Turnaround*).

1009 Vgl. schon *Erlinghagen*, Wirtschaftsdienst 1975, 131, 133 f., der ein staatliches Vorkaufsrechts zur Abwehr ausländischer Beteiligungen vorschlägt: Dazu würde es der Schaffung einer besonderen Institution bedürfen, die mit den entsprechenden Mitteln auszustatten wäre und gehalten sein müsste, die von ihr erworbenen Beteiligungen möglichst umgehend wieder zu privatisieren.

1010 Vgl. zu Staatsfonds, Zweiter Teil, B. III. 3.; zu Private Equity Gesellschaften, Erster Teil, F. III. 1.

Es sind also durchaus Konstellationen denkbar, in denen der Einsatz des Staatsfonds zur Verhinderung einer unerwünschten Übernahme einem öffentlichen Zweck, insbesondere der Wirtschaftsförderung, dienen kann. Die staatliche Beteiligungsgesellschaft aber generell zur Abwehr solcher Übernahmen vorzuhalten und gezielt einzusetzen, würde zwar einen öffentlichen Zweck verfolgen. Indes könnte nicht mehr von einer staatlichen Private Equity Gesellschaft, um deren Tätigkeit es im Rahmen der vorliegenden Untersuchung gerade gehen soll, gesprochen werden. Bei einer Interventionspflicht, egal ob generell oder im Einzelfall auf Abruf, ergeben sich für die Gesellschaft drastische Konsequenzen, die ihr Geschäftsmodell grundlegend in Frage stellen würden.[1011] Eine erste große Folge wäre der Verlust der privaten Kapitalgeber, die am Sondervermögen für Unternehmensübernahmen fast ausschließlich allein beteiligt werden. Da die Übernahmen von äußeren Umständen abhängig wären, die nicht im Voraus zu planen sind, könnte den Investoren keine Anlagestrategie aufgezeigt werden, die das finanzielle Risiko der einzugehenden Beteiligungen abschätzen ließe. Da das Unternehmen sich die Übernahmegesellschaften nicht selbst aussuchen könnte, können private Kapitalgeber kein Vertrauen in die Führung des Fonds gewinnen.

Zwar könnte die öffentliche Hand auch grundsätzlich allein das erforderliche Kapital für das Sondervermögen aufbringen. Es würde sich jedoch nicht mehr um ein nach wirtschaftlichen Kriterien geführtes Unternehmen handeln. Selbst wenn die staatliche Beteiligungsgesellschaft nicht ausschließlich auf den Aufkauf übernahmebedrohter und angeschlagener Unternehmen festgelegt wäre, so müsste sie zum einen dennoch jederzeit Kapital vorhalten, um für die Abwendung einer unerwünschten Übernahme schnell eingesetzt werden zu können. Dieses Kapital würde der Beteiligungsgesellschaft bei ihren anderen Investitionen fehlen. Ungleich schwerer wiegt jedoch die Tatsache, dass zum anderen die Beteiligungsgesellschaft dazu verpflichtet wäre, mit beachtlich geringen Gewinnmargen zu operieren. Soweit ein privater Investor bereits ein Übernahmeangebot für ein Unternehmen abgegeben hat, basiert dieses auf seinen Risikoabschätzungen und Gewinnrechnungen. Zieht die staatliche Beteiligungsgesellschaft in einen Übernahmekampf mit dem Investor, ist die Folge, dass sich die Übernahmeangebote immer weiter steigern und letztlich nicht mehr das wirtschaftlichste Angebot gewinnt. Die möglichen Gewinnmargen haben sich dann deutlich reduziert, sofern sie überhaupt noch realistisch erreichbar sind.

Der Triumph in der Übernahmeschlacht wäre ein Pyrrhussieg für die Beteiligungsgesellschaft. Solch ein Vorgehen führt auf Dauer zu einer Ansammlung schwieriger Investitionen mit hohen Einsätzen. Dies belastet wiederum die

1011 Sehr skeptisch steht aus diesem Grund auch *Martini*, DÖV 2008, 314, 316, insb. Fn. 12, einem staatlichen Fonds zur Abwehr von Unternehmensübernahmen gegenüber.

übernommenen Unternehmen, da sie es sind, die beim Buyout die Last der Investition tragen und durch Einsparungen und Umstrukturierungen einen Cash flow erzielen sollen, der das eingesetzte Kapital möglichst mit Gewinn wieder zurück zur Beteiligungsgesellschaft fließen lässt. Sofern dies nicht mehr das vorrangige Ziel der Beteiligungsgesellschaft wäre, dem sich andere Zwecke unterzuordnen haben, würde es sich nicht mehr um eine Private Equity Gesellschaft handeln, sondern um eine bloße Gesellschaft zur Übernahmeabwehr, die notfalls auch unter Verlusten übernommene Unternehmen stützt. Eine solche wäre im Übrigen europarechtlich eine höchst fragwürdige Tätigkeit, da sie gegen das Beihilfeverbot des Vertrages über die Arbeitsweise der Europäischen Union (AEUV) verstößt. Private Equity kann somit nicht das Instrument einer gezielten staatlichen Wirtschaftsförderung sein.

Die vorliegend entworfene Beteiligungsgesellschaft muss unabhängig von politischen Weisungen agieren und ihre Übernahmeobjekte selbstständig nach ihrer zuvor mit Zustimmung der privaten Investoren festgelegten Anlagestrategie aussuchen können. Sie kann deshalb nicht gezielt vom Staat eingesetzt werden, weder zur Abwehr unerwünschter Übernahmen noch zur Übernahme angeschlagener Unternehmen, für die bisher noch kein Dritter ein Übernahmeangebot abgegeben hat. Dass die Gesellschaft bei ihrer wirtschaftlichen Tätigkeit mitunter dennoch einmal eine Übernahmeschlacht führt, oder ein angeschlagenesÜbernehmen übernimmt, ist nicht ausgeschlossen, sofern die Entscheidung darüber selbständig und unter Beachtung der Wirtschaftlichkeit der Investition getroffen wurde. Eine gezielte Verfolgung eines öffentlichen Zwecks kann jedoch nicht angenommen werden, da der öffentliche Zweck der Rettung eines bedeutenden Unternehmens vor einer Übernahme oder dem Ruin bei der Entscheidungsfindung der Beteiligungsgesellschaft keine Rolle spielt und er auch nicht systematisch hinter der Anlagestrategie insgesamt steht.

Der gezielte Einsatz zur Rettung von bestimmten Unternehmen kann daher für eine Beteiligungsgesellschaft, die als Private Equity Gesellschaft konzipiert ist, nicht vorgesehen werden. Dementsprechend kann eine staatliche Private Equity Gesellschaft nicht diesen öffentlichen Zweck verfolgen. Er widerspräche ihrer grundsätzlichen Ausrichtung auf Gewinnerzielung. Deshalb kommt dieser öffentliche Zweck nicht zur Begründung der Zulässigkeit ihrer Tätigkeit in Betracht. In Betracht kommt jedoch eine weniger gezielte Form der Wirtschaftsförderung, wie sie als Nebeneffekt von Private Equity Transaktionen zu beobachten ist.

c. Einsatz zur Nutzung der positiven Nebeneffekte von Buy-Outs

Private Equity Transaktionen sind für private Investoren grundsätzlich allein aufgrund ihrer potenziell guten Rendite attraktiv. Investoren in Private Equity werden aber von der Öffentlichkeit und insbesondere auch von Politikern kritisch betrachtet. Dies gilt besonders in Zeiten gescheiterter großer Transaktionen, die letztlich zum Ruin eines übernommenen Unternehmens führten, sowie in Zeiten der Finanzkrise, in denen das unregulierte und ungebremste Streben der Akteure auf den Finanzmärkten nach immer größeren Gewinnen als eine der Hauptursachen für die größte Rezession seit den 1930er Jahren ausgemacht wurde. Gegen ihre Kritiker stellen die privaten Beteiligungsgesellschaften gern die positiven Aspekte ihrer Tätigkeit heraus. Vor allem nennen sie dann wirtschaftliche und soziale Vorteile von Private Equity, wie beispielsweise die Schaffung von Arbeitsplätzen, die Erneuerung veralteter Strukturen und die Förderung von Forschung und Entwicklung.[1012] Auch wenn solche Aussagen von den Private Equity Investoren selbst kommen und daher nicht Ausdruck einer unvoreingenommenen Betrachtung sind, so ist doch anzuerkennen, dass die Aussagen einen wahren Kern haben. Denn das Grundgeschäftsmodell für Private Equity hat durchaus wirtschaftsfördernden Charakter.

Private Equity Investoren übernehmen Unternehmen, die große Wachstumspotenziale bieten, diese jedoch nicht selbst nutzen. Die Investoren erspähen die Schwächen in der Unternehmensführung, der Unternehmensstruktur, und der Unternehmensentwicklung und wirken auf eine bestmögliche Nutzung des vorhandenen Kapitals hin. Der Druck auf die Unternehmensführung rührt dabei nicht zu einem kleinen Teil aus den immensen übernommenen Schulden her, die die Beteiligungsgesellschaft zur Unternehmensübernahme aufgenommen und anschließend auf das übernommene Unternehmen übertragen hat. Allerdings ist der Investitionshorizont auf längerfristige Ziele ausgerichtet und bietet den Unternehmen genügend Zeit, sich zu verändern und eine kohärente Unternehmensstrategie zu entwickeln. Die so gestärkten Unternehmen, erfüllen ihre Wachstumsziele und ermöglichen nicht nur eine beträchtliche Rückführung der Kredite, sondern auch die Erzielung eines deutlich höheren Preises für das Unternehmen beim späteren Verkauf durch die Beteiligungsgesellschaft.

Diese Stärkung des übernommenen Unternehmens wird von den Investoren allein im Interesse der eigenen Gewinnmaximierung vorgenommen. Empirische

---

1012 Vgl. das Zitat von Henri Kravis von KKR, einer der größten privaten Beteiligungsgesellschaften: “not only … value creation, but also … economic and social benefits, for example, increases in employment, innovation, and research and development“, zitiert nach *The Economist*, February 10th – 16th 2007, Briefing: Private Equity, The uneasy crown, S. 74.

Untersuchungen zeigen jedoch, dass die Aktivitäten der Finanzinvestoren tatsächlich erhebliche positive ökonomische Auswirkungen für die Beschäftigung und den Wert der Beteiligungen mit sich bringen.[1013] Private Equity Investitionen haben somit eine Bedeutung sowohl über den Zeitrahmen der Beteiligungen als auch über den Kreis der beteiligten Investoren hinaus. Dies bestätigt eine Untersuchung von 526 Buy-Outs in den Jahren von 1981 bis 2003, bei denen das übernommene Unternehmen am Ende der Halteperiode an der Börse platziert wurde.[1014] Die Untersuchung analysierte die Entwicklung dieser Unternehmen in der Zeit nach ihrem Börsengang, also nach dem Ausstieg des Private Equity Investors. Dabei wurde deutlich, dass die von Private Equity Investoren umstrukturierten und verkauften Unternehmen sich noch über Jahre an den Aktienmärkten besser als andere Unternehmen entwickelten.[1015]

Es mehren sich die Anzahl der Studien, die Private Equity als Instrument der Unternehmensfinanzierung nicht allein für das übernommene Unternehmen, sondern für die Volkswirtschaft insgesamt als sinnvoll und vorteilhaft bezeichnen.[1016] Auch in der Politik wird Private Equity aufgrund seiner volkswirtschaftlichen Funktion grundsätzlich positiv bewertet.[1017] Private Equity Investitionen gehören zu den von Adam Smith beschriebenen Fällen, in denen das egoistische Gewinnstreben des Einzelnen Vorteile für das Gemeinwesen insgesamt mit sich bringt. Der private Unternehmer schaut nicht auf diese Vorteile, vorhanden sind sie aber dennoch. Dies kann sich die öffentliche Hand zunutze machen und gezielt über ihre Anlagestrategie die wirtschaftsstärkenden Faktoren der Buyout-Transaktionen nutzen, nicht für a priori festgelegte spezifische Unternehmen, aber beispielsweise durch Investitionen in bestimmten Branchen.

Allgemeines Ziel einer Buyout-Transaktion durch die öffentliche Hand kann damit die bewusste Förderung der Wirtschaft durch den Aufbau effizienter und mit angemessenem Eigenkapital ausgestatteter Unternehmen, durch den Ausbau von Wettbewerbspositionen auf dem nationalen und internationalen Markt, und durch den langfristigen Erhalt von Arbeitsplätzen sein. Des Weiteren können je nach Anlagestrategie auch Innovation, die Neuausrichtung traditioneller Wirtschaftsbereiche und die Förderung des Einsatzes neuer Technologien bezweckt sein. Gerade hier kann die Anlagestrategie den verfolgten öffentlichen Zweck gezielt schärfen und in seiner Bedeutung erhöhen, ohne damit die Möglichkeiten der Gewinnerzielung zu beeinträchtigen.

1013 So *Rudolph*, ZGR 2008, 161, 164; vgl. auch *Schäfer*, Der Deutsche Wirtschaftsanwalt 2008/2009, 27, 31.

1014 *Cao/Lerner*, JFE 91 (2009), 139.

1015 *Cao/Lerner*, JFE 91 (2009), 139, 152.

1016 Vgl. *Holzner*, Private Equity, S. 33 mwN.

1017 Vgl. *Eidenmüller*, ZHR 171 (2007), 644, 645.

Die wirtschaftliche Betätigung einer staatlichen Beteiligungsgesellschaft verfolgt damit einen nachweisbaren öffentlichen Zweck. Eine verfassungsrechtlich unzulässige reine Gewinnerzielungsabsicht ist somit nicht gegeben. Im Gegenteil, es liegt ein verfassungsrechtlich erforderlicher öffentlicher Zweck vor. Dieser ist zwar von nur geringem Gewicht und stellt nur einen Nebenzweck dar. Dies ist jedoch nach der hier vertretenen Ansicht zulässig.[1018] Es liegt nämlich eine modifizierte Gewinnerzielungsabsicht vor,[1019] denn der Aspekt der Förderung der Volkswirtschaft begrenzt das Aktionsfeld der staatlichen Beteiligungsgesellschaft. Am sichtbarsten wird diese Begrenzung in der Tatsache, dass allein Private Equity Investitionen in Unternehmen in Betracht kommen, die innerhalb Deutschlands tätig sind, da ansonsten eine Förderung der deutschen Volkswirtschaft ausgeschlossen ist.

Sofern man entgegen der hier vertretenen Auffassung auch eine mittelbare Verfolgung eines öffentlichen Zwecks für zulässig hält, bestehen für die Zulässigkeit der staatlichen Beteiligungsgesellschaft keine Bedenken, da man die von der Beteiligungsgesellschaft erzielten Gewinne schlicht einem Fonds für Sozialausgaben zuweisen könnte. In Betracht kommt auch die Kapitalvermehrung zur Unterstützung des Staatshaushalts. In beiden Fällen ist jedoch die Gewinnerzielung Hauptzweck der staatlichen Wirtschaftsbetätigung und das Kriterium der Wirtschaftlichkeit bleibt oberste Richtschnur für die Beteiligungsgesellschaft. Der öffentliche Zweck ist in beiden Fällen nur von geringem Gewicht. Nur so aber handelt die öffentliche Hand wie ein privater Investor. Und nur so kann sie mit ihren Unternehmensübernahmen einen öffentlichen Zweck verfolgen, ohne in Widerspruch zu europarechtlichen Vorschriften über staatliche Beihilfen zu geraten.

3. *Zur europarechtlichen Problematik unzulässiger staatlicher Beihilfen*

Eine deutsche Beteiligungsgesellschaft, die Private Equity Transaktionen mit den Zielen der Gewinnerzielung und der soeben beschriebenen öffentlichen Zwecke durchführt, verstößt nicht gegen das europarechtliche Verbot staatlicher Beihilfen nach Art. 107 AEUV. Dieser verbietet staatliche oder aus staatlichen Mitteln gewährte Beihilfen, gleich welcher Art, die durch die Begünstigung bestimmter Unternehmen oder Produktionszweige den Wettbewerb verfälschen oder zu verfälschen drohen. Der Begriff der Begünstigung wird dabei nach der Rechtsprechung des Europäischen Gerichtshofs (EuGH) sehr weit verstanden

---

1018 Vgl. oben, Dritter Teil, B. II. 1. e).
1019 Vgl. zum Begriff oben, Dritter Teil, D. I. 2. a).

und umfasst nicht allein Subventionen, sondern jede Art der Verminderung von Belastungen, welche ein Unternehmen normalerweise zu tragen hat.[1020]

Von tragender Bedeutung, ob eine solche Begünstigung vorliegt, ist der sogenannte Privatinvestor-Test, nach welchem die Frage zu klären ist, ob ein nach marktwirtschaftlichen Grundsätzen vorgehender Privatinvestor die jeweilige Investition ebenfalls getätigt hätte.[1021] Verhält sich nämlich der Staat wie ein privater Investor, verfälscht er den Wettbewerb nicht, weshalb die Anwendbarkeit des Art. 107 AEUV verneint werden muss.[1022] Grundsätzlich ist es somit den Mitgliedstaaten der Europäischen Union nicht verwehrt, sich unternehmerisch zu betätigen und den ihnen gehörenden Unternehmen wie private Eigentümer Finanzmittel zuzuführen.[1023] Dort wo sich der Staat als Investor betätigt, indem er sich am Kapital eines Unternehmens beteiligt, ist jedoch stets genau zu untersuchen, ob sich der Staat wie ein privater Investor verhält.[1024] Die Frage, wie sich der Staat verhalten muss, damit er sich wie ein privater Investor verhält, hat der EuGH mit seiner Rechtsprechung einer immer konkreteren Antwort zugeführt.

Zunächst prüfte der EuGH, ob ein privater Gesellschafter in einer vergleichbaren Lage unter Zugrundelegung der Rentabilitätsaussichten und unabhängig von allen sozialen oder regionalpolitischen Überlegungen oder Erwägungen einer sektorbezogenen Politik vergleichbar gehandelt hätte.[1025] Angesichts der mitunter beträchtlichen Investitionen der öffentlichen Hand ist eine Vergleichbarkeit jedoch nicht mit einem gewöhnlichen Investor, sondern nur mit einem privaten Investor von vergleichbarer Größe wie die Verwaltungseinheiten des öffentlichen Sektors gegeben.[1026] Dieser muss gerade nicht wie ein gewöhnlicher Investor handeln und Kapital nur zum Zwecke einer mehr oder weniger kurzfristigen Rentabilisierung anlegen, sondern kann vielmehr auch als eine private Holding oder eine private Unternehmensgruppe handeln, die eine globale oder sektorale Strukturpolitik verfolgt und sich von längerfristigen Rentabilitätsaussichten leiten lässt.[1027]

1020 Siehe die Nachweise zur ständigen Rechtsprechung bei *Bartosch*, EU-Beihilfenrecht, B Rn. 1, zu Art. 87 Abs. 1 EGV, nunmehr Art. 107 AEUV.

1021 Vgl. *Frenz*, Hdb. Europarecht, Bd. 3, Rn. 183.

1022 Vgl. auch *Giesberts/Streit*, EuZW 2009, 484, 485.

1023 *Mestmäcker/Schweitzer*, Europäisches WettbewerbsR, § 43 Rn. 27.

1024 Vgl. *Mestmäcker/Schweitzer*, Europäisches WettbewerbsR, § 43 Rn. 27.

1025 EuGH, RS. 234/84, Belgien/Kommission, Slg. 1986, 2236, 2281, Rn. 14 (2286); sowie EuGH, RS. 40/85, Belgien/Kommission, Slg. 1986, 2321, 2340, Rn. 13 (2345).

1026 Auf diesen stellt der EuGH auch ab, vgl. EuGH, RS. 305/89, Italien/Kommission, Slg. 1991, 1603, 1635, Rn. 19 (1640); s.a. EuGH, RS. C-278/92, C-279,92, C-280/92, Spanien/Kommission, Slg. 1994, 4103, 4146, Rn. 21 (4153).

1027 EuGH, RS. 305/89, Italien/Kommission, Slg. 1991, 1603, 1635, Rn. 20 (1640).

Staatliche Beteiligungsgesellschaften für Private Equity Transaktionen sollen vorrangig den Zweck verfolgen, möglichst hohe Gewinne zu erzielen. Dabei sind ihre Renditeerwartungen wie bei privaten Beteiligungsgesellschaften langfristig ausgerichtet. Für die Vergleichbarkeit der Investitionen der öffentlichen Hand ist auf solche privaten Beteiligungsgesellschaften abzustellen, die eine große Finanzkraft haben, welche jene der öffentlichen Hand sogar noch übertreffen kann. Eine Unternehmensübernahme, ein hoher Anteilserwerb oder die anderweitige Zuführung von Kapital in übernommene Unternehmen unterfallen daher nur dann dem europäischen Beihilfenrecht, wenn die Beweggründe der öffentlichen Hand für die Transaktion derart sind, dass sie zur Entscheidung über eine Kapitalzufuhr führen, die eine private Beteiligungsgesellschaft anstelle der öffentlichen Hand nicht getroffen hätte.

Die bisher für die Tätigkeit der staatlichen Beteiligungsgesellschaft angenommenen öffentlichen Zwecke sind allesamt der Gewinnerzielung nachgeordnet, so dass die Gesellschaft stets zu einer Entscheidung nach Wirtschaftlichkeitskriterien kommen sollte und somit in ihrer unternehmerischen Tätigkeit nicht vom europäischen Beihilfenrecht eingeschränkt wird. Dieses Ergebnis wäre anders ausgefallen, würde der gezielte Einsatz zu Unternehmensübernahmen auf politischen Wunsch bezweckt werden.[1028] Dies wurde jedoch gerade aufgrund der Unwirtschaftlichkeit der so getätigten Investitionen abgelehnt. Darüber hinaus wäre eine solche Zwecksetzung auch mit einem Verlust der privaten Investoren am staatlichen Sondervermögen für Unternehmensübernahmen einher gegangen. Gerade aber die tatsächliche Beteiligung privater Investoren ist der beste Garant für eine Vergleichbarkeit der Transaktionen mit den Investitionen privater Investoren.

Die öffentliche Hand ist jedoch verpflichtet, zumindest auch einen öffentlichen Zweck mit ihrer Tätigkeit zu verfolgen. Private Investoren verfolgen dagegen fast ausschließlich ihre eigenen Interessen und nur sehr selten bewusst auch öffentliche Zwecke. Diese subjektiven Unterschiede könnten eine Gleichbehandlung öffentlicher und privater Investoren ausschließen.[1029] Dass der EuGH in seiner Rechtsprechung dennoch den Vergleich der öffentlichen Hand mit einem privaten Investor als entscheidungserhebliches Kriterium verwendet, lässt darauf schließen, dass es im Rahmen der Beihilfeprüfung nicht auf die von der öffentlichen Hand subjektiv zusätzlich mit der Investition verfolgten öffentlichen Zwecke ankommen kann, sofern die Investition der öffentlichen Hand objektiv den Kriterien der Wirtschaftlichkeit derart genügt, dass ein vergleichbarer privater Investor sie ebenfalls getätigt hätte.

1028 Vgl. dazu oben, Dritter Teil, D. I. 2. b).

1029 Vgl. *Giesberts/Streit*, EuZW 2009, 484, 485.

Im Gegensatz dazu deutet zwar die Herangehensweise der Kommission und des EuG auf die Berücksichtigung subjektiver Elemente des staatlichen Investors hin, allerdings wird dabei vor allem der Nachweis von Rentabilitätserwägungen der öffentlichen Hand, z.B. mittels eines Geschäftsplans, gefordert.[1030] Sofern die vom Staat verfolgten öffentlichen Zwecke jedoch nur Nebenzwecke sind und sich dem Hauptzweck der Gewinnerzielung unterordnen, wird der Nachweis der entsprechenden Rentabilitätserwägungen bei der hier entworfenen staatlichen Beteiligungsgesellschaft ohnehin unproblematisch zu führen sein. Davon abgesehen sind aber die subjektiven Investitionskriterien im Rahmen der Beihilfeprüfung, so wie es der EuGH bisher auch tut, überhaupt nicht zu berücksichtigen. Gegen eine Berücksichtigung sprechen nämlich schon Sinn und Zweck des Art. 107 AEUV. Demnach sollen wettbewerbsverzerrende Investitionen verboten sein. Sofern die Investition auch von einem privaten Investor, wenn auch mit anderen Motiven, vorgenommen worden wäre, liegt objektiv keine Wettbewerbsverzerrung vor. Die subjektive Seite der Investition ist daher unerheblich. Wettbewerbsverzerrung ist ein rein objektives Kriterium.[1031]

Die vorliegend entworfene staatliche Beteiligungsgesellschaft soll sich auf dem Markt für Unternehmensübernahmen und Private Equity allein objektiv genauso verhalten wie es private Beteiligungsgesellschaften tun. Auch ihr Ziel ist in erster Linie die Gewinnerzielung. Politische Erwägungen können daher keinen Einfluss auf die unternehmerische Betätigung an sich haben. Allerdings kann Strukturpolitik auch durch Unternehmenspolitik gemacht werden.[1032] So kann beispielsweise die Absicht der Förderung eines bestimmten Produktionszweiges die Anlagestrategie der öffentlichen Hand bestimmen, wenn auch die tatsächlichen Investitionen später allein nach Wirtschaftlichkeitskriterien getätigt werden. Die Festsetzung der Anlagestrategie kann dabei jedoch auch nicht frei von Wirtschaftlichkeitsüberlegungen getroffen werden, schließlich gilt es zum einen, die Beteiligung privater Kapitalgeber zu erreichen und zum anderen, nicht gegen das europarechtliche Beihilfeverbot zu verstoßen. Ansonsten entspricht die Festsetzung einer Anlagestrategie durchaus dem Vorgehen der privaten Beteiligungsgesellschaften. Eine Wettbewerbsverzerrung ist daher nicht zu befürchten. Ein Verstoß gegen Art. 107 AEUV ist so ausgeschlossen.

1030 Siehe dazu *Giesberts/Streit*, EuZW 2009, 484, 486.
1031 So auch *Giesberts/Streit*, EuZW 2009, 484, 488.
1032 Vgl. *Frenz*, Hdb. Europarecht, Bd. 3, Rn. 202.

4. Zu möglichen Grundrechtseingriffen der staatlichen Beteiligungsgesellschaft

Aufgrund der komplexen Struktur und der Vielzahl der von einer Unternehmensübernahme betroffenen Personen ist die Problematik eines Grundrechtseingriffs der öffentlichen Hand bei der Gründung und Leitung einer Beteiligungsgesellschaft weitaus komplexer als es die übliche Diskussion um Grundrechtseingriffe durch staatliche Wirtschaftsbetätigung vermuten lässt. Diese beschränkt sich im Wesentlichen auf die Grundrechte der Konkurrenten des Staates im Wettbewerb, mitunter auch auf die vom Staat angestellten Arbeitnehmer.

Bei einer Übertragung dieses Schemas auf die staatliche Beteiligungsgesellschaft wären demnach allein private Beteiligungsgesellschaften und die Angestellten der staatlichen Beteiligungsgesellschaft potenziell von Grundrechtseingriffen betroffen. Tatsächlich spüren sie jedoch die geringsten Auswirkungen der staatlichen Wirtschaftstätigkeit. Als weitaus stärker Betroffene kommen, die Portfoliounternehmen, deren Geschäftsführung aber auch deren Angestellte, und die Wettbewerber der Portfoliounternehmen in Betracht. Deren grundrechtlichen Positionen muss im Folgenden besondere Aufmerksamkeit zuteil werden.

a. Die Grundrechte der konkurrierenden privaten Beteiligungsgesellschaften

Zu den Grundrechten der mit dem staatlichen Unternehmen konkurrierenden Gesellschaft sind keine umfangreichen Ausführungen mehr erforderlich. Hier kann im Ganzen auf die Diskussion zum Grundrechtseingriff durch staatliche Konkurrenz verwiesen werden.[1033] Da Konkurrenz nicht bereits an sich einen Eingriff in den Schutzbereich des Art. 12 Abs. 1 GG darstellt, ist eine über die bloße Konkurrenz hinausgehende Beeinträchtigung der wirtschaftlichen Betätigung der privaten Beteiligungsgesellschaften erforderlich, um einen Eingriff in deren Grundrecht aus Art. 12 Abs. 1 GG anzunehmen. Eine derartige Beeinträchtigung ist vorliegend nicht ersichtlich, solange jedenfalls, wie vorliegend angenommen, die staatliche Beteiligungsgesellschaft sich wie ein privater Unternehmer verhält und damit wettbewerbsrechtlich und beihilferechtlich neutral auftritt. Ebenso ist ein Eingriff in Art. 14 Abs. 1 GG nicht ersichtlich. Die Zurückdrängung eines privaten Unternehmens im Leistungswettbewerb ist keine Enteignung.[1034] Grundrechte der konkurrierenden privaten Beteiligungsgesellschaften sind mithin durch die Tätigkeit einer staatlichen Beteiligungsgesellschaft nicht verletzt.

1033 Vgl. dazu oben, Dritter Teil, B. II. 6. b) (2) und (3).

1034 *Püttner*, Die öff. Unternehmen, S. 113.

b. Die Grundrechte der übernommenen Unternehmen

Die von der staatlichen Beteiligungsgesellschaft übernommenen Unternehmen sind vor ihrer Übernahme Grundrechtsträger. Dies ergibt sich aus Art. 19 Abs. 3 GG. Darin ist zwar von juristischen Personen die Rede. Der Begriff der juristischen Person bezieht sich jedoch auf die Rechtsfähigkeit einer Organisationsform. Diese Rechtsfähigkeit kennt Abstufungen von der Voll- bis zur Teilrechtsfähigkeit. Hier eine Trennung in Grundrechtsberechtigte und nicht mehr Grundrechtsberechtigte vornehmen zu wollen, ist nicht gerechtfertigt.[1035] Dies gilt umso mehr, als nur teilrechtsfähige Organisationsformen aufgrund ihrer geringeren Verselbständigung den jedenfalls grundrechtsberechtigten natürlichen Personen sehr nahe stehen.[1036] Die personalistische Prägung dieser Organisationsformen gebietet geradezu eine Verlängerung des Grundrechtsschutzes der natürlichen Personen auf diese Organisationsformen, da nur so der volle Grundrechtsschutz auch für die Beteiligten natürlichen Personen gewahrt ist. Träger von Grundrechten sind daher nicht nur Aktiengesellschaften und Gesellschaften mit beschränkter Haftung, sondern auch Kommanditgesellschaften, offene Handelsgesellschaften und Gesellschaften bürgerlichen Rechts.[1037]

Da private Unternehmen wie natürliche Personen am Wirtschaftsleben teilnehmen, ist das Grundrecht aus Art. 12 Abs. 1 GG seinem Wesen nach auch auf diese Unternehmen anwendbar. Die privaten Unternehmen sind damit Träger des Grundrechts aus Art. 12 Abs. 1 GG und somit in Wahl und Ausübung ihrer erwerbswirtschaftlichen Tätigkeit geschützt. Fraglich ist, ob der Staat bei einer Übernahme des privaten Unternehmens in die Berufsfreiheit des Unternehmens eingreift. Die Berufsfreiheit eines Unternehmens wird durch seine geschäftsführenden Organe ausgeübt. Diese sind es auch, die bei den Maßnahmen der Geschäftsführung die Grenzen der Berufsfreiheit zu beachten haben, welche sich in den gesetzlichen Regelungen zum Wettbewerbsrecht manifestieren. Der Geschäftsführer einer GmbH oder das Vorstandsmitglied einer Aktiengesellschaft sind somit Grundrechtsträger in zweierlei Hinsicht: zum einen aus eigenem Recht als natürliche Person und Angestellter der Gesellschaft, zum anderen als Vertreter der juristischen Person, deren Grundrechtsbelange sie als Organ der juristischen Person wahrnehmen. Indem die öffentliche Hand nach einem Beteiligungserwerb Einfluss auf die Geschäftsführung des Unternehmens nimmt, könnte sie in die Berufsfreiheit des Unternehmens eingreifen.

1035 Vgl. *Krebs*, in: v. Münch/Kunig, GG, I, Art. 19 Rn. 31.
1036 Vgl. *Remmert*, in: Maunz/Dürig, GG, III, Art. 19 Abs. 3 Rn. 36.
1037 Vgl. *Huber*, in: v.Mangoldt/K/S, GG, I, Art. 19 Abs. 3 Rn. 24.

Soweit die öffentliche Hand jedoch durch eine Mehrheitsbeteiligung oder auf andere Weise einen beherrschenden Einfluss auf die Unternehmensführung gewinnt, ist fortan das übernommene Unternehmen ohnehin als gemischtwirtschaftliches öffentliches Unternehmen anzusehen. Ein solches Unternehmen ist nicht Grundrechtsträger. Daher kommt ihm die Berufsfreiheit aus Art. 12 Abs. 1 GG nicht mehr zu Gute. Insoweit kommt bei Buyout-Transaktionen der öffentlichen Hand grundsätzlich allein der damit einhergehende Verlust des Grundrechtsschutzes des übernommenen Unternehmens für eine Eingriffsprüfung in Betracht. Die Übernahme erfolgt jedoch stets aufgrund vertraglicher Abreden, in die grundsätzlich auch die Geschäftsführung des übernommenen Unternehmens eingebunden ist. Jedenfalls im Falle eines Asset Deals verhandelt die Beteiligungsgesellschaft unmittelbar mit den Geschäftsführern des Unternehmens. Aber auch ein Share Deal erfolgt in den seltensten Fällen ohne die Zustimmung der Geschäftsführung. Der Grundrechtsträger begibt sich im Rahmen seiner unternehmerischen Freiheit selbst seines Grundrechtsschutzes. Dies ist zulässig. Ein staatlicher Eingriff kann in einer freiwilligen Aufgabe des Grundrechtschutzes nicht angenommen werden. Bei vertraglichen Vereinbarungen sind die Grundsätze der Eingriffsprüfung daher auch nicht anwendbar.[1038]

Etwas anderes ist jedoch bei börsennotierten Aktiengesellschaften im Falle einer feindlichen Übernahme durch die staatliche Beteiligungsgesellschaft anzunehmen. Die feindliche Übernahme zeichnet sich gerade durch die Eigenschaft aus, dass sie gegen den Willen der Geschäftsführung des Übernahmeunternehmens durchgeführt werden soll. Zwar greift auch hier der Staat nicht direkt in das Grundrecht des Unternehmens aus Art. 12 Abs. 1 GG ein. Denn die öffentliche Hand erwirbt einen beherrschenden Anteil am Unternehmen aufgrund der freiwilligen Veräußerungen von Anteilen der bisherigen Gesellschafter. Diese Veräußerung durch die Gesellschafter, auch gegen den Willen der Unternehmensführung, ist zulässig und durch ihr grundrechtlich durch Art. 14 GG geschütztes Eigentum gerechtfertigt. Bei einer feindlichen Übernahmen würde sich der Staat jedoch gezielt diese an sich zulässige Verhaltensweise der Grundrechtsberechtigten zunutze machen, um das Unternehmen zu einem öffentlichen Unternehmen zu machen und damit aus dem Schutzbereich des Grundrechts aus Art. 12 Abs. 1 GG herauszunehmen.

Bei einer feindlichen Übernahme eines Unternehmens durch die staatliche Beteiligungsgesellschaft liegt mithin ein gezielter, mittelbarer Eingriff in die Berufsfreiheit der juristischen Person, vertreten durch ihre Geschäftsführer, vor. Der Schutzbereich des Art. 12 Abs. 1 GG ist betroffen, denn der Staat greift in die freie Willensbildung und Willensumsetzung der juristischen Person ein, in-

1038 *Manssen*, in: v.Mangoldt/K/S, GG, I, Art. 12 Abs. 1 Rn. 26.

dem er entgegen dem Willen der Geschäftsführung ein Unternehmen übernimmt, Es handelt sich dabei um eine faktische Beeinträchtigung durch Realakt, da der Beteiligungserwerb des Staates keinen Hoheitsakt darstellt. Die Beeinträchtigung ist erheblich, und zwar in höchstem Maße, denn sie hat den völligen Verlust des Grundrechtsschutzes zur Folge, und sie ist zudem gezielt, also final, auf die Umgehung der in Ausübung der Berufsfreiheit der juristischen Person getroffenen Entscheidung der Geschäftsführung angelegt. Es handelt sich um einen Eingriff in die Berufsausübung.

Ein solcher Eingriff ist nicht gerechtfertigt. Ein Eingriff in die Berufsausübung ist nach der Stufentheorie des Bundesverfassungsgerichts zum Grundrecht aus Art. 12 Abs. 1 GG als Eingriff auf der niedrigsten Stufe des Grundrechtsschutzes zu bewerten und daher durch vernünftige Erwägungen des Gemeinwohls zu rechtfertigen.[1039] Für eine Unternehmensübernahme mittels einer Buyout-Transaktion, die in erster Linie auf Gewinnerzielung ausgerichtet ist, kommen als vernünftige Erwägungen des Gemeinwohls allein die von der öffentlichen Hand als Nebenzwecke verfolgten öffentlichen Interessen in Betracht, namentlich die mittelfristige finanzielle Stärkung des Unternehmens, die Förderung der Produktion eines bestimmten Wirtschaftszweiges, die Steigerung der Wettbewerbsfähigkeit eines deutschen Unternehmens auf dem globalen Markt, der langfristige Erhalt von Arbeitsplätzen. Diese vernünftigen Erwägungen des Gemeinwohls können einen Eingriff in Art. 12 Abs.1 GG jedoch nicht per se rechtfertigen, sondern der Eingriff muss angesichts dieser Ziele verhältnismäßig sein. Dies ist jedoch nicht der Fall.

Der Eingriff ist nicht verhältnismäßig, da er jedenfalls nicht angemessen ist. In den meisten Fällen wird der Eingriff zudem schon nicht das mildeste Mittel darstellen. Der einer Übernahme entgegenstehende Wille der Geschäftsführung ist Ausdruck der Berufsausübungsfreiheit des Unternehmens und deutet auf eine andere unternehmerische Vision für die Zukunft des Unternehmens hin als sie die Beteiligungsgesellschaft verfolgt. Da die Zukunftsplanung der bestehenden Geschäftsführung grundsätzlich das Wohl des Unternehmens verfolgt und damit ebenfalls auf den Erhalt von Arbeitsplätzen, die Stärkung der Wettbewerbsposition und eine gesunde Finanzierung ausgerichtet ist, ist die Strategie der Geschäftsführung grundsätzlich mindestens als gleichwertig zur Strategie der Beteiligungsgesellschaft anzusehen. Angesichts der mit einer Buyout-Transaktion verbundenen Risiken des Scheiterns und der finanziellen Überlastung des Unternehmens, stellt die feindliche Übernahme regelmäßig nicht das mildeste Mittel dar. Der komplette Verlust des Grundrechtsschutzes des Unternehmens für

1039 Vgl. zur Stufentheorie des BVerfG: *Scholz*, in: Maunz/Dürig, GG, II, Art. 12 Rn. 335.

eine riskante Finanztransaktion gegen den Willen seiner Vertreter lässt die feindliche Übernahme jedoch jedenfalls an der Angemessenheit scheitern.

Im Ergebnis kann eine staatliche Beteiligungsgesellschaft nicht das Mittel der feindlichen Übernahme für ihre Buyout-Transaktionen nutzen. Sie ist stets auf die Kooperation mit der Geschäftsführung angewiesen um eine freiwillige Aufgabe des Grundrechtsschutzes beim Erwerb durch den Staat herbeizuführen. Der Asset Deal sowie der reguläre Share Deal sind dafür die passenden Instrumente. In beiden Fällen ist zudem ein Eingriff in Art. 14 GG nicht ersichtlich. Beim Asset Deal wird das Eigentum der Zielgesellschaft privatautonom an den Staat veräußert. Im Fall des Share Deal verliert das Unternehmen mit dem Beteiligungserwerb der öffentlichen Hand zwar den grundrechtlichen Schutz seines Eigentums. Das Eigentum selbst bleibt jedoch bei der Transaktion unangetastet. Andere mögliche Eingriffe in Grundrechte der übernommenen Unternehmen sind nicht ersichtlich.

c. Die Grundrechte der Konkurrenten des übernommenen Unternehmens

Auch bei der Frage, ob Grundrechte der Konkurrenten des übernommenen Unternehmens von der Übernahme des Unternehmens durch eine staatliche Beteiligungsgesellschaft betroffen sind, kann zunächst auf die allgemeine Diskussion zum Grundrechtseingriff durch staatliche Konkurrenz verwiesen werden.[1040] Da Konkurrenz nicht bereits an sich einen Eingriff in den Schutzbereich des Art. 12 Abs. 1 GG darstellt, ist eine über die bloße Konkurrenz hinausgehende Beeinträchtigung der wirtschaftlichen Betätigung der privaten Beteiligungsgesellschaften erforderlich, um einen Eingriff in deren Grundrecht aus Art. 12 Abs. 1 GG anzunehmen. Eine solche qualifizierte Beeinträchtigung könnte hier, anders als bei den Grundrechten der Konkurrenten der Beteiligungsgesellschaft, darin gesehen werden, dass das (nach der Übernahme) öffentliche Unternehmen nicht einfach seiner bisherigen unternehmerischen Tätigkeit nachgeht, sondern gezielt darauf ausgerichtet wird, die Wettbewerbsvorteile zu stärken und so die eigene Marktposition auszubauen.[1041] Damit wird der Konkurrenzdruck auf die privaten Konkurrenten gezielt erhöht.

Die bloße Übernahme des betroffenen Unternehmens verändert zunächst die Wettbewerbsposition der Konkurrenten nicht. Lediglich eine Eigenschaft eines ihrer Mitstreiter im Wettbewerb verändert sich. Ein privater Konkurrent wird zu

---

1040 Vgl. dazu oben, Dritter Teil, B. II. 6. b) (2) und (3).

1041 Vgl. zum entsprechenden Vorgehen der privaten Beteiligungsgesellschaften oben, Erster Teil, A. IV.

einem öffentlichen Konkurrenten. Da bloße staatliche Konkurrenz noch keinen Eingriff in Art. 12 Abs. 1 GG darstellt, sind keine Grundrechte durch die Übernahme beeinträchtigt. Nach der Übernahme setzt jedoch die gezielte Umstrukturierung und Neuausrichtung des Unternehmens ein. Dabei wird eine Stärkung der Marktposition, aber unter Umständen auch eine Expansion auf weitere Märkte angestrebt. Der mit einer Neuausrichtung gegebenenfalls auch verbundene Rückzug aus einem Marktsegment stellt dagegen keinen Eingriff in die Berufsfreiheit der Konkurrenzunternehmen in diesem Marktsegment dar. Innerhalb der Grenzen des Rechts des unlauteren Wettbewerbs werden somit alle Möglichkeiten genutzt, sich mehr Marktanteile zu sichern. Dies mündet zwar nicht in einen Auszehrungs- und Verdrängungswettbewerb bestimmter Konkurrenten, ist insgesamt aber durchaus auf allgemeine Zurückdrängung der übrigen Marktteilnehmer ausgelegt. Eine erhebliche Beeinträchtigung der Berufsausübung ist für diese Unternehmen daher durchaus zu bejahen.

Mit der gezielten Stärkung der Wettbewerbsposition ihres Portfoliounternehmens greift die staatliche Beteiligungsgesellschaft nach dem modernen Eingriffsbegriff in die Berufsfreiheit der Konkurrenzunternehmen faktisch ein. Die Beeinträchtigung ist zwar nur faktisch, jedoch gezielt und erheblich, da die Unternehmen im Ergebnis in ihrer Berufsausübung beschränkt werden. Ein solcher Eingriff in die Berufsausübungsfreiheit kann jedoch nach der Stufentheorie des Bundesverfassungsgerichts als Eingriff in das geringste Schutzgut des Art. 12 Abs. 1 GG bereits durch vernünftige Erwägungen des Gemeinwohls gerechtfertigt werden.[1042] An dieser Stelle kommt es auf den Zweck des staatlichen Handelns an. Vorliegend handelt die staatliche Beteiligungsgesellschaft hauptsächlich zur Gewinnerzielung und richtet ihr Handeln darum vornehmlich am Gebot der Wirtschaftlichkeit aus. Damit verfolgt sie jedoch zugleich gezielt über ihre Anlagestrategie als Nebenzweck auch die Förderung der Volkswirtschaft. Da die Förderung der Volkswirtschaft nicht als Hauptzweck verfolgt wird, fällt ihre Wirkung auch vergleichsweise gering aus.

Nichtsdestotrotz stellt die Förderung der Volkswirtschaft eine vernünftige Erwägung des Gemeinwohls seitens das Staates dar. Der vergleichsweise geringen Wirkung steht für die betroffenen Konkurrenzunternehmen des Portfoliounternehmens der staatlichen Beteiligungsgesellschaft nur ein vergleichsweise geringer Eingriff in ihr Grundrecht aus Art. 12 Abs. 1 GG gegenüber. Da der Wettbewerb selbst nicht als Institution geschützt ist, sondern auf einer Entscheidung des Gesetzgebers im Rahmen seines weiten Ermessensspielraums innerhalb der offenen Wirtschaftsverfassung des Grundgesetzes beruht, wird der Schutz des Wettbewerbs an sich allein aufgrund einfachgesetzlicher Regelungen gewähr-

1042 Vgl. zur Stufentheorie des BVerfG: *Scholz*, in: Maunz/Dürig, GG, II, Art. 12 Rn. 335.

leistet. Solange sich der Konkurrenzdruck im Rahmen des Wettbewerbsrechts hält, ist daher kein Eingriff in die Wettbewerbsfreiheit ersichtlich. Der Staat verfälscht den Wettbewerb nicht. Er nutzt nur das vorhandene Potenzial des übernommenen Unternehmens. Der Ausbau der Marktposition kann dabei auf einer Ausweitung des bestehenden Marktes auf neue Kunden beruhen. In diesen Fällen ist die Berufsausübung der konkurrierenden Unternehmen auf dem Markt unbeeinträchtigt.

Allein ein Ausbau der Marktposition zu Lasten der Wettbewerber kann mithin die Berufsausübung der Konkurrenzunternehmen beeinträchtigen. Diese Beeinträchtigung ist zwar faktisch festzustellen, jedoch von geringem Gewicht. Zur Berufsausübung eines Unternehmens gehört auch die Selbstbehauptung auf dem Markt gegenüber anderen Unternehmen im Wettbewerb. Solange der Wettbewerb nicht verfälscht wird oder ein Auszehrungs- und Verdrängungswettbewerb betrieben wird, wird die Ausübung des Berufs nur insoweit beeinträchtigt, als von dem betroffenen Unternehmen eine Reaktion in der Ausrichtung des eigenen Unternehmens erforderlich wird und mithin die bisher getroffenen Entscheidungen der Unternehmensführung überdacht werden und gegebenenfalls neue Entscheidungen getroffen werden müssen. Der Wettbewerb ist aber täglich Veränderungen unterworfen und muss sich auf neue Marktsituationen einstellen. Insoweit sind Entscheidungen der Geschäftsführung ohnehin kontinuierlich zu überdenken und neu zu treffen. Das eine veränderte Marktsituation durch eine Wettbewerbsmaßnahme eines öffentlichen Konkurrenzunternehmens und nicht durch einen privaten Wettbewerber herbeigeführt wurde, fällt hierbei nur unerheblich ins Gewicht. Dieser nur geringfügige Eingriff seitens des Staates in die Berufsausübungsfreiheit ist daher mit dem verfolgten Zweck der Förderung der Volkswirtschaft zu rechtfertigen.

Es liegt somit kein verfassungswidriger Eingriff in das Grundrecht aus Art. 12 Abs. 1 GG der konkurrierenden Unternehmen vor. Ein Eingriff in Art. 14 GG ist nicht ersichtlich. Die Zurückdrängung eines privaten Unternehmens im Leistungswettbewerb ist keine Enteignung.[1043]

d. Die Grundrechte der Arbeitnehmer in den übernommenen Unternehmen

Die Grundrechte der Arbeitnehmer in den übernommenen Unternehmen sind von besonderer Bedeutung für die Zulässigkeit der staatlichen Wirtschaftstätigkeit und insbesondere der Tätigkeit einer staatlichen Beteiligungsgesellschaft.

1043 *Püttner*, Die öff. Unternehmen, S. 113.

Mitunter wird sogar die erwerbswirtschaftliche Betätigung des Staates schlechthin mit dem Argument für unzulässig gehalten, die Staatswirtschaft hebe die Trennung von Staat und Gesellschaft auf und bewirke die schleichende Beseitigung der individuellen Freiheit, weil der Staat dem Einzelnen nicht mehr hoheitlich, sondern auch als Arbeitgeber gegenüber tritt.[1044] Vorliegend wird die erwerbswirtschaftliche Betätigung des Staates generell als zulässig angesehen. Nichtsdestotrotz kann der Staat tatsächlich bei seiner Wirtschaftstätigkeit grundsätzlich den Freiheitsraum seiner Arbeiter und Angestellten verletzen, mehr noch als den Freiheitsraum seiner Konkurrenten im Wettbewerb.

Die von einer Unternehmensübernahme durch eine staatliche Beteiligungsgesellschaft betroffenen Arbeiter und Angestellten, einschließlich der Geschäftsführer, des übernommenen Unternehmens sind Träger des Grundrechts aus Art. 12 Abs. 1 GG, denn die in Art. 12 Abs. 1 GG verankerte Berufsfreiheit umfasst auch die Freiheit der Wahl des Arbeitsplatzes. Davon umfasst sind die Aufnahme, die Beibehaltung, die Aufgabe und der Wechsel des Arbeitsplatzes.[1045] Arbeitsplatz ist die Stelle, an welcher der einzelne einem gewählten Beruf im konkreten Fall nachgehen möchte.[1046] Dies gilt sowohl in räumlicher Beziehung als auch hinsichtlich eines bestimmten Arbeitsverhältnisses und, bei unselbständigen Berufen, auch des Arbeitgebers.[1047] Das Bundesverfassungsgericht führt dazu aus:[1048]

*„... die freie Arbeitsplatzwahl [*bezieht sich*] neben der Entscheidung für eine konkrete Beschäftigung auch auf den Willen des einzelnen, diese beizubehalten oder aufzugeben. Das Grundrecht entfaltet seinen Schutz demnach gegen alle staatlichen Maßnahmen, die diese Wahlfreiheit beschränken. Das ist vor allem dann der Fall, wenn der Staat den einzelnen am Erwerb eines zur Verfügung stehenden Arbeitsplatzes hindert, ihn zur Annahme eines bestimmten Arbeitsplatzes zwingt oder die Aufgabe eines Arbeitsplatzes verlangt. Dagegen ist mit der Wahlfreiheit weder ein Anspruch auf Bereitstellung eines Arbeitsplatzes eigener Wahl noch eine Bestandsgarantie für den einmal gewählten Arbeitsplatz verbunden. Ebensowenig verleiht das Grundrecht unmittelbaren Schutz gegen den Verlust eines Arbeitsplatzes aufgrund privater Dispositionen. Insoweit obliegt dem Staat lediglich eine aus Art. 12 Abs. 1 GG folgende Schutzpflicht, der die geltenden Kündigungsvorschriften hinreichend*

1044 *Hösch*, GewArch 2000, 1, 11.

1045 *Mann*, in: Sachs, GG, Art. 12 Rn. 86.

1046 BVerfGE 84, 133, 146.

1047 Vgl. *Gubelt*, in: v.Münch/Kunig, GG, I, Art. 12 Rn. 23; *Dieterich*, in: Erfurter kommentar zum Arbeitsrecht, Art. 12 GG, Rn. 7; BVErfGE 84, 133, 146; *Altenburg/Leister*, NZA 2005, 15, 18.

1048 BVerfGE 84, 133, 146 f.

Rechnung tragen. Direkte staatliche Eingriffe in bestehende Arbeitsverhältnisse müssen sich aber stets an dem Grundrecht auf freie Wahl des Arbeitsplatzes messen lassen."

Nach diesen Ausführungen kommt unter verschiedenen Aspekten eine Berührung des Schutzbereichs des Grundrechts aus Art. 12 Abs. 1 GG der Arbeiter und Angestellten des übernommenen Unternehmens durch die öffentliche Hand in Betracht.

(1) Der Wechsel des Arbeitgebers

Der Schutz des Arbeitsplatzes aus Art. 12 Abs. 1 GG umfasst das Arbeitsverhältnis zwischen Arbeitnehmer und Arbeitgeber insgesamt. Das Bundesverfassungsgericht führt aus, dass es bei der Wahl des Arbeitsplatzes um die Entscheidung für eine konkrete Betätigungsmöglichkeit oder ein bestimmtes Arbeitsverhältnis geht, wozu bei abhängig Beschäftigten namentlich auch die Wahl des Vertragspartners zählt.[1049] Ein Wechsel des Arbeitgebers im Rahmen einer Unternehmensübernahme könnte deshalb einen Eingriff in das Grundrecht der Arbeitnehmer aus Art. 12 Abs. 1 GG darstellen. In Betracht kommen dafür die Konstellationen des Asset Deals und des Share Deals.

Im Falle eines Share Deals übernimmt die Beteiligungsgesellschaft die Anteile am Unternehmen. Wird ein Unternehmen mit Rechtspersönlichkeit übernommen, so ist die juristische Person selbst Arbeitgeber ihrer Arbeiter und Angestellten, einschließlich der Geschäftsführung. Der Wechsel der Eigentümer beeinflusst die von ihren Eigentümern verselbständigte juristische Person nicht. Ein Wechsel des Arbeitsgebers liegt insoweit nicht vor. Der Schutz des Arbeitsverhältnisses und des Arbeitgebers geht nicht soweit, dass er auch die hinter der juristischen Person als Arbeitgeber stehenden Eigentümer umfasst, selbst wenn sie im Rahmen der ihnen vertraglich und gesetzlich eingeräumten Möglichkeiten Einfluss auf die Geschäftsführung des Unternehmens nehmen. Es wechselt bei einer Übernahme des Unternehmens durch die öffentliche Hand im Rahmen eines Share Deals nur eine Eigenschaft des Arbeitgebers, von einem privaten Unternehmen wird er zu einem öffentlichen Unternehmen. Ein solcher Eigenschaftswechsel ist jedoch für das grundrechtlich geschützte Arbeitsverhältnis unbeachtlich. Der Arbeitgeber bleibt zumindest formal derselbe.

Im Falle eines Asset Deals wird das Eigentum des Unternehmens insgesamt auf ein anderes Unternehmen übertragen. Daneben werden auch die Arbeitsverhält-

1049 BVerfGE 84, 133, 146.

nisse auf die Übernahmegesellschaft übertragen. Es liegt ein echter Wechsel des Arbeitgebers vor. Das Arbeitsverhältnis wird vertraglich übertragen. Dabei ist die Mitwirkung der Geschäftsführung des Unternehmens und der Zustimmung der Eigentümer zwingend erforderlich. Insoweit ist der Übergang des Arbeitsverhältnisses die Folge der von Art. 12 Abs. 1 GG geschützten unternehmerischen Entscheidung des Unternehmens sowie der mit der Eigentumsgarantie aus Art. 14 GG geschützten Zustimmung der Gesellschafter. Allerdings könnte die zur Übernahme der Vertragsverhältnisse des Unternehmens führende Willenserklärung des Staates als Eingriff in die Arbeitnehmerwahlfreiheit des Arbeitsplatzes betrachtet werden. Diese Willenserklärung führt jedoch weder zu einem Erlöschen des Arbeitsverhältnisses noch zu einer Veränderung der jeweiligen Rechte und Pflichten der Vertragsparteien. Es wird allein die Person des Arbeitgebers ausgetauscht.

Die Auswirkung eines Asset Deals auf die Rechtsposition des Arbeitnehmers ist mithin rein formal und nicht größer als bei einem Share Deal, bei dem die juristische Person als Eigentümer erhalten bleibt. Beim Share Deal ändert sich lediglich eine der Eigenschaften des Arbeitgebers, wenn er von einem privaten Unternehmen und Grundrechtsträger zu einem öffentlichen Unternehmen und Grundrechtsverpflichteten wird. Beim Asset Deal dagegen geht das Arbeitsverhältnis von einem privaten Unternehmen auf ein öffentliches Unternehmen über. Die Rechtsposition des Arbeitnehmers ist im Ergebnis dieselbe. Nur der Weg zu diesem Ergebnis ist beim Asset Deal formal von einer Zäsur geprägt. Diese Zäsur betrifft jedoch den Schutzbereich der Freiheit der Wahl des Arbeitsplatzes. Der Arbeitnehmer hat sich im Rahmen seiner Wahlfreiheit nicht nur für eine bestimmte Tätigkeit, sondern auch für ein bestimmtes Unternehmen entschieden. Die freie Arbeitsplatzwahl umfasst neben dieser Entscheidung auch den Willen des Einzelnen, die konkrete Beschäftigung beizubehalten.[1050] Sofern ein Austausch dieses Unternehmens erfolgt, ist der Arbeitnehmer, und sei es auch nur formal, nicht mehr bei dem von ihm gewählten Unternehmen beschäftigt.

Um die Wahlfreiheit des Arbeitsplatzes auch bei Unternehmensübernahmen im Rahmen eines Asset Deals zu schützen, hat der Gesetzgeber in § 613a Abs. 6 BGB ein Widerspruchsrecht des Arbeitnehmers vorgesehen. Dies ist konsequent, denn tatsächlich ist mit dem Übergang des Arbeitsverhältnisses eine erneute Wahl des Arbeitsplatzes und des Arbeitgebers verbunden. Nach der Rechtsprechung des Bundesarbeitsgerichts widerspräche es sogar der „menschlichen Würde des Arbeitnehmers, ihn an den Betrieb mit seinem neuen Inhaber

1050 BVerfGE 84, 133, 146.

zu ketten".[1051] Eine neue Wahl des Arbeitsplatzes ist daher erforderlich. Die bisherige Wahl des Arbeitnehmers wird hinfällig. Denn selbst wenn sein Arbeitsplatz materiell weiter besteht, ist er formal einem anderen Arbeitgeber zugeordnet. Der Schutzbereich des Art. 12 Abs. 1 GG ist damit eröffnet. Die Wahlfreiheit des Arbeitnehmers ist unmittelbar betroffen. Allein fraglich ist, ob der Wechsel des Arbeitgebers in diesen Fällen Eingriffsqualität hat. Jedenfalls liegt kein hoheitliches Handeln des Staates vor. Es kommt aber eine Beeinträchtigung durch faktisches Handeln nach dem modernen Eingriffsbegriff in Betracht. Es liegt eine durchaus erhebliche Beeinträchtigung der Wahlfreiheit des Arbeitsplatzes vor, wenn durch staatliches Handeln eine Neuwahl erforderlich wird. Zudem ist auch eine entsprechende Finalität des staatlichen Handelns deutlich, denn mit der Zustimmung zu den Vertragsübernahmen wird der Wechsel des Arbeitgebers unmittelbar bezweckt.

Im Falle einer Unternehmensübernahme durch die öffentliche Hand mittels eines Asset Deals kann damit ein Eingriff in das Grundrecht der Arbeitnehmer des übernommenen Unternehmens aus Art. 12 Abs. 1 GG konstatiert werden. Dasselbe muss auch für die vergleichbare Konstellation der Verschmelzung eines privaten Unternehmens auf ein öffentliches Unternehmen gelten.[1052] Der Eingriff könnte jedoch gerechtfertigt sein. Als Rechtfertigung kommen allein die mit der wirtschaftlichen Betätigung der öffentlichen Hand verbundenen öffentlichen Zwecke in Betracht. Der staatliche Eingriff muss jedoch in einem angemessenen Verhältnis zu diesen Zwecken stehen. Die Übernahme des Unternehmens im Wege eines Asset Deals ist zur Verfolgung der von der staatlichen Beteiligungsgesellschaft verfolgten Zwecke geeignet. Der Share Deal stellt jedoch regelmäßig ein milderes Mittel dar, da er das Arbeitsverhältnis unbeeinflusst lässt. Sofern ein Share Deal aufgrund besonderer Umstände innerhalb des Übernahmeunternehmens nicht in Betracht kommt, kann der Asset Deal das mildeste Mittel zur Erreichung des öffentlichen Zwecks darstellen.

Der Asset Deal ist dann auch angemessen. Der Grundrechtseingriff ist zwar formal deutlich, hat aber faktisch nur sehr geringe Auswirkungen für den Arbeitnehmer. Insbesondere bleibt sein Arbeitsplatz weiter bestehen und untersteht weiterhin dem grundrechtlichen Schutz des Art. 12 Abs. 1 GG. Auch ist der Arbeitnehmer ohnehin in seinen Interessen der Berufsfreiheit seiner privaten Arbeitgeber unterworfen. Diese sind bei ihrer Entscheidung über einen Verkauf des Unternehmens nicht zur Berücksichtigung der Interessen des Arbeitnehmers

---

1051 BAGE 13, 333, 338; BAGE 26, 301, 306.

1052 Auch hier steht dem betroffenen Arbeitnehmer ein Widerspruchsrecht gegen den Übergang seines Arbeitsverhältnisses zu, welcher sich aus dem nach grundrechtlichen durch Art. 12 Abs. 1 GG gebotenen Schutz vor einem nicht frei gewählten Arbeitgeber ergibt, vgl. *Altenburg/Leister*, NZA 2005, 15, 18 u. 24.

verpflichtet. Dem Arbeitnehmer kann insoweit kaum eine Position eingeräumt werden, die einen Verkauf des Unternehmens verhindert. Diese Unterordnung der Interessen des Arbeitnehmers unter die Unternehmerinteressen ist dem Arbeitsverhältnis inhärent. Daher kann bei einer Abwägung der Interessen des Arbeitnehmers mit dem als Nebenzweck ihrer Tätigkeit verfolgten öffentlichen Interesse der Beteiligungsgesellschaft der Eingriff in Art. 12 Abs. 1 GG keine unverhältnismäßige Beeinträchtigung der Interessen des Arbeitnehmers festgestellt werden.

Im Ergebnis beeinträchtigt der Wechsel des Arbeitgebers bei der Übernahme durch eine staatliche Beteiligungsgesellschaft im Rahmen eines Asset Deals zwar das Grundrecht der Arbeitnehmer aus Art. 12 Abs. 1 GG. Dieser Eingriff ist jedoch gerechtfertigt. Bei einem Share Deal liegt kein Eingriff vor. Mit der Unternehmensübernahme werden die Grundrechte der betroffenen Arbeitnehmer damit nicht in verfassungsrechtlich unzulässiger Weise berührt. Bei den auf die Übernahme folgenden Umstrukturierungsmaßnahmen sind Eingriffe jedoch nicht auszuschließen.

(2) Der Abbau von Arbeitsplätzen

Im Rahmen der Umstrukturierung des übernommenen Unternehmens zur Effizienzsteigerung und Senkung der Betriebskosten führen verschiedene Maßnahmen zu einem Abbau von Arbeitsplätzen. Investoren in Private Equity sind nach der Übernahme darauf bedacht, den Unternehmenswert zu steigern. Dazu wirkt eine private Beteiligungsgesellschaft auf das übernommene Unternehmen ein, Wettbewerbsvorteile zu nutzen. Diese können sich aus der Konzentration auf Kernkompetenzen und die dementsprechende Ausgliederung bestimmter Aufgaben und Produktionsabschnitte ergeben.[1053] Dafür trennen die Unternehmen Teile ihrer Produktion ab - Betriebsteile können schlicht im Wege eines Asset Deals verkauft werden –, oder lagern ganze Tätigkeitsfelder aus, wobei insbesondere dem sog. Outsourcing eine herausragende Bedeutung zukommt.[1054] Letztlich hat das Unternehmen dabei das Ziel, die Arbeitskosten im gesamten Unternehmen zu senken,[1055] zum Teil verbunden mit dem Bedürfnis, sich neuen Absatzmärkten durch Präsenz zu nähern oder effektivere Arbeitsabläufe erreichen zu können.

1053 Vgl. Hergenröder, RdA 2007, 218, 231.
1054 Hergenröder, RdA 2007, 218, 219.
1055 Vgl. *Schneider*, AG 2006, 577, 578.

Unter „Outsourcing“ wird die Ausgliederung einer bestimmten Funktion aus einem bestehenden Betrieb auf ein externes Unternehmen verstanden, ohne dass zugleich ein Übergang von sächlichen oder immateriellen Betriebsmitteln erfolgt. Eine bislang im Betrieb durch eigene Arbeitnehmer unter Verwendung betrieblicher sächlicher Mittel ausgeführte Tätigkeit wird dabei im Wege etwa eines Dienst- oder Werkvertrages an ein anderes Unternehmen vergeben.[1056] Überwiegend davon betroffen sind Arbeitsgebiete, die von dem Hauptgeschäft abtrennbar sind, wozu vor allem handwerkliche Tätigkeiten, aber auch geistige Arbeiten wie Ingenieurtätigkeiten und Datenverarbeitung gehören.[1057] Dies kann die Produktion eines bestimmten Einzelteils, Konstruktionsaufgaben, die Buchhaltung, Kostenrechnung oder Reinigungsaufgaben betreffen.[1058] Auch Rechts- und Steuerabteilungen können auf spezialisierte Betriebe übertragen werden.[1059]

Die Senkung der Arbeitskosten geht so mit einem Abbau von Arbeitsplätzen im Unternehmen einher. Nach der Übernahme eines Unternehmens ist deshalb regelmäßig kurz- und mittelfristig ein Verlust an Arbeitsplätzen zu beobachten.[1060] Dies kann sich aus dem schlichten Verkauf von Betriebsteilen im Wege eines Asset Deals ergeben. Regelmäßig sind jedoch Standortverlagerungen und Outsourcing von Betriebsteilen aber auch Betriebsstillegungen und eine allgemeine Reduzierung des Mitarbeiterbestands durch die Beteiligungsgesellschaft für den Abbau von Arbeitsplätzen verantwortlich. Die allgemeine Reduzierung des Mitarbeiterbestands und der Abbau von Arbeitsplätzen im Falle einer Betriebsstillegung oder Standortverlagerung erfolgen durch Kündigung der betroffenen Arbeitnehmer. Es handelt sich dabei um betriebsbedingte Kündigungen im Sinne des § 1 Abs. 2 S. 1 3. Alt. KSchG,[1061] also um Kündigungen aufgrund dringender betrieblicher Erfordernisse. Sofern eine Kündigung nicht möglich ist, wird in der Regel versucht, die Mitarbeiter durch finanzielle Anreize zur freiwilligen Beendigung ihrer Arbeitsverhältnisse zu bewegen.

Anders zunächst bei der Verlegung von Produktionsstandorten. Hier werden am neuen Standort ebenfalls Arbeitskräfte benötigt. Den Arbeitnehmern des alten Standorts kann zunächst die Fortsetzung des Arbeitsverhältnisses am neuen Standort, wenn auch mit geringerer Bezahlung, angeboten werden. In der Regel werden die neuen Standorte doch in erheblicher Entfernung zum alten Standort gelegen und eine Fortsetzung des Arbeitsverhältnisses durch den Arbeitnehmer mit für ihn schwierigen Umständen verbunden sein. Letztlich wird daher auch in

1056 *Berkowsky*, in: Richardi/Wlotzke, MüHbdzArbR, Bd. 2, § 141 Rn. 13.
1057 Hergenröder, RdA 2007, 218, 219.
1058 *Berkowsky*, in: Richardi/Wlotzke, MüHbdzArbR, Bd. 2, § 141 Rn. 13.
1059 Hergenröder, RdA 2007, 218, 219.
1060 *Ebke*, ZHR 155 (1991), 132, 149.
1061 Vgl. *Kühling/Berltelsmann*, NZA 2005, 1017, 1023.

diesen Fällen das Arbeitsverhältnis oft durch Kündigung beendet oder durch einen finanziellen Anreiz die Aufhebung des Arbeitsvertrages herbeigeführt. Das gleiche gilt für das Outsourcing von Betriebsteilen. Fraglich ist, inwieweit solche Maßnahmen zum Abbau von Arbeitsplätzen in einem von einer staatlichen Beteiligungsgesellschaft übernommenen Unternehmen in den Schutzbereich der Arbeitnehmer aus Art. 12 Abs. 1 GG eingreifen, und ob solche Eingriffe durch die staatliche Beteiligungsgesellschaft gerechtfertigt sind.

(a) Eingriff in den Schutzbereich aus Art. 12 Abs. 1 GG

Art. 12 Abs. 1 GG begründet für den Einzelnen gegenüber dem Staat kein Recht auf Arbeit.[1062] Es ist mithin nicht Aufgabe des Staates, jedem arbeitsfähigen und arbeitswilligen Bürger einen Arbeitsplatz zu garantieren. Nach dem Bundesverfassungsgericht kann der Einzelne vom Staat nicht einmal allgemeine Maßnahmen zur Beschaffung und Erhaltung von Arbeitsplätzen fordern.[1063] Mit Verweis auf diese Ausführungen wird in der Literatur vertreten, Art. 12 Abs. 1 GG gewähre dem Arbeitnehmer keinen Schutz vor Kündigungen.[1064] Es muss jedoch präzisiert werden, dass dies allein für Kündigungen durch private Unternehmer als Arbeitgeber gilt. Denn für private Unternehmer ist die Kündigungsfreiheit selbst durch das Abwehrrecht aus Art. 12 Abs. 1 GG geschützt.[1065] Die Berufsfreiheit des Arbeitnehmers muss insoweit hinter der Berufsfreiheit des Arbeitgebers zurücktreten. Zum Ausgleich dieses Nachteils hat der Staat Vorschriften zum Kündigungsschutz erlassen.[1066]

Dem Staat als Unternehmer kommt dieser die Kündigungsfreiheit beinhaltende Grundrechtsschutz aus Art. 12 Abs. 1 GG jedoch gerade nicht zu. Im Gegenteil, die staatlichen Unternehmen sind selbst den Grundrechten verpflichtet.[1067] Da der öffentlichen Hand bei ihrer wirtschaftlichen Betätigung keine grundrechtlich geschützte Freiheitssphäre zukommt, kann sie grundsätzlich im Rechtsverkehr nicht alle Möglichkeiten der einfachgesetzlichen Rechtsordnung wie ein privater Unternehmer nutzen. Denn die Ausgestaltung der einfach-gesetzlichen Rechtsordnung ist häufig das Ergebnis einer Abwägung sich gegenüberstehender Grundrechtspositionen. Da dem Staat bei seinem Tätigwerden kein Grund-

---

1062 Vgl. auch *Manssen*, in: v.Mangoldt/K/S, GG, I, Art. 12 Abs. 1 Rn. 12.

1063 BVerfGE 84, 133, 146 f.

1064 Vgl. *Gubelt*, in: v.Münch/Kunig, GG, I, Art. 12 Rn. 23; *Mann*, in:Sachs, GG, Art. 12 Rn. 88.

1065 BVerfGE 77, 370, 378; *Ruffert*, in: Epping/Hillgruber, GG, Art. 12 Rn. 19.4; *Scholz*, in: Maunz/Dürig, GG, II, Art. 12 Rn. 58.

1066 Vgl. *Gubelt*, in: v.Münch/Kunig, GG, I, Art. 12 Rn. 23.

1067 Vgl. dazu oben, Dritter Teil, C. I. 3. d) und 4. c).

rechtsschutz zukommt, ist eine Abwägung und ein Ausgleich solcher Grundrechtspositionen nicht erforderlich. Die betroffenen Grundrechtsträger müssen eine Einschränkung ihrer Freiheit daher nicht hinnehmen. Die Grundrechtssphäre der Betroffenen ist deshalb gegenüber dem wirtschaftenden Staat weiter als gegenüber privaten Unternehmen. Die Nutzung einer einfachgesetzlich zulässigen Möglichkeit der Rechtsausübung kann somit seitens des Staates durchaus bereits einen Eingriff in Grundrechte darstellen.

Der Grundrechtsschutz ist mithin nicht allein schon deshalb in ausreichendem Maß gewährleistet, weil das Handeln des Staates sich im Rahmen einer gesetzlichen Regelung gehalten hat. Es ist im Einzelfall zu untersuchen, ob die konkrete Maßnahme des Staates unabhängig von der jeweiligen gesetzlichen Regelung einen Eingriff in den Schutzbereich eines Grundrechts des Unternehmens darstellt. Im Falle des Abbaus von Arbeitsplätzen kann der Staat mithin nicht einfach auf die Vorschriften zum Kündigungsschutz verweisen und den Schutzbereich des Arbeitnehmergrundrechts aus Art. 12 Abs. 1 GG für unangetastet halten. Vielmehr ist festzustellen, dass sich mit Arbeitnehmer und öffentlichrechtlichem Arbeitgeber nicht mehr zwei Grundrechtssphären gegenüber stehen, die durch Regeln über den Kündigungsschutz in Ausgleich gebracht werden müssten. Gegenüber dem Staat geht der grundrechtliche Schutzbereich des Grundrechts der Arbeitnehmer aus Art. 12 Abs. 1 GG damit weiter als gegenüber privaten Unternehmern und erfordert damit einen größeren Schutz des Arbeitnehmers vor Kündigungen als er durch die Vorschriften zum Kündigungsrecht gewährleistet wird.

Der Schutz vor einer hoheitlichen Beendigung des Arbeitsverhältnisses lässt sich auch nicht mit dem Argument in Abrede stellen, es bestehe gerade kein grundrechtlich geschütztes Recht auf einen Arbeitsplatz.[1068] Die Aussage des Bundesverfassungsgerichts, mit der Wahlfreiheit des Arbeitsplatzes sei keine Bestandsgarantie des einmal gewählten Arbeitsplatzes verbunden, ist insoweit missverständlich. Gemeint ist lediglich eine Bestandsgarantie gegenüber den unternehmerischen Dispositionen privater Arbeitgeber, welche Art. 12 Abs. 1 GG nicht gewähren kann. Gegen Dispositionen öffentlich-rechtlicher Arbeitgeber schützt Art. 12 Abs. 1 GG die Arbeitnehmer aber sehr wohl. Schließlich führt das Bundesverfassungsgericht selbst aus, dass sich direkte staatliche Eingriffe stets an Art. 12 Abs. 1 GG messen lassen müssen.[1069] Verlangt der Staat von einem deutschen Arbeitnehmer die Aufgabe eines Arbeitsplatzes durch

1068 Vgl. *Manssen*, in: v.Mangoldt/K/S, GG, I, Art. 12 Abs. 1 Rn. 57.

1069 So auch, unter Verweis auf BVerfGE 84, 133, 146 f., *Scholz*, in: Maunz/Dürig, GG, II, Art. 12 Rn. 57.

Kündigung, greift er in die freie Wahl des Arbeitsplatzes ein.[1070] Zwar wird der Staat aus den Grundrechten nicht verpflichtet, dem Einzelnen einen Arbeitsplatz zu verschaffen. Sofern aber für den Einzelnen ein Arbeitsplatz bereits vorhanden ist, steht er unter dem verfassungsrechtlichen Schutz des Art. 12 Abs. 1 GG.[1071]

Bei einer freiwilligen Aufgabe des Arbeitsplatzes durch den Arbeitnehmer liegt dagegen kein Eingriff vor. Die Freiheit der Wahl des Arbeitsplatzes umfasst auch die Freiheit des Verzichts auf den Arbeitsplatz. Trifft der Arbeitnehmer eine solche Entscheidung selbstverantwortlich und in seiner Willensbildung durch staatliche Maßnahmen unbeeinträchtigt, ist sein Grundrecht aus Art. 12 Abs. 1 GG nicht verletzt. Zum schonenden, eingriffsfreien Abbau von Arbeitsplätzen kann sich der Staat deshalb die Methode der privaten Wirtschaft zunutze machen, sich die Zustimmung des Arbeitnehmers zur Vertragsaufhebung zu erkaufen. Fraglich ist jedoch, wie wirtschaftlich er den Abbau von Arbeitsplätzen auf diese Weise gestalten kann. Unmöglich ist es jedenfalls nicht. Problematisch ist allein, dass der Staat bei einer fehlenden Rechtfertigung für einen Eingriff in Art. 12 Abs. 1 GG durch Kündigung des Arbeitnehmers, das Mittel der Kündigung nicht als ultima ratio verwenden könnte und damit der Anreiz des Arbeitnehmers, einer bezahlten Vertragsaufhebung zuzustimmen geringer ist.

Die Möglichkeit der Rechtfertigung eines Eingriffs durch Kündigung in das Grundrecht der Arbeitnehmer aus Art. 12 Abs. 1 GG ist damit für die Tätigkeit einer staatlichen Beteiligungsgesellschaft von hervorragender Bedeutung. Bei hauptsächlich auf Gewinnerzielung ausgerichteter Tätigkeit ist eine solche Rechtfertigung jedoch fraglich.

(b) Rechtfertigung des Eingriffs

Der Eingriff in das Grundrecht auf Schutz des Arbeitsplatzes nach Art. 12 Abs. 1 GG durch Kündigung des Arbeitsverhältnisses nach der Übernahme des Unternehmens durch eine staatliche Beteiligungsgesellschaft ist dem Staat unmittelbar zuzurechnen. Er hat zudem einen klaren berufsregelnden Charakter für den Arbeitnehmer, welcher unmittelbar seinen Arbeitsplatz, seine bisherige wirtschaftliche Existenzgrundlage verliert. Das Bundesverfassungsgericht ordnet den Schutz vor dem Verlust des Arbeitsplatzes dem Grundrecht auf freie Wahl des Arbeitsplatzes zu und stuft diesen Aspekt der Berufsfreiheit im mittleren

---

1070 So auch, unter Verweis auf BVerfGE 84, 133, 146 f., *Wieland*, in: Dreier, GG, I, Art. 12 Rn. 90; auch *Manssen*, in: v. Mangoldt/K/S, GG, I, Art. 12 Abs. 1 Rn. 58.

1071 Vgl. *Manssen*, in: v. Mangoldt/K/S, GG, I, Art. 12 Abs. 1 Rn. 57.

Bereich ein, unterhalb der Berufswahl, aber oberhalb der Berufsausübung.[1072] Nach der Stufentheorie des Bundesverfassungsgerichts müssen zur Rechtfertigung des Eingriffs mithin mehr als vernünftige Erwägungen des Gemeinwohls vorliegen, jedoch muss der Eingriff nicht durch zwingende Erfordernisse zum Schutz besonders wichtiger Gemeinschaftsgüter gerechtfertigt sein.[1073] Es ist mithin jedenfalls erforderlich, dass der individuelle Eingriff nicht allein durch allgemeine Erwägungen des Gemeinwohls gerechtfertigt ist, sondern dass sich zumindest konkrete Gemeinschaftsgüter benennen lassen, zu deren Förderung dem Einzelnen das Opfer eines Teils seiner grundrechtlichen Freiheit abverlangt wird.

Die mit einer staatlichen Beteiligungsgesellschaft für Private Equity Investitionen verfolgten öffentlichen Zwecke sind die Förderung der Wirtschaft durch den Aufbau effizienter und mit angemessenem Eigenkapital ausgestatteter Unternehmen, der Ausbau von Wettbewerbspositionen auf dem nationalen und internationalen Markt und der langfristige Erhalt von Arbeitsplätzen. Des Weiteren können je nach Anlagestrategie auch Innovation, die Neuausrichtung traditioneller Wirtschaftsbereiche und die Förderung des Einsatzes neuer Technologien bezweckt werden.[1074] Es lässt sich also durchaus zumindest ein konkretes Gemeinschaftsgut nennen, das gefördert wird: die Volkswirtschaft. Fraglich ist jedoch, ob die Förderung dieses Gutes in ausreichendem Maße erfolgt, um dem einzelnen Arbeitnehmer das Opfer seines Arbeitsplatzes und damit den stärkst möglichen Eingriff in sein Grundrecht aus Art. 12 Abs. 1 GG zuzumuten. Dies ist eine Frage der Verhältnismäßigkeit des Eingriffs. Bei der mit dem Eingriff verfolgten Förderung der Volkswirtschaft handelt es sich um einen legitimen öffentlichen Zweck. Die Kündigung des einzelnen Arbeitnehmers ist geeignet, die Erreichung dieses Zwecks zu sichern. Sie stellt auch das mildeste Mittel dar, wenn der Arbeitnehmer sich einer freiwilligen Vertragsaufhebung verweigert hat. Die Möglichkeit einer freiwilligen Aufhebung des Arbeitsverhältnisses stellt nicht einmal einen Eingriff in Art. 12 Abs. 1 GG dar und ist daher stets als Handlungsalternative vorzuziehen, sofern sie umsetzbar ist.

Fraglich ist jedoch die Angemessenheit der Kündigung gegenüber den förderlichen Aspekten für die Volkswirtschaft. Die Auswirkungen der wirtschaftlichen Betätigung einer staatlichen Private Equity Gesellschaft auf die Volkswirtschaft insgesamt sind sehr gering. Sicherlich ist mit jedem effizienten, gut im Wettbewerb positionierten Unternehmen die Volkswirtschaft gestärkt, ist mit einer Ex-

---

1072 Vgl. BVerfGE 84, 133, 146; *Kühling/Bertelsmann*, NZA 2005, 1017, 1025.

1073 Vgl. zur Stufentheorie des BVerfG zu Eingriffen in das Grundrecht aus Art. 12 GG und Anforderungen an ihre Rechtfertigung *Scholz*, in: Maunz/Dürig, GG, II, Art. 12 Rn. 335.

1074 Vgl. oben, Dritter Teil, D. I. 2. c).

pansion des Unternehmens die Schaffung neuer Arbeitsplätze verbunden, und sind die bestehenden Arbeitsplätze in den später wieder veräußerten Unternehmen sicherer. Allerdings ist der Erfolg einer einzelnen Private Equity Transaktion keinesfalls sicher. Insbesondere aufgrund der hohen Verschuldung des Unternehmens handelt es sich um ein riskantes Unterfangen. Dies ist bei der Abwägung zu berücksichtigen. Ebenso ist zu berücksichtigen, dass die Schaffung neuer Arbeitsplätze im Rahmen einer Expansion oder Umstrukturierung des Unternehmens nicht unbedingt innerhalb Deutschlands erfolgt. Gerade bei Standortverlagerungen aus Kostengründen und Outsourcing von Betriebsteilen in Länder mit günstigeren Produktionskosten, werden die in Deutschland verlorenen Arbeitsplätze nicht durch neu geschaffene Stellen kompensiert. Auch bei der Expansion auf neue Märkte werden neue Arbeitsplätze hauptsächlich in den Ländern geschaffen, in denen sich diese neuen Märkte befinden.

Die volkswirtschaftlichen Vorteile von Private Equity müssen bei staatlichem Handeln mit den sozialen Nachteilen für das Gemeinwesen zusammen betrachtet werden. Der Staat ist als Sozialstaat dem Gemeinwesen gegenüber nicht allein zur Wirtschaftsförderung verpflichtet, sondern die gemeinwohlfördernden Aspekte seines Handelns müssen sämtliche gemeinwohlschädlichen Aspekte seines Handelns überwiegen, um insgesamt eine Gemeinwohlförderung annehmen zu können. Es ist demzufolge nicht mit einer Förderung des Gemeinwohls zu rechtfertigen, wenn die öffentliche Hand Produktionsstätten in Deutschland schließt und ins Ausland verlagert. Ebenso, wenn die öffentliche Hand Betriebsteile auflöst und die entsprechenden Tätigkeiten von Drittunternehmen im Ausland, etwa in Indien, erbringen lässt. Der soziale Schaden für das deutsche Gemeinwesen ist hier ungleich größer als der volkswirtschaftliche Nutzen durch die Stärkung der Unternehmensstruktur und Verbesserung der Wettbewerbsposition (auch international) des übernommenen Unternehmens.

Anders liegt der Fall, wenn neue Arbeitsplätze innerhalb der deutschen Volkswirtschaft entstehen. Hier geht es um die Frage der Rechtfertigung einer Kündigung oder auch massenhafter Kündigungen im Rahmen der Umstrukturierung des Unternehmens mit innerdeutschen Standortverlagerungen. Hier entsteht durch den Abbau von Arbeitsplätzen ein sozialer Schaden, welcher jedoch an anderer Stelle kompensiert wird. Dabei zielen die unternehmerischen Maßnahmen der Standortverlagerung auf eine Verringerung der Produktions- und Arbeitskosten. Diese ist regelmäßig nur durch Standortverlagerung in wirtschaftlich schwächere Regionen zu erreichen, wo die Zahlung niedrigerer Einkommen aufgrund der niedrigeren Lebenshaltungskosten möglich ist. Insoweit zieht eine entsprechende Standortverlagerung aber zugleich eine Stärkung der Zielregion nach sich. Dieser volkswirtschaftlich positive Effekt dürfte regelmäßig den sozialen Schaden am ursprünglichen Produktionsstandort überwiegen. Der volkswirtschaftliche Nutzen der Standortverlagerung erschöpft sich dann nicht allein in der Stärkung des Unternehmens an sich. Zudem wird eine strukturschwache Region durch Belebung des Arbeitsmarktes gefördert. Damit werden wirtschaftliche Ungleichgewichte zwischen den Regionen verringert. Der Abbau von Arbeitsplätzen in der wirtschaftlich stärkeren Region ist insoweit verhältnismäßig im engeren Sinne. Der Eingriff in Art. 12 Abs. 1 GG ist gerechtfertigt.

Beim Outsourcing im Inland hingegen werden regelmäßig keine neuen Arbeitsplätze geschaffen, sondern es werden die Produktions- und Dienstleistungsmöglichkeiten anderer Unternehmen in Anspruch genommen. Zwar können diese zur Bewältigung der neuen Aufgabenlast neue Mitarbeiter einstellen. Dies ist jedoch nicht hinreichend sicher. Vielmehr wird das beauftragte Unternehmen regelmäßig versuchen, seine Kosten gering zu halten und mit den bestehenden Mitarbeitern die neuen Aufträge zu erfüllen. Der unmittelbaren Stärkung des übernommenen Unternehmens und des Drittunternehmens steht damit ein nicht kompensierter sozialer Schaden aufgrund des Abbaus von Arbeitsplätzen gegenüber. Der Eingriff in das Grundrecht der Arbeitnehmer aus Art. 12 Abs. 1 GG ist damit nicht durch den volkswirtschaftlich gering einzustufenden Nutzen des Outsourcings gerechtfertigt. Anders ist dies beim Verkauf von Betriebsteilen an Drittunternehmen. Hier bleiben die Arbeitsplätze grundsätzlich erhalten. Zwar liegt, da es sich um einen Asset Deal handelt, ein Eingriff in die Arbeitsplatzwahlfreiheit der Arbeitnehmer vor, dieser ist jedoch gerechtfertigt, da die Arbeitsplätze der Arbeitnehmer faktisch erhalten bleiben.[1075]

Bei einem schlichten Abbau von Arbeitsplätzen im Rahmen einer allgemeinen Reduzierung des Mitarbeiterbestands oder einer Betriebsstillegung ist die mögliche Schaffung von künftigen Arbeitsplätzen zu unsicher, um den Abbau eines konkreten Arbeitsplatzes aktuell zu rechtfertigen. Direkter und aktueller Nutzen eines Arbeitsplatzabbaus ist in diesen Fällen für die Volkswirtschaft allein die finanzielle Stärkung und effizientere Geschäftsführung des übernommenen Unternehmens. Diesem Nutzen steht jedoch ein sozialer Schaden für das Gemeinwesen gegenüber, nicht zuletzt auch durch die höhere Belastung der Sozialkassen des Staates. Sowohl volkswirtschaftlicher Nutzen als auch sozialer Schaden sind zwar bei Abbau eines einzelnen Arbeitsplatzes gering. Bei massenhaften Kündigungen sind aber beide auch gleichwertig höher. Wirtschaftlich gleichen sich Nutzen und Schaden für den Staat aus. In der Summe wird das Gemeinwohl damit nicht gefördert. Die Freiheitssphäre des Individuums wird daher nicht zugunsten einer Förderung des Gemeinwohls angetastet. Der Abbau von Arbeitsplätzen in den übernommenen Unternehmen ist damit regelmäßig nicht angemessen. Eine Rechtfertigung des Eingriffs in Art. 12 Abs. 1 GG scheidet aus.

1075 Vgl. dazu oben, Dritter Teil, D. I. 4. d) (1).

Anders ist dies zu beurteilen, wenn der Tätigkeit des übernommenen Unternehmens selbst eine volkswirtschaftliche oder soziale Bedeutung zukommt, etwa im Bereich der Versorgung oder Infrastruktur, so dass ihr ein daseinsvorsorgeähnlicher Charakter zukommt, aber auch in der Entwicklung und Verbreitung neuer Produkte, Dienstleistungen und Technologien. Hier bedeutet die unmittelbare Stärkung des Unternehmens eine gleichzeitige Sicherung und mitunter auch Ausweitung der volkswirtschaftlich oder sozial bedeutenden Tätigkeit des Unternehmens. Dieser volkswirtschaftliche Vorteil überwiegt den verhältnismäßig kleineren sozialen Schaden durch Arbeitslosigkeit und eine geringfügig höhere Belastung der Sozialkassen. Der Abbau von Arbeitsplätzen ist in diesen Fällen durchaus angemessen. Der Eingriff in das Grundrecht der betroffenen Arbeitnehmer aus Art. 12 Abs. 1 GG ist dann gerechtfertigt.

(c) Ergebnis: Arbeitsplatzabbau nur unter Umständen ge rechtfertigt

Im Ergebnis steht damit der öffentlichen Hand nicht für alle Umstrukturierungsmaßnahmen in den übernommenen Unternehmen das Mittel der betriebsbedingten Kündigung von Arbeitnehmern zur Verfügung.

Grundsätzlich kann die staatliche Beteiligungsgesellschaft, sofern sie neben der Gewinnerzielung allein die Bewirkung positiver volkswirtschaftlicher Nebeneffekte von Private Equity bezweckt, innerhalb des von ihr übernommenen Unternehmens für die Umstrukturierungsmaßnahmen des Outsourcings von Betriebsteilen und Betriebsfunktionen, die Stilllegung von Betriebsteilen oder die allgemeine Reduzierung des Mitarbeiterbestands nicht auf das Mittel betriebsbedingter Kündigungen zurück greifen. Allein die vertragliche Aufhebung des Arbeitsverhältnisses mit allen betroffenen Arbeitnehmern kommt für die Durchführung solcher Maßnahmen in Betracht. Die Kündigung stellt einen nicht gerechtfertigten Eingriff in das Arbeitnehmergrundrecht aus Art. 12 Abs. 1 GG dar. Dem individuellen Opfer des Arbeitnehmers steht keine angemessene Förderung des Gemeinwohls gegenüber. Der volkswirtschaftliche Nutzen der Kündigung steht dem sozialen Schaden des Gemeinwesens durch Arbeitslosigkeit gegenüber.

Der Verkauf von Betriebsteilen im Wege eines Asset Deals ist hingegen stets möglich. Betriebsbedingte Kündigungen von Arbeitnehmern für Standortverlagerungen sind allein innerhalb Deutschlands zulässig. Standortverlagerungen ins Ausland stehen in ihrer Wirkung im Inland einer nicht gerechtfertigten Betriebsstillegung gleich. Bei Standortverlagerungen im Inland steht dagegen dem sozialen Schaden der Arbeitslosigkeit durch Kündigung der Arbeitsverhältnisse am bestehenden Standort der soziale Nutzen der Verringerung der Arbeitslosigkeit am Zielstandort gegenüber. Zudem bewirkt die Verlagerung neben dem volkswirtschaftlich positiven Effekt der wirtschaftlichen Stärkung des Unternehmens eine Stärkung strukturell schwächerer Regionen und somit eine Verringerung der Ungleichheit von Wirtschaftsregionen innerhalb der Volkswirtschaft. Der Eingriff in Art. 12 Abs. 1 GG durch eine Kündigung des Arbeitnehmers wird hier durch die Förderung der Volkswirtschaft insgesamt gerechtfertigt. Es sei aber noch einmal bemerkt, dass eine Kündigung nur dann das mildeste Mittel darstellt, wenn zuvor eine freiwillige Vertragsaufhebung mit dem Arbeitnehmer gescheitert ist.

Nur sofern der Tätigkeit des übernommenen Unternehmens selbst eine volkswirtschaftliche oder soziale Bedeutung zukommt und somit durch die Stärkung des übernommenen Unternehmens nicht nur die Volkswirtschaft allgemein, sondern ganz konkret gefördert wird, indem die vom Unternehmen betriebene Tätigkeit auf eine solidere Basis gestellt und effizienter ausgestaltet wird, können auch andere Umstrukturierungsmaßnahmen als Standortverlagerungen im Inland und der Verkauf von Betriebsteilen im Wege eines Asset Deals trotz der damit verbundenen Eingriffe in das Arbeitnehmergrundrecht aus Art. 12 Abs. 1 GG gerechtfertigt sein. Insoweit empfiehlt es sich für die öffentliche Hand, bei der Festlegung ihrer Anlagestrategie gezielt solche Wirtschaftszweige und Unternehmen ins Auge fassen, deren Leistung eine unmittelbare Bedeutung für die Volkswirtschaft zukommt, sei es aufgrund eines daseinsvorsorgeähnlichen Charakters der Tätigkeit oder aufgrund der Bedeutung neuer Technologien, Produkte oder Unternehmensführungsmodelle, deren Entwicklung und Verbreitung mit der Tätigkeit des Unternehmens gefördert werden.

5. Ergebnis

Die scheinbar große Freiheit der öffentlichen Hand bei ihrer wirtschaftlichen Betätigung ist tatsächlich, jedenfalls im Bereich der Unternehmensübernahmen im Rahmen von Private Equity Transaktionen stark beschränkt. Was unter Privaten zulässig ist, ist für den Staat nicht ohne Weiteres zulässig. Dies führt die Untersuchung über die Möglichkeiten einer staatlichen Beteiligungsgesellschaft für Private Equity deutlich vor Augen. Der Staat handelt nicht im Rahmen von Freiheitsrechten, sondern darf allein zur Förderung des Gemeinwohls tätig werden. Dies ist mit einer reinen Gewinnerzielungsabsicht, wie sie von privaten Beteiligungsgesellschaften für Private Equity verfolgt wird, unvereinbar. Gewinnerzielung darf jedoch mit der Verfolgung eines öffentlichen Zwecks gekoppelt werden. Dabei darf der öffentliche Zweck auch nachrangig sein. Eine solche

Kopplung ist bei Buyout-Transaktionen möglich, da sich durch erfolgreiche Buyout-Transaktionen positive Effekte für die Volkswirtschaft nachweisen lassen.

Eine staatliche Beteiligungsgesellschaft kann gezielt diese Effekte der Förderung der Volkswirtschaft verfolgen. Dazu gehören der Aufbau effizienter und mit angemessenem Eigenkapital ausgestatteter Unternehmen, der Ausbau von Wettbewerbspositionen auf dem nationalen und internationalen Markt, sowie der langfristige Erhalt von Arbeitsplätzen. Die öffentliche Hand verfolgt so eine modifizierte Gewinnerzielungsabsicht.[1076] Nichtsdestotrotz steht damit das Streben nach Gewinn weiter im Vordergrund der staatlichen Tätigkeit. Die Wirtschaftlichkeit muss auch oberstes Handlungskriterium für die Tätigkeit der staatlichen Beteiligungsgesellschaft bleiben, da ansonsten ihre Aktivität gegen das Beihilfenrecht der Europäischen Union verstoßen würde. Sofern der öffentliche Zweck aber nur als Nebenzweck verfolgt wird, kommt ihm ein geringeres Gewicht bei der Bewertung des staatlichen Handelns zu. Dies ist entscheidend für die Frage der Rechtfertigung von Grundrechtseingriffen. Ein öffentlicher Zweck als Nebenzweck kann nur geringfügige Grundrechtseingriffe durch Handlungen der staatlichen Beteiligungsgesellschaft rechtfertigen.

Die staatliche Beteiligungsgesellschaft hat die Möglichkeit durch die Festsetzung ihrer Anlagestrategie trotz grundsätzlicher Ausrichtung auf Gewinnerzielung noch etwas gezielter auf die Förderung der Volkswirtschaft hinzuwirken. Zwar muss eine staatliche Beteiligungsgesellschaft, Gewinnerzielung wie eine private Beteiligungsgesellschaft verfolgen, damit sie für ihre Investitionen auch auf die Beteiligung privater Investoren zählen kann. Dabei kann sie jedoch im Rahmen ihrer Anlagestrategie die volkswirtschaftlichen Nebeneffekte ihrer Tätigkeit bewusst verfolgen und verstärken. Dazu kann sie vorsehen, allein Investitionen in Unternehmen zu tätigen, deren Tätigkeit an sich bereits von Bedeutung für die Volkswirtschaft ist und beispielsweise daseinsvorsorgeähnlichen Charakter hat. Sie kann auch in besonders innovative Unternehmen investieren und die Neuausrichtung traditioneller Wirtschaftsbereiche verfolgen oder den Einsatz neuer Technologien oder deren Verbreitung fördern. Allein eine derart stärker modifizierte Gewinnerzielungsabsicht ermöglicht es der staatlichen Beteiligungsgesellschaft nach den Ergebnissen der vorliegenden Untersuchung, den vollen Handlungsspielraum bei den Maßnahmen der Umstrukturierung auszunutzen und sich somit innerhalb ihrer Portfoliounternehmen wie eine private Beteiligungsgesellschaft verhalten zu können. Dabei ist jedoch zu berücksichtigen, dass eine Kündigung von Arbeitnehmern grundsätzlich nicht das mildeste Mittel

1076 Vgl. zum Begriff oben, Dritter Teil, D. I. 2. a).

für den Abbau von Arbeitsplätzen ist, und dass die staatliche Beteiligungsgesellschaft vielmehr auf eine Vertragsaufhebung hinzuwirken hat.

Folgt die staatliche Beteiligungsgesellschaft nicht einer der soeben dargelegten Anlagestrategien und stellt sie nur auf die allgemeinen positiven Effekte von Buyout-Transaktionen auf die Volkswirtschaft ab, ist ihr innerbetrieblicher Handlungsspielraum derart eingeschränkt, dass sie ihre Tätigkeit auf Dauer nicht wirtschaftlich verfolgen können würde. So sind die allgemeine Reduzierung des Mitarbeiterbestands, sowie Betriebsstillegungen und das Outsourcing von Betriebsteilen Eingriffe in die Freiheit der Arbeitsplatzwahl nach Art. 12 Abs. 1 GG, die nicht durch die anvisierte Förderung der Volkswirtschaft gerechtfertigt sind. Allein Standortverlagerungen innerhalb Deutschlands und der Verkauf von Betriebsteilen sind zum Abbau von Arbeitsplätzen zulässig. Eine regelmäßig notwendige Senkung der Arbeitskosten im gesamten Unternehmen ist damit von der staatlichen Beteiligungsgesellschaft nur sehr schwer zu erreichen. Allerdings kann sie stets durch das Hinwirken auf eine einvernehmliche Vertragsaufhebung mit dem Arbeitnehmer diese Eingriffsproblematik umgehen. Hierfür ist jedoch regelmäßig der Einsatz finanzieller Mittel erforderlich, welcher die Investition weniger wirtschaftlich macht.

Der Handlungsspielraum einer staatlichen Beteiligungsgesellschaft wird vom Verfassungsrecht beschränkt. Der Staat kann sich daher nicht wie jeder beliebige private Unternehmer im Wettbewerb verhalten. Er kann sich nur in vorgegebenen Grenzen wie ein Privater verhalten. Die im öffentlichen Wirtschaftsrecht diskutierten Grenzen der Zulässigkeit staatlicher Wirtschaftstätigkeit werden am Beispiel einer Beteiligungsgesellschaft deutlich. Fraglich ist angesichts dieses Ergebnisses, wie es verfassungsrechtlich zu beurteilen ist, wenn der Staat keine eigene Beteiligungsgesellschaft gründet, sondern sich nur mit Kapital, dem Beispiel Chinas folgend, an einer bestehenden privaten Beteiligungsgesellschaft beteiligt. Das spezielle Beispiel einer Beteiligung des Staates an einer Private Equity Gesellschaft kann allgemeine Grenzen der Zulässigkeit staatlicher Unternehmensbeteiligungen aufzeigen.

II. Beteiligungen der öffentlichen Hand an privaten Beteiligungsgesellschaften

Die eingeschränkten verfassungsrechtlichen Möglichkeiten einer deutschen Beteiligungsgesellschaft des Staates beeinflussen die Zulässigkeit einer Beteiligung der öffentlichen Hand an privaten Beteiligungsgesellschaften für Private Equity

Investitionen unmittelbar. Auch hier geht es letztlich um das Verhältnis des Zwecks der Beteiligung zu möglichen Grundrechteingriffen.

1. Der öffentliche Zweck der Beteiligung

Es wurde bereits festgestellt, dass staatliche Kapitalbeteiligungen ebenfalls durch einen öffentlichen Zweck zu rechtfertigen sind. Dabei kann dieser öffentliche Zweck auch als Nebenzweck der Beteiligung verfolgt werden. Dies ist anhand der Zulässigkeit staatlicher Beteiligungen an Energieunternehmen bereits deutlich geworden, bei denen der Aspekt der Daseinsvorsorge nach der Öffnung des Energiemarktes für andere Anbieter mittlerweile in den Hintergrund gerückt ist. Angesichts dieser Rechtslage kann sich die öffentliche Hand für eine Beteiligung an einer privaten Beteiligungsgesellschaft auf die mit Private Equity allgemeine und dem Leveraged Buyout im Besonderen verbundenen positiven volkswirtschaftlichen Auswirkungen stützen. Allerdings hat sie hier nicht wie bei einer eigenen Gesellschaft die Möglichkeit der Entwicklung einer Anlagestrategie, die die fördernden Aspekte noch etwas stärker verfolgt. Als beteiligter (Minderheits-)Gesellschafter hat sie nur einen eingeschränkten Einfluss auf die Geschäftsführung.

2. Der angemessene Einfluss auf die Unternehmensführung

Es wurde bereits dargestellt, dass die öffentliche Hand sich bei einer Beteiligung an privaten Unternehmen einen angemessenen Einfluss auf die Geschäftsführung sichern muss. Fraglich ist dabei zunächst, unter welchen Voraussetzungen die öffentliche Hand als Inhaber von Unternehmensanteilen überhaupt Einfluss auf die Geschäftsführung eines privaten Unternehmens nehmen kann. Es könnte nämlich ein Eingriff in das Grundrecht der Berufsfreiheit des Unternehmens aus Art. 12 Abs. 1 GG vorliegen.

a. Möglicher Eingriff in die Berufsfreiheit des Unternehmens

Die Berufsfreiheit ist das Hauptfreiheitsrecht des Wirtschaftslebens und steht in einem engen Zusammenhang mit dem Recht auf freie Entfaltung der Persönlichkeit.[1077] Für den Einzelnen ist sie Garantie selbstverantwortlicher Existenzgestaltung, individueller Persönlichkeitsbildung sowie sozialer Statusbestim-

1077 *Scholz*, in: Maunz/Dürig, GG, II, Art. 12 Rn. 4, 9.

mung.[1078] Soweit die Grundrechte gemäß § 19 Abs. 3 GG ihrem Wesen nach auf juristische Personen, und im Wege der teleologischen Erweiterung auch auf Gesamthandsgemeinschaften, anwendbar sind, bedeutet dies, dass die Berufsfreiheit auch den privaten Unternehmen eine selbstverantwortliche Existenzgestaltung und soziale Statusbestimmung garantiert, jedenfalls in den gesetzlichen Grenzen des Gesellschafts- und Wettbewerbsrechts.

Das Leitbild des selbstverantwortlich handelnden Unternehmens verlangt grundsätzlich eine von staatlichen Einflüssen geschützte Willensbildung des Unternehmens. Diese Willensbildung erfolgt im geschäftsführenden Organ des Unternehmens. Sie ist jedoch regelmäßig nicht frei von Einflüssen der Eigentümer des Unternehmens, jedenfalls insoweit als letztere die Geschäftsführer bzw. Vorstandsmitglieder berufen und abberufen können. Die Einflussnahme der Eigentümer auf die Geschäftsführung der Gesellschaft ist vom Gesellschaftsrecht für die jeweiligen Gesellschaftsformen geregelt und in mehr oder weniger großem Umfang gestattet. Sie trägt der Tatsache Rechnung, dass die juristische Person zwar rechtlich selbständig existiert und wirtschaftet, letztlich jedoch nicht sich selbst, sondern anderen natürlichen oder juristischen Personen gehört, die in die Gesellschaft investieren und mit den von ihr erzielten Gewinnen den Wert ihres Eigentums erhöhen wollen. Als Eigentümer des Unternehmens haben sie das Recht, mit dem Unternehmen nach Belieben zu verfahren, sofern nicht das Gesetz oder Rechte Dritte entgegenstehen.

Das Recht der Gesellschafter auf Einflussnahme ergibt sich damit unmittelbar aus dem Eigentum an der Gesellschaft. Als entgegenstehendes Recht kommt jedoch die Berufsfreiheit des Unternehmens in Betracht. Insbesondere bei der Aktiengesellschaft, die als selbständige Rechtspersönlichkeit am meisten von ihren meist anonymen Eigentümern emanzipiert ist, kommt der Berufsfreiheit ein großes Gewicht zu, weshalb die Einflussmöglichkeiten der Eigentümer über die Hauptversammlung am schwächsten ausgestaltet sind.[1079] Die für die jeweiligen Gesellschaftsformen geschaffenen gesetzlichen Möglichkeiten der Einflussnahme auf die Geschäftsführung stellen somit einen angemessenen Ausgleich zwischen dem Eigentumsrecht der Gesellschafter und der Berufsfreiheit des jeweiligen Unternehmens dar. Die der betroffenen Gesellschaft grundsätzlich zukommende Berufsfreiheit wird insoweit eingeschränkt.

1078 *Scholz*, in: Maunz/Dürig, GG, II, Art. 12 Rn. 20.

1079 Vgl. in der GmbH: §§ 46 Nr. 5, 38 GmbHG, in der AG werden die Vorstandsmitglieder durch den Aufsichtsrat bestellt und abberufen, § 84 AktG. Die Besetzung des Aufsichtsrats erfolgt grundsätzlich durch die Hauptversammlung der Aktionäre, § 101 Abs. 1 AktG. Es können auch besondere Entsenderechte für bestimmte Aktionäre begründet werden, § 101 Abs. 2 AktG. Im Übrigen können Entsenderechte der Arbeitnehmer der Aktiengesellschaft bestehen.

Soweit der Staat mit einer Beteiligung am Unternehmen Miteigentümer der betroffenen Gesellschaft wird, nutzt er die vom Gesellschaftrecht gegebenen Möglichkeiten der Einflussnahme auf die Geschäftsführung des Unternehmens. Damit greift er gegenüber der juristischen Person nicht weiter in deren Berufsfreiheit ein als ein privater Eigentümer. Allerdings ist das Eigentum des Staates nicht wie das Eigentum eines Privaten über Art. 14 GG geschützt. Der Staat ist nicht Träger von Grundrechten. Auch die staatliche Beteiligungsgesellschaft ist kein Träger von Grundrechten, sie hat vielmehr selbst die Grundrechte der natürlichen und juristischen Personen des Privatrechts bei ihrer Tätigkeit zu gewährleisten. Da der öffentlichen Hand bei ihrer wirtschaftlichen Betätigung keine grundrechtlich geschützte Freiheitssphäre zukommt, kann sie grundsätzlich im Rechtsverkehr nicht alle Möglichkeiten der einfachgesetzlichen Rechtsordnung wie ein privater Unternehmer nutzen. Die Grundrechtssphäre der Unternehmen ist deshalb gegenüber dem Staat weiter als gegenüber privaten Unternehmen.

Die Nutzung einer einfachgesetzlich zulässigen Möglichkeit der Rechtsausübung kann daher seitens des Staates durchaus bereits einen Eingriff in die Grundrechte des betroffenen Unternehmens darstellen. Der Grundrechtsschutz ist mithin nicht allein schon deshalb in ausreichendem Maß gewährleistet, weil das Handeln des Staates sich im Rahmen einer gesetzlichen Regelung gehalten hat. Es ist daher stets im Einzelfall zu untersuchen, ob die konkrete Maßnahme des Staates auch unabhängig von der jeweiligen gesetzlichen Regelung einen Eingriff in den Schutzbereich eines Grundrechts des Unternehmens darstellt. Für eine Einflussnahme der öffentlichen Hand auf die Geschäftsführung eines Unternehmens, an dem sie eine Beteiligung erworben hat, ist jedoch ein Eingriff in die Berufsfreiheit zu verneinen. Denn es steht der fehlenden Grundrechtssubjektivität des Staates nicht entgegen, dass nach der einfach-gesetzlichen Rechtsordnung auch juristische Personen des öffentlichen Rechts Eigentum erwerben und alle Rechte aus dem Eigentum geltend machen können, die ihnen die einfache Rechtsordnung einräumt.[1080]

Dies ist damit zu begründen, dass das Eigentum zwar durch Art. 14 GG geschützt und garantiert wird, letztlich aber gemäß Art. 14 Abs. 1 S. 2 GG inhaltlich durch Gesetzesrecht begründet und ausgestaltet wird. Somit ist der Bestand des Eigentums und die sich aus ihm ergebende Rechtsstellung geschützt.[1081] Die sich aus ihm ergebende Rechtsstellung ist jedoch eine einfach-gesetzlich begründete und nicht verfassungsrechtlich vorgegeben. Als Institutsgarantie verlangt Art. 14 GG zwar ein gesetzgeberisches Tätigwerden zur Begründung und

1080 *Papier*, in: Maunz/Dürig, GG, II, Art. 14 Rn. 212.
1081 Vgl. *Dietlein*, in: Stern, StaatsR IV/1, § 113 I 3 a, S. 2137.

Ausgestaltung eines Eigentumsrechts, nicht jedoch eine konkrete Ausgestaltung.[1082] Die die Berufsfreiheit des Unternehmens beschränkenden Rechte der Eigentümer auf Einflussnahme stellen damit nicht einen Ausgleich des Freiheitsrechts aus Art. 12 Abs. 1 GG mit dem Schutzrecht aus Art. 14 GG dar. Die Berufsfreiheit der Unternehmen ist vielmehr allein durch die Entscheidung des Gesetzgebers über die konkrete Ausgestaltung der Rechtstellung des Eigentümers allgemein beschränkt worden. Die mit dem Eigentum verbundenen Rechte sind daher von allen Rechtsträgern gleichermaßen nutzbar, unabhängig von ihrer Zugehörigkeit zu den Grundrechtsberechtigten oder den Grundrechtsverpflichteten.

Die staatliche Beteiligungsgesellschaft kann daher die sich aus ihrer Beteiligung an einem Unternehmen ergebenden Rechte auf Einflussnahme auf die Geschäftsführung vollumfänglich nutzen, ohne den Schutzbereich des Art. 12 Abs. 1 GG anzutasten. Darüber hinausgehende Rechte auf Einflussnahme kann sich die öffentliche Hand vertraglich einräumen lassen. Dazu ist stets eine Willenserklärung der anderen Eigentümer der Gesellschaft erforderlich.[1083] Diese verzichten damit zugunsten der Beteiligungsgesellschaft auf einen Teil ihrer eigenen Einflussrechte. Einflussnahmen aufgrund solcher vertraglich eingeräumten Rechte stellen ebenfalls keinen Eingriff in die Berufsfreiheit des Unternehmens nach Art. 12 Abs. 1 GG dar. Mit dem Verzicht auf eigene Einflussrechte zugunsten der öffentlichen Hand beschränken die privaten Eigentümer der Gesellschaft die Berufsfreiheit ihrer eigenen Gesellschaft in zulässiger Weise. Eine Ausweitung der Selbstständigkeit der Gesellschaft in unternehmerischen Entscheidungen ist gerade nicht beabsichtigt. Die Gesellschafter des Unternehmens können aus ihrem Recht als Eigentümer heraus durch Veränderung der inneren Funktionsweise der Gesellschaft deren Berufsfreiheit zulässig begrenzen. Die Ausnutzung einer solchen Begrenzung durch die staatliche Beteiligungsgesellschaft stellt dann keinen Eingriff in Grundrechte des Unternehmens dar.

Soweit die öffentliche Hand an Unternehmen beteiligt ist, greift sie durch Einflussnahme auf die Geschäftsführung im Rahmen der ihr durch Gesetz oder Vertrag eingeräumten Rechtsposition als Gesellschafter nicht in das Grundrecht des Unternehmens aus Art. 12 Abs. 1 GG ein.

1082 Vgl. *Dietlein*, in: Stern, StaatsR IV/1, § 113 I 3 b, S. 2138 f.

1083 Benennungs- oder Entsenderechten werden unmittelbar mit den übrigen Gesellschaftern vereinbart. Ein Beherrschungsvertrag mit einer Aktiengesellschaft, vgl. § 291 AktG, unterliegt der Zustimmung der Hauptversammlung, § 293 AktG.

b. Die Angemessenheit des einzuräumenden Einflusses

Das Erfordernis, Einfluss auf die Unternehmensführung zu haben, ergibt sich aus dem rechtsstaatlichen Erfordernis, dass der Staat sein von ihm für öffentliche Zwecke einzusetzendes Kapital nicht ohne Kontrolle der konkreten Kapitalnutzung aus der Hand geben darf. Der einzuräumende Einfluss muss angemessen sein. Das Erfordernis der Angemessenheit des einzuräumenden Einflusses ist dagegen schwer zu bestimmen. Es entspricht jedoch insoweit praktischen Anforderungen des Wirtschaftslebens, als kaum ein privates Unternehmen bereit sein wird, der öffentlichen Hand einen übermäßigen Einfluss bei vergleichsweise kleiner Beteiligung einzuräumen. Die Angemessenheit des der öffentlichen Hand bei ihren Unternehmensbeteiligungen einzuräumenden Einflusses auf die Unternehmensführung richtet sich zunächst nach der Höhe ihrer Beteiligung.

Die öffentliche Hand kann mithin regelmäßig nur Steuerungs- und Kontrollrechte im Rahmen ihrer Einflussquote beanspruchen.[1084] Wenn sich der Staat als Gesellschafter an einem Unternehmen beteiligt, begibt er sich auf Augenhöhe mit den übrigen Gesellschaftern. Ein besonderes Recht, welches dem Staat besonderen Einfluss gewährt oder für die übrigen Gesellschafter eine Pflicht zur Einräumung eines solchen Rechts begründet, existiert nicht. Die öffentliche Hand steht insoweit nicht besser als jeder sonstige Anteilsinhaber.[1085] Dies bedeutet, dass ihre Verhandlungsposition und Einflussmöglichkeiten umso geringer sind, je geringer ihre Beteiligung am Unternehmen ausfällt. Bei der Beteiligung an einer privaten Beteiligungsgesellschaft wird der Anteil der öffentlichen Hand an der Gesellschaft regelmäßig nur wenige Prozent betragen. In diesen Fällen kommt ihrem Einfluss nur sehr geringes Gewicht zu. Sie kann versuchen, darauf hinzuwirken, besondere Zusicherungen oder besondere Einflussrechte zu erhalten, oder einfach ihren Anteil an der Beteiligungsgesellschaft erhöhen, um mehr Einfluss zu erlangen.

Grundsätzlich ist der mit dem Eigentumsanteil verbundene Einfluss jedoch angemessen. Kann sich die öffentliche Hand aufgrund geschickter Verhandlung vertraglich größeren Einfluss zusichern lassen, ist dies vorteilhaft. Zwar ist es für das Kriterium des angemessenen Einflusses nicht erforderlich. Angesichts der Grundrechtsgebundenheit der öffentlichen Hand als Beteiligungsinhaber ist jedoch jede Einwirkungsmöglichkeit des Staates auf eine grundrechtsfreundliche Geschäftsführung des Unternehmens von Nutzen und der Zulässigkeit der Beteiligung in besonderem Maße förderlich. Die öffentliche Hand kann sich nämlich

1084 *Ehlers*, JZ 1990, 1089, 1094.
1085 *Zeichner*, AG 1985, 61, 68.

bei Grundrechtseingriffen durch das Unternehmen grundrechtlichen Abwehransprüchen der betroffenen Grundrechtsträger ausgesetzt sehen.

3. Grundrechtliche Abwehransprüche gegen den Staat als Gesellschafter

Es wurde bereits festgestellt, dass Unternehmen, an denen die öffentliche Hand nicht beherrschend beteiligt ist, nicht an die Grundrechte gebunden und vielmehr selbst Grundrechtsträger sind.[1086] Die öffentliche Hand ist dagegen stets an Grundrechte gebunden, auch als bloßer Inhaber einer Beteiligung an einem privaten Unternehmen.[1087] Aus diesem Grund hat sie auch die ihr mit ihrer Beteiligung eingeräumten Einwirkungs- und Kontrollrechte für eine möglichst grundrechtsfreundliche Unternehmensführung einzusetzen.[1088] An dieser Stelle wird denn auch die Problematik der Beteiligung der öffentlichen Hand an einer privaten Beteiligungsgesellschaft für Private Equity deutlich. Der Betrieb einer Beteiligungsgesellschaft durch den Staat selbst bringt regelmäßig erhebliche Grundrechtseingriffe in das Freiheitsrecht der Arbeitnehmer aus Art. 12 Abs. 1 GG durch betriebsbedingte Kündigungen mit sich. Um diese Eingriffsproblematik abzuschwächen, kann die öffentliche Hand die volkswirtschaftlich fördernden Aspekte ihrer Unternehmensführung durch eine entsprechende Anlagestrategie unterstreichen.

Private Beteiligungsgesellschaften werden regelmäßig nicht die notwendige Anlagestrategie verfolgen, um Grundrechtseingriffe in das Freiheitsrecht der Arbeitnehmer aus Art. 12 Abs. 1 GG rechtfertigen zu können. Zudem ist anstelle von betriebsbedingten Kündigungen stets vorrangig auf eine einverständliche Aufhebung der Arbeitsverhältnisse hinzuwirken. Auch dies wird von privaten Beteiligungsgesellschaften nicht konsequent umgesetzt. Die öffentliche Hand als Gesellschafter einer privaten Beteiligungsgesellschaft verfügt regelmäßig nicht über einen ausreichenden Einfluss, entsprechend auf die Unternehmensführung einzuwirken. Vertraglich werden ihr diese Rechte von der Unternehmensführung der privaten Beteiligungsgesellschaft schwerlich zugestanden werden, da dieses Vorgehen praktisch unvorteilhaft ist und die umworbenen Investoren für die Sondervermögen abschreckt. Beteiligt sich die öffentliche Hand dennoch an der privaten Beteiligungsgesellschaft, macht sie sich zum Komplizen des Unternehmens bei Grundrechtseingriffen, die sie selbst nicht rechtfertigen kann, und die allein das Unternehmen aufgrund seiner ihm zustehenden Berufsfreiheit aus Art. 12 Abs. 1 GG vornehmen darf.

1086 Vgl. dazu oben, Dritter Teil, C. I. 5.
1087 *Ibid.*
1088 *Ibid.*

Die Beteiligung des Staates an den entsprechenden Grundrechtseingriffen muss von den betroffenen Arbeitnehmern nicht hingenommen werden, da diese Beteiligung nicht gerechtfertigt ist, selbst wenn die Kündigungen an sich durch das Unternehmergrundrecht nach Art. 12 Abs. 1 GG zulässig sind. Der wirtschaftsunternehmerisch handelnde Staat ist grundrechtlichen Abwehransprüchen ausgesetzt, wenn er durch sein Handeln unangemessen in Grundrechte von Bürgern oder von Wirtschaftsunternehmen oder anderen Wirtschaftsakteuren eingreift.[1089] Die Frage ist, inwieweit der Staat den Eingriff hätte verhindern müssen. Das Grundrecht der Berufsfreiheit entfaltet jedoch insoweit eine Schutzwirkung für den Grundrechtsträger. Das Bundesverfassungsgericht führt dazu aus:[1090]

„Die Freiheitsgrundrechte, darunter auch die Berufsfreiheit (Art. 12 Abs. 1 GG), schützen nicht nur vor Eingriffen der Staatsgewalt in eine dem Individuum verbürgte Freiheitssphäre, vielmehr verpflichten sie den Staat auch, diese Freiheitssphäre zu schützen und zu sichern. In dieser Schutzpflicht entfaltet sich der objektive Gehalt des Grundrechts. Bestimmte Anforderungen an die Art und das Maß des Schutzes lassen sich der Verfassung aber grundsätzlich nicht entnehmen. Die staatlichen Organe, denen die Wahrung des Grundgesetzes als Ganzes anvertraut ist, haben bei der Erfüllung von Schutzpflichten einen weiten Gestaltungsraum. Oft geht es darum, gegensätzliche Grundrechtspositionen auszugleichen und jeder angemessene Geltung zu verschaffen. Dafür gibt das Grundgesetz nur den Rahmen, nicht aber bestimmte Lösungen vor. Das Bundesverfassungsgericht kann deswegen die Verletzung einer Schutzpflicht nur feststellen, wenn die öffentliche Gewalt Schutzvorkehrungen entweder überhaupt nicht getroffen hat oder die getroffenen Regelungen und Maßnahmen gänzlich ungeeignet oder völlig unzulänglich sind, das gebotene Schutzziel zu erreichen, oder erheblich dahinter zurückbleiben."

Die Grundrechte begründen mithin eine Schutzpflicht des Staates, den Rechtsraum insgesamt so auszugestalten, dass auch Dritte nicht ungerechtfertigt die Freiheitssphäre des Bürgers beeinträchtigen können.[1091] Aus dieser Schutzpflicht ergibt sich ein vom Bürger einklagbarer Schutzanspruch, wenn er sich mit hinreichender Bestimmtheit aus dem objektiven Recht entwickeln lässt.[1092] Dies ist vorliegend der Fall. Das Rechtsstaatsprinzip des Art. 20 Abs. 3 GG bindet die vollziehende Gewalt an Gesetz und Recht. Dazu gehört an oberster Stelle auch

---

1089 *Spannowsky*, ZGR 1996, 400, 405.

1090 BVerfG 92, 26, 46.

1091 Vgl. *Hesse*, Verfassungsrecht, Rn. 350; *Klein*, NJW 1989, 1633, 1633; *Pieroth/Schlink*, Grundrechte, Rn. 60; *v.Münch*, in: v.Münch/Kunig, GG, I, vor Art. 1 Rn. 22; BVerfGE 92, 26, 46.

1092 *Hesse*, Verfassungsrecht, Rn. 350.

die Achtung der Grundrechte. Diese verfassungsmäßige Bindung an die Achtung der Grundrechte verbietet es der Verwaltung, sich durch eine privatrechtliche Unternehmensbeteiligung an Maßnahmen zu beteiligen, die bei einer eigenhändigen Vornahme als ungerechtfertigte Grundrechtseingriffe unzulässig wären. Auch hier kommt der Gedanke zum Tragen, dass sich die Verwaltung nicht durch eine „Flucht ins Privatrecht“ ihrer rechtsstaatlichen Bindungen entledigen kann.

Der objektive Schutzanspruch der Grundrechte gebietet es daher, dass die öffentliche Hand in dem Unternehmen, an dem sie sich beteiligt hat, sich entweder erfolgreich dafür einsetzt, die Unternehmensführung so auszugestalten, dass Grundrechtseingriffe vermieden werden, oder aber, sollte das nicht möglich sein – was angesichts der schwachen Stellung des Staates als Minderheitsgesellschafter regelmäßig der Fall sein wird –, sich aus der Beteiligung zurückzuziehen, wenn der entsprechende Grundrechtseingriff nicht durch den mit der Beteiligung verfolgten öffentlichen Zweck gerechtfertigt wird.[1093] Eine Rechtfertigung von Eingriffen einer privaten Beteiligungsgesellschaft kann nicht mit dem öffentlichen Zweck der staatlichen Beteiligung gerechtfertigt werden. Die angestrebte Förderung der Volkswirtschaft ist von zu geringem Gewicht, da einerseits Gewinnerzielungsinteressen im Vordergrund stehen und andererseits der Eingriff mit dem Verlust des Arbeitsplatzes besonders schwer wiegt.

Da die Maßnahme des privaten Unternehmens, an dem sich die öffentliche Hand beteiligt hat, im Verhältnis des Arbeitnehmers zum privaten Arbeitgeber aufgrund dessen Kündigungsfreiheit aus Art. 12 Abs. 1 GG gerechtfertigt ist, hat der betroffene Arbeitgeber keinen Anspruch auch Rücknahme der Kündigung. Die Rücknahme der Kündigung durch den Staat käme einem Eingriff in die Grundrechtsposition des Arbeitgebers gleich. Die ungerechtfertigte Beteiligung der öffentlichen Hand an der Maßnahme des Arbeitgebers führt jedoch für den Staat zu einer Schadensersatzpflicht gegenüber dem betroffenen Arbeitnehmer.[1094]

4. Ergebnis

Auch eine bloße Kapitalbeteiligung der öffentlichen Hand an einer privaten Beteiligungsgesellschaft für Investitionen in Private Equity wird durch die Grundrechtsbindung der öffentlichen Hand, in diesem Fall als Anteilsinhaber, praktisch unmöglich gemacht. Die Beteiligungsgesellschaft trifft Maßnahmen ge-

---

1093 Vgl. auch *Püttner*, Die öff. Unternehmen, S. 120.

1094 Vgl. *Spannowsky*, ZHR 160 (1996), 560, 592.

genüber Arbeitnehmern, die die öffentliche Hand selbst nicht vornehmen dürfte. Der sich aus den Freiheitsrechten des Grundgesetzes ergebende Schutzanspruch gibt den betroffenen Arbeitnehmern einen Anspruch gegen den Staat, im Rahmen seiner Beteiligung auf die Vermeidung von Grundrechtsverstößen hinzuwirken. Dies wird bei einer regelmäßig geringfügigen Beteiligung des Staates an einer privaten Beteiligungsgesellschaft und der damit einhergehenden nur schwachen Möglichkeit der Einflussnahme auf die Unternehmensführung nicht durchsetzbar sein. Konsequent hat der betroffene Arbeitnehmer daher einen Anspruch gegen den Staat, sich aus der Beteiligung zurückzuziehen. Im Falle eines Grundrechteingriffs durch die Beteiligungsgesellschaft stehen den Geschädigten ansonsten Schadensersatzansprüche gegen den Staat zu. Der mit der Beteiligung verfolgte öffentliche Zweck ist schlicht zu gering, um größere Eingriffe rechtfertigen zu können.

Die Möglichkeit einer Beteiligung an einer Beteiligungsgesellschaft, die sich ausschließlich außerhalb der EU bzw. des europäischen Wirtschaftsraumes betätigt, steht der öffentlichen Hand nicht offen. Zwar könnte sie so Eingriffe in das Grundrecht aus Art. 12 Abs. 1 GG zu vermeiden, da andere als deutsche Staatsbürger und EU-Ausländer nicht den entsprechenden grundrechtlichen Schutz genießen. Allerdings ist eine derartige Beteiligung auch nicht von einem öffentlichen Zweck flankiert, da die positiven volkswirtschaftlichen Nebeneffekte der Transaktionen der Beteiligungsgesellschaft nicht mehr dem Gemeinwohl zu Gute kommen, sondern im Ausland auftreten.

Literaturverzeichnis

Alscher, Sarah

Die Stiftung des öffentlichen Rechts, Studien zum öffentlichen Recht und zur Verwaltungslehre, Band 74, München 2006 [zitiert als: *Alscher*, Stiftung öffentlichen Rechts]

Altenburg, Stephan/Leister, Thomas

Der Widerspruch des Arbeitnehmers beim umwandlungsbedingten Betriebsübergang und seine Folgen, in: Neue Zeitschrift für Arbeitsrecht [NZA] 2005, S. 15

Alternativkommentar

Kommentar zum Grundgesetz für die Bundesrepublik Deutschland, 3. Auflage, Neuwied, Kriftel, 2001 [zitiert als: *Bearbeiter*, in: AK-GG]

von Arnauld, Andreas

Grundrechtsfragen im Bereich von Postwesen und Telekommunikation - Ein Beitrag zur Geltung der Grundrechte für und gegen gemischtwirtschaftliche Unternehmen und staatliche Eigengesellschaften -, in: Die Öffentliche Verwaltung [DÖV] 1998, S. 437

Assmann, Heinz-Dieter/Schütze, Rolf. A. [Hrsg.]

Handbuch des Kapitalanlagerechts, München, 3. Auflage 2007, [zitiert als: ... *Bearbeiter*, in: Assmann/Schütze, Kapitalanlagerecht]

Badura, Peter

Staatsrecht, Systematische Erläuterung des Grundgesetzes, 3. Auflage, München 2003 [zitiert als: *Badura*, StaatsR]

Wirtschaftsverfassung und Wirtschaftsverwaltung, 2. Auflage, Tübingen 2005 [zitiert als: *Badura*, Wirtschaftsverfassung/Wirtschaftsverwaltung]

Bance, Alec

Why and How to Invest in Private Equity, EVCA Investor Relations Committee Paper, Zaventem, Belgien 2004 [zitiert als: *Bance*, Why and How to Invest in Private Equity]

Bär, Rolf

Die Abwehr der Überfremdung nach schweizerischem Aktienrecht, in:Zeitschrift für Unternehmens- und Gesellschaftsrecht [ZGR] 1976, S. 62

Bartosch, Andreas

EU-Beihilfenrecht, Kommentar, München 2009 [zitiert als: *Bartosch*, EU-Beihilfenrecht]

Bassi, Iggy/Grant, Jeremy [Hrsg.]

Structuring European Private Equity, London 2006 [zitiert als: *Bearbeiter*, in: Bassi/Grant, Structuring European Private Equity]

Bauer, Hartmut

Privatisierung von Verwaltungsaufgaben, in: Veröffentlichungen der Vereinigung der Deutschen Staatsrechtslehrer [VVDStRL], Heft 54 [1995], S. 243

Baumbach, Adolf/Hueck, Alfred

GmbHG, 19. Auflage, München 2010 [zitiert als: *Bearbeiter*, in: Baumbach/Hueck, GmbHG]

Berg, Wilfred

Die öffentlichrechtliche Anstalt, in: Neue Juristische Wochenschrift [NJW] 1985, S. 2294

Die wirtschaftliche Betätigung des Staates als Verfassungsproblem, in: Gewerbe Archiv [GewArch] 1990, S. 225

Berkemann, Jörg

Die Staatliche Kapitalbeteiligung an Aktiengesellschaften, Hamburg 1966 [zitiert als: *Berkemann*, Staatliche Kapitalbeteiligung]

Böckenförde, Thomas

Die getarnte Enteignung, in: Neue Juristische Wochenschrift [NJW] 2009, S. 2484

Böttcher, Günter

Kommunalrecht, Schleswig-Holsteinisches Landesrecht, Baden-Baden 1999 [zitiert als: *Böttcher*, Kommunalrecht SH]

Brohm, Winfried

Wirtschaftstätigkeit der öffentlichen Hand und Wettbewerb, in: Neue Juristische Wochenschrift [NJW] 1994, S. 281

Burgi, Martin

Kommunalrecht, München 2006 [zitiert als: *Burgi*, Kommunalrecht]

Burmeister, Joachim

Der Begriff des „Fiskus" in der heutigen Verwaltungsrechtsdogmatik, in: Die Öffentliche Verwaltung [DÖV] 1975, S. 695

Cao, Jerry/Lerner, JoshThe performance of reverse leveraged buyouts, in: Journal of Financial Economics [JFE] 91 (2009), S. 139

Dickersbach, Alfred

Die wirtschaftliche Betätigung der öffentlichen Hand im Verhältnis zur Privatwirtschaft aus öffentlichrechtlicher Sicht, in: Wirtschaft und Verwaltung [WuV] 1983, S. 187

Di Fabio, Udo

Grundrechte im präzeptoralen Staat am Beispiel hoheitlicher Informationstätigkeit, in: JuristenZeitung [JZ] 1993, S. 689

Dittmann, Armin

Die Bundesverwaltung, Heidelberg 1983 [zitiert als *Dittmann*, Bundesverwaltung]

Dreier, Horst [Hrsg.]

Grundgesetz, Kommentar, Band I -Präambel, Artikel 1-19-, 2. Auflage, Tübingen 2004 [zitiert als: *Bearbeiter*, in: Dreier, GG, I]

Grundgesetz, Kommentar, Band II -Artikel 20-82-, 2. Auflage, Tübingen 2006 [zitiert als: *Bearbeiter*, in: Dreier, GG, II]

Dürig, Günter

Grundrechte und Zivilrechtsprechung, in: Vom Bonner Grundgesetz zur gesamtdeutschen Verfassung, Festschrift zum 75. Geburtstag von Hans Nawiasky, S. 157, München 1956 [Hrsg. Theodor Maunz] [zitiert als: *Dürig,* in: Festschrift für Hans Nawiasky, S. 157]

Ebke, Werner

Management Buy-Outs, in: Zeitschrift für das gesamte Handelsrecht und Wirtschaftsrecht [ZHR] 155. Band (1991), S. 132

Ehlers, Dirk

Rechtsstaatliche und prozessuale Probleme des Verwaltungsprivatrechts, in: Deutsches Verwaltungsblatt [DVBl.] 1983, S. 422

Rechtsprobleme der Kommunalwirtschaft, in: Deutsches Verwaltungsblatt [DVBl.] 1998, S. 497

Verwaltung in Privatrechtsform, Schriften zum Öffentlichen Recht, Bd. 464, Berlin 1984 [zitiert als: *Ehlers*, Verwaltung in Privatrechtsform]

Die wirtschaftliche Betätigung der öffentlichen Hand in der Bundesrepublik Deutschland, in:JuristenZeitung [JZ] 1990, S. 1089

Die Zulässigkeit einer erwerbswirtschaftlichen Betätigung der öffentlichen Hand, in: Juristische Ausbildung [Jura] 1999, S. 212

Eichhorn, Peter/Engelhardt, Werner Wilhelm [Hrsg.]

Standortbestimmung öffentlicher Unternehmen in der Sozialen Marktwirtschaft, Schriftenreihe der Gesellschaft für öffentliche Wirtschaft, Heft 35, Baden-Baden 1994 [zitiert als: *Eichhorn/Engelhardt*, Standortbestimmung]

Eidenmüller, Horst

Private Equity, Leverage und die Effizienz des Gläubigerschutzrechts, in: Zeitschrift für das gesamte Handelsrecht und Wirtschaftsrecht [ZHR] 171. Band (2007), S. 644

Eilers, Stephan

Gefährliche Halbwahrheiten – eine differenzierte Betrachtung von Finanzinvestoren tut Not, in: Die Aktiengesellschaft [AG] 2006, S. 792

Eisenmenger, Sven

Neuregelung des öffentlichen Unternehmensrechts ?, Studien zum öffentlichen Wirtschaftsrecht, Bd. 62, Köln 2004 [zitiert als: *Eisenmenger*, Neuregelung]

Emmerich, Volker

Die Fiskalgeltung der Grundrechte, namentlich bei erwerbswirtschaftlicher Betätigung der öffentlichen Hand – BGHZ 52, 325 und BGH, Betr. 1969, 1791, in: Juristische Schulung [JuS] 1970, S. 332

Epping, Volker/Hillgruber, Christian

Grundgesetz, Kommentar, München 2009 [zitiert als: *Bearbeiter*, in: Epping/Hillgruber, GG]

Erbguth, Wilfried/Stollmann, Frank

Erfüllung öffentlicher Aufgaben durch private Rechtssubjekte? - Zu den Kriterien bei der Wahl der Rechtsform -, in: Die Öffentliche Verwaltung [DÖV] 1993, S. 798

Erfurter Kommentar

Arbeitsrecht, 10. Auflage, München 2010 [zitiert als: *Bearbeiter*, in: Erfurter Kommentar zum Arbeitsrecht]

Erichsen, Hans-Uwe/Ebber, Bodo

Die Grundrechtsbindung des privatrechtlich handelnden Staates, in: Juristische Ausbildung [Jura] 1999, S. 373

Erichsen, Hans-Uwe/Ehlers, Dirk [Hrsg.]

Allgemeines Verwaltungsrecht, 13. Auflage, Berlin 2006 [zitiert als: *Bearbeiter*, in: Erichsen/Ehlers, Allg. VerwR]

Erlinghagen, Peter

Möglichkeiten einer Kontrolle für Auslandsbeteiligungen, in: Wirtschaftsdienst 1975, S. 131

Ewer, Wolfgang/Behnsen, Alexander

Der Finanzmarktstabilisierungsfonds – Herzschrittmacher bei drohendem Kollaps der Finanzmärkte, in: Neue Juristische Wochenschrift [NJW] 2008, S. 3457

Fabry, Beatrice/Augsten, Ursula [Hrsg.]

Handbuch Unternehmen der öffentlichen Hand, 1. Auflage, Baden-Baden 2002 [zitiert als: *Bearbeiter*, in: Fabry/Augsten, Hdb. Unternehmen d. öff. Hand]

Fett, Torsten

Öffentlich-rechtliche Anstalten als abhängige Konzernunternehmen – Dargestellt unter besonderer Berücksichtigung des „Berliner Modells“ zur Konzernierung der Landesbank Berlin, Untersuchungen über das Spar-, Giro- und Kreditwesen, Abteilung B: Rechtswissenschaft, Band 133, Berlin 2000 [zitiert als: *Fett*, Anstalten als Konzernunternehmen]

Fiedler, Albrecht

Staatliches Engagement im Stiftungswesen zwischen Formenwahlfreiheit und Formenmissbrauch, Schriften zum Öffentlichen Recht, Bd. 941, Berlin 2004 [zitiert als: *Fiedler*, Staatliches Engagement im Stiftungswesen]

Fleischer, Holger

Finanzielle Unterstützung des Aktienerwerbs und Leveraged Buyout, § 71 a Abs. 1 AktG im Lichte italienischer Erfahrungen, in: Die Aktiengesellschaft [AG] 1996, S. 494

Flume, Werner

Allgemeiner Teil des Bürgerlichen Rechts, Erster Band, Zweiter Teil, Berlin Heidelberg 1983 [zitiert als: *Flume*, AT des Bürgerl. Rechts, I/2]

Fock, Till

Gesetz über Unternehmensbeteiligungsgesellschaften, Kommentar, München 2005 [zitiert als: *Fock*, UBGG]

Frenz, Walter

Handbuch Europarecht, Band 3, Beihilfe- und Vergaberecht, Berlin Heidelberg 2007 [zitiert als: *Frenz*, Hdb. Europarecht, Bd. 3]

Gamerdinger, Dieter/Saupe, Gerd

Kontrolle ausländischer Direktinvestitionen in der Bundesrepublik – eine Untersuchung der Kriterien, Möglichkeiten und Notwendigkeiten, in: Die Aktiengesellschaft [AG] 1976, S. 1 (Teil I) und S. 29 (Teil II)

Geis, Max-Emanuel

Kommunalrecht, München 2008 [zitiert als: *Geis*, Kommunalrecht]

Gern, Alfons

Deutsches Kommunalrecht, 3. Auflage, Baden-Baden 2003 [zitiert als: *Gern*, Deutsches Kommunalrecht]

Giemulla, Elmar/Jaworsky, Nikolaus/Müller-Uri, Rolf

Verwaltungsrecht, 7. Auflage, Köln 2004 [zitiert. als: *Bearbeiter*; in: Giemulla/J/M-U, VerwR]

Giesberts, Ludger/Streit, Thilo

Anforderungen an den „Private Investor Test" im Beihilfenrecht, in: Europäische Zeitschrift für Wirtschaftsrecht [EuZW] 2009, S. 484

Goette, Wulf/Habersack, Mathias [Hrsg.]

Münchener Kommentar zum Aktiengesetz, Band 1, §§ 1 – 75, 3. Auflage, München 2008 [zitiert als: *Bearbeiter*, in: MüKo, AktG, I]

Münchener Kommentar zum Aktiengesetz, Band 2, §§ 76 – 117, 3. Auflage, München 2008 [zitiert als: *Bearbeiter*, in: MüKo, AktG, II]

Gramlich, Ludwig

Öffentliches Wirtschaftsrecht, Berlin Heidelberg 2007 [zitiert als: *Gramlich*, Öff. WirtschaftsR]

Grupp, Klaus

Wirtschaftliche Betätigung der öffentlichen Hand unter dem Grundgesetz, in: Zeitschrift für das gesamte Handelsrecht und Wirtschaftsrecht [ZHR] 140. Band (1976), S. 367

Gundlach, Ulf

Die Erweiterung des kommunalen Wirtschaftsrechts in Sachsen-Anhalt, in: Landes- und Kommunalverwaltung [LKV] 2002, S. 264

Gusy, Christoph

Die wirtschaftliche Betätigung des Staates, in: Juristische Arbeitsblätter [JA] 1995, Teil 1 S. 166, Teil 2 S. 253

Haberlandt, HelmutAktienrechtliche Maßnahmen zur Abwehr unerwünschter Beteiligungen, in: Betriebs-Berater [BB] 1975, S. 353.

Hanf, WolfgangEine Bank als Anstalt des öffentlichen Rechts, Frankfurt am Main 2007 [zitiert als: *Hanf*, Eine Bank als Anstalt des öffentlichen Rechts]

Hecker, Jan

Privatisierung unternehmenstragender Anstalten öffentlichen Rechts, in: Verwaltungsarchiv [VerwArch] 92 (2001), S. 261

Heidenhain, Martin

Handbuch des Europäischen Beihilfenrechts, München 2003 [zitiert als: *Bearbeiter*, in: Heidenhain, Hdb d. Eur. Beihilfenrechts]

Hergenröder, Curt Wolfgang

Dezentralisierung der Produktion und Arbeitsrecht, in: Recht der Arbeit [RdA] 2007, S. 218

Herzig, Norbert/Goksch, Sebastian

Die steuerliche Behandlung von Übergewinnanteilen für Sponsoren inländischer Private Equity-Fonds, in: Der Betrieb [DB] 2002, S. 600

Hesse, Konrad

Grundzüge des Verfassungsrechts der Bundesrepublik Deutschland, 20. Auflage, Nachdruck Heidelberg 1995 [zitiert als: *Hesse*, Verfassungsrecht]

Heussen, Benno/Korf, Ralph E./Schröder, Georg/Weber, Theo [Hrsg.]

Unternehmer-Handbuch, Recht, Wirtschaft, Steuern von der Gründung bis zur Abwicklung, München 2005 [zitiert als: *Bearbeiter*, in: Heussen/K/S/W, Unternehmer-Hdb.]

Hoffmann-Becking, Michael [Hrsg.]

Münchener Handbuch des Gesellschaftsrechts, Band 4, Aktiengesellschaft, München, 3. Auflage 2007 [zitiert als: *Bearbeiter*, in: Hoffmann-Becking, MüHbdGesR IV, AG]

Hoffmann-Riem, Wolfgang/Schmidt-Aßmann, Eberhard/Voßkuhle, Andreas [Hrsg.]

Grundlagen des Verwaltungsrechts, Band I, München 2006, [zitiert als: *Bearbeiter*, in: H-R/S-A/V, Grundlagen des VerwR, Bd. I]

Hofmann, Harald/Gerke, Jürgen

Allgemeines Verwaltungsrecht, 9. Auflage, Stuttgart 2005 [zitiert als: *Bearbeiter*, in: Hofmann/Gerke, Allg. VerwR]

Hohmann, Harald/John, Klaus

Ausfuhrrecht, Kommentar, München 2002 [zitiert als: *Bearbeiter*, in: Hohmann/John, Ausfuhrrecht]

Hölters, Wolfgang [Hrsg.]

Handbuch des Unternehmens- und Beteiligungskaufs, 6. Auflage, Köln 2005 [zitiert als: *Bearbeiter*, in: *Hölters*, Unternehmens- und Beteiligungskauf]

Stimmrechtsbeschränkungen als Schutz vor Überfremdung, in: Der Betrieb [DB] 1975, S. 917

Holzner, Florian

Private Equity, der Einsatz von Fremdkapital und Gläubigerschutz, Arbeiten zum Internationalen Wirtschaftsrecht und zur Wirtschaftsregulierung, Band 33, Baden-Baden 2009 [zitiert als: *Holzner*, Private Equity]

Hoppe, Werner/Uechtritz, Michael [Hrsg.]

Handbuch Kommunale Unternehmen, 2. Auflage, Köln 2007 [zitiert als: *Bearbeiter*, in: Hoppe/Uechtritz: Hdb Kommunale Unternehmen]

Hösch, Ulrich

Öffentlicher Zweck und wirtschaftliche Betätigung von Kommunen, in: Die Öffentliche Verwaltung [DÖV] 2000, 393

Der öffentliche Zweck als Voraussetzung kommunaler Wirtschaftstätigkeit, in: Gewerbe Archiv [GewArch] 2000, S. 1

Huber, Ernst Rudolf

Der Streit um das Wirtschaftsverfassungsrecht (II), in: Die Öffentliche Verwaltung [DÖV] 1956, S. 135

Huber, Peter M.

Der Schutz des Bieters im öffentlichen Auftragswesen unterhalb der sog. Schwellenwerte, in:JuristenZeitung [JZ] 2000, S. 879

Hüffer, Uwe

Aktiengesetz, 9. Auflage, München 2010 [zitiert als: *Hüffer*, AktG]

Ipsen, Hans Peter

Öffentliche Subventionierung Privater, Köln 1956 [zitiert als: *Ipsen*, Öffentliche Subventionierung Privater]

Öffentliche Subventionierung Privater, in: Deutsches Verwaltungsblatt [DVBl.] 1956, S. 461

Rechtsfragen zur „Ausgliederung" des Werbefernsehens, Zugleich als Beitrag zu den „Grenzen öffentlicher Wirtschaftstätigkeit", in: Neue Juristische Wochenschrift [NJW] 1963, S. 2102

Isensee, Josef/Kirchhof, Paul [Hrsg.]

Handbuch des Staatsrechts der Bundesrepublik Deutschland, Band IV - Aufgaben des Staates -, 3. Auflage, Heidelberg 2006 [zitiert als: *Bearbeiter*, in: Isensee/Kirchhof, Hdb. StaatsR, IV]

Handbuch des Staatsrechts der Bundesrepublik Deutschland, Band V - Allgemeine Grundrechtslehren -, 2. Auflage, Heidelberg 2000 [zitiert als: *Bearbeiter*, in: Isensee/Kirchhof, Hdb. StaatsR, V (2. A.)]

Handbuch des Staatsrechts der Bundesrepublik Deutschland, Band VI - Bundesstaat -, 3. Auflage, Heidelberg 2008 [zitiert als: *Bearbeiter*, in: Isensee/Kirchhof, Hdb. StaatsR, VI]

Handbuch des Staatsrechts der Bundesrepublik Deutschland, Band VI - Freiheitsrechte -, 2. Auflage, Heidelberg 2001 [zitiert als: *Bearbeiter*, in: Isensee/Kirchhof, Hdb. StaatsR, VI (2. A.)]

Jander, Klaus H.

Amerikanische Bestandsaufnahme ausländischer Beteiligungen, in: Wirtschaft und Wettbewerb (WuW) 1975, S. 395

Janson, Bernd

Rechtsformen öffentlicher Unternehmen in der Euroäischen Gemeinschaft, Schriften zur öffentlichen Verwaltung und öffentlichen Wirtschaft, Bd. 55, Baden-Baden, 1980 [zitiert als: *Janson*, Rechsformen öff. Unternehmen]

Jarass, Hans D.

Kommunale Wirtschaftsunternehmen und Verfassungsrecht, in: Die Öffentliche Verwaltung [DÖV] 2002, S. 489

Jarass, Hans D./Pieroth, Bodo

Grundgesetz für die Bundesrepublik Deutschland, Kommentar, 10. Auflage, München 2009 [zitiert als: *Bearbeiter*, in: Jarass/Pieroth, GG]

Jecht, Hans

Die öffentliche Anstalt, Schriften zum Öffentlichen Recht, Band 10, Berlin 1963, [zitiert als: *Jecht*, Die Öff. Anstalt]

Kaal, Wulf Alexander

Hedge Fund Regulation by Banking Supervision, Frankfurt am Main 2006 [zitiert als: *Kaal,* Hedge Fund Regulation]

Kämmerer, Jörn Axel

Daseinsvorsorge als Gemeinschaftsziel oder: Europas „soziales Gewissen", in: Neue Zeitschrift für Verwaltungsrecht [NVwZ] 2002, S. 1041

Kemmler, Iris

Die Anstaltslast, Tübinger Schriften zum Staats- und Verwaltungsrecht, Band 64, Berlin 2001 [zitiert als: *Kemmler*, Anstaltslast]

Kermel, Cornelia

Steuerungsmöglichkeiten der öffentlichen Hand bei Beteiligung an Aktiengesellschaften der Energieversorgung, Baden-Baden 1994 [zitiert als: *Kermel*, Steuerungsmöglichkeiten]

Kessel, Bernd

Leveraged Buy-Out der Aktiengesellschaft: ein interdisziplinärer Ansatz, Frankfurt am Main 1998 [zitiert als: *Kessel*, Leveraged Buy-Out der Aktiengesellschaft]

Keul, Thomas

Private Equity, eine wachsende Finanzierungsalternative für deutsche Unternehmen, in: Der Deutsche Wirtschaftsanwalt 2008/2009 [S. 20], Handbuch für Unternehmen, Berlin 2008 [zitiert als: *Keul*, Der Deutsche Wirtschaftsanwalt 2008/2009]

Klass, Tobias

Der Buyout von Aktiengesellschaften, Eine juristisch-ökonomische Untersuchung zu § 71 a Abs. 1 AktG und zur Gesetzesumgehung im Gesellschaftsrecht, Baden-Baden 2000 [zitiert als: *Klass*, Der Buyout von Aktiengesellschaften]

Klein, Eckart

Grundrechtliche Schutzpflicht des Staates, in: Neue Juristische Wochenschrift [NJW] 1989, S. 1633

Klein, Hans H.

Die Teilnahme des Staates am wirtschaftlichen Wettbewerb, res publica - Beiträge zum Öffentlichen Recht, Band 18, Stuttgart 1968, [zitiert als: *Klein*, Teilnahme]

Kluth, Winfried

Grenzen kommunaler Wettbewerbsteilnahme, Studien zum öffentlichen Wirtschaftsrecht, Bd. 5, Köln 1988 [zitiert als: *Kluth*, Grenzen kommunaler Wettbewerbsteilnahme]

Kofner, Stefan

Private Equity, in: Wohnungswirtschaft & Mietrecht [WuM] 2006, S. 133

König, Klaus/Siedentopf, Heinrich [Hrsg.]

Öffentliche Verwaltung in Deutschland, Baden-Baden 1996/97 [zitiert als: *Autor*, in: König/Siedentopf, Öff. Verw.]

Konzen, Horst

Geschäftsführung, Weisungsrecht und Verantwortlichkeit in der GmbH und GmbH & Co. KG, in: Neue Juristische Wochenschrift [NJW] 1989, S. 2977

Koppensteiner, Hans-Georg

GmbH-rechtliche Probleme des Management Buy-Outs, in: Zeitschrift für das gesamte Handelsrecht und Wirtschaftsrecht [ZHR] 155. Band (1991), S. 97

Zur Grundrechtsfähigkeit gemischt-wirtschaftlicher Unternehmungen, in: Neue Juristische Wochenschrift [NJW] 1990, S. 3105

Krebs, Rainer

Haushaltsrechtliche Überlegungen zur Privatisierung von Unternehmensbeteiligungen des Bundes, in: Zeitschrift für Rechtspolitik [ZRP] 1983, S. 270

Krebs, Walter

Die öffentlichrechtliche Anstalt, in: Neue Zeitschrift für Verwaltungsrecht [NVwZ] 1985, S. 609

Küchenhoff, Günther

Zuständigkeitsgrenzen in der Jugend- und Sozialhilfe, in: Neue Juristische Wochenschrift [NJW] 1968, S. 433

Kühling, Jürgen/Bertelsmann, Klaus

Tarifautonomie und Unternehmerfreiheit - Arbeitskampf aus Anlass von Standortentscheidungen -, in: Neue Zeitschrift für Arbeitsrecht [NZA] 2005, S. 1017

Labbé, Marcus

Unternehmernachfolge durch Management-Buy-Out - Wesentliche Bausteine einer erfolgreichen Management-Buy-Out-Transaktion -, in: Der Bertrieb [DB] 2001, S. 2362.

Lange, Klaus

Die öffentlichrechtliche Anstalt, in: Veröffentlichungen der Vereinigung der Deutschen Staatsrechtslehrer [VVDStRL], Heft 44 (1986), S. 169

Lindner, Josef Franz

Zur grundrechtsdogmatischen Struktur der Wettbewerbsfreiheit, in: Die Öffentliche Verwaltung [DÖV] 2003, S. 185

Lutter, Marcus/Scheffler, Eberhard/Schneider, Uwe H. [Hrsg.]

Handbuch der Konzernfinanzierung, Köln 1998 [zitiert als: *Bearbeiter*, in: Lutter/Scheffler/Schneider, Konzernfinanzierung]

Lutter, Marcus/Schneider, Uwe H.

Die Beteiligung von Ausländern an inländischen Aktiengesellschaften, - Möglichkeiten der Beschränkung nach geltendem Recht und Vorschläge de lege ferenda -, in: Zeitschrift für Unternehmens- und Gesellschaftsrecht [ZGR] 1975, S. 182

Lutter, Marcus/Wahlers, Henning W.

Der Buyout: Amerikanische Fälle und die Regeln des deutschenRechts, in: Die Aktiengesellschaft [AG] 1989, S. 1

Löw, Konrad

Fiskalgeltung der Grundrechte?, in: Die Öffentliche Verwaltung [DÖV] 1957, S. 879

Löwer, Wolfgang

Der Staat als Wirtschaftssubjekt und Auftraggeber, in: Veröffentlichungen der Vereinigung der Deutschen Staatsrechtslehrer [VVDStRL], Heft 60 (2001), S. 416

Mackensen, Marcus

Institutionelle Anleger im Unternehmensrecht Deutschlands und der USA, Frankfurt am Main 2000 [zitiert als: *Mackensen*, Institutionelle Anleger]

Maidl, Johannes

Die Wandelschuldverschreibung bei der GmbH, in: Neue Zeitschrift für Gesellschaftsrecht [NZG] 2006, S. 778

Mallmann, Walter

Schranken nichthoheitlicher Verwaltung, in: Veröffentlichungen der Vereinigung der Deutschen Staatsrechtslehrer [VVDStRL], Heft 19 [1961], S. 165

von Mangoldt, Herrmann/Klein, Friedrich/Starck, Christian [Hrsg.]

Grundgesetz, Kommentar, Band I -Präambel, Artikel 1 bis 19-, 6. Auflage, München 2010 [zitiert als: *Bearbeiter*, in: v.Mangolt/K/S, GG, I]

Grundgesetz, Kommentar, Band II -Artikel 20 bis 82-, 5. Auflage, München 2005 [zitiert als: *Bearbeiter*, in: v.Mangoldt/K/S, GG, II]

Mann, Thomas/Püttner, Günter [Hrsg.]

Handbuch der kommunalen Wissenschaft und Praxis, Band 1, 3. Auflage, Berlin Heidelberg 2007 [zitiert als: *Bearbeiter*, in: Mann/Püttner, Hdb d. kommunalen Wissenschaft und Praxis, I]

Manssen, Gerrit

Staatsrecht II, Grundrechte, 6. Auflage, München 2009 [zitiert als: *Manssen*, StaatsR II]

Martini, Mario

Zu Gast bei Freunden?: Staatsfonds als Herausforderung an das europäische und internationale Recht, in: Die Öffentliche Verwaltung [DÖV] 2008, S. 314

Maunz, Theodor/Dürig, Günter [Hrsg.]

Grundgesetz, Kommentar, Band I -Art. 1-5-, München, Stand Mai 2009 [zitiert als:. *Bearbeiter*, in: Maunz/Dürig, GG, I]

Grundgesetz, Kommentar, Band II -Art. 6-16a-, München, Stand Oktober 2009 [zitiert als: *Bearbeiter*, in: Maunz/Dürig, GG, II]

Grundgesetz, Kommentar, Band III -Art. 17-27-, München, Stand Oktober 2009 [zitiert als: *Bearbeiter*, in: Maunz/Dürig, GG, III]

Grundgesetz, Kommentar, Band IV -Art. 28-69-, München, Stand Oktober 2009, [zitiert als: *Bearbeiter*, in: Maunz/Dürig, GG, IV]

Grundgesetz, Kommentar, Band V -Art. 70-99-, München, Stand Mai 2009, [zitiert als: *Bearbeiter*, in: Maunz/Dürig, GG, IV]

Grundgesetz, Sonderdruck, Kommentierung der Artikel 1 und 2 Grundgesetz von Günter Dürig, München [zitiert als: *Dürig*, in: Maunz/Dürig, GG, So-Dr.]

Maurer, Hartmut

Allgemeines Verwaltungsrecht, 17. Auflage, München 2008 [zitiert als:*Maurer*, Allg. VerwR]

Mayer, Otto

Deutsches Verwaltungsrecht, I. und II. Band, 3. Auflage 1924, unveränderter Nachdruck, Berlin 2004 [zitiert als: *Otto Mayer*, Dt. VerwR, Bd.]

Menger, Christian-Friedrich

Die Bestimmung der öffentlichen Verwaltung nach den Zwecken, Mitteln und Formen des Verwaltungshandelns, in: Deutsches Verwaltungsblatt [DVBl.] 1960, S. 297

Mestmäcker, Ernst-Joachim/Schweitzer, Heike

Europäisches Wettbewerbsrecht, 2. Auflage, München 2004 [zitiert als: *Schweitzer/Mestmäcker*, Europäisches WettbewerbsR]

Michael, Lothar/Morlok, Martin

Grundrechte, Baden-Baden 2008 [zitiert als: *Michael/Morlok*, Grundrechte]

Michalski, Lutz

Abwehrmechanismen gegen feindliche Übernahmeangebote („unfriendly Takeovers") nach deutschem Aktienrecht, in: Die Akteingesellschaft [AG] 1997, S. 152

Morlin, János C.

Die Befugnis kommunaler Unternehmen in Privatrechtsform zu Spekulationsgeschäften am Beispiel von Zinsswaps, in: Neue Zeitschrift für Verwaltungsrecht [NVwZ] 2007, S. 1159

Müller, Hermann/Hempel, Rolf

Änderungen des Außenwirtschaftsrechts zur Kontrolle ausländischerInvestoren, in: Neue Juristische Wochenschrift [NJW] 2009, S. 1638

von Münch, Ingo/Kunig, Philip [Hrsg.]

Grundgesetz-Kommentar, Band 1 -Präambel bis Art. 19-, 5. Auflage, München 2000 .[zitiert als: *Bearbeiter*, in: v.Münch/Kunig, GG, I]

Grundgesetz-Kommentar, Band 2 -Art. 20 bis Art. 69-, 5. Auflage, München 2001 [zitiert als: *Bearbeiter*, in: v.Münch/Kunig, GG, II]

Münch, Paul/Püttner, Günter [Federführung]

Zum Problem der Aufgabenverlagerung auf öffentliche Unternehmen, Gutachten des Wissenschaftlichen Beirats der Gesellschaft für öffentliche Wirtschaft und Gemeinwirtschaft, Schriftenreihe der Gesellschaft für öffentliche Wirtschaft und Gemeinwirtschaft, Bd. 27, Baden-Baden 1984 [zitiert als: *Münch/Püttner*, Gutachten zur Aufgabenverlagerung auf öff. Unternehmen]

Ossenbühl, Fritz

Daseinsvorsorge und Verwaltungsprivatrecht, in: Die Öffentliche Verwaltung [DÖV] 1971, S. 513

Ottersbach, Jörg [Hrsg.]

Praxishandbuch Unternehmensbeteiligung, München 2003 [zitiert als: *Bearbeiter*, in: Ottersbach, Unternehmensbeteiligung]

Otting, Olaf

Öffentlicher Zweck, Finanzhoheit und fairer Wettbewerb – Spielräume kommunaler Eigenwirtschaft, in: Deutsches Verwaltungsblatt [DVBl] 1997, S. 1258

Otto, Hans-JochenÜbernahmeversuche bei Aktiengesellschaften und Strategien der Abwehr, in: Der Betrieb [DB] 1988, Beilage 12

Papier, Hans-Jürgen

Art. 12 GG – Freiheit des Berufs und Grundrecht der Arbeit, in: Deutsches Verwaltungsblatt [DVBl] 1984, S. 801

Pegatzky, Claus

Cross-Border-Leasing-Transaktionen und staatliche Zuwendungen, in: Neue Juristische Wochenschrift [NJW] 2004, S. 324

Pencereci, Turgut/Brandt, Claudia

Die kommunale Anstalt, in: Landes- und Kommunalverwaltung [LKV] 2008, S. 293

Picot, Gerhard [Hrsg.]

Unternehmenskauf und Restrukturierung, Handbuch zum Wirtschaftsrecht, München, 3. Auflage 2004 [zitiert als: *Bearbeiter*, in: Picot, Unternehmenskauf und Restrukturierung]

Pieroth, Bodo/Hartmann, Bernd J.

Grundrechtsschutz gegen wirtschaftliche Betätigung der öffentlichen Hand, in: Deutsches Verwaltungsblatt [DVBl.] 2002, S. 421

Pieroth, Bodo/Schlink, Bernhard

Grundrechte, Staatsrecht II, 24. Auflage, Heidelberg 2008 [zitiert als: *Pieroth/Schlink*, Grundrechte]

Puhl, Thomas

Der Staat als Wirtschaftssubjekt und Auftraggeber, in: Veröffentlichungen der Vereinigung der Deutschen Staatsrechtslehrer [VVDStRL], Heft 60 [2001], S. 456

Pünder, Hermann/Dittmar, Raoul

Die wirtschaftliche Betätigung der Gemeinden, in: Juristische Ausbildung [Jura] 2005, S. 760

Püttner, Günter

Die öffentlichen Unternehmen, 2. Auflage, Stuttgart u.a. 1985 [zitiert als: *Püttner*, Die öff. Unternehmen]

Öffentliche Unternehmen als Instrument staatlicher Politik, in: Die Öffentliche Verwaltung [DÖV] 1983, S. 697

Quardt, Gabriele

Zur Abschaffung von Anstaltslast und Gewährträgerhaftung, in: Europäische Zeitschrift für Wirtschaftsrecht [EuZW] 2002, S. 424

Reinhardt, Wilhelm/Pelster, Annekatrin

Stärkere Kontrolle von ausländischen Investitionen – Zu den Änderungen von AWG und AWV, in: Neue Zeitschrift für Gesellschaftsrecht [NZG] 2009, S. 441

Richard, Jörg/Weinheimer, Stefan [Hrsg.]

Handbuch Going Private, Heidelberg 2002 [zitiert als: *Bearbeiter*, in: Richard/Weinheimer, Handbuch Going Private]

Richardi, Reinhard/Wlotzke Otfried

Münchener Handbuch zum Arbeitsrecht, Band 2, Individualarbeitsrecht II, 2. Auflage, München 2000 [zitiert als: *Bearbeiter*, in: Richardi/Wlotzke, MüHbzArbR, Bd. 2]

Riegger, Bodo

Kapitalgesellschaftsrechtliche Grenzen der Finanzierung von Unternehmensübernahmen durch Finanzinvestoren, in: Zeitschrift für Unternehmens- und Gesellschaftsrecht [ZGR] 2008, S. 233

Riegger, Bodo/Weipert, Lutz [Hrsg.]

Münchener Handbuch des Gesellschaftsrechts, Band 2, 2. Auflage, München 2004, [zitiert als: *Bearbeiter*, in: MüHdbGesR, II]

Rietdorf, Marco

Auswirkungen der Finanzmarktkrise auf kommunale Cross-Border-Leasing-Transaktionen, in: Kommunaljurist [KommJur] 2008, S. 441

Rudolph, Bernd

Funktionen und Regulierung der Finanzinvestoren, in: Zeitschrift für Unternehmens- und Gesellschaftsrecht [ZGR] 2008, S. 161

Sachs, Michael [Hrsg.]

Grundgesetz, Kommentar, 5. Auflage, München 2009 [zitiert als: *Bearbeiter*, in: Sachs, GG]

Schäfer, Dorothea

Der Boom der Buy-Out-Finanzierungen, in: Der Deutsche Wirtschaftsanwalt 2008/2009 [S. 27], Handbuch für Unternehmen, Berlin 2008 [zitiert als: *Schäfer*, Der Deutsche Wirtschaftsanwalt 2008/2009]

Schaumann, Wilfried

Grundrechtsanwendung im Verwaltungsprivatrecht, in: Juristische Schulung [JuS] 1961, S. 110

Schimansky, Herbert/Bunte, Hermann-Josef/Lwowski, Hans-Jürgen [Hrsg.]

Bankrechts-Handbuch, Band II, 3. Auflage, München 2007 [zitiert als: *Bearbeiter*, in: Schimansky/Bunte/Lwowski, Bankrechts-Hdb., II]

Schink, Alexander

Wirtschaftliche Betätigung kommunaler Unternehmen, in: Neue Zeitschrift für Verwaltungsrecht [NVwZ] 2002, S. 129

Schliesky, Utz

Öffentliches Wettbewerbsrecht - Verhaltensrechtliche Determinanten von wirtschaftsbezogenem Staatshandeln, Schriften zum Öffentlichen Recht, Bd. 732, Berlin 1997 [zitiert als: *Schliesky*, Öff. WettbewerbsR]

Öffentliches Wirtschaftsrecht, 3. Auflage, Heidelberg 2008 [zitiert als: *Schliesky*, Öff. WirtschaftsR]

Einwirkungen des Staates auf den Wettbewerb, in: Juristische Arbeitsblätter [JA] 1999, S. 902

Über Notwendigkeit und Gestalt eines Öffentlichen Wettbewerbsrechts, in: Deutsches Verwaltungsblatt [DVBl.] 1999, S. 78

Schmalz, Detlef

Allgemeines Verwaltungsrecht, 3. Auflage, Baden-Baden 1998 [zitiert als: *Schmalz*, Allg. VerwR]

Schmidt, Karsten

Gesellschaftsrecht, 4. Auflage, Köln 2002 [zitiert als: *K.Schmidt*, GesellschaftsR]

Handelsrecht, 4. Auflage, Köln 1999 [zitiert als: *K. Schmidt*, HandelsR]

Schmidt, Reiner

Öffentliches Wirtschaftsrecht, Allgemeiner Teil, Berlin Heidelberg 1990 [zitiert als: *Schmidt*, Öff. Wirtschaftsrecht AT]

Der Übergang öffentlicher Aufgabenerfüllung in private Rechtsformen, in: Zeitschrift für Unternehmens- und Gesellschaftsrecht [ZGR] 1996, S. 345

Schmidt, Reiner/Vollmöller, Thomas [Hrsg.]

Kompendium Öffentliches Wirtschaftsrecht, 3. Auflage, Berlin Heidelberg 2007 [zitiert als: *Bearbeiter*, in: Schmidt/Vollmöller, Kompendium Öff. WirtschaftsR]

Schmidt-Aßmann, Eberhard

Der Grundrechtsschutz gemischt-wirtschaftlicher Unternehmen nach Art. 19 Abs. 3 GG, in: Betriebs-Berater [BB] 1990, Beilage 34

Schmidt-Aßmann, Eberhard/Dolde, Klaus-Peter [Hrsg.]

Beiträge zum öffentlichen Wirtschaftsrecht: Verfassungsrechtliche Grundlagen, Liberalisierung und Regulierung, öffentliche Unternehmen, Frankfurt am Main 2005 [zitiert als: *Bearbeiter*, *Beitrag*, in: S-A/D, Beiträge zum öff. WirtschaftsR]

Schnapp, Friedrich E.

Die Grundrechtsbindung der Staatsgewalt, in: Juristische Schulung [JuS] 1989, S. 1

Schneider, Jens-Peter

Der Staat als Wirtschaftssubjekt und Steuerungsakteur, in: Deutsches Verwaltungsblatt [DVBl.] 2000, S. 1250

Schneider, Uwe H.

Die Santiago-Principles – am Problem vorbei, in: Europäische Zeitschrift für Wirtschaftsrecht [EuZW] 2009, S. 533

Missbräuchliches Verhalten durch Private Equity, in: Neue Zeitschrift für Gesellschaftsrecht [NZG] 2007, S. 888

Alternative Geldgeber oder Eigenkapitalräuber? - Die sieben Halbwahrheiten über die „neuen Investoren“ -, in: Die Akteingesellschaft [AG] 2006, S. 577

Schön, Wolfgang

Der Einfluss öffentlich-rechtlicher Zielsetzungen auf das Statut privatrechtlicher Eigengesellschaften der öffentlichen Hand: - Gesellschaftsrechtliche Analyse -, in: Zeitschrift für Unternehmens- und Gesellschaftsrecht [ZGR] 1996, S. 429

Schraffer, Heinrich

Der kommunale Eigenbetrieb - Untersuchungen zur Reform der Organisationsstruktur Kommunalrecht – Kommunalverwaltung, Band 7 [zitiert als: *Schraffer*, Eigenbetrieb]

Schulz, Thomas/Israel, Alexander

Kein existenzvernichtender Eingrif durch typische Finanzierung bei Leveraged Buy-Out, in: Neue Zeitschrift für Gesellschaftsrecht [NZG] 2005, S. 329

Schuppert, Gunnar Folke

Gemeinwohldefinition im pluralistischen Verfassungsstaat, in: Gewerbe Archiv [GewArch] 2004, S. 441

Semler, Johannes/Volhard, Rüdiger [Hrsg.]

Arbeitshandbuch für Unternehmensübernahmen, Band 1, München 2001 [zitiert als: *Bearbeiter*, in: Semler/Volhard, Unternehmensübernahmen]

Simpson, Ian

Fundraising and Investor Relations, ECVA Investor Relations Committee Paper, Zaventem, Belgien 2000 [zitiert als: *Simpson*, Fundraising and Investor Relations]

Smith, Adam

An Inquiry into the Nature and the Causes of the Wealth of Nations, 5. Auflage (letzter Hand), London 1789, in der deutschen Übersetzung von Horst Claus Recktenwald: Der Wohlstand der Nationen, 5. Auflage, München 1990 [zitiert als: *Adam Smith*, Der Wohlstand der Nationen]

Sodan, Helge

Vorrang der Privatheit als Prinzip der Wirtschaftsverfassung, in: Die Öffentliche Verwaltung [DÖV] 2000, S. 361

Spannowsky, Willy

Der Einfluß öffentlich-rechtlicher Zielsetzungen auf das Statut privatrechtlicher Eigengesellschaften der öffentlichen Hand: - Öffentlich-rechtliche Vorgaben, insbesondere zur

Ingerenzpflicht -, in: Zeitschrift für Unternehmens- und Gesellschaftsrecht [ZGR] 1996, S. 400

Öffentlich-rechtliche Bindungen für gemischt-wirtschaftliche Unternehmen, in: Zeitschrift für das gesamte Handelsrecht und Wirtschaftrecht [ZHR], 160. Band (1996), S. 560

Stern, Klaus

Das Staatsrecht der Bundesrepublik Deutschland, Band II, München 1980 [zitiert als: *Stern*, StaatsR II]

Das Staatsrecht der Bundesrepublik Deutschland, Band III/1, München 1988 [zitiert als: *Bearbeiter*, in: Stern, StaatsR III/1]

Das Staatsrecht der Bundesrepublik Deutschland, Band IV/1, München 2006 [zitiert als: *Bearbeiter*, in: Stern, StaatsR IV/1]

Stober, Rolf

Allgemeines Wirtschaftsverwaltungsrecht, 14. Auflage, Stuttgart 2004 [zitiert als: *Stober*, Allg. WirtschaftsverwaltungsR]

Die privatrechtlich organisierte öffentliche Verwaltung, in: Neue Juristische Wochenschrift [NJW] 1984, S. 449

Rein gewerbliche Betätigung der öffentlichen Hand und Verfassung, in: Zeitschrift für das gesamte Handelsrecht und Wirtschaftsrecht [ZHR] 145. Band (1981), S. 565

Deregulierung im Wirtschaftsverwaltungsrecht - Die Wirtschaftsverwaltung zwischen Staats- und Privatfunktionen -, in: Die Öffentliche Verwaltung [DÖV}, 1995, S. 125

Neuregelung des Rechts der öffentlichen Unternehmen, in: Neue Juristische Wochenschrift [NJW] 2002, S. 2357

Storr, Stefan

Der Staat als Unternehmer - Öffentliche Unternehmen in der Freiheits- und Gleichheitsdogmatik des nationalen desnationalen Rechts und des Gemeinschaftsrechts, JUS PUBLICUM – Beiträge zum Öffentlichen Recht, Bd. 78, Tübingen 2001 [zitiert als:*Storr*, Staat als Unternehmer]

Storr, Stefan [Hrsg.]

Öffentliche Unternehmen im Wettbewerb und Vergaberecht, Schriften des Hellmuth-Loening-Zentrums für Staatswissenshaften Jena, Band 13, Berlin 2002 [zitiert als: *Bearbeiter*, in: Storr, Öff. Unternehmen]

Tettinger, Peter J.

Verfassungsrecht und Wirtschaftsordnung – Gedanken zur Freiheitsentfaltung am Wirtschaftsstandort Deutschland –, in: Deutsches Verwaltungsblatt [DVBl.] 1999, S. 679

Tettinger, Peter J./Erbuth, Wilfried/Mann, Thomas

Besonderes Verwaltungsrecht, 9. Auflage, Heidelberg 2007 [zitiert als: *Tettinger, Erbguth, Mann*, Besonderes VerwR]

Torz, Robert

Die privatwirtschaftliche Betätigung der öffentlichen Hand und das Grundgesetz, in: Die Öffentliche Verwaltung [DÖV] 1958, S. 205

Umbach, Dieter C./Clemens, Thomas [Hrsg.]

Grundgesetz, Mitarbeiterkommentar und Handbuch, Band I, Heidelberg 2002 [zitiert als: *Bearbeiter*, in: Umbach/Clemens, GG, I]

Unruh, Peter

Kritik des privatrechtlichen Verwaltungshandelns – Ein Problemaufriß –, in: Die Öffentliche Verwaltung [DÖV] 1997, S. 653

Graf Vitzthum, Wolfgang

Gemeinderechtliche Grenzen der Privatisierung kommunaler Wirtschaftsunternehmen, in: Archiv des öffentlichen Rechts [AöR], 104. Band [1979], S. 580

Voland, Thomas

Freitag, der Dreizehnte – Die Neuregelungen des Außenwirtschaftsrechts zur verschärften Kontrolle ausländischer Investitionen, in: Europäische Zeitschrift für Wirtschaftsrecht [EuZW] 2009, S. 519

Weber, Dolf

GmbH-rechtliche Probleme des Management Buy-Out, in: Zeitschrift für das gesamte Handelsrecht und Wirtschaftsrecht [ZHR] 155. Band (1991), S. 120

Wehrhahn, Torsten

Finanzierungsinstrumente mit Aktienerwerbsrechten, Berlin 2004 [zitiert als: *Wehrhahn*, Finanzierungsinstrumente]

Weller, Marc-Philippe

Ausländische Staatsfonds zwischen Fusionskontrolle, Außenwirtschaftsrecht und Grundfreiheiten, in: Zeitschrift für Wirtschaftsrecht [ZIP] 2008, S. 857

Wertenbruch, Wilhelm

Grundrechtsanwendung im Verwaltungsprivatrecht, in: Juristische Schulung [JuS] 1961, S. 105

Winkler, Christoph

Rechtsfragen der Venture Capital-Finanzierung, Berlin 2004 [zitiert als: *Winkler*, Rechtsfragen der VC-Finanzierung]

Wolf, Jens

Anstalt des öffentlichen Rechts als Wettbewerbsunternehmen, Studien zum öffentlichen Wirtschaftsrecht, Bd. 53, Köln 2002 [zitiert als: *Wolf*, Anstalt als Wettbewerbsunternehmen]

Wolfers, Benedikt

Privatisierung unter Wahrung der öffentlich-rechtlichen Rechtsform: Der Modellfall Berliner Wasserbetriebe, in: Neue Zeitschrift für Verwaltungsrecht [NVwZ] 2000, S. 765

Wolff, Hans J./Bachof, Otto/Stober, Rolf

Verwaltungsrecht, Band 3, 5. Auflage, München 2004 [zitiert als: *Bearbeiter*, in: Wolff/Bachof/Stober, VerwR, Bd. 3]

Zeichner, Wolfgang

Die Voraussetzungen für die Beteiligungen des Bundes/ eines Landes an einem Unternehmen nach § 65 Abs. 1 BHO/LHO und ihre Prüfung durch den Rechnungshof, in: Die Aktiengesellschaft [AG] 1985, S. 61

Zeidler, Karl

Schranken nichthoheitlicher Verwaltung, in: Veröffentlichungen der Vereinigung der Deutschen Staatsrechtslehrer [VVDStRL], Heft 19 [1961], S. 208

Zeiß, Friedrich [Begr.]/Bolsenkötter, Heinz

Das Recht der gemeindlichen Eigenbetriebe, 4. Auflage, Stuttgart 1993 [zitiert als: *Zeiß/Bolsenkötter*, Recht der gemeindlichen Eigenbetriebe]